"信毅教材大系"编委会

主　　任	卢福财
副 主 任	邓　辉　王秋石　刘子馨
秘 书 长	廖国琼
副秘书长	宋朝阳
编　　委	刘满凤　杨　慧　袁红林　胡宇辰　李春根
	章卫东　吴朝阳　张利国　汪　洋　罗世华
	毛小兵　邹勇文　杨德敏　白耀辉　叶卫华
	尹忠海　包礼祥　郑志强　陈始发
联络秘书	方毅超　刘素卿

信毅教材大系·会计学系列

企业财务分析（第二版）

Corporate Financial Analysis

章卫东 主编　　袁业虎　张绪军 副主编

复旦大学出版社

总 序

世界高等教育的起源可以追溯到 1088 年意大利建立的博洛尼亚大学,它运用社会化组织成批量培养社会所需要的人才,改变了知识、技能主要在师徒间、个体间传授的教育方式,满足了大家获取知识的需要,史称"博洛尼亚传统"。

19 世纪初期,德国的教育家洪堡提出"教学与研究相统一"和"学术自由"的原则,并指出大学的主要职能是追求真理,学术研究在大学应当具有第一位的重要性,即"洪堡理念",强调大学对学术研究人才的培养。

在洪堡理念广为传播和接受之际,爱尔兰天主教大学(爱尔兰国立都柏林大学的前身)校长纽曼发表了《大学的理想》的著名演说,旗帜鲜明地指出"从本质上讲,大学是教育的场所","我们不能借口履行大学的使命职责,而把它引向不属于它本身的目标"。强调培养人才是大学的唯一职能。纽曼关于《大学的理想》的演说让人们重新审视和思考大学为何而设、为谁而设的问题。

19 世纪后期到 20 世纪初,美国威斯康星大学查尔斯·范海斯校长提出"大学必须为社会发展服务"的办学理念,更加关注大学与社会需求的结合,从而使大学走出了象牙塔。

2011 年 4 月 24 日,胡锦涛总书记在清华大学百年校庆庆典上指出,高等教育是优秀文化传承的重要载体和思想文化创新的重要源泉,强调要充分发挥大学文化育人和文化传承创新的职能。

总而言之,随着社会的进步与变革,高等教育不断发展,大学的功能不断扩展,但始终都围绕着人才培养这一大学的根本使命,致力于不断提高人才培养的质量和水平。

对大学而言,优秀人才的培养,离不开一些必要的物质条件保障,但更重要的是高效的执行体系。高效的执行体系应该体现在三个方面:一是科学合理的学科专业结构;二是能洞悉学科前沿的优秀的师资队伍;三是作为知识载体和传播媒介的优秀教材。教材是体现教学内容与教学方法的知识载体,是进行教学的基本工具,也是深化教育教学改革,提高人才培养质量的重要保证。

一本好的教材，要能反映该学科领域的学术水平和科研成就，能引导学生沿着正确的学术方向步入所向往的科学殿堂。因此，加强高校教材建设，对于提高教育质量、稳定教学秩序、实现高等教育人才培养目标起着重要的作用。正是基于这样的考虑，江西财经大学与复旦大学出版社达成共识，准备通过编写出版一套高质量的教材系列，以期进一步锻炼学校教师队伍，提高教师素质和教学水平，最终将学校的学科、师资等优势转化为人才培养优势，提升人才培养质量。为凸显江财特色，我们取校训"信敏廉毅"中一前一尾两个字，将这个系列的教材命名为"信毅教材大系"。

"信毅教材大系"将分期分批出版问世，江西财经大学教师将积极参与这一具有重大意义的学术事业，精益求精地不断提高写作质量，力争将"信毅教材大系"打造成业内有影响力的高端品牌。"信毅教材大系"的出版，得到了复旦大学出版社的大力支持，没有他们的卓越视野和精心组织，就不可能有这套系列教材的问世。作为"信毅教材大系"的合作方和复旦大学出版社的一位多年的合作者，对他们的敬业精神和远见卓识，我感到由衷的钦佩。

王 乔

2012 年 9 月 19 日

序　言

企业财务分析为财务报告提供者与使用者之间架起了一座桥梁,企业财务分析作为企业财务管理的重要手段之一,能够为企业的财务活动提供重要依据。但是,随着我国社会主义市场经济体制的不断完善,宏观经济环境和宏观经济体制都发生了巨大变化。为此,财政部在2006年2月颁布《企业会计准则——基本准则》和38项具体准则之后,2014年和2017年又进行了两次大规模企业会计准则的修订和增补,使我国会计准则与国际会计准则逐步趋同。为了适应宏观经济环境变化的要求和使读者更好地掌握新会计准则背景下财务分析的方法和技能,满足高等院校会计专业与财务管理专业教学的需要,我们对江西财经大学信毅系列教材《企业财务分析》(章卫东主编,复旦大学出版社2014年版)进行了修订。本次修订的基本原则和内容包括以下4个方面。

(1) 教材结构进行了调整。修订后的教材包括四大部分:财务分析概论、财务活动分析、财务效率分析和财务分析的应用。修订后的教材增加了财务分析的应用这一部分的内容,即增加了财务分析在业绩评价中的应用和在财务预警中的应用,旨在培养学生分析和解决实际问题的能力,调整之后的教材结构更加合理。

(2) 教材体例结构进行了优化。根据前版教材使用中老师们提出的建议,新版教材减少了识记类的考核,增加了发散问题的思考。同时,每一章增加了引导案例和案例分析题,删除了原教材中的概念归纳和练习题。

(3) 对部分章节的教材内容进行调整和补充。在第二篇财务活动分析部分增加了分配活动分析的内容;在第三篇财务效率分析部分增加了发展能力分析的内容;将财务综合分析的内容调整到第三篇财务效率分析部分,调整、补充后的教材内容更加全面。

(4) 案例进行了更新。新修订的教材以上市公司最新公布的合并财务报表数据为基础,结合最新修订的会计准则,选择了最新的案例来进行财务分析,以便于读者更好地利用财务分析理论与方法来解决实践问题。

在保持原教材特色的基础上,修订后的教材以一家上市公司最新的财务数据为基础,进行财务分析方法的讲解,不仅使本书的案例的数据与新会计准则保持了一致,而且有利于各财务分析方法运用的比较,使读者能更好地掌握财务分析方法在企业财务分析中的运用,实用性更强。此外,结构、内容的调整、增补使修订后的教材结构更加合理、内容更为丰富。本书适合本科生和专业学位硕士研究生进行财务分析知识的学习,也适合实务界人士学习和掌握企业财务分析知识与技能。

本书由章卫东教授任主编,张绪军、袁业虎任副主编。各章的编写分工如下:第一章由张绪军撰写;第二章、第三章由李世刚撰写;第四章、第十章由章卫东撰写;第五章、第九章由薛胜昔撰写;第六章、第七章由王珏玮撰写;第八章由张可撰写;第十一章、第十四章由张岩撰写。章卫东、张绪军负责本书的总审稿。

最后,感谢财务分析课程组在写作过程中的支持与帮助,感谢江西财经大学"信毅教材大系"评审专家及复旦大学出版社的大力支持与鼓励。由于作者水平所限,书中纰漏甚至错误在所难免,敬请读者批评指正。

目 录

第一篇　财务分析概论

第一章　财务分析概述 003
【教学目的与要求】 003
第一节　财务分析的产生与发展 003
第二节　财务分析的内涵与目的 009
第三节　财务分析的对象和内容 013
第四节　财务分析的原则和评价基准 016
第五节　财务分析的体系 019
本章小结 022
复习思考题 023
案例分析 023

第二章　财务分析方法 025
【教学目的与要求】 025
第一节　财务分析方法概述 026
第二节　比较分析法 030
第三节　趋势分析法 033
第四节　比率分析法 035
第五节　因素分析法 037
第六节　综合分析法 041
第七节　财务分析方法的局限性 046
本章小结 048
复习思考题 048
案例分析 049

第三章　财务分析的信息 050
【教学目的与要求】 050
第一节　财务分析信息的概述 051
第二节　财务分析资料的获取途径 055

第三节　财务报表 ··· 057
　　第四节　审计报告 ··· 070
　　第五节　其他信息 ··· 072
　　本章小结 ··· 074
　　复习思考题 ·· 074
　　案例分析 ··· 075

第二篇　财务活动分析

第四章　筹资活动分析 ·· 079
【学习目的与要求】 ··· 079
　　第一节　筹资活动分析的概述 ·· 080
　　第二节　筹资活动的全面分析 ·· 089
　　第三节　负债筹资分析 ··· 093
　　第四节　所有者权益筹资分析 ·· 098
　　第五节　筹资规模与结构优化分析 ·· 103
　　本章小结 ··· 108
　　复习思考题 ·· 109
　　案例分析 ··· 109

第五章　投资活动分析 ·· 111
【教学目的与要求】 ··· 111
　　第一节　资产项目分析 ··· 112
　　第二节　资产结构分析 ··· 119
　　第三节　资产质量分析 ··· 123
　　本章小结 ··· 136
　　复习思考题 ·· 136
　　案例分析 ··· 137

第六章　经营活动分析 ·· 138
【教学目的与要求】 ··· 138
　　第一节　经营活动分析的概述 ·· 139
　　第二节　经营活动分析的全面分析 ·· 141
　　第三节　收入分析 ··· 145
　　第四节　企业成本费用分析 ·· 153
　　第五节　收益质量分析 ··· 161

本章小结 ………………………………………… 165
　　复习思考题 ……………………………………… 166
　　案例分析 ………………………………………… 166

第七章　分配活动分析 ………………………………… 168
　　【教学目的与要求】 ……………………………… 168
　　第一节　分配活动分析概述 …………………… 168
　　第二节　分配活动全面分析 …………………… 174
　　第三节　利润分配项目分析 …………………… 175
　　第四节　利润分配政策分析 …………………… 177
　　本章小结 ………………………………………… 183
　　复习思考题 ……………………………………… 183
　　案例分析 ………………………………………… 183

第三篇　财务效率分析

第八章　盈利能力分析 ………………………………… 187
　　【教学目的与要求】 ……………………………… 187
　　第一节　盈利能力分析的意义和内容 ………… 188
　　第二节　资本经营的盈利能力分析 …………… 189
　　第三节　资产经营盈利能力分析 ……………… 193
　　第四节　商品经营盈利能力分析 ……………… 195
　　第五节　上市公司盈利能力分析的特定指标 … 202
　　第六节　盈利能力分析应注意的问题 ………… 209
　　本章小结 ………………………………………… 214
　　复习思考题 ……………………………………… 215
　　案例分析 ………………………………………… 215

第九章　营运能力分析 ………………………………… 218
　　【教学目的与要求】 ……………………………… 218
　　第一节　营运能力分析的内涵及衡量 ………… 219
　　第二节　各资产项目的管理效率分析 ………… 222
　　第三节　营运能力趋势分析 …………………… 232
　　本章小结 ………………………………………… 236
　　复习思考题 ……………………………………… 237
　　案例分析 ………………………………………… 237

第十章　偿债能力分析 ……238
【学习目的与要求】……238
第一节　偿债能力的内涵 ……239
第二节　短期偿债能力分析 ……241
第三节　长期偿债能力分析 ……250
本章小结 ……259
复习思考题 ……259
案例分析 ……260

第十一章　发展能力分析 ……263
【学习目的与要求】……263
第一节　发展能力分析的内涵 ……263
第二节　单项发展能力分析 ……264
第三节　整体发展能力分析 ……271
第四节　可持续发展能力分析 ……274
本章小结 ……275
复习思考题 ……275
案例分析 ……276

第十二章　财务效率综合分析 ……277
【教学目的与要求】……277
第一节　财务综合分析概述 ……278
第二节　沃尔评分法 ……280
第三节　综合评分法 ……281
第四节　杜邦财务分析体系 ……285
第五节　杜邦财务分析体系应用中的改进 ……295
本章小结 ……298
复习思考题 ……299
案例分析 ……299

第四篇　财务分析的应用

第十三章　财务分析在业绩评价中的应用 ……307
【教学目的与要求】……307
第一节　企业业绩评价概述 ……307
第二节　企业业绩评价的历史演进 ……310

第三节　基于经济增加值的企业业绩评价 ················ 312
第四节　基于平衡计分卡的企业业绩评价 ················ 320
本章小结 ··· 329
复习思考题 ······································· 329
案例分析 ··· 330

第十四章　财务分析在财务预警中的应用 ················ 331
【教学目的与要求】 ································ 331
第一节　财务风险预警概述 ·························· 332
第二节　财务预警分析的方法 ························ 335
第三节　财务风险控制的方法 ························ 345
本章小结 ··· 346
复习思考题 ······································· 346
案例分析 ··· 346

第一篇 财务分析概论

- 第一章 财务分析概述
- 第二章 财务分析方法
- 第三章 财务分析的信息

第一章 财务分析概述

> **引导案例**
>
> 罗杰斯(James Rogers)毕业于耶鲁大学和牛津大学,选择投资管理行业开始了自己的职业生涯。1970年,他与另一位大名鼎鼎的投资家索罗斯(George Soros)组建量子基金,罗杰斯负责证券分析,索罗斯专事买卖证券。两人配合默契的成功合作,使得量子基金连续10年的年均收益率超过50%。1970年,量子基金开始时的资产额为1 200万美元,到1980年已增长为2.5亿美元。1980年,37岁的罗杰斯从量子基金退出,他杰出的理财术为他自己积累了数千万美元的巨大财富。罗杰斯博览群书,学识广泛,他始终认为投资家最重要的素质是独立思考能力。他渊博的知识为他的独立思考奠定了坚实的基础。那么,如何判断一家公司营运状况和未来发展?如何预测公司未来盈余和股票内在价值呢?财务分析便是寻找答案过程中不可或缺的工具。正如巴菲特所说:"只有你愿意花时间学习如何分析财务报表,你才能够独立地选择投资目标。"

【教学目的与要求】

本章的学习目的是使学生掌握财务分析的产生和发展、财务分析的内涵和目的、财务分析的对象和内容、财务分析的原则和评价基准。通过本章的学习,使学生了解财务分析的产生和发展,掌握财务分析的内涵和目的、财务分析评价基准的选择,理解财务分析的对象和内容,结合财务分析与其他学科的关系理解财务分析的学科性质。

第一节 财务分析的产生与发展

关于财务报表分析的起源,比较公认的说法是始于19世纪末至20世纪初期的美国,财务报表分析是美国工业发展的产物。在美国工业大发展之前,企业规模较小,银行根据个人信用贷款。然而随着经济的发展,企业的业务日益扩大,组织日趋庞大与复杂,所需资金日益增加,向银行贷款的数额也相对增加,仅仅依据个人信用贷款已经不能满足美国银行业的需求。例如,在1883年和1884年发生的两次经济危机中,企业通过做假账向银行贷款,造成贷款收不回来,企业破产倒闭,同时也连累贷款银行。于是,银行家们就更加关心企业的财务状况,特别是企业是否具有偿债能力。1898年2月,美国纽约州银行协会的经理委员会提出议案:"要求所有的借款人必须提交由借款人签字的资产负债报表,以衡量企业的信用和偿债能力。"1900年,美国纽约州银行协会发布了申请贷款应提交的标准表格,包括部分资产负债表。此后,银行开始根据企业资产和负债的数量对比来判断企业对借款的偿还能力和还款保障程度,并且提出了诸如流动比率、速动比率等一系列的比率分析指标作为判断的依据。如美国学者沃尔(Alexander Wall)建议使用财务比率法来评价企业的信用,借以防范贷款的违约风险。1923年,美国白利斯(James Bliss)在《管理中的财务和经营比率》一书中首次提出并建立了各行业平均的标准比率,自此以后人们开始普遍使用标准比率进行横向财务比较。但是,标准比率和比率分析也存在严重的缺陷,当时吉尔曼就已经看到了这一点。1924年吉尔曼(Gilman)出版了著名的《财务报表分析》一书,书中认为由于财务比率和资产负债表之间的关系难以明确,比率分析的作用是有限的。同时,他还主张趋势分析法的必要性。鉴于此,许多学者都同意财务报表分析起源于19世纪末至20世纪初的美国,在这种背景之下,产生了通过分析、比较财务报表中的数据以了解企业信用的财务报表分析。

一、财务分析的产生

(一)信息分析与财务报表

财务报表分析本质上是对财务报表数据的利用和再加工,是信息分析在会计领域的应用。20世纪80年代末,美国著名信息学家德邦思(A.Debons)等提出:"人类的认识过程可以表述为:事件→符号→数据→信息→知识→智慧。"这个连续的统一体中的任一组成部分都产生于它的前一过程。如果财务报表是通过再确认把以一定的记账规则记录下来的经济数据转换成报表信息,那么财务报表分析就是对这些信息进行分析和利用形成有用的知识。对经济活动的信息分析早已有之,在人类历史上产品出现剩余并产生了交换需求之后,对劳动和实物的计量与分析就已经存在。另外,财务报表分析的信息载体——财务报表,也不是至19世纪末才在美国出现。在中世纪的意大利城邦,为了征得财产税,要求编制财务报表。1673年的法国商法典要求商人每两年编制反映全部不动产、动产、债券和负债的财产目录。随着企业规模的不断扩大,越来越多的利益相关者参与进来开始关注企业的经营活动,但是这些利益相关者又无法直接接近企业的总账,于是就产生了单独编制财务报表的需求。股份公司的出现使得利益相关者对财务报表的要求更加强烈。财务报表最初是为了从算术上验证总账余额的正确性而加以编制的,到了19世纪初叶,由向债权人报告又发展为主要向股东报告,并且政府也开始对公布的财务报表加以管制。

(二)英国财务报表与财务报表分析的产生

现代财务报表的主要形式源自19世纪的英国的经验。在南海泡沫100年后,1844年,英国颁布了《合股公司法》,要求公司必须向股东公布已审计的资产负债表。这种标准格式的资产负债表不仅是总账余额的简单罗列,而且有分析地对资料加以排列,管理者的首要责任是发行股票带来的,因此,报表首先要将出售股票带来的永久性资本和收入产生的永久性资本区分开来。此外,这种报表又根据英国古典经济学家的思想将流动资产和流动负债与固定资产和固定负债区分开来。南海泡沫使得英国政府禁止设立股份公司发行股票整整一个世纪,当股份公司再次在英国出现,这种经审计的资产负债表首要解决的问题就是防止欺骗投资者,稳定资本市场。财务报表使用者阅读和分析财务报表的首要目的就是避免陷入金融诈骗。这种资产负债表的内容和格式就清晰地说明了19世纪英国股东(或英国政府为了保护投资者)对财务报表的需求以及所使用的分析方法。

(三) 美国财务报表与财务报表分析的产生

在美国,资产负债表同样也是早期最主要的财务报表,但是与英国产生的原因却不相同。英国的资产负债表是向股东报告管理责任而发展起来的,对财务报告的分析也主要是由股东来完成的。19世纪,美国的股份公司大多数是小型的,大部分资本不是通过发行股票而是依靠银行的短期借款筹集的。资产负债表主要以银行家为直接对象,银行对资产负债表的格式要求和报表分析成为美国财务报表分析的起源。这个时期美国的银行家们认为债务人在贷款到期时的偿还能力与收益能力无关,而是与存货变现能力有着密切的关系,因此,财务报表分析也只重视流动性,而不重视营利性。在这样的背景下产生了以流动比率指标为代表的信用分析。其中,美国著名的银行家沃尔创立了比率分析体系。但是,几乎与美国信用分析产生的同时,伍德罗克(Woodlock)在《铁路财务报表分析》一书中将财务报表分析引入了投资领域。该书使用了经营费用与毛利比率、固定费用与净收益比率等现代财务分析方法来评价当时的铁路行业经营状况。因此,美国财务报表分析也不仅仅起源于银行业的信用分析,从投资分析在铁路业的运用就可见一斑。

可见,财务报表分析并不是起源于19世纪末至20世纪初的美国,也并不仅仅始于银行业对贷款企业的信用分析,不同国家经济环境和财务报表信息的需求不同,对报表分析的重心也不同,财务报表分析的起源几乎与财务报表的产生是同步的。当财务报表第一次出现时,必然需要以某种方式对其进行解读,将财务报表信息转化成有用的知识,于是就产生了财务报表分析,但是直到形成了一定的财务报表信息的解读方法之后,财务报表分析这门科学才得以形成。尽管20世纪初财务报表分析技术出现了许多重大的突破,但直到20世纪50年代,财务报表分析才成为一门独立的学科。随着股份制经济和资本市场的发展,债权人和投资者开始系统分析企业的财务报表资讯,关注企业的偿债能力、信用品质和经营成果,从而促进了财务报表分析的发展,使之成为一门独立的、实用性很强的学科。

二、财务报表分析的发展

不同的学者对财务报表分析发展阶段的划分不同。徐光华认为财务报表分析产生于19世纪末20世纪初,至今已有100多年的历史,并且认为在不同的时期,分析的重心有所不同,从最初的信用分析、投资分析发展到后来的内部分析[1]。王治安将财务报表分析发展划分为3个阶段:① 20世纪中期及以前,以比率分析为主体的财务报表分析阶段;② 20世纪中期至20世纪后期,以财务预测分析为主体的财务报表分析阶段;③ 20世纪后期及以后,以资本市场为主体的财务报表分析阶段。在不同的经济环境下,利益相关者或财务报表的阅读者对财务信息的需求不同,使得财务报表分析的目标也不同,进而推动着财务报表本身和财务报表分析的发展变化。[2] 由此可见,在不同的信息需求下,为了实现不同的财务报表分析目标,财务报表分析理论和方法体系不断完善,进而形成了如今丰富的财务报表分析体系。

(一) 以了解企业基本财务状况为目标的信用分析

自余额账户逐渐演变为资产负债表后,财务报表分析便伴随着资产负债表的形成而产

---

[1] 徐光华,柳世平,刘义鹍.财务报表解读与分析[M].北京:清华大学出版社,2008.
[2] 王治安.现代财务分析[M].成都:西南财经大学出版社,2006.

生了。从15世纪末至20世纪初,财务报表漫长的发展过程也是财务报表分析的萌芽阶段。这个阶段并没有科学系统的报表分析理论和方法,然而,贷款人、股东、政府等利益相关者却对财务报表信息有着迫切的需求,人们以自己的经验和方法对总账或资产负债表进行解读。随着世界经济中心向美国的转移,财务报表和财务报表分析的主要突破与发展也随之转移到了美国,到了19世纪末20世纪初,美国企业在财务报表分析技术方面出现了许多重大的突破,尤其是以银行业为代表的信用分析和以铁路公司为代表的铁路建设投资分析。随着系统分析方法的出现以及财务分析学术研究的深入,财务报表分析方法从一般经验逐步演变成一门学科。例如,在信用分析方面,出现了沃尔的信用分析指标;卡诺(Cannon)1906年出版的《比较财务报表》将"速动比率大致应为2.50∶1.00"作为银行业放贷与否的标准的探讨等都是财务分析方法学术研究的成果。由于银行是企业的主要资金来源,所以这段时期的财务报表分析的重心在信用分析,资产负债表是最主要的报表。在投资分析方面,穆迪(John Moody)的《华尔街投资的方法》一书,张伯伦(Lawrence Chamberlain)1911年出版的《证券投资原理》一书,都阐述了财务分析在投资中的运用。张伯伦在其书中采用了伍德罗克的营业比率、毛利比率、营业费用比率等经营效能比率,经营收入与各项收入之比率,以及经营支出与各项成本费用之比率,来表示损益表各科目之间的构成关系。到了20世纪中期,财务分析家们发现,在利用财务比率进行分析时需要一些比较的基础。因此,有些学者开始研究比率的统计分布,并且开始考虑是否应该为不同类型的企业建立不同的比率标准,于是在信用分析领域逐步形成了财务报表分析的实用比率学派。

(二) 以了解企业盈利能力为目标的投资分析

美国银行家的"流动性主义"(liquidity doctrine)在1920—1921年商品萧条时期经受了严峻的考验。那时,银行家们认为债务人在贷款到期时的偿还能力与收益能力无关,而与存货的变现能力有密切的关系。在商品萧条时期,美国的商品批发价格减少到40%,盘存商品的变现价值大大低于实际成本,现金流量减少,偿还贷款也变得困难起来。随着信用的丧失,银行家们看到了仅仅以流动性为基础的贷款政策的局限性,借款公司也认识到仅仅依靠银行的短期贷款就会使得企业的基础在衰退时期变得薄弱。所以,大量发行股票就成为一般公司扩大规模的资金源泉。当股票发行成为外部资金的主要来源,股东成为财务报表的主要使用者,财务分析的重心就从信用分析扩展到了投资分析,主要是盈利能力的分析,同时损益表也就成为更为重要的报表。需要注意的是,由以信用分析为重心转变为以投资分析为重心,并非后者对前者的否定,而是随着资本市场的发展和企业融资来源构成的变化,这一时期的财务报表分析以投资分析为重心,信用分析与投资分析并存。从财务报表分析的起源我们也可以看到,财务报表分析向来就是随着报表使用者对信息的需求的变化而变化着的。但是,由于盈利能力(投资分析的主要方面)的稳定性是企业经营稳定性和财务稳健性的重要方面,企业的流动性很大程度上取决于盈利能力,同时资产的变现能力与盈利能力也有着间接的联系,因此,随着人们对财务分析的深入理解,信用分析或财务稳健性分析也自然包括了盈利能力分析。例如,这时的偿债能力分析不仅仅局限于资产负债之间的对比,而是把资产负债表和利润表结合起来分析。

(三) 以预测财务失败为目标的财务预警分析

20世纪30年代,以美国为代表的西方资本主义国家发生的经济危机使得大量的企业破产倒闭,关于财务失败的预测成为研究的热门话题。以预测财务失败为目标的研究者将财务报表分析的重心从对历史结果的分析转向对未来的预测——这被称为财务失败预测学派。该学派认为对未来事项的预测是财务报表分析的主要功能。经过长期的实证检验,偿债能力、盈利能力、营运能力、资本结构和发展能力等财务比率能够对企业破产、财务失败、经营失败起到预警作用。20 世纪 60 年代,威廉·比弗(William Beaver)和阿特曼(Edward Altman)分别采用单变量判别分析和多变量判别分析进行财务危机预测研究,1968 年 10 月,比弗在著名的《会计评论》上提出了单一比率模型,首次开始研究财务危机预警模型。他认为单一的财务比率能够预测企业未来的财务状况或财务失败。他提出的最为有效的比率包括现金流量总额与企业的负债总额之比、净收益与企业资产总额的比较(即资产利润率或资产收益率)、债务总额与企业资产总额的比较(即资产负债率)。20 世纪中后期,由于单一比率信息含量过少,人们则更加倾向于将单一的财务比率组合成为单一的预测评价指标,由美国财务学家阿特曼创立的"Z 计分法"成为这一时期的重要代表,"Z 计分法"通过 5 项财务比率的加权平均得到的指数对企业的财务失败进行预测。20 世纪 80 年代开始,随着人工智能和机器学习技术的发展,学者们开始将相关的技术引入财务危机预警领域。例如,奥尔森(James Ohlson)首次将逻辑斯蒂模型(Logistic model)应用于财务预警领域[1]。科茨(Pamila Coats)和范特(Franklin Fant)利用 47 家财务危机公司和 47 家健康公司,采用神经网络模型预测财务危机,模型准确率达 91%[2]。弗吕德曼(Halina Frydman)等人将决策树引入财务预警研究。物联网、移动互联网、云计算技术的发展促进了信息的爆炸式增长,人们把财务数据作为大数据的一部分,开始尝试使用数据挖掘等技术进行财务危机预警研究[3]。

(四) 以改善经营管理为目标的内部分析

起初,银行家们通过分析企业的财务报表来决定是否发放贷款,通过财务报表分析来考察贷款的安全性成为银行从业者的基本技能。后来,企业在接受银行的分析与咨询过程中,逐渐认识到了财务报表分析的重要性,开始由被动地接受分析逐步转变为主动地进行自我分析,分析的结果一方面用于应对银行家们的责难,另一方面用于企业的经营管理。尤其是在第二次世界大战以后,企业规模不断扩大,而公司制的企业组织形式出现后,经营活动更是日趋复杂,商业环境的变化促使财务报表分析重心由外部转向企业内部,自 20 世纪 80 年代全球经济进入一体化与知识化阶段以来,企业越来越明显地感受到来自国内外的双重压力,市场环境变幻莫测,经营条件日趋复杂,所有企业都面临着一个难题:如何在激烈的市场竞争中求得生存并力争获胜。于是,专注于企业经营管理的内部分析不断扩大和深化,成为财务报表分析的重心。此外,内部财务分析目标更加多元化,资料的可获得性也优于外部分析人员,这就为扩大分析领域、提高分析效果、发展分析技术提供了前提条件。内部分析的最终目标是服务于企业战略的,一个好的战略是好的设想与好的分析结合的结果。运用价值分析进行投资和管理被称为基于价值的管理。因此,内部分析的关键也落在了对价值

---

[1] Ohlson J A. Financial Ratios and the Probabilistic Preclition of Bank ruptcy[J]. Journal of Accounting Research, 1980, 18(1): 109-131.

[2] Coats P K, Fant L F. Recognizing Financial Distress Patterns Using a Neural Network Tool[J]. Financial Management, 1993, 22(3).

[3] Frydman H, Altman E I, Kao D. Introducing Recursive Partitioning for Financial Classification: The Case of Financial Distress[J]. The Journal of Finance, 1985, 40(1): 269-291.

的评估之上,这与下文的资本市场分析有颇多的相似之处。

(五)以企业价值评估和证券定价为目标的资本市场分析

现代会计是资本市场发展的产物,现代财务报表也是更多地为服务资本市场而建立起来的。资本市场的发展渗透到了社会经济生活的各个方面,理财学也将其研究的重点转向资本市场。有效市场假说(efficient market hypothesis,EMH)和资本资产定价模型(certified associate in project management,CAPM)是在资本市场中研究财务报表分析的两个最重要的假说。财务报表分析逐渐被应用于解释和预测证券投资报酬及其风险水平,通过研究会计收益的性质及其与证券投资回报之间的统计关系,研究者们发现,非预期的会计收益的变化能够对证券投资的回报产生影响,因而得出的结论是所有能够预测非预期会计收益变化的财务分析方法都是有用的。尽管利用财务报表分析的手段不能解决企业投资价值评估的全部问题,但西方国家的实践证明,财务报表分析的确是现代投资者和证券分析师等评估企业投资价值的一种基本手段。财务报表分析是证券定价基础分析的重要组成部分,正如佩因曼(Stephen Penman)在其《财务报表分析与证券定价》一书中所说的那样:"财务报表是反映商业活动的透镜,财务报表分析便是通过透镜的校准使商业活动信息汇聚到一个焦点。"在资本市场日益发达的今天,为企业价值评估和证券定价目的进行的财务报表分析逐步成为财务报表分析的重要内容。

我国财务分析思想出现较早,财务分析的雏形产生于19世纪50年代,主要是国家通过对企业的资金报表和成本报表的分析来考核企业的成本升降情况和资金节约情况,但企业真正开展财务分析工作是在20世纪初。当时,一些外国洋行和中国金融资本家开始进行经济活动分析,涉及企业的经营效益和偿债能力。新中国成立之前,财务分析的内容较狭窄,缺乏对经济活动分析的整体性,分析方法也主要是比率分析法,包括决算报表分析、成本变动的分析、销售毛利变动的分析等。

中华人民共和国成立后,财政部于1951年11月召开了第一次全国财务管理及会计工作会议,对国营企业会计报表格式和种类做了统一的规定。1952年年初,国务院颁布了《国营企业决算报告编送暂行办法》,为开展企业会计报表分析奠定了基础。1953年前后,高校开设经济活动分析课程。1957年10月,正式出版第一本经济活动分析教科书《工业企业经济活动分析》。同时,在全国范围内也开始发表一些财务分析的学术文章。该时期我国实行的是与计划经济相适应的会计制度,财务评价指标是计划经济的产物,它围绕着计划的完成展开分析,主要是为上级主管部门和企业内部服务。财务分析的主体单一,财务分析指标主要使用销售、产值、利税、资产结构等绝对额指标。这一阶段,财务分析属于经济活动分析中无足轻重的一部分。从总体来看,这一阶段企业财会工作基本上重核算,轻分析,这样的状况造成企业资源的大量浪费,不适应经济发展的要求。

改革开放以来,随着企业自主权的扩大,企业财务分析越来越受到重视。财政部1981年颁布的《国营工交企业经济核算工作试行办法》再次强调了开展经济活动分析,并强调企业要实行生产经营全过程的经济核算。但是,此时的会计信息系统对满足会计核算的要求来说已经足够了,但在业务流程的监控和与包括财务分析在内的其他系统的集成性上还需要加以完善。1984年党的十二届三中全会以后,企业逐步成为相对独立的商品生产者和经营者,企业经营和财务自主权的不断扩大使得财务分析的内容大为扩展,财务分析方法不断创新。财务分析的功能不再停留在按国家下达的产量指标、成本降低指标、加速流动资金周转指标进行分析,而是为经营目标和财务目标的预测和制定提供依据。

1992年,我国会计制度改革,颁布了"两则、两制",建立与社会主义市场经济相适应的会计制度,并且《企业财务通则》中设置了一些相对数的财务指标,对企业的偿债能力、营运能力、盈利能力等方面的能力进行评价。这一时期,我国学者在西方全面财务分析理论以及我国《企业会计准则》《企业财务通则》的基础上构建了财务分析体系。1999年,财政部等四部委联合发布《国有资本金效绩评价规则》,其目的在于科学分析和真实反映国有独资企业、国家控股企业资产运营效果和财务效益状况,但是它主要是以政府为主体的评价行为,而针对上市公司的财务状况分析则以杜邦财务分析体系为主。随着中国证券市场的发展,我国也开始了上市公司经营业绩的综合评价。总之,随着我国社会主义市场经济体制的建立、发展和完善,以及企业产权多元化的发展,财务分析的使用者不再局限于投资人、债权人和企业经理人员,还包括供应商、政府、雇员和商会、中介机构(如注册会计师、财务咨询人员)等。不同使用者对财务信息的需求不同,分析目的也不尽相同,从而对财务分析的发展起了极大的推动作用。

财务报表分析源于资产负债表分析,形成于美国20世纪初的信用分析。财务报表分析方法是在财务报表分析目标的不断变化中发展起来的。现代财务报表分析体系是一个多目标的分析体系。动态地看,从起初的对资产负债表状况的信用分析和一般投资分析到重视利润表的盈利能力分析,从资产负债表、利润表和现金流量表相结合的全面系统的筹资分析、投资分析、内部经营管理分析再到企业价值评估、证券分析、并购与重组分析等,财务报表分析的目标和内容不断拓展。有趣的是,财务报表分析起源于对企业基本财务状况的一般了解,然而随着资本市场的发展和"现金流量""公允价值"等概念的日益重要,如今财务报表分析的重点和难点又回归到了资产和负债,只不过要解决的是定价问题,如资产定价、企业价值评估等。好的分析来源于好的理解,好的理解是建立在有助于分析者理解问题和组织思维的概念框架之上。如今,财务报表分析的方法多种多样,分析的目标也不尽相同,回顾财务报表分析的历史可以帮助我们理解概念框架,了解它是如何发展的,并指导我们更加聪明地利用信息。

第二节 财务分析的内涵与目的

一、财务分析的内涵

对于财务分析的定义,国内外学者有多种表达形式。美国南加州大学教授沃尔特·B.梅格斯(Walter B. Meigs)认为,财务分析的本质在于搜集与决策有关的各种财务信息,并加以分析与解释。美国纽约市立大学利奥波德·A.伯恩斯坦(Leopold A. Bernstein)认为,财务分析是一种判断的过程,旨在评估企业现在或过去的财务状况及经营成果,其主要目的在于对企业未来的状况及经营业绩进行最佳预测。对外经贸大学教授张新民认为,财务分析是企业的利益相关者借助企业的财务报表以及以财务报表为基础的一系列财务指标来对企业财务状况进行的分析与评价。东北财经大学教授张先治认为,财务分析是以会计核算和报表资料及其他相关资料为依据，采用一系列专门的分析技术和方法，对企业等经济组织过去和现在有关筹资活动、投资活动、经营活动的偿债能力、盈利能力和营运能力状况等进行分析与评价，为企业的投资者、债权人、经营者及其他关心企业的组织或个人了解企业的过去、评价企业的现状、预测企业的未来，做出正确的决策、提供准确的信息或依据的经济应用学科。北京工商大学教授曹冈认为，财务报表分析是以企业基本活动为对象，以财务报表为主要信息来源，以综合和分析为主要方法的系统认识企业的过程，目的是了解过去、评价现在和预测未来，以帮助报表使用人改善决策。

要正确理解财务分析的基本内涵，必须搞清以下5个问题。

（一）财务分析是一门综合性、交叉性学科

财务分析学是一门边缘性学科。财务分析学是在企业经济活动分析、财务管理、会计学基础上形成的一门边缘性学科。是适应现代经济体制和现代企业制度的需要，在以上相关学科的内容与方法基础上形成的一门学科。它不是对原有学科中关于财务分析问题的简单重复或拼凑，而是根据经济理论和实践的要求，在相关学科基础上构建的独立的系统的理论体系。

（二）财务分析有完整的理论体系

随着财务分析学的产生与发展，财务分析理论体系还将不断完善。笔者认为，财务分析理论体系由目标、环境、假设、原则、内容、方法及指标各要素构成。随着人们认识的深化，财务分析学理论体系将更加完善。

（三）财务分析有健全的方法论体系

财务分析实践使财务分析的方法不断发展和完善，它既有财务分析的一般方法或步骤，又有财务分析的专门技术方法。趋势分析法、比率分析法等都是财务分析专门的和有效的方法。

（四）财务分析有系统客观的资料依据

财务分析的最基本和主要的资料是财务会计报表。财务报表体系结构及内容的科学性、系统性、客观性为财务分析的系统性与客观性奠定了坚实的基础。另外，财务分析不仅以财务报表资料为依据，而且还参考成本会计、财务管理、市场信息及其他有关资料，使财务分析资料更加真实、完整。

（五）财务分析有明确的目的和作用

财务分析的目的由于财务分析的主体不同而不同，投资者、经营者和债权人各有其不同的分析目的。至于财务分析的作用，它不仅可分析过去，而且可以评价现在和预测未来。这些目的和作用是其他学科所不能完全达到的。财务分析的目的受财务分析主体和财务分析服务对象的制约。从财务分析的服务对象看，财务分析不仅对企业内部生产经营管理有着重要的作用，而且对企业外部利益相关者的投资决策、贷款决策、赊销决策等有着重要作用。从财务分析的职能作用来看，它对于预测、决策、计划、控制、考核、评价都有重要作用。

二、财务分析的目的

财务分析的最终目标是为财务报表使用者做出相关决策提供可靠的依据。财务分析的一般目的可以概括为评价企业过去的经营业绩、衡量现在的财务状况、预测未来的发展趋势。根据分析的具体目的，财务分析可以分为流动性分析、盈利性分析、财务风险分析和专题

分析(如破产分析、审计人员的分析性检查程序)。

财务分析的目的受财务分析主体的制约,不同的财务分析主体进行财务分析的目的是不同的。财务分析的主体是指与企业存在一定的现时或潜在的经济利益关系,为特定的目的对企业进行财务分析的单位、团体和个人。一般而言,与企业有着经济利益关系的方方面面都会成为企业财务报表的用户,并且他们站在各自的立场上,为各自的目的,对企业的财务状况、经营成果及现金流量进行分析和评价。这些用户均构成财务分析的主体,包括企业所有者、企业贷款人、经营管理者、供应商和客户、政府部门、职工及潜在投资者等。财务会计报告分析的具体目的包括以下 7 个方面。

(一) 企业所有者财务分析的目的

按照现代企业理论,股东或业主是企业的所有者,拥有企业净资产的所有权,他们与企业经营者之间是委托代理关系。由于现代企业所有权与经营权的分离,作为委托代理关系的委托人:一方面,有权要求企业提供有关财务信息,了解企业财务状况、经营成果及现金流量,对其投资风险和投资回报做出估计和判断,为投资决策提供依据;另一方面,委托人需要选择优秀的经营管理者从事企业的经营活动,只有通过财务信息对企业经营者受托责任的履行情况进行分析评价,才能为选择经营管理者提供依据。因此,企业所有者是最重要的财务分析主体,他们对企业的投资回报及投资风险最为关注。一般投资者则更关心企业股息、红利的发放水平。拥有企业控制权的投资者,考虑更多的则是如何增强竞争实力,扩大市场占有率,降低财务风险,追求长期利益的持续、稳定增长。另外,对于上市公司的股东而言,他们还关心公司股票的市场价值,关心其在二级市场上的投资收益和风险。

美国股票投资专家巴菲特,其一条主要经验就是当企业股票的市面价格低于其价值时就投资。他认为:买股票不在于整个市场的涨跌,而在于所要买的股票价格是否比企业的价值低,投资股票本质上是选择企业,核心问题是判断企业到底值多少钱,即所谓的选股,而企业的价值的判断是根据企业的财务会计报告信息来做的;不应选市,选市是尽可能选择较低的市价进入市场,它是由股票总体供求关系决定的,而不是由企业业绩决定的。因此,企业投资者财务分析的目的主要包括:

(1) 了解企业的盈利能力及投资报酬率;
(2) 了解企业财务分配政策及股利分配率的高低;
(3) 了解企业的财务结构、资产结构和财务规划,从而预测企业未来的发展趋势。

(二) 企业贷款人财务分析的目的

企业贷款人包括向企业提供信贷资金的银行、公司及债券持有者等。债权人不能参与企业剩余收益分配,因而债权人必须对其贷款安全性予以高度关注。因此,债权人在进行企业财务会计报告分析时,最关心的是自己的贷款风险,必须判断企业是否有足够的支付能力,以保证其债务本息能够及时、足额地得到偿还。企业的财务报表恰恰能够帮助贷款人判断企业的偿债能力,因此,贷款人需要对企业的信用和风险情况及其偿债能力进行分析。

但短期债权人和长期债权人对企业财务信息关注的重点又有所不同,短期借款需要动用企业当期的资产偿付,所以短期贷款人关心企业的财务的流动性超过企业的收益性,更重视对企业短期财务状况和短期偿债能力的分析。长期贷款需要企业在数个会计年度内偿付,因此,长期贷款人重视企业未来较长时间内偿债能力的分析,要求根据企业现在的经营情况和财务状况预测其未来的经营前景、收益能力和偿付能力。

（三）企业经营管理者财务分析的目的

按照现代企业委托代理理论，企业经营管理者受托代理企业的经营管理业务，对股东投入的资本负有保值增值的责任。他们负责企业的日常经营活动，必须确保企业能支付给股东与其风险相适应的收益，及时偿还各种到期债务，并使企业的各种经济资源得到有效利用。为满足不同利益主体的需要，协调各方面的利益关系，企业经营者必须对企业经营理财的各个方面，包括营运能力、偿债能力、盈利能力及社会贡献能力的全部信息予以详尽的了解和掌握，以便及时发现问题，采取相应的对策，以进一步挖掘潜力，为经济效益的持续稳定增长奠定基础。具体而言，企业经营者财务分析的目的主要有：

(1) 了解企业资产的收益能力和流动性；
(2) 了解企业资产的结构和权益的结构；
(3) 预测企业未来的收益能力和流动性；
(4) 进行筹资和投资决策；
(5) 评价企业各项决策的执行情况。

（四）供应商和客户财务分析的目的

供应商是企业原材料等资源的提供者，在现代企业契约关系中，供应商是企业的经济利益关系人。在赊购业务过程中，企业与供应商形成了商业信用关系，他们必须判断受信企业的信用状况、风险情况及偿债能力，因此，供应商和贷款人类似，他们对企业的信用和风险情况及其偿债能力尤为关注。

企业商品的消费者是客户，也是企业的经济利益关系人。企业在为客户提供商品和劳务时，同时承担着商品质量担保的义务。客户关心的是企业连续提供商品和劳务的能力，希望通过财务信息了解企业的销售情况和企业的发展能力。

（五）政府部门财务分析的目的

政府与企业的关系表现在多种形式上。一方面，政府可以通过持有股权对企业行使全部或部分的业主权益，此时政府除关注投资所产生的社会效应外，还必然对投资的经济效益予以考虑，在谋求资本保全的前提下，期望能够同时带来稳定增长的财政收入；另一方面，政府对几乎所有企业实行程度不同的管制，此时政府是以社会管理者的身份利用企业财务报表，了解对其宏观经济管理、制定宏观经济政策有用的信息。

因此，政府考察企业的经营、理财情况，不仅需要了解企业资金占用的使用效率，预测财务收入的增长情况，有效地组织和调整社会资金资源的配置，而且还要借助财务会计报告分析，检查企业是否存在违法违纪、浪费国家财产的问题，最后，通过综合分析，对企业的发展后劲以及对社会的贡献程度进行分析考察。

（六）企业职工财务分析的目的

企业的职工通常与企业存在着长久、持续的关系。他们关心工作岗位的稳定性、工作环境的安全性及取得报酬的持续性和增长性。因此，他们关注企业的盈利能力及发展前景。

（七）潜在投资者财务分析的目的

潜在投资者的投资目的尽管千差万别，但都是出于对投资收益和资源的有效利用的考虑，因此，为了对自己的未来投资收益率做出合理的判断和评估，他们理所当然地会关注未来投资对象的财务状况和经营成果。

总之，企业财务分析主体构成的多元化导致了目标的多元化，从而构成财务分析的目标体系,分析目标的不同又导致了分析内容的不同。如投资者投资的目的是获得盈利,但在盈利过程中伴随着投资风险,所以他们的分析内容是企业发展趋势、投资风险、收益的稳定性和盈利能力的大小。债权人在确定或修正与企业的借贷关系时,为了保证其债权能如期完整地偿还,则要分析资产的安全性、企业的偿债能力和盈利能力。从企业的管理者来看,企业使用这些资产的目的是追求最大限度的利润,企业向所有者及债权人承担着资产经营管理的责任,即资产必须保值和增值。要达到这些目的,管理者必须通过财务分析来对企业的经营和理财的各个方面进行评价,剖析企业当前财务状况和财务成果产生的原因,洞察企业经营中的风险性、资产运用中的安全性和效益性,把握企业的发展趋势,为企业经营决策和控制提供依据。此外,其他利益相关者也有着不同的财务分析目的,如会计师事务所的目的是向投资者及有关单位确定企业提供的经营成果和财务状况的真实性、合法性、一致性等,要对企业财务报告进行查证、分析,财政、税务部门、银行等为了取得宏观调控需要的资料,也要对企业税金的缴纳、贷款的运用等方面进行分析。

尽管不同利益主体进行财务会计报告分析有着各自的侧重点,但就企业总体来看,财务会计报告分析可归纳为财务活动分析和财务效率分析两个方面。财务活动分析包括筹资活动分析、投资活动分析、经营活动分析和分配活动分析。筹资活动是以较低的资本成本和较小的风险取得所需要的资本;投资活动是以一定的资产、较小的风险取得尽可能大的产出;经营活动是以较低的成本费用,取得较高的收入,实现更多的利润;分配活动的目的在于兼顾各方面利益,从而使财务活动步入良性循环的轨道。财务效率分析包括盈利能力分析、偿债能力分析、营运能力分析和发展能力分析。偿债能力是财务目标实现的稳健保证,营运能力是财务目标实现的物质基础,盈利能力是两者共同作用的结果,同时也对两者起着推动作用。财务活动分析和财务效率分析两者相辅相成,共同构成企业财务会计分析的基本目标与内容。

第三节 财务分析的对象和内容

一、财务分析的对象

财务分析的对象是企业的各项基本经济活动。企业各项经济活动形成经济业务(会计事项),经过分类计算和汇总等会计处理,编制成财务报表,财务报表是企业活动的高度综合。财务报表分析就是从报表中获取符合报表使用人分析目的的信息,认识企业活动的特点,评价其业绩,发现其问题。因此,财务报表分析的对象是企业财务报表所反映的企业经济活动。

企业经济活动的内容相当丰富,形式多样,财务报表并不能够反映企业的全部经济活动,而只反映基本的经济活动。企业的基本经济活动分为筹资活动、投资活动、经营活动和分配活动等内容。

(一)筹资活动

在商品经济条件下,企业要想从事经营,首先必须筹集一定数量的资金,企业通过发行股票、吸收直接投资、发行债券、银行借款等方式筹集资金,表现为企业资金的流入。企业偿还借款、支付利息、股利以及付出各种筹资费用等,则表现为企业资金的流出。这种因为资金筹集而产生的资金收支便是企业的筹资活动。

筹资活动的结果一方面是取得运用现金(有时也包括非现金资产)的权利,它们在资产负债表的左方(资产)反映,另一方面是产生对债权人和所有者的义务,它们在资产负债表的右方(负债及所有者权益)反映。运用资产从事经营活动可以取得经营收益,它们反映在利润表的上半部分;履行义务需要支付利息和分配股利,它们反映在利润表的下半部分。筹资活动的过程(不是结果)是现金流入企业,以及向资金提供者偿还本金和支付利息和股利等,它们反映在现金流量表的第三部分(筹资活动产生的现金流量)。通过财务报表分析,人们可以了解企业的理财方针和筹资产生的效率。

(二) 投资活动

企业筹集资金的目的是把资金用于生产经营活动以便取得盈利,不断增加企业价值。企业把筹集到的资金投资于企业内部用于购置固定资产、无形资产等,便形成企业的对内投资;企业把筹集到的资金投资于购买其他企业的股票、债券或与其他企业联营进行投资,便形成企业的对外投资。无论是企业购买内部所需各种资产,还是购买各种证券,都需要支出资金。当企业变卖其对内投资的各种资产或收回其对外投资时,会产生资金的收入。这种因企业投资而产生的资金的收支,便是投资活动。

投资活动的直接结果是取得非现金资产,它们反映在资产负债表的左方(未投资的部分则表现为现金或银行存款)。投资活动的最终结果是运用资产赚取的收益,它们在利润表中反映。投资活动的过程是现金流出企业(同时非现金资产流入企业)以及收回投资时现金流入企业(同时非现金资产流出企业),它们反映在现金流量表的第二部分(投资活动产生的现金流量)。通过财务报表分析,人们可以了解企业投资的方针及其收益。

(三) 经营活动

在正常的经营过程中,企业会发生一系列的资金收支。首先,企业要采购材料或商品,以便从事生产和销售活动,同时,还要支付工资和其他营业费用;其次,当企业把产品或商品售出后,便可取得收入,收回资金;最后,如果企业现有资金不能满足企业经营活动的需要,还要采取短期借款方式来筹集所需资金。上述各方面都会产生企业资金的收支,这些都属于企业经营活动引起的财务活动。

经营决策的直接后果是取得收入和支出成本,它们反映在利润表的上半部分。经营活动占用的资源是资产,它们反映在资产负债表的左方。经营活动会引起现金流动,它们反映在现金流量表的第一部分(经营活动产生的现金流量)。通过财务报表分析,人们可以了解企业经营活动的方针和绩效。

(四) 分配活动

企业在经营过程中会产生利润,也可能因对外投资而分得利润,这表明企业有了资金的增值或取得了投资报酬。企业的利润要按规定的程序进行分配:要依法纳税;要用来弥补亏损、提取公积金、公益金;还要向投资者分配利润。这种因利润分配而产生的资金收支便属于分配活动。通过财务报表分析,人们可以了解企业各主要的分配渠道,分配金额的增减变动幅度、利润分配去向、结构是否合理合法等。

上述财务活动的4个方面不是相互割裂、互不相关的,而是相互联系、相互依存的。正是上述互相联系而又有一定区别的4个方面,构成了完整的企业财务活动,这4个方面也就是财务分析的对象。

二、财务报表分析的内容

财务分析在一个多世纪的发展中，逐步形成了一定的比较稳定的内容，主要包括以下3个方面。

(一) 财务活动分析

企业的各项财务活动直接或间接地通过财务报表体现出来。资产负债表是反映企业在某一特定日期财务状况的报表，它是企业筹资活动和投资活动的具体体现。利润表是反映企业在一定会计期间经营成果的报表，它是企业经营活动和根本活动的具体体现。所有者权益变动表是反映企业一定会计期间现金和现金等价物流入和流出的报表，它以现金流量为基础，是企业财务活动总体状况的体现。现金流量表是反映企业在一定会计期间现金和现金等价物（以下简称现金）流入和流出的报表。它以现金流量为基础，是企业财务活动总体状况的具体体现。

可见，财务报表从静态到动态，从权责发生制到收付实现制，对企业财务活动中的筹资活动、投资活动、经营活动和分配活动进行了全面、系统、综合的反映，对企业财务活动的分析，就是对企业财务报表的解读和分析。但是，财务分析绝不仅是直接使用报表上的数据计算一些比率，然后得出分析结论，还要通过阅读会计报表及其附注，明确每个项目数据的含义和编制过程，掌握报表数据的特性和结构。对会计报表的解读一般分为3个部分。

1. 会计报表的质量分析

企业披露的最主要的会计报表为资产负债表、利润表和现金流量表，涵盖6个会计要素和现金流量状况，所以，会计报表质量分析就是对财务状况质量、经营成果质量和现金流量表质量进行分析，关注表中数据与企业现实经济状况的吻合程度、不同期间数据的稳定性、不同企业数据总体的分布状况等。

2. 会计报表趋势分析

在取得多期比较会计报表的情况下，可以进行趋势分析。趋势分析是依据企业连续期间的会计报表，以某一年或某一期间（称为基期）的数据为基础，计算每期各项目相对基期同一项目的变动状况，观察该项目数据的变化趋势，揭示各期企业经营的情况和发展方向。

3. 会计报表结构分析

会计报表结构是指报表各内容之间的相互关系。通过结构分析，可以从整体上了解企业财务状况的组成、利润形成的过程和现金流量的来源，深入探究企业财务结构的具体构成因素及原因，有利于更准确地评价企业的财务活动情况。例如，通过观察流动资产在总资产中的比率，可以明确企业当前是否面临较大的流动性风险，是否对长期资产投入过少，是否影响了资产整体的盈利能力等。

(二) 企业财务效率分析

现代企业的生存与发展在很大程度上取决于企业的财务效率。为了正确把握和充分发挥企业的财务效率，有关分析主体需要对企业的财务能力进行分析与评价。现代企业的财务能力可归为4种能力，即盈利能力、偿债能力、营运能力和发展能力。与此相对应，财务能力分析的内容有盈利能力分析、偿债能力分析、营运能力分析和发展能力分析，以及在此基础上进行的财务综合分析。

1. 盈利能力分析

企业盈利能力也称获利能力，是指企业赚取利润的能力。首先，利润的大小直接关系到企业所有相关利益人的利益，企业存在的目的就是最大限度地获取利润，所以，盈利能力分析是财务分析中最重要的一个部分。其次，盈利能力还是评估企业价值的基础，可以说，企业价值的大小取决于企业未来获取利润的能力。最后，企业盈利指标还可以用于评价内部管理层受托责任的履行情况。在盈利能力分析中，应当明确企业盈利的主要来源和结构、盈利能力的影响因素、盈利能力的未来可持续状况等。

2. 营运能力分析

企业营运能力主要是指企业资产运用、循环的效率高低。如果企业资产运用效率高、循环快，则企业能以较少的投入获取比较多的收益，减少资金的占用和积压。营运能力分析不仅关系到企业的盈利水平，还反映企业生产经营、市场营销等方面的情况，通过企业营运能力分析，可以发现企业资产利用效率的不足，挖掘资产潜力。一般而言，营运能力分析包括流动资产营运能力分析和总资产营运能力分析。

3. 偿债能力分析

企业的偿债能力是关系到企业财务风险的重要内容，企业使用负债融资，可以获得财务杠杆利益，提高净资产收益率，但随之而来的是财务风险的增加。如果企业陷入财务危机，企业相关利益人都会受到损害，所以，应当关注企业的偿债能力。企业的偿债能力分为短期偿债能力和长期偿债能力，两者的衡量指标不同，企业既要关注即将到期的债务，还应当对未来远期债务的偿还进行规划。企业偿债能力不仅与债务结构相关，而且还与企业未来的收益能力联系紧密，所以，在分析时应结合其他部分的能力分析。

4. 发展能力分析

企业发展的内涵是企业价值的增长，是企业通过自身的生产经营，不断扩大积累而形成的发展潜能。企业发展不仅仅是规模的扩大，更重要的是企业收益能力的上升，一般认为，是净收益的增长。同时，企业发展能力受到企业的经营能力、制度环境、人力资源、分配制度等诸多因素的影响，所以，在分析企业发展能力时，还需要测度这些因素对企业发展的影响程度，将其变为可量化的指标加以表示。总之，对企业发展能力的评价是一个全方位、多角度的评价过程。

5. 财务综合分析

在以上对企业各个方面进行深入分析的基础上，应当给企业相关利益人提供一个总体的评价结果，否则仅仅凭借某个单方面的优劣难以评价一个企业的总体状况、综合竞争力之间的相关关系，得出关于企业整体财务状况及效果的结论。财务综合分析采用的具体方法有杜邦分析法、沃尔评分法等。

第四节 财务分析的原则和评价基准

一、财务分析的原则

财务报表分析的原则是指各类报表使用人在进行财务分析时应遵循的一般规范。可以概括为以下7个方面。

（一）目标明确原则

目标明确原则是指企业财务报表使用者在进行财务报表分析之前，必须明确分析的目的，即要解决的问题。财务分析的目的决定了分析所需要的资料、分析的步骤和方法以及需要得到的结果，也关系到分析的深度和质量。没有明确的分析目的，分析将无从下手，分析结果可能会失去意义。

（二）全面性原则

全面性原则是指分析人员要全面系统地研究分析对象，要以全面的观点、辩证的观点、一分为二的观点分析和研究有关问题，避免以偏概全、以点代面。分析时应注意财务问题与非财务问题、有利因素与不利因素、主观因素与客观因素、经济问题与技术问题、外部问题与内部问题等，对企业财务状况、经营活动以及经营成果进行全方位、多角度、分层次的分析、研究和评价。

（三）客观性原则

客观性原则是指分析要从实际出发，坚持实事求是，客观反映情况，反对不尊重事实、主观臆断、结论先行、搞数字游戏的做法。唯有在分析中坚持客观性原则，才能给科学合理的结论奠定坚实的基础，才能向使用主体提供准确、有用的分析结果。

（四）相关性原则

相关性原则也称有用性原则，只有能够为信息使用者决策提供有用信息的分析，才具有利用的价值。所以，财务报表分析应充分利用财务报表信息资料，通过分析为决策者提供有用的资料依据。例如：作为债权人，其决策所需要的信息主要是企业偿债能力方面的信息；作为投资者，其决策所需要的信息主要是企业盈利能力方面的信息；而对企业管理者来说，其决策所需要的信息则涉及财务报表分析的各个方面。因此，相关性是财务报表分析的基本前提。

（五）动态分析原则

企业生产经营活动是不断发展变化的，对企业的财务状况和经营成果应该用发展的眼光看待，而不是仅仅局限于静态层面。财务报告本身是企业"过去"经营活动过程和经营结果的综合反映，而使用主体使用分析报告的目的不仅是总结过去、把握现在，更重要的是决策未来。况且，企业的经营活动是持续进行的，企业的内外环境、财务状况是不断变化的，因此，财务分析必须在总结过去的基础上，立足现在，分析与把握未来。

（六）及时性原则

及时性原则是指企业财务分析应当及时进行。任何信息的价值都有其时间性，从决策角度上讲，信息越及时其价值就越高。过时的信息只能作为历史资料，对决策用处不大。所以，只有及时进行企业财务分析，才能保证分析信息的时效性，才能为有关决策提供有用的依据。

（七）系统性原则

系统性原则是指分析主体在进行企业财务分析时，要注意事物之间的内在联系，注意局部与全局的关系、收益与风险的关系，避免用片面、孤立的思维方式分析问题。财务报告是对一个企业财务状况和经营成果的系统反映，各类报表之间、数据之间有着千丝万缕的联系，因此，分析主体在分析过程中必须注意相关报表、相关项目、相关数据、相关要素之间的联系,从总体上把握企业财务状况,全面、客观、系统地反映企业经营活动的全貌,合理评价企业的经营业绩。

二、财务分析的评价基准

财务分析是建立在比较基础上的,没有比较就没有优劣之分,一个单独计算的比率或数据是不能说明问题的,而比较就需要有一定的基准。

(一)财务分析基准的含义

财务分析基准是财务分析过程中据以评价分析对象的基准。任何事物都必须有比较才有鉴别,才能分出优劣。财务分析也不例外,财务分析是针对企业财务状况和经营成果"好"或"坏"进行判断的过程,而"好"和"坏"是相对的,孤零零的一个比率不能说明什么实质性的问题,如果不进行比较就无法进行判断,必须将其与其他确定的标准比率相比较。比如,我们经常说的某企业具有较强的短期偿债能力,其意是指相对于某一标准来说,该企业的短期偿债能力较强。因此,财务分析的过程其实也就是采用特定的分析方法以进行比较的过程,这一比较的基准便是财务分析基准。

(二)财务分析基准的种类

财务分析基准设立与选择的目的是对企业的财务状况和经营成果做出恰当的判断,根据国外经验,结合我国实际情况,作为分析对比依据的标准通常有以下 3 种。

1. 目标标准

目标标准又可称为预计标准和理想标准,它是指企业内部或外部分析者按有关背景资料或企业预算、计划等所预计的最佳或理想标准。以实际数据及实际指标与目标标准相比较,可以对企业完成计划或实现目标的情况进行分析和判断,以目标标准为基准,对企业财务状况和经营成果做出判断,并对企业财务管理工作的效率和成果做出判断。目标标准一般为内部分析者进行内部考核时运用。

2. 行业标准

行业标准是指同行业其他企业在相同时期的平均水平。分析者可以根据同行业的有关资料通过统计方法测算出来。行业标准是最为常用的财务分析基准,通过实际数据与行业标准的比较,能够直接做出企业财务状况和经营成果优劣的判断。因为行业标准代表的是行业平均水平,若某项目水平实际状况好于行业标准,说明企业该项目水平在行业平均水平之上。

3. 历史标准

历史标准是以本企业历史上的最佳状况或最近一期的状况作为比较的基准。由于各企业间的实际情况千差万别,企业财务状况和经营成果必然受到各种因素的影响,财务分析者在对企业财务状况和经营成果做出判断的过程中,要剔除外部特殊因素对企业财务状况和经营成果的影响,一方面反映企业的真实水平,另一方面考核和评价企业各部门的业绩。进行这一工作的可行方法是采用内部标准,即以企业历史数据为比较标准,将企业间的环境差别因素剔除出去。

以上 3 种标准中,目标标准可根据企业预算或计划,通过预计财务报表等资料计算出来,历史标准和行业标准则可以通过算术平均法、中位数法和报表汇总法等确定。

(三) 财务分析基准的选择

以上分析标准的实质是从不同的侧面形成比较的参照物,在实际财务分析工作中,分析者可以根据分析的目的,分析企业的实际情况,选择恰当的分析标准。若财务分析之目的是考察预算完成情况,则使用目标标准;若对企业发展趋势进行考察,则使用历史标准;若外部分析者对企业进行独立的评价,则使用行业标准;若企业所在行业数据比较容易获得,则使用行业标准,若所在行业数据不易获得,则使用行业标准就较为困难。当然,分析标准的选择是比较灵活的,并且在分析过程中并不是仅仅选择一种分析标准,更多的是综合使用多种标准,以对企业财务状况和经营成果进行全方位的考察。在选择分析标准时,分析者必须注意,它与所要分析的指标之间要具有可比性,这是分析标准选择最重要的原则。也就是说,据以形成分析标准的另外一些企业,或本企业在历史上、预计期内,必须与企业报告期内在行业性质、生产规模、会计期间、会计政策和财务政策等方面尽量做到一致,而且遇有物价变动,还应将物价变动对财务状况和经营成果的影响予以剔除。

第五节 财务分析的体系

财务分析应该就哪些方面进行,这个问题是我国财会界最近讨论的热点问题之一,这主要是由于我国财会学科体系在内容上一直存在交叉重叠、界限不清的现象。建立独立的财务分析学,必须将财务分析的内容作为一个独立的问题进行系统深入的分析。

一、财务分析学科属性的界定

学科属性的界定是指学科研究领域的划分、范围的大小、全面和部分的区别等。

(一) 财务分析与经济活动分析的关系

我国财务分析一直是作为经济活动分析的一个组成部分存在的,而经济活动分析又是20世纪50年代从苏联引进的。财务分析要独立成学科,先要研究这两者之间的关系。从财务分析与经济活动分析的关系看,其共同点在于"分析",如有着相同或相近的分析程序、分析方法、分析形式等,但同时它们又有以下3个方面的区别。

(1) 分析的主体不同。财务分析的主体具有多元性,可以是企业的投资者、债权人,也可以是企业经营者、企业职工及其他与企业有关或对企业感兴趣的部门、单位或个人。经济活动分析通常是一种经营分析,分析的主体是企业经营者或职工。

(2) 财务分析与经济活动分析的依据不同。财务分析依据企业内部与外部两方面的资料,如企业会计报表资料及有关的市场利率、股市行情、国家政策信息等资料;经济活动分析的资料则主要是企业内部的各种会计资料、统计资料、技术或业务资料等。

(3) 对象与内容不同。财务分析的对象是企业财务活动,包括资金的筹集、投放、耗费、回收、分配等。经济活动分析的对象是企业的经济活动,除了财务活动,还有生产活动。

财务分析由比较、分类、类比、归纳、演绎、分析和综合等认识事物的步骤和方法组成。其中,分析与综合是两种最基本的逻辑思维方法。因此,财务分析的过程也可以说是分析与综合的统一,是从传统的经济活动分析中独立出来的一门学科,财务分析学既属于经济分析学科体系中的一门分支学科,又是会计学和财务管理学的一门交叉学科。

（二）财务分析与财务会计的关系

财务分析以财务会计核算的报表资料为依据,没有财务会计资料的正确性就没有财务分析的准确性。财务分析中的财务报表分析,要以会计原则、会计政策选择等为依据进行。以会计学为基础的财务报表分析也称为会计分析,因而在某种程度上可以认为会计分析是财务会计的一部分。在西方的一些基础会计学中,通常有财务报表分析部分,但是对财务会计资料进行的分析并不是财务分析的全部含义。虽然我国的会计学教材中设置财务分析一章的较少,但有时也涉及会计分析部分,主要包括对财务报表分析的基本方法的介绍,如水平分析法、垂直分析法和趋势分析法等,也包括会计政策变更对财务报表的影响分析。总之,会计分析以会计报表信息为基本出发点,运用水平分析法、垂直分析法和趋势分析法等方法对影响会计报表的因素进行分析和调整,为财务比率分析奠定基础。此外,财务分析与成本会计、管理会计在企业内部生产经营管理方面是有一定联系的。财务分析也需要以成本会计和管理会计的一些资料为依据进行。

从财务会计与财务分析之间的区别与联系中理解什么是财务分析以及为什么需要财务分析。财务会计研究的焦点在于如何提供信息,即研究如何向企业的利益相关人提供决策相关信息及相关理论与技术问题。从理论的角度来看,财务会计首先界定企业的利益相关群体,其次研究这些群体需要做出哪些经济决策,这些决策需要哪些信息,最后研究如何确认、计量和报告交易与事项对他们决策的影响。换言之,财务会计主要研究如何将交易与事项对企业财务状况、经营成果与资金变动情况的影响翻译成会计语言(即所谓的通用商业语言),并以财务报告的形式将这种影响同会计信息的用户(即利益相关人)进行沟通。财务会计是对企业目标实现程度、企业履行其义务的情况所做的陈述与披露,而财务分析则从对企业所做的陈述与披露的解读与分析中,评价企业目标的实现程度与其义务的履行情况,即财务分析主要研究企业利益相关人如何解读这些信息。信息的解读过程是信息生成过程的逆过程。不同的利益相关人,他们与企业利益相关的性质不一样,其信息需求、对会计信息关注的重点(即分析目标)、使用的分析方法等也就不尽相同。财务分析这门课程不仅要讨论财务分析的一般目标与一般方法,还要分别研究不同的利益相关人不同的分析目标与分析方法。

（三）财务分析与财务管理的关系

财务分析与财务管理的相同点在于"财务",都是将财务问题作为研究对象。财务分析与财务预测、财务预算、财务控制、财务评价与激励一样,都属于财务管理的职能。财务分析在财务管理工作中起到基础作用,为筹资活动、投资活动与分配活动的决策提供有用的信息。区别在于:① 服务对象不同。财务分析服务对象包括投资者、债权人、经营者等所有有关人员,而财务管理的服务对象主要是企业内部的经营者和所有者。② 研究财务问题的侧重点不同。财务分析侧重于研究财务活动状况和结果,财务管理则侧重于研究财务活动的整个过程。③ 财务分析与财务管理的职能与方法不同。财务分析的职能与方法往往只局限于对财务报表的比率分析,不是财务分析的全部含义,财务管理的职能与方法主要运用于财务预测、决策、计划、控制、分析、考核等。④ 财务分析与财务管理结果的确定性不同。财务分析以实际的财务报表等资料为基础进行分析,其结果具有确定性。财务管理的结果往往是根据预测值及概率估算的,通常是不确定的结果。

可见,财务分析与经济活动分析、财务管理以及会计有联系,但是,无论是经济活动分析、财务管理还是会计都不能完全替代财务分析。财务分析正是在经济活动分析、财务管理和会计学基础上形成的一门独立的边缘学科。所谓独立学科,就是说它将与企业经济活动分析、财务管理、会计学相互并列,而不是某学科的组成部分;所谓边缘学科,就是说财务分析与企业经济活动分析、财务管理和会计学有交叉,是在各学科有关分析内容基础上形成的经济应用学科,而不是与这些学科毫不相关。正如管理会计是在管理经济学与会计学基础上形成的边缘学科一样,管理经济学是在管理学与经济学基础上形成的边缘学科。作为一种边缘学科,财务分析的建立并不一定要取代经济活动分析、财务管理和会计学中的分析内容。

二、本书的结构

结合国内外财务分析体系和内容,本书将财务分析归纳为四篇十四章。

第一篇财务分析概论,是财务分析的原理篇,介绍了财务分析的基本理论和基本方法,包括财务分析概述、财务分析程序和方法、财务分析信息三章内容。第一章财务分析理论概述,首先介绍了财务分析的产生与发展,然后论述了财务分析的内涵与目标,接着分析了财务分析的对象和内容,最后阐述了财务分析的标准。第二章财务分析程序和方法,首先论述了财务分析的基本程序,然后分别介绍了比较分析法与趋势分析法、比率分析法与因素分析法,最后阐述了综合分析法。第三章财务分析信息,首先论述了财务分析信息的内涵,然后从财务报表、报表附注、审计报告等方面论述了财务报告及审计报告的结构和作用,接着介绍了财务分析的市场与政策信息,最后介绍了其他信息。

第二篇为财务活动分析,主要从会计分析角度对筹资活动、投资活动、经营活动和分配活动等财务活动进行分析,包括筹资活动分析、投资活动分析、经营活动分析和分配活动分析四章内容。第四章筹资活动分析,首先论述了筹资活动分析的内涵,然后从筹资活动规模和结构两方面阐述了筹资活动的全面分析,接着分别从负债筹资、所有者权益筹资两方面阐述了筹资活动的具体分析,最后介绍了筹资规模与结构优化分析。第五章投资活动分析,首先论述了投资活动分析的内涵,其次从投资活动规模和结构两方面阐述了投资活动的全面分析,最后分别阐述了流动资产、长期股权投资、固定资产、无形资产及其他投资活动的具体分析。第六章经营活动分析,首先论述了经营活动分析的内涵,然后从经营活动规模和结构两方面阐述了投资活动的全面分析和经营活动分析的全面分析,最后从收入、成本费用两方面阐述了经营活动的具体分析方法。第七章分配活动分析,首先论述了分配活动分析的内涵,然后从分配规模和结构两方面阐述了分配活动全面分析,接着阐述了利润分配各项目的分析,最后介绍了股利分配政策的分析方法。

第三篇为财务效率分析,主要从财务比率分析角度研究企业财务效率及变动情况,包括盈利能力分析、营运能力分析、偿债能力分析、发展能力分析和财务效率综合分析五章内容。第八章盈利能力分析,首先论述了盈利能力分析的内涵,然后分别对资本经营盈利能力、资产经营盈利能力、商品经营盈利能力进行分析,接着对影响盈利能力的关键因素主营业务利润进行因素分析,最后对上市公司盈利能力进行分析。第九章营运能力分析,首先论述了营运能力分析的内涵,然后对全部资产营运能力进行分析,接着对流动资产营运能力进行分析,这是营运能力分析的重点,主要包括对流动资产周转率的分析和对加速流动资产周转对资产和收入的影响的分析,最后对固定资产营运能力进行分析。第十章偿债能力分析包括企业短期偿债能力分析和长期偿债能力分析两部分。短期偿债能力分析在明确影响短期偿债能力因素的基础上,通过对流动比率、速动比率等指标的计算与分析,评价企业的短期偿债能力状况。长期偿债能力分析则主要通过资产负债率等指标的计算与分析,评价企业的长期偿债能力及其财务风险程度。第十一章发展能力分析,首先阐述了发展能力分析的内涵,接着从企业单项指标角度分析企业的发展能力,包括资产增长、收入增长和净利润增长能力等,最后从企业整体发展角度进行综合分析。第十二章财务效率综合分析,首先论述了财务综合分析的内涵,然后应用杜邦分析法对企业综合能力进行分析,最后介绍了杜邦分析法的改进——帕利普分析法。

第四篇财务分析的应用,主要介绍财务分析方法在企业业绩评价与财务预警中的应用,包括财务分析在业绩评价中的应用和财务分析在财务预警中的应用两章内容。第十三章财务分析在业绩评价中的应用,首先论述了业绩评价的内涵,然后阐述了综合评分法在业绩评价中的应用,接着阐述了经济增加值在业绩评价中的应用,最后介绍了平衡计分卡在业绩评价中的应用。第十四章财务分析在财务预警中的应用,首先论述了财务预警的内涵,接着阐述了财务预警分析的方法,最后介绍了财务预警分析的应用。

本 章 小 结

财务分析的起源几乎与财务报表的产生是同步的,它产生于资产负债表分析,形成于美国20世纪初的信用分析。但直到形成了一定的财务报表信息的解读方法之后,财务分析这门科学才得以形成。尽管20世纪初财务报表分析技术出现了许多重大的突破,但直到20世纪50年代,财务分析才成为一门独立的学科。财务报表分析法的发展是在财务报表分析目标的不断变化中发展起来的。现代财务报表分析体系是一个多目标的分析体系,动态地看,从起初的对资产负债表的信用分析和一般的投资分析到重视利润表的盈利能力分析,从资产负债表、利润表和现金流量表相结合的全面系统的筹资分析、投资分析、内部经营管理分析再到企业价值评估、证券分析、并购与重组分析等,财务报表分析不断扩大分析的目标和内容。

对于财务分析的定义,国内外学者有多种表达形式。要正确理解财务分析的基本内涵,必须搞清以下几个问题:财务分析是一门综合性、边缘性学科;财务分析有完整的理论体系;财务分析有健全的方法论;财务分析有系统客观的资料依据;财务分析有明确的目的和作用。财务分析的目的是进行财务分析的最终目标,为财务报表使用者做出相关决策提供可靠的依据。财务分析的目的受财务分析主体的制约,不同的财务分析主体进行财务分析的目的是不同的。

财务分析的对象是企业的各项基本活动。企业的基本活动分为筹资活动、投资活动、经营活动和分配活动。财务报表分析的内容包括财务活动分析和财务效率分析。财务活动包括筹资活动、投资活动、经营活动和分配活动,对企业财务活动的分析就是对企业财务报表的解读和分析。财务效率分析就是对企业的盈利能力、偿债能力、营运能力和发展能力进行分析,以及在此基础上进行的财务综合分析。

财务分析的原则是指各类报表使用人在进行财务分析时应遵循的一般规范,它可以概括为目标明确原则、全面性原则、客观性原则、相关性原则、动态分析原则、及时性原则和系统性原则。财务分析的基准是财务分析过程中据以评价分析对象的基准。财务分析的基准有目标标准、行业标准、历史标准,分析者可以根据分析的目的,分析企业的实际情况,选择恰当的分析标准。

财务分析与经济活动分析、财务管理以及会计有联系,但是,无论是经济活动分析、财务管理还是会计都不能完全替代财务分析。财务分析正是在经济活动分析、财务管理和会计学基础上形成的一门独立的边缘学科。

复习思考题

1. 财务分析产生与发展的影响因素有哪些?
2. 如何理解财务分析与会计学与财务管理学的关系?
3. 怎样理解财务分析的基本内涵?
4. 如何理解财务分析的目的?
5. 财务分析的内容包括哪些?
6. 财务分析的基准有哪些?怎样选择?

案 例 分 析

JMC汽车集团有限公司创立于1947年,是我国汽车整车出口基地和轻型柴油商用车最大的出口商之一,列2018中国制造业企业500强第88位,中国企业500强第205位。2018年,JMC集团实现销售收入282.49亿元,整车销量41.6万辆。

JMC集团以"成为一流的汽车和关键零部件服务制造商"为企业愿景,拥有39家一级子公司,业务涵盖整车和零部件制造,同时广泛涉足汽车进出口、汽车金融、汽车回收拆解、汽车发动机再制造、物流、房地产等领域。整车产品涵盖商用车、乘用车、专用车及新能源汽车,拥有JMC系列、易至系列、福特系列、陆风系列、驭胜系列、五十铃系列、晶马系列、骐铃系列等汽车品牌,同时具备新能源汽车三电系统、汽车发动机、变速箱、车身、车架、前桥、后桥等关键零部件自主研发制造能力,形成了融数字化平台、发动机设计、整车设计、造型设计、试验开发五位一体的核心能力,建有国家级企业技术中心和博士后科研工作站。

JMC集团以"广泛吸纳资源、着眼竞争内涵、坚持自主创新、科学持续发展"为战略思想,与美国福特公司、日本五十铃公司等世界优强企业开展合作,设有12座海外运营中心,产品覆盖全球115个国家和地区。

公开披露的财务报告显示,JMC汽车在2015—2018年营业收入增加的同时,利润总额和净利润却呈现逐年下滑的趋势。JMC汽车自2015年起4年的财务报表主要数据如表1-1所示。

表1-1 JMC汽车财务报表主要数据　　　　　　　　　　　(单位:万元)

	2015年	2016年	2017年	2018年
营业收入	2 452 789	2 663 395	3 134 575	2 824 934
营业成本	2 061 485	2 061 272	2 504 509	2 440 955

(续表)

	2015 年	2016 年	2017 年	2018 年
投资收益	872	1 673	1 166	1 323
利润总额	250 960	148 169	76 182	3 964
净利润	222 206	131 802	69 094	9 183
经营活动净现金流量	192 480	459 339	67 481	−10 159
投资活动净现金流量	−119 715	−87 515	−66 906	−113 892
筹资活动净现金流量	−84 309	−90 006	−53 366	−228 033
项目				
流动资产	1 346 045	1 632 276	1 812 637	1 482 474
应收账款	216 605	167 102	296 145	330 116
固定资产	468 676	558 836	603 651	567 895
长期股权投资	4 099	3 989	3 787	4 011
无形资产	68 385	74 209	80 804	83 830
总资产	2 105 073	2 449 379	2 638 376	2 339 653
流动负债	887 928	1 186 769	1 354 108	1 266 895
非流动负债	19 030	21 686	27 028	34 308
所有者权益	1 198 114	1 240 924	1 257 240	1 038 450

关于JMC汽车的其他相关分析信息请查阅其相关年度的年度报告。

思考：

1. 是哪些因素影响了JMC汽车的盈利水平，并且是否在未来期间仍将延续这种增收不增利的态势？企业应如何采取措施保障其完成自身的战略目标？

2. 结合上述内容，请思考财务报表信息在财务分析中的作用，并站在不同利益相关者角度阐述财务分析的目的和内容上有何不同。

3. 2019年JMC汽车的经营业绩和财务状况如何？

第二章　财务分析方法

引导案例

光线传媒,股票代码为300251,全名是北京光线传媒股份有限公司,于1998年成立,经过20年的不断发展,光线传媒已经成为中国最大的民营传媒娱乐集团。光线传媒平均每年投资将近20部电影,电影业务在中国电影行业的综合排名已经连续3年位列第一,比较成功的优秀影片有《美人鱼》《泰囧》《大鱼海棠》《谁的青春不迷茫》《匆匆那年》《分手大师》《从你的全世界路过》《嫌疑人X的献身》《大护法》《鬼吹灯之寻龙诀》等近百部。从2006年至今,光线传媒投资制作出品的电影票房总数已经超过200亿元。经过统计,2018年光线传媒投资20%以上同时拥有发行权的电影票房总数为55.76亿元,2019年票房总额为64.6亿元,依然处于行业领先地位。

从企业的经营业务收入来看,2019年光线传媒主要的经营业务包括影视剧、视频直播、游戏这3个方面。2016年,光线传媒影视剧带来的收入为136 920.95万元,占了整个营业总收入的79.08%,其次是视频直播的营业收入,为25 062.60万元,占2016年全年营业总收入的14.48%,剩下的是游戏及其他业务,营业收入为11 147.61万元,占全年营业总收入的6.44%。中国大陆的营业收入为165 734.66万元,占了总收入的96%。从企业营收的区域分布来看,国外的营业收入为7 396.5万元,占了营业收入总数的4%。根据2019年的情况,光线传媒虽然已经进军了国际市场,但国内市场仍是其主要的营业收入来源。从企业最近几年营业总收入的变化情况来看,2013年的营业总收入为69 792.51万元,2014年营业总收入为103 385.53万元,2015年略微下跌为90 417.18万元,2016年再次上涨到121 807.16万元,2017年继续上涨突破15亿元大关,达到了152 329.47万元,2018年为173 131.16万元。

根据上述材料,如果你是一名投资者,你将如何分析、评价该公司的经营情况?采用什么方法和指标来进行财务分析?通过这一章的学习,将有助于掌握财务分析的方法从而提高财务分析的能力。

【教学目的与要求】

本章的教学目的是使学生掌握财务分析方法的基本理论体系,包括财务分析方法的含义、理念、分析方法的种类及局限性和防范措施;了解比较分析法的不同形式,熟悉趋势分析法的运用,明确比率分析法的分类与作用,掌握因素分析法的原理,了解不同综合分析法的作用。

第一节 财务分析方法概述

财务分析是企业管理过程中非常重要的工作之一,以企业所提供的财务报告、行业信息及国家相关政策等资料为基础,对企业的财务状况和经营成果进行分析和评价,在分析和评价中构建的方法则为财务分析方法,财务分析方法是完成财务分析任务、实现财务分析目的的技术手段。

一、财务分析的基础理论

财务分析主要是评价过去的经营业绩、衡量现在的财务状况、预测未来的发展趋势,为财务报表使用者做出相关决策提供可靠的依据,其财务分析的对象、方法会受到相关理论的影响,这些理论主要包括信息不对称理论、应计制会计理论、有效市场假说理论和契约理论。

(一)信息不对称理论

哈耶克指出"资源的任何配置都是特定决策的结果,而人们做出任何决策都是基于给定的信息"。因此,经济生活中所面临的根本问题不是资源最优配置而是如何最好地利用分散在整个社会中的不同信息。资源配置的优劣取决于决策者所掌握信息的完全性与准确性。信息经济学的研究成果表明,现实经济生活中,各当事人掌握的信息往往是不完全、不对称的。信息不对称理论认为,资本市场信息不是完全透明和公开的,由于信息壁垒的存在以及信息获取成本的不同,市场中各利益相关者获取信息的渠道和完整度存在一定程度的差异,资金的使用方和供给方存在一定的信息不对称,理性经济人无法准确掌握所有的信息,并合理地做出最优决策。在证券市场上,信息不对称主要有两种类型:① 投资者之间的信息不对称;② 公司管理层和投资者之间的信息不对称。投资者之间的信息不对称使得拥有较多信息的投资者有动机"积极"交易,他们可以凭借信息优势在与信息较少投资者的交易中获利。公司管理层和投资者之间的信息不对称会产生逆向选择和道德风险问题。逆向选择问题是指公司管理层凭借掌握更多信息,可以通过信息优势来损害投资者的利益,如通过扭曲财务报表来误导投资者的买卖决策。道德风险问题是指在所有权和经营权分离之后,在信息不对称情况下股东对管理人员的监督难度加大、成本升高,管理层有可能偷懒或推卸责任。

公司管理层出于报酬契约、债务契约、税收、监管等目的可能会加剧上述逆向选择和道德风险问题,从而导致财务报告存在被粉饰的可能性,提高了信息不对称程度。为了保护利益相关者的信息获取权益,降低信息不对称,信息使用者需要对财务报表信息按照一定的方法进行财务信息的分解、分析、加工。

(二)应计制会计理论

20 世纪 60 年代之前,经典研究学派在会计学术界占统治地位,目前仍然是会计准则制定的框架基础,对现行的财务报表体系有着重大的影响。该学派认为公司的内涵价值是客观存在的,因此,他们试图从理论的角度寻求所谓的最佳会计方法,以确保财务报表能够尽可能反映公司的内涵价值,于是应计制便产生了。应计制强调会计中的配比概念,指出收入和费用之所以应当被记录，是因为所做出的努力和所取得的成就应予以恰当配合，而只报告现金收入和现金支出难以产生合适的配比。然而，应计制在实际运用时具有一定的主观性，需要依靠大量的假设。并且随着时代的发展，公司组织结构日益复杂，关联方交易极为频繁，各种融资、投资方式不断被创新，这将直接加大应计制会计的难度，使得应计制下的财务报表难以被投资者所理解。更为重要的是，由于公司管理层对实际经营情况了如指掌，具有相对的信息优势，他们往往受托对应计制财务报表的编制做出估计和假设。如果他们在会计估计和判断中或多或少地掺杂私人动机，就更加大了投资者对报表理解的难度，导致财务报表不能直接揭示出公司的内在价值。

应计制财务报表的复杂性为财务报表分析提供了两方面的契机。第一，利用财务报表分析的方法和工具能够排除技术性错误。经济业务的复杂性使得应计会计需要大量估计和预测，虽然公司管理层拥有相对信息优势，但仍是"有限理性"，无法做出完全准确的判断，而利用系统的财务报表分析方法和手段有助于在排除这些技术性错误时发挥作用。第二，通过系统的财务报表分析指标和手段能够纠正经理人员的会计政策选择。公司管理层在进行会计政策的选择过程中，也会使会计数据产生噪声和偏误，通过系统的财务报表分析能够以客观公正的态度纠正经理人员所做出的不当会计政策选择。

(三) 有效市场假说理论

有效市场假说在财务分析的发展过程中扮演了十分重要角色。法玛对有效市场定义如下：如果资产价格完全反映了可获得的信息，则市场有效。一般地说，信息可以分成3个层次：① 历史信息，如过去几年的股价变动情况；② 可公开获得的信息，不仅包括了历史信息，还包括从其他渠道获得的信息；③ 所有可用的信息。除了上述3类外还包含内幕信息。相应地，市场有效性也划分为3种类型：弱式有效市场、半强式有效市场和强式有效市场。完全有效的市场只可能是一种理性状态，而市盈率、面值市价比和盈余漂移等异常现象从经验证据上支持了其不可能性。因此，期望能够全面、充分、正确及时地发掘出财务报表中所有的信息含量是不现实的，而且市场的有效性不仅依赖于信息的可获取性，还依赖于对信息的正确解释。现实中的相对有效市场显然存在足够空间使得利用财务分析方法进行财务报表分析成为一项价值发现的活动。

实际上，有效市场的概念并没有对财务报表分析价值"说长道短"，无论是其定义还是与市场效率相关的经验证据，都丝毫没有涉及信息反映价格的复杂过程，而这种复杂过程很大一部分是由财务报表分析来完成的。正是因为有足够的财务报表分析行为，才使得难以理解的复杂会计信息成为普通投资者可以利用的信号，推动投资者挖掘更多信息源来解释现有会计信息或预测未来的会计数据，并且在会计信息的指引下，更多的信息源得以被发掘。另外，通过对公司会计政策进行深入理解，能够不断接近公司经营情况的真相，并且不断地将各种信息反映到价格中，推动了市场的有效性，使市场价格进一步回归于其内涵价值。证券市场有效程度的提高反过来又对有效的财务报表分析行为提出了更高的要求。这样，市场便与财务报表分析形成良性互动的关系。

(四) 契约理论

契约理论是研究在特定交易环境下分析不同合同人之间的经济行为与结果的理论。其中，代理问题是契约理论的主要内容之一，主要关注代理关系。这里的代理关系是指"一个或若干委托人聘用其他人(代理人)代表他们从事某种活动的一种契约关系，其中包括授予代理人某些决策权",委托人和代理人都被假定为只受自身利益激励,但同时也意识到他们的共同利益。代理人尽力最大化其可以获取的契约收入,但受制于必要的努力水平;委托人尽力最大化使用资源所带来的报酬,但受到支付给代理人费用水平的影响,这种双方利益的不一致会导致冲突。这些利益冲突被认为只有通过签署双方都同意的契约才能达到均衡状态,但管理层的会计政策选择会影响契约的签订和执行,最终影响契约均衡,如管理层可能出于报酬契约、债务契约和政治契约等动机来进行盈余甚至报表粉饰,这严重影响财务分析系统信息输入(报表数据)的质量。因此,科学的财务报表分析首先要对所处的"契约环境"进行考察,并关注其可能对财务报表数据造成的影响。此外,应遵从"具体问题具体分析"的原则,充分考虑多种契约因素对会计政策选择的影响,通过选择合理的财务分析方法识别会计政策选择对管理层自身效用或公司市场价值最大化的影响。

二、财务分析基本方法

一般而言,财务报表分析方法大体可以分为定性分析方法、拟定量分析方法和定量分析方法。拟定量分析方法难以准确界定,可以将拟定量分析法划入定量分析法或定性分析法,或者兼而有之。所以,财务报表分析方法也可以只分为定性分析法和定量分析法。

下面重点介绍通常使用的财务方法,其中:定性分析方法有经验判断法、会议分析法、专家分析法和类比分析法;定量分析法有比较分析法、比率分析法、趋势分析法和因素分析法等;拟定量分析法本书只介绍综合评分法。

(一)定性分析法

定性分析方法是对事物的质的规定性进行分析研究的一种科学分析方法。定性分析的主要内容是判断事物具有何种属性(特性及其相互关系),以便把某一事物与其他事物区别开来;为了更深入地认识事物的质,还要判断事物由哪些要素组成,以及这些要素在空间上采取什么样的联系和排列组合方式。财务分析的定性分析法是对各项财务指标变动的合法性、合理性、可行性和有效性进行科学论证和说明,主要包括不能通过数值直接表现出来的管理层素质、诚信度、经营环境、管理状况、企业的发展能力及企业文化等财务报表以外但又影响信息使用者决策的非财务信息。只有将定性分析和定量分析有机地结合起来,才能更为完整地反映公司财务状况的全貌。定性分析的方法主要包括4个方面。

(1)经验判断法。经验判断法是分析人员在了解过去和现在资料的基础上,充分考虑企业内外部条件的变化,运用个人长期积累的经验和知识所做出的判断。经验判断法简便易行,具有一定的科学性,能够在信息数据不充分和有些因素难以量化的情况下做出预测,提高决策的敏捷性。但经验判断法需要分析人员对复杂的数量变动关系单凭人脑记忆和判断,容易出现疏漏和失误,还会受到分析人员的心理、情绪、知识结构、个人素质等因素的影响,从而产生主观片面性。因此,需要加强市场调研、组织判断过程,发挥集体智慧的作用,并且要综合使用多种判断方法,提高判断的准确性。

(2)会议分析法。会议分析法是指根据一定的目的和标准,遵循一定的原则,运用科学的方法,对会议活动各项要素及其社会经济效益等方面进行质和量的综合评价活动。财务报表会议分析法往往对企业的各项非财务信息进行整理,通过召开会议的方式,要求参加会议的各方对非财务信息等进行充分的表达,并将各方面的意见整理、归纳、分析形成企业或者企业部分的分析结论。这是一种集思广益的财务分析定性方法,它可以防止片面地采取定量分析方法导致易于脱离实际的弊病,能够发挥集体智慧进行财务报表分析,有利于分析财务报表的全貌,但这种方法也存在不足,会议成员的意见毕竟是会议参与者个人的主观判断,会受到参会人员的心理、情绪、知识结构、个人素质等因素的影响。另外,由于会议参与者较多,采用会议分析法可能会产生对财务报表有关信息结论不一致的情况,造成分析结论的分歧。

(3)专家分析法。专家分析法是邀请一组专家,在互相交换资料,经过充分讨论的基础上,把专家们的意见集中起来,做出综合分析判断,对定量分析结果进行修正或者对非财务信息进行专业判断,从而形成财务报表整体或者部分结论的定性分析方法。所谓专家,是指对分析对象有较丰富的知识和经验的人员,如技术专家、管理专家、会计专家、审计专家等。这些专家可以是企业内部的,也可以是企业外部的。专家人数不宜过多,但分析的内容必须集中,对某一关键问题进行重点分析,形成定性的结论。这种分析方法也是一种集众多专家智慧的定性财务分析方法。它与会议分析法有相同的优点,但比会议分析法更具有专业性特征。在选择专家分析法时要注意选择的专家应该具有代表性、专家要具有丰富的知识和经验、专家的人数要适当等问题。

(4)类比分析法。就是将两个(或两类)财务报表分析对象进行对比,分析它们的相同或相似之处、相互的联系或所遵循的规律,然后根据它们在某些方面有相同或相似的属性,进一步推断它们在其他方面可能有相同或相似的属性的一种定性分析方法。也就是说,这种方法是将财务报表的某一特定对象的某些相同方面进行比较,以其他或者其他类报表对象的正确或谬误证明类比报表特征的正确或谬误,进而得出定性结论的方法。这就说明要提高类比结论的可靠程度,就要尽可能地确认对象间的相同点。相同点越多,结论的可靠性程度就越大,对财务报表特定对象的定性评价就越准确。

(二)定量分析法

定量分析法是以企业财务报表为主要数据来源,按照某种数理方式进行加工整理,对企业等经济组织过去和现在有关筹资活动、投资活动、经营活动、分配活动的盈利能力、营运能力、偿债能力和发展能力的情况等进行分析与评价的经济管理活动。定量分析往往是依据统计数据,建立数学模型,并用数学模型计算出分析对象的各项指标及其数值的一种方法。在财务分析中,比较分析法、趋势分析法、比率分析法、因素分析法等都是典型的定量分析,这几种分析方法都是以企业财务报表为主要数据来源,按照某种数理方式进行加工整理,得出企业财务分析的结果。

定量分析方法有它的科学性,相对于定性分析法,其特点主要表现在以下4个方面:第一,定量分析法依靠大量的统计数据,能够通过项目数字间的联系更直接地判断、衡量企业的财务实力;第二,可以通过统计数据更直接地评价和考核企业的经营业绩,更能通过各项指标间的联系揭示财务活动存在的问题;第三,可以根据财务报表不同项目的比较或者影响因素的分析,如通过因素分析法等,找出影响企业经营活动的因素,挖掘企业的潜力,寻求提高企业经营管理水平和经济效益的途径;第四,定量分析可以使用数学模块等分析方法、工具对公司可量化的数据进行分析,通过分析对公司的经营活动给予评价并评价企业的发展趋势。但定量分析法也有其局限性,如比率分析法是以假设历史条件或过去资料的数学模型在今后继续存在为前提的,比率指标的计算一般都是建立在以历史成本、历史数据为基础的财务报表之上的,这使比率指标提供的信息与决策之间的相关性大打折扣,弱化了其为企业决策提供有效服务的能力。此外,财务报表中的数据主要采用货币计量,对报表内的数据资料能够计量,而对一些报表外的信息,如未做记录的或有负债、未决诉讼、为他人担保等都没有在报表中反映,这些数据都不能进行计量,因此,比率分析的计算值基本上是近似值,只能近似地反映企业的财务活动情况。

(三)拟定量分析法

定性与定量之间的划分通常没有绝对明晰的界限,它们经常交织在一起。拟定量分析法是指介于定性分析法与定量分析法之间的分析方法。正因为定性与定量之间难以划清界限,对拟定量分析法也难以给出明确的定义。这种分析方法把定量与定性分析方法相结合,比较适合分析难以定量的复杂问题。综合评分法是一种最简单、通用的拟定量评估的技术方法。综合评分法是在评价指标无法用统一的标准进行定量分析的情况下,用无量纲的分数进行综合评价,从而形成对财务报表整体评价的一种方法。这种方法要先制定出评价指标统一的评价等级或者分值范围,然后制定出每项评价指标每个等级的标准,进行综合打分,形成最终评价等级。这种标准可以是定性的,也可以是定性和定量的结合。这种方法引入了权值的概念,使得财务报表定性分析更具有科学性,有利于发挥评价指标专家的作用,能够有效防止财务报表评价过程中的不当行为。

(四)财务分析方法的评价

定性分析方法实施的成功与否及其研究质量的水平,很大程度上取决于分析者的专业素养、研究能力和工作经验。同时,定性分析过程中的主观性和灵活性也会对研究结果的可靠性与有效性产生重大影响。

就研究方法而言,定性研究方法和定量研究方法各有其优缺点,并无绝对的优劣之分。定量分析法用直观的数据表达评估结果,更为直观,但是也有可能使原来简单的事物复杂化,甚至产生误解与扭曲。定性分析法可以避免定量分析方法的这些缺点,并且相对比较简单,还可以挖掘出一些隐藏很深的内部逻辑关系,使信息分析的结论更为全面而深刻,但其主观性较强,对评估者本身要求更高。实际上,两者无法完全割裂开来,定性分析的数据有赖于研究者的数据分析能力,而定量分析的假设、模型构建及数据分析与其专业素养、研究能力和工作经验有关。

财务分析方法的运用趋势是从定性转向定量,但又在更高层次上出现了定量到定性的回归,这不是简单地对定量方法的否定,而是认识到定量分析方法虽然是一种重要的分析手段,但其作用也是有限的。因此,将定性分析方法和定量分析方法结合起来,能够更为全面、深入地分析企业的财务状况,是财务分析的最佳选择。

综上所述,在实际运用时,一般不单独使用某种单一的分析方法,而是将几种分析方法结合起来进行综合分析,以达到提升财务分析效果的目的。

第二节 比较分析法

比较分析法又称对比分析法,是财务分析中最基本的方法,是指将两个或者两个以上相关指标进行对比,确定其差异,并进行差异分析的一种分析方法。差异分析是指通过分析差异的方向、差异的性质及差异的大小进而揭示差距原因,并做出相应的评价,找出产生差距的原因及其对差异的影响程度,为改进公司的经营管理、提高绩效指引方向的一种分析方法。对比时要特别注意企业分析指标与比较标准之间的可比性,即与选择的比较标准在内容、期间、计算口径、计价基础、总体性质等各方面均应具有一致性。

在进行比较分析时,不仅可以针对单个项目进行比较,还可以针对特定项目之间的关系进行比较分析。比较分析法按照比较标准或者参照比较对象的不同分为以下 3 种方式。

一、比较分析法的不同方式

（一）根据比较的参照物不同

1. 实际数与预算数相比较

预算数又指计划数,是企业综合有关人员的意见后事先制定的以企业预算编制为基础的标准。预算标准的优劣取决于企业预算管理水平与预算编制的合理性。通过将实际指标与预算指标进行比较,可以考核预算完成的程度,找出差异,以便进一步研究对策,保证预算的实现。实际指标与预算指标存在的差异,如果是制定的预算本身缺乏合理性造成的,则应在今后制定计划或预算的工作中加以改进和完善;如果是执行计划的实际操作时出了问题,则应抓好企业日常的经营管理工作。

2. 本期水平与历史同期水平相比较

历史水平是指企业在过去某段时间内的实际值,根据不同的比较目的,可以选择历史平均值,也可以选择历史中位数,还可以选择历史最佳值作为标准。与历史水平的比较分析是一种自身的纵向比较分析方法,此方法具有排他性。历史标准是企业自身在时间序列上的比较,因而可比性比较强。运用历史水平分析时要注意分析公司本期财务指标出现明显变化的重要原因,如是技术变化所致还是重组所致,甄别这些重大因素变化对历史指标的影响,并决定是否需要修正历史标准。

3. 本企业与行业标准的对比

行业标准是指行业内所有企业某个相同财务指标的简单平均水平、加权平均水平或者较优水平。运用行业标准时要注意不能夸大行业标准,因为不同行业具有不同的规模和特征,即使属于同一行业的公司,财务数据处理的方法也不尽相同,公司的财务数据也会明显不同。与同行业的个别企业的比较分析,也属于行业标准分析的一类,这是比较分析自身优劣的一种方法。行业标准是比较分析中重要的参考基准,是行业标准的比较分析的关键环节,行业标准的确定方法有多种,可以选择平均数、中位数、众数、四分位数或者加权平均数等作为行业标准。

（二）根据指标数据形式的不同

根据指标数据形式的不同可以将财务分析方法分为绝对数指标分析和相对数比较分析两种方法。

（1）绝对数指标分析。它是利用两个或者两个以上相关的总量指标进行比较,以揭示绝对指标数量之间的差异。例如,今年的净利润为 80 万元,去年净利润为 60 万元,那么今年的净利润与去年相比增加了 20 万元。

（2）相对数比较分析。它是利用两个或者两个以上相关的相对数指标进行比较,以揭示相对指标数量之间的差异,如将绝对数指标换算成相对数指标(如百分比、结构比及比率)进行分析,以揭示它们之间的差异。例如,某企业去年固定资产占总资产比例为45%,今年为50%,则今年比去年增加了5个百分点。

(三)依据数据具体比较对象分类

1. 水平分析法

水平分析法又称横向对比法,是指将反映企业报告期业绩的信息与反映公司前期或者某一历史时期业绩的信息进行比较,来研究企业各项经营业绩或财务状况的发展变动情况的一种财务分析方法。水平分析法的基本要点是将业绩中不同时期的同项数据进行对比。水平分析法所进行的对比,一般而言不是指单项指标对比,而是对反映某方面情况的财务报表的全面的、综合的对比分析。变动数量的计算主要有2个。

一是绝对变动数量,其计算公式如下:

$$绝对变动数量=分析期某项指标实际数-前期同项指标实际数$$

二是相对变动率,其计算公式如下:

$$相对变动比率(\%)=\frac{变动数量}{前期实际数量}\times 100\%$$

公式所指的前期,可以是上年度,也可以是以往的某一年度。

按上述方法计算的比例可以编制一张新的财务报表,可以将其称为比较会计报表。比较会计报表也可以同时选取多期会计数据进行比较,称为长期比较会计报表。长期比较会计报表的优点是:可以提醒使用者排除各年份非常或偶然事项的影响,将企业若干年的会计报表按时间序列加以分析,能更准确地看出企业发展的总体趋势,有助于更好地预测未来。在使用水平分析法进行分析时,还应特别关注相关指标的可比性,考察是否存在会计政策或会计处理方法变动等因素影响了财务报表中某些项目前后的可比性;同时还应了解各项目相对比例的变化对企业总体发展趋势的影响。

2. 垂直分析法

垂直分析法又称纵向比较法,是指以财务报表中某一关键项目为基础项目,通过计算报表中各项目占基数项目的比重或者结构,反映报表中的项目与总体关系情况及其变动情况的一种财务分析方法。分析者进行纵向比较分析时,项目所占比重越大,说明它的重要程度越高,对总体的影响越大。垂直分析法的原理和步骤如下所述。

第一,确定相关财务报表中各项目占总额的比重或百分比,其计算公式如下:

$$某项目的比重=\frac{该项目金额}{各项目总金额}\times 100\%$$

第二,通过各项目的比重,分析各项目在企业经营中的重要程度。一般项目比重越大,说明其重要程度越高,对总体的影响越大。

第三,将此方法与水平分析法相结合,根据分析期各项目的比重与前期同项目比重的情况,研究各项目的比重变动情况,为进一步优化各项目的占比提供依据。也可将本企业报告期项目比重与同类企业的可比项目比重进行对比,研究本企业与同类企业相比存在哪些优势或差距,据以考察自身在同行业中所处的水平和地位的高低。

二、运用比较分析法应注意的问题

比较分析法的目的是通过分析差异的方向、差异性质及差异大小揭示企业优势和存在的差距,从而对企业的经营活动情况做出评价,并找出存在差异的原因以及差异对企业经营活动的影响程度,从而为改进公司的经营管理提供依据。但在运用比较分析法时应注意选择的相关指标的可比性,因为比较分析法只适用于具有可比性的指标之间的比较,具体而言应该注意以下4点。

(1) 注意选择比较指标的内容、范围和计算方法的一致性。例如,在运用比较分析法时,主要应该选择资产负债表、利润表、现金流量表等财务报表中的项目数据,并注意这些项目的内容、范围的情况,要保持这些项目数据计算出来的经济指标的内容、范围和计算方法的一致性,只有计算方法一致的项目才具有可比性。

(2) 会计计量标准、会计政策和会计处理方法的一致性。财务报表中的数据来自账簿记录,而在会计核算中,不同比较对象的会计计量标准、会计政策和会计处理方法都有可能发生变动,这可能会影响数据的可比性。因此,在运用比较分析法时,对于由于会计计量标准、会计政策和会计处理方法的变动而导致的不具可比性的会计数据,就必须进行调整,使之具有可比性。

(3) 时间单位和期间长度的一致性。在采用比较分析法时,不管是实际数与实际数的对比、实际数与预定目标数或计划数的对比,还是本企业数据与其他企业数据的对比,都必须保持所使用数据的时间及其期间长度的一致,如保持月、季度、年度的统一性。不同年度的同期对比,特别是本企业不同期间对比或本企业与先进企业的对比,所选择的时间涵盖期间和所选择的年份都必须具有可比性,以保证通过比较分析所做出的判断和评价具有可靠性和准确性。

(4) 选取比较对象的企业类型、经营规模和财务规模以及经营目标应该大体一致。在本企业与其他企业对比时,应该选择企业类型、经营规模和财务规模以及经营目标等情况大体一致的比较对象,这样企业之间的数据才具有可比性,比较的结果才具有科学性。

第三节 趋势分析法

趋势分析法是指用若干个连续期间的财务报告的资料进行对比,得出它们的增减变动方向、数额和幅度,以说明企业经营活动和财务状况的变化过程及发展趋向的分析方法,采用趋势分析法通常要编制比较会计报表。企业的经济现象是复杂的,受多方面因素变化的影响,只从某一个时期或某一时点很难看出它的发展趋势和规律,因而有必要把连续期间内的数据按时点或时期的先后顺序整理为数列,并计算它们的发展速度,用发展的思路分析问题。

一、趋势分析法的具体运用

(一) 重要财务指标的比较

它是将不同时期财务报告中的相同指标或比率进行比较,直接观察其增减变动情况及变动幅度,考察其发展趋势,预测其发展前景。对不同时期财务指标的比较,可以有两种方法。

一是定基动态比率。它是以某一时期的数额为固定的基期数额而计算出来的动态比率。其计算公式如下：

$$定基动态比率 = \frac{分析期数额}{固定基期数额}$$

二是环比动态比率。它是以每一分析期的前期数额为基期数额而计算出来的动态比率。其计算公式如下：

$$环比动态比率 = \frac{分析期数额}{前期数额}$$

上述两种分析方法的实质是一致的，只是分别从不同的角度对财务趋势进行分析，在实际财务分析中，分析者可以根据实际情况选择其中一种分析方法，或将两种方法结合使用。例如：以 2016 年为固定基期，分析 2017 年、2018 年利润增长比率，假设某企业 2016 年的净利润为 100 万元，2017 年的净利润为 120 万元，2018 年的净利润为 150 万元。则：

$$2017 年的定基动态比率 = \frac{120}{100} \times 100\% = 120\%$$

$$2018 年的定基动态比率 = \frac{150}{100} \times 100\% = 150\%$$

$$2017 年的环比动态比率 = \frac{120}{100} \times 100\% = 120\%$$

$$2018 年的环比动态比率 = \frac{150}{120} \times 100\% = 125\%$$

（二）会计报表的比较

会计报表的比较是将连续数期的会计报表的金额并列起来，比较其相同指标的增减变动金额和幅度，据以判断企业财务状况和经营成果发展变化的一种方法，实质上是按绝对比率编制的比较财务报表的趋势分析。例如，某企业利润表中反映 2015 年的主营业务收入为 50 万元，2016 年的主营业务收入为 100 万元，2017 年的主营业务收入为 160 万元。通过环比动态绝对值分析：2016 年与 2015 年相比，主营业务收入增长了 50 万元；2017 年与 2016 年相比，主营业务收入增长了 60 万元，说明 2017 年的效益增长好于 2016 年。通过环比相对值分析：2016 年与 2015 年相比主营业务收入增长率为 100%，即(100-50)÷50×100%；2017 年与 2016 年相比主营业务收入增长率为 60%，即(160-100)÷100×100%。这说明 2017 年的效益增长明显不及 2016 年。

（三）会计报表项目构成的比较

这种分析方法是在会计报表比较的基础上发展而来的，它是以会计报表中的某个总体指标为 100%，计算出其各组成项目占该总体指标的百分比，从而来比较各个项目百分比的增减变动，以此判断有关财务活动的变化趋势。这种方式较前两种更能准确地分析企业财务活动的发展趋势。它既可用于同一企业不同时期财务状况的纵向比较，又可用于不同企业之间的横向比较。同时，这种方法还能消除不同时期以及不同企业之间业务规模差异的影响，有利于分析企业的耗费和盈利水平。

二、使用趋势分析法应注意的问题

（1）用于进行对比的各个时期的指标，在计算口径上必须一致。例如，在计算固定资产项目趋势百分比时，如果上个期间的固定资产折旧采用直线法折旧，而本期改用了双倍余额递减法计提折旧，两期的计算口径不一致，则计算趋势百分比就失去了意义。

（2）必须剔除偶发性项目的影响，使作为分析的数据能反映正常的经营状况。例如，在分析中，不同时期的物价水平发生比较大的波动，则在趋势分析前应首先剔除物价水平波动对企业财务分析信息的影响，否则会削弱趋势分析的意义。

（3）对某项有显著变动的指标要应用例外原则做重点分析，研究其变化的原因，以便采取相应的对策。

第四节 比率分析法

比率分析法是利用两个指标之间的某种关联关系，通过计算比率来考察、计量和评价财务活动状况的分析方法。比率分析法其实也是比较分析法的一种形式，它在财务分析中具有特殊意义，因而把它单独列作一种分析法来加以说明。其原因在于比率亦是相比较的结果，但它不同于前述简单、直接的比较。前述简单比较的结果或者说明同一指标在不同时期的差异或变动趋势，或者是同一指标在不同企业的对比等，它们显示的仍是事物本身的情况，在财务分析中亦只处于基础的、简略而总括分析的地位。比率分析则不然，它是相关联的不同项目、指标之间的比较，以说明比较项目之间的关系，并解释和评价由此所反映的某方面的状况。其结果反映了原来的简单比较指标无从表达的、更高层次的、更深层次的关系，已大大超出了原指标本身所代表的含义。这种分析在财务分析中处于极为重要的地位，所以通常将其作为一种专门的分析方法。

一、比率分析法的定义

比率分析法是财务分析最基本、最重要的方法。正因为如此，有人甚至将财务分析与比率分析等同起来看待，认为财务分析就是比率分析。比率分析法是指利用项目指标间的相互关系，通过计算比率来观察、分析及评价企业经营及财务情况的一种方法。其作用包括：① 由于比率是相对数，采用这种方法能够把某些条件下的不可比指标变为可以比较的指标，将复杂的财务信息加以简化，以利于分析；② 它揭示了报告期内各有关项目（有时还包括表外项目，如附注中的项目）之间的相关性，产生了许多在决策中有用的新信息。比率分析法以其简单、明了、可比性强等优点在财务分析实践中被广泛采用。

二、财务比率的类型

由于财务分析的目的不同、分析的角度不同等，比率分析法中的比率有许多分类形式。

有的根据财务报表的种类来划分比率,有的根据分析主体来划分比率,有的则从反映财务状况的角度来划分比率,等等。下面对几种主要的比率划分方法加以说明。

(一) 构成比率

构成比率又称结构比率,是某项财务指标的各组成部分数值占总体数值的百分比,反映部分与总体的关系。利用构成比率,可以考察总体中某个部分的形成和安排是否合理,以便协调各项财务活动。其计算公式如下:

$$构成比率 = \frac{某个组成部分数额}{总体数额}$$

财务分析中常用的构成比率主要有以下 5 种:
(1) 各资产项目占总资产的比重;
(2) 各类存货占存货总额的比重,各类固定资产占资产总额的比重等;
(3) 负债、所有者权益占总资产的比重;
(4) 各负债占总负债的比重;
(5) 各项利润占总利润的比重,各项收入占总收入的比重,各项费用占总费用的比重。

(二) 效率比率

效率比率是某项经济活动中所费与所得的比率,反映投入与产出的关系。利用效率比率指标,可以进行得失比较,考察经营成果,评价经济效益。常用的效率比率有如下 4 种:
(1) 资金占用额与销售收入之间的比率;
(2) 资金占用额与净收益之间的比率;
(3) 净收益与所有者权益之间的比率;
(4) 成本费用与销售收入之间的比率。

(三) 相关比率

它是根据经济活动客观存在的相互依存、相互联系的关系,以某个项目和与其有关但又不同的项目加以对比所得的比率,反映有关经济活动的相互关系。企业常用的相关指标有如下 3 种:
(1) 盈利能力指标,如净资产利润率、总资产报酬率、营业成本利润率等;
(2) 营运能力指标,如存货周转率、应收账款周转率、流动资产周转率等;
(3) 偿债能力指标,如流动比率、速动比率、资产负债率等。

三、使用比率分析法应注意的问题

比率分析法的优点是计算简便,计算结果容易判断,而且可以使某些指标在不同规模的企业之间进行比较,甚至还能在一定程度上超越行业间的差别进行比较。但采用这一方法时对比率指标的使用应该注意以下 3 点。

(1) 对比项目的相关性。计算比率的分子项和分母项必须具有相关性,如果将不相关的项目进行对比是没有意义的。

(2) 对比口径的一致性。计算比率的分子项和分母项必须在计算时间、范围等方面保持口径一致,如果两者计算的时间和范围不一致就会使计算的比率缺乏科学性。

(3)衡量标准的科学性。运用比率分析,需要选用标准比率指标与之对比,以便评价企业该指标与标准指标的差异,从而评价企业的财务状况及判断产生差异的原因。

第五节 因素分析法

应用比较分析法和比率分析法,可以确定财务报表中各项经济指标变动而产生的差异。至于差异形成的原因及各种原因对差异形成的影响程度,则需要进一步应用因素分析法来进行具体分析。

一、因素分析法的定义

因素分析法也称因素替换法,它是用来确定几个相互联系的因素对某个分析对象即综合财务指标或经济指标的影响程度的一种分析方法。采用这种方法的出发点在于分析有若干因素对分析对象产生影响时如何评断每个因素对分析对象的影响。此方法先假设其他因素不变,依次分析每一个因素对分析对象所产生的影响,从而评价各个影响因素对分析对象的影响。因素分析是分析影响财务指标的各项因素,并计算各影响因素对指标的影响程度,用以说明本期实际数与计划数或基期数相比财务指标发生变动或差异产生原因的一种分析方法,因素分析法适用于多种因素构成的综合性指标的分析。

二、因素分析法

企业的财务活动受多种因素的影响,如企业利润的多少受商品销售额、费用、税金等因素的影响和制约,也就是说,任何一项综合性财务指标都受许多因素的影响,而各因素之间的组合和排列又有多种形式,这些因素的不同变动方向、不同变动程度对综合指标的变动都会产生重要的影响。因此,要想在错综复杂的、相互起作用的诸多因素中,分别测算出各个因素对综合性财务指标变动的影响程度,就必须运用因素分析法,即在假定其他因素不变,而只有其中某一因素变动的情况下,测定这一因素变化的影响程度。

(一)连环替代法

连环替代法是将分析指标分解为各个可以计量的因素,并根据各个因素之间的依存关系,顺次用各因素的比较值(通常为实际值)替代基准值(通常为基期数值),据以测定各因素对分析指标的影响。具体而言,连环替代法是将多个因素所构成的指标分解成各个具体指标,然后,顺序地把其中的一个因素作为变量,把其他因素看作不变量,依次逐项进行替换,以测算各因素对指标变动影响程度的方法。运用这一方法,可以分析某项指标的完成受哪些因素影响,预测各因素对该指标的影响程度。

1. 连环替代法的程序

连环替代法的分析程序可以按照以下 6 个步骤进行。

(1)确定某项经济指标是由哪几个因素组成。

(2)确定分析指标与其影响因素之间的关系。通常将经济指标在计算公式的基础上进行分解或者扩展,得到各影响因素与分析指标之间的关系式,从而确定各个影响因素与分析指标的关系。如对于总资产报酬率指标,要确定它与影响因素之间的关系,可按下式进行分解:

$$
\begin{aligned}
总资产报酬率 &= \frac{息税前利润}{平均资产总额} \times 100\% \\
&= \frac{总产值}{平均资产总额} \times \frac{营业收入}{总产值} \times \frac{息税前利润}{营业收入} \times 100\% \\
&= 总资产产值率 \times 产品销售率 \times 销售利润率
\end{aligned}
$$

通过分析指标与影响因素之间的关系式,不仅能够识别哪些因素影响分析指标,还可以明确这些因素与分析指标之间的关系及顺序。如通过上式的分析,我们可以发现影响总资产报酬率的有总资产产值率、产品销售率和销售利润率3个因素,还可以发现它们都与总资产报酬率成正比例关系,它们的排列顺序是总资产产值率在先,其次是产品销售率,最后是销售利润率。

(3)根据分析指标的报告期数值与基期数值列出的两个关系式或指标体系,确定分析对象。如对于总资产报酬率而言,两个指标体系如下:

基期总资产报酬率=基期总资产产值率×基期产品销售率×基期销售利润率
实际总资产报酬率=实际总资产产值率×实际产品销售率×实际销售利润率
分析对象=实际总资产报酬率-基期总资产报酬率

(4)连环顺序替代,计算替代结果。所谓连环顺序替代,就是以基期指标体系为计算基础,用实际指标体系中的每一因素的实际数顺序地替代其相应的基期数,每次替代一个因素,替代后的因素被保留下来。所谓计算替代结果,就是在每次替代后,按关系式计算其结果。有几个因素就替代几次,并相应确定计算结果。

(5)比较各因素的替代结果,确定各因素对分析指标的影响程度。比较替代结果是连环进行的,即将每次替代所计算的结果与这一因素被替代前的结果进行对比,二者的差额就是替代因素对分析对象的影响程度。

(6)检验分析结果。检验分析结果将各因素对分析指标的影响额相加,其代数和应等于分析对象。如果二者相等,说明分析结果可能是正确的;如果二者不相等,则说明分析结果一定是错误的。

2.举例说明

下面举例说明连环替代法的步骤和应用。

某企业2017年和2018年有关总资产报酬率、总资产产值率、产品销售率和销售利润率的资料如表2-1所示。

表2-1 财务指标表

指标	2018年	2017年
总资产产值率(%)	70	75
产品销售率(%)	86	84
销售利润率(%)	40	32
总资产报酬率(%)	24.08	20.16

要求：分析各因素变动对总资产报酬率的影响程度。

根据连环替代法的程序和上述总资产报酬率的因素分解式，可得出：

实际指标体系：$70\% \times 86\% \times 40\% = 24.08\%$

基期指标体系：$75\% \times 84\% \times 32\% = 20.16\%$

分析对象：$24.08\% - 20.16\% = 3.92\%$

在此基础上，按照第三步骤的做法进行连环顺序替代，并计算每次替代后的结果：

基期指标体系：$75\% \times 84\% \times 32\% = 20.16\%$

替代第一因素：$70\% \times 84\% \times 32\% = 18.82\%$

替代第二因素：$70\% \times 86\% \times 32\% = 19.26\%$

替代第三因素：$70\% \times 86\% \times 40\% = 24.08\%$

然后，确定各因素对总资产报酬率的影响程度：

总资产产值率的影响：$18.82\% - 20.16\% = -1.34\%$

产品销售率的影响：$19.26\% - 18.82\% = 0.44\%$

销售利润率的影响：$24.08\% - 19.26\% = 4.82\%$

最后检验分析结果：$-1.34\% + 0.44\% + 4.82\% = 3.92\%$

我们可以看出，企业的总资产报酬率受到总资产产值率、产品销售率、销售利润率 3 个因素的影响，并且这 3 个因素与总资产报酬率具有正相关关系。2018 年与 2017 年相比，总资产报酬率增加了 3.92%，其中，总资产产值率的降低导致总资产报酬率降低了 1.34%，产品销售率的上升使总资产报酬率上升了 0.44%，销售利润率的提高也使得总资产报酬率提高了 4.82%。

（二）差额计算法

差额计算法也是因素分析法的一种形式，它是连环替代法的一种简化形式，其因素分析的原理与连环替代法是相同的。区别只在于分析程序上，差额计算法比连环替代法简单，即它可直接利用各影响因素的实际数与基期数的差额，在其他因素不变的假定条件下，计算各因素对分析指标的影响程度。或者说，差额计算法是将连环替代法的第三步骤和第四步骤合并为一个步骤进行。

这个步骤的基本点就是确定各因素实际数与基期数之间的差额，并在此基础上乘以排列在该因素前面各因素的实际数和排列在该因素后面各因素的基期数，所得出的结果就是该因素变动对分析指标的影响数。

下面根据表 2-1 提供的数据，运用差额计算法分析各因素变动对总资产报酬率的影响程度。

分析对象：$24.08\% - 20.16\% = 3.92\%$

因素分析：

总资产产值率的影响：$(70\% - 75\%) \times 84\% \times 32\% = -1.34\%$

产品销售率的影响：$70\% \times (86\% - 84\%) \times 32\% = 0.44\%$

销售利润率的影响：$70\% \times 86\% \times (40\% - 32\%) = 4.82\%$

最后检验分析结果：$-1.34\% + 0.44\% + 4.82\% = 3.92\%$

应当指出，应用连环替代法应注意的问题，在应用差额计算法时同样要注意。除此之外，应注意的是，并非所有连环替代法都可按上述差额计算法的方式进行简化，特别是在各影响因素之间不是连乘的情况下，运用差额计算法必须慎重。下面举例加以说明，例如，某企业有关产量及成本的资料如表 2-2 所示。

表 2-2　产量及成本资料表

项目	2018 年	2017 年
产品产量/件	1 400	1 200
单位变动成本/元	12	14
固定总成本/元	12 000	8 000
产品总成本/元	28 800	24 800

要求：确定各因素变动对产品总成本的影响程度。

产品总成本与其影响因素之间的关系式如下：

$$产品总成本 = 产品产量 \times 单位变动成本 + 固定总成本$$

运用连环替代法进行分析如下：

分析对象：$28\,800 - 24\,800 = 4\,000(元)$

因素分析：

2017 年：$1\,200 \times 14 + 8\,000 = 24\,800(元)$
替代第一因素：$1\,400 \times 14 + 8\,000 = 27\,600(元)$
替代第二因素：$1\,400 \times 12 + 8\,000 = 24\,800(元)$
2018 年：$1\,400 \times 12 + 12\,000 = 28\,800(元)$
产品产量变动影响：$27\,600 - 24\,800 = 2\,800(元)$
单位变动成本影响：$24\,800 - 27\,600 = -2\,800(元)$
固定总成本影响：$28\,800 - 24\,800 = 4\,000(元)$

各因素影响之和为 4 000 元（2 800 − 2 800 + 4 000），与分析对象相同。
如果直接运用差额计算法，则得到：

产品产量变动影响：$(1\,400 - 1\,200) \times 14 + 8\,000 = 10\,800(元)$
单位变动成本的影响：$1\,400 \times (12 - 14) + 8\,000 = 5\,200(元)$
固定总成本变动影响：$1\,400 \times 12 + (12\,000 - 8\,000) = 20\,800(元)$
各因素影响之和：$10\,800 + 5\,200 + 20\,800 = 36\,800(元)$

可见，运用差额计算法的各因素分析结果之和不等于 4 000 元的分析对象，显然是错误的。错误的原因在于，产品总成本的因素分解式中各因素之间不是纯粹相乘的关系，而是相加的关系。

三、使用因素分析法应注意的问题

1. 计算条件的假定性

因素分析的任务在于确定事物内部各种因素的影响程度,以便更深刻地认识事物运动的过程及其规律性。为了研究某一因素的影响,必须排除其他因素的变动影响,这种科学的抽象分析方法在研究复杂的经济活动时是必不可少的。应用连环替代法测定某一因素变化的影响程度时,是以假定其他因素不变为条件的。因此,计算结果只能说明在某种假定条件下的结果。

2. 因素替换的顺序性

应用因素分析法时,要正确规定各个因素的替换顺序,以保证分析计算结果的可比性。如果改变替换顺序,要正确规定各个因素影响程度,所依据的其他因素的条件不同,计算结果也会发生变化,分析的结论也会有所不同。确定因素的替换顺序必须根据分析的目的,使分析结果有助于加强管理,正确区分经济责任,并根据各因素的依据关系和重要程度确定替换的先后顺序。根据因素之间的相互依存关系,一般的替换顺序是:基本因素在前,从属因素在后,数量因素在前,质量因素在后。实物量指标在前,货币指标在后。也就是在分析的因素中,如果既有基本的因素,又有从属的因素,一般先替换基本因素,然后再替换从属因素;如果既有数量指标,又有价值量指标,一般先替换实物量指标,再替换价值量指标。

3. 计算程序的连环性

应用因素分析法计算各因素变动影响程度时,是按规定的因素替换顺序,逐次以一个因素的实际数替换基数,而且每次替换都是在前一次因素替换的基础上进行。这样每次比较的基础是不固定的,这就形成了计算程序的连环性。

在因素分析中使用连环替代法既有优点也有不足之处,连环替代法的优点是通过这一方法计算所得的各因素变动影响程度的合计数与财务指标变动的总差异一致。这样用这些数据来论证分析的结论,较有说服力。连环替代法的问题是:若改变因素的排列和替换顺序,将会得出不同的计算结果,只要改变各因素的排列顺序和替换顺序,虽然求出的各因素影响程度的合计数仍与财务指标变动的差异相符合,但各个因素的影响可能完全不同,在有的情况下,甚至会发生影响方向上的改变。

第六节 综合分析法

一、综合分析法的定义和目的

单独分析任何一类财务指标,都不能够全面地分析与评价企业的财务状况和经营效果,必须对各种财务指标进行系统、全面、综合的分析,才能对企业的财务状况做出合理而有效的评价。

(一)综合分析法的定义

财务分析从盈利能力、偿债能力、营运能力及发展能力角度对企业的筹资活动、投资活动、经营活动以及分配活动状况进行了深入、细致的分析,对企业投资者、债权人、政府、经营者及其他企业利益相关者了解企业的财务状况与财务成效,判断企业在某一方面的状况与业绩是十分有益的。

但是,前述财务分析通常是从某一角度或某一方面来深入分析研究企业的财务状况与财务成效,很难对企业财务总体状况和业绩的关联性及水平得出综合结论。为解决这一问题,有必要在会议分析和财务能力单项分析的基础上进行财务综合分析。综合分析就是将有关财务指标按其内在联系结合起来,系统、全面、综合地对企业的财务状况和经营成果进行剖析、解释和评价,说明企业的财务状况和经营成果的优劣。根据财务综合分析的定义,可以看出其有以下特点:

(1) 综合分析是把单个财务现象从财务活动的总体上做出归纳综合,着重从整体上概括财务活动的本质特征;

(2) 综合分析的重点和基准是企业整体发展趋势;

(3) 综合分析的目的是全面评价企业的财务状况和经营成果。

(二)综合分析法的目的

进行综合分析有3个主要目的。

(1) 综合分析可明确企业盈利能力、营运能力、偿债能力及发展能力之间的相互联系,找出制约企业发展的"瓶颈"所在,为企业的管理和控制指明方向。

(2) 综合分析是财务综合评价的基础,通过综合分析有利于综合评价企业经营业绩,明确企业的经营水平与位置。在对企业的经营状况和财务状况进行评价时,绝对不能孤立地进行,因为经济现象之间是相互影响的关系,综合分析能揭示有关报表及指标之间的横向联系及纵向联系,从而可以对企业经济活动总体的变化规律做出本质的评价。

(3) 通过综合分析评价可以明确企业经营管理者的经营管理水平,为完善经营管理和财务管理提供依据。如果只对企业某个单项指标进行分析和评价,得出的结果是片面的,甚至可能会产生矛盾,使企业管理者难以做出正确的决策。综合分析能将各项分析指标有机地联系起来,从而使企业管理者能从整体上把握企业财务状况和经营情况,从而在财务管理中全面、系统地驾驭企业财务活动。

二、综合分析的内容

为实现上述财务综合分析的目的,财务综合分析应从以下4个方面进行。

(一)筹资活动与投资活动综合分析

企业筹资活动与投资活动是紧密相连的,筹资的目的在于投资。由于企业筹资渠道不同,筹资成本、筹资风险、筹资期限都可能不同;同时,资本投资于不同资产的收益、回收期也不同。因此,筹资结构与投资结构是否相适应就成为财务分析的重要内容。通过二者适应情况的分析,可判断企业的筹资与投资结构类型,分析其与企业经营周期和经营状况的适应程度。

(二)筹资活动、投资活动、经营活动现金流量的综合分析

现代理财将现金流量放在比利润更重要的位置,认为现金流量能反映比利润更广泛、更

可靠的信息。因此,分析筹资活动产生的现金流量、投资活动产生的现金流量和经营活动产生的现金流量就成为当代财务分析的重要内容。

（三）现金流量与利润综合分析

现金流量,特别是经营活动现金净流量与利润是紧密相关的。通过对经营活动现金流量与利润的综合分析,一方面可揭示现金净流量变动的原因,另一方面可揭示企业利润的质量,这对促使企业重视利润质量、正确处理短期利益与长远利益的关系是非常有益的。

（四）发展能力、盈利能力、营运能力、偿债能力综合分析

企业财务目标是资本增值的最大化。资本增值的最大化离不开企业的持续增长,而持续增长必须以盈利能力为基础,盈利能力又受到营运能力和财务杠杆等因素的影响。因此,对企业的发展能力、盈利能力、营运能力和偿债能力进行综合分析是十分必要的。它可相互联系地揭示企业各项能力的情况,找出在某方面存在的问题。

三、常用分析法

（一）杜邦分析法

杜邦财务体系是美国杜邦公司的财务管理人员在实践中摸索和建立起来的,利用财务指标之间的内在联系对企业综合经营状况、财务状况及经济效益进行系统分析评价的方法。这种财务分析方法从评价企业绩效最具综合性和代表性的指标——净资产收益率出发,将偿债能力、资产营运能力、盈利能力有机结合起来,层层分解,逐步深入,将财务分析与评价作为一个系统工程,全面评价企业的偿债能力、营运能力、盈利能力及其相互之间的关系,在全面财务分析的基础上进行财务评价,使评价者对公司的财务状况有更深入的了解和客观评价,进而更有效地对公司进行财务决策。这一分析方法对企业进行定量财务分析起到了积极的作用,至今大多数企业仍广泛采用这一方法进行财务经济活动分析。

杜邦体系各主要指标的关系如下：

$$净资产收益率 = 总资产净利率 \times 权益乘数$$
$$= 销售净利率 \times 总资产周转率 \times 权益乘数$$

其中：$销售净利率 = \dfrac{净利润}{营业收入} \times 100\%$

$总资产周转率 = \dfrac{营业收入}{资产总额} \times 100\%$

$权益乘数 = \dfrac{资产总额}{所有者权益总额} = \dfrac{1}{1-资产负债率}$

杜邦分析主要提供的财务指标之间的关系如下：第一,净资产收益率是一个综合性最强的财务指标,是杜邦分析的核心;第二,权益乘数受资产负债率的影响;第三,资产净利率说明企业利用资产的效率;第四,销售净利率反映净利润与营业收入之间的关系,反映了企业的经营效率;第五,资产周转率反映总资产周转的速度,反映了企业的资产利用效率。

杜邦分析体系是以财务指标之间的内在联系为基础建立起来的,分析几种主要财务指标之间的关系,可以了解企业财务状况全貌以及各项财务分析指标间的结构关系,查明各项

主要财务指标增减变动的影响因素及存在的问题,但却存在以下 4 个方面的缺陷。

第一,传统的杜邦分析体系的指标值数据都来自会计报表,由于会计信息数据提供者的利益关系和信息不对称等原因,计算流动比率及速动比率的数据常常被扭曲,流动及速动比率不能量化地反映潜在的变现能力和短期债务。

第二,传统杜邦分析体系的盈利能力评价指标基本上都是根据以权责发生制为基础的会计数据进行计算并给出评价。如净资产利润率、总资产利润率和成本费用率等指标,它们不能反映企业伴随现金流入的盈利状况,存在着只能评价企业盈利能力数量,不能评价企业盈利能力质量的缺陷和不足。

第三,传统的杜邦分析给出了按经济用途归类反映的成本项目信息,有利于分析企业成本费用的支出及其结构是否合理,从而有利于进行成本费用分析,加强成本控制,但没有显示按成本性态反映的成本信息,从而不能反映企业内部挖潜改造、机构重组等压缩支出、精减费用方面的经营管理情况。

第四,传统的杜邦分析体系利用了财务会计中的数据,但没有充分利用内部管理会计系统的数据资料展开分析。销售净利率的高低决定权益报酬率的高低。企业要提高销售净利率,扩大销售是途径之一,但根本途径还是成本控制。成本控制是企业发展的基础,是企业抵御内外压力、求得生存的主要保障。只有降低了成本,才能增强产品的价格竞争能力,才能提高边际贡献率。所以,成本控制应该作为提高销售净利率乃至股东财富最大化分析的重点,而内部管理会计系统能够为成本控制提供更有利于分析的数据资料,如管理会计中的固定成本与变动成本数据、本量利分析等。

(二)帕利普综合分析法

帕利普财务综合分析体系,是杜邦财务综合分析体系的变形与发展。美国哈佛大学教授帕利普(Krishana Palepu)等在其所著的《企业分析与评价》一书中,将杜邦财务分析体系综合体系进一步发展,形成了一种财务分析体系,国内有学者将其称为帕利普财务综合分析体系。帕利普认为企业的价值取决于企业的盈利和增长能力。这两项能力又取决于其产品市场战略和资本市场战略;而产品市场战略包括企业的经营战略和投资战略,资本市场战略又包括融资战略和股利政策。财务分析的目的就是评价企业在经营管理、投资管理、融资战略和股利政策等 4 个领域的管理效果。可持续增长率是企业在保持利润能力和财务政策不变的情况下能够达到的增长比率,它取决于净资产收益率和股利政策。因此,可持续增长率将企业的各种财务比率统一起来,以评估企业的增长战略是否可持续,我们还可以将帕利普财务综合分析体系变形如下:

$$
\begin{aligned}
\text{可持续增长率} &= \text{净资产收益率} \times (1-\text{股利支付率}) \\
&= \text{销售净利率} \times \text{总资产周转率} \times \text{财务杠杆作用} \\
&= (\text{安全边际率} \times \text{贡献毛益率}) \times (1-\text{所得税率}) \\
&\quad \times \text{总资产周转率} \times \text{财务杠杆作用}
\end{aligned}
$$

针对杜邦体系的不足之处,帕利普财务综合分析体系的优点体现在以下 3 个方面。第一,帕利普财务综合分析体系是对杜邦财务分析体系的变形和补充,使其不断完善与发展。它继承了杜邦财务综合分析的优点。一是可以明确企业盈利能力、营运能力、偿债能力与发展能力之间的相互联系,分析企业财务总体状况和业绩的关联性。二是为进行财务综合评价提供基础,有利于进行纵向及横向比较。它把企业各个重要指标联系起来,考察每个重要指标的影响因素,从而便于因素分析法在综合评价时的运用。第二,企业可持续发展能力是企业长期存在的一个基本条件,也是越来越多的所有者和相关利益人所关注的一种能力。帕利普财务综合分析体系就围绕这一能力展开,层层分析影响这一综合能力的各种因素,便于企业和决策者评价其可持续发展能力。第三,帕利普财务综合分析体系考虑了股利支付率对可持续增长比率的影响,这是原有杜邦分析体系中未曾考虑的因素。一家上市公司在当期盈利的情况下,会面临股利分配方案的选择。不支付股利会引起所有者的不满,可能会导致增加再次进行股票融资的难度;而发放股利,又会影响企业利用自由现金流量进一步发展的能力,给投资决策带来了一定的难度。因此,分析股利支付率对可持续增长比率的影响,有利于在综合评价中进一步评价股东权益的实现能力,并为股利分配政策的制定提供理论依据。

据上述分析,将帕利普财务综合分析体系应用到上市公司中是可行的,但也有其局限性:一是鉴于自身的特点,比较适合预测企业清算发生的可能性;二是各个指标对财务失败的影响权重不同,而这一分析方法却没考虑到这点;三是不能预测因宏观环境的变化而导致的财务失败。

(三)沃尔分析法

沃尔分析法是由美国的沃尔在1928年提出的综合比率评价体系,至今仍是各国企业界广泛应用的经典评价模式之一。它是指为了评价企业在市场竞争中的优劣地位,把若干财务比率用线性关系结合起来,并分别给定各自的分数比重,以分析企业的短期偿债能力、长期偿债能力、营运能力、获利能力、成长能力为目的,对流动比率、速动比率、资产负债比率、应收账款周转率、存货周转率、成本费用利润率、营业收入利润率、资本金利润率等财务指标,通过与标准比率进行比较,确定各项指标的得分及总体指标的累积分数,从而对企业的财务综合水平做出评价,进而分析企业的经济效益。

尽管沃尔分析法是各国企业界广泛应用的经典评价模式之一,但在理论、技术上还有待证明和完善。其缺陷主要表现在以下两方面。第一,沃尔评分法从理论上讲有一个明显的问题,就是未能证明为什么要选择这7个指标,而不是更多或更少些,或者为什么不选择别的财务比率,以及未能证明每个指标所占比重的合理性。这个问题至今仍然没有从理论上得到解决。第二,沃尔评分法从技术上讲也有一个问题,就是某一个指标严重异常时,会对总评分产生不合逻辑的影响。这个缺陷是由财务比率与其比重相乘引起的,财务比率提高一倍,评分增加100%;而缩小一半,其评分只减少50%。

四、使用综合分析法应该注意的问题

1. 信息资料要充分

充分的信息资料是对企业进行综合分析评价的前提条件,只有拥有充分的信息资料才能使分析结果真实、可靠,从而使企业相关利益者多方面地了解企业的财务状况和经营状况。

2. 主要指标和辅助指标要相结合

使用综合分析法时,确定主要指标和辅助指标的同时,要明确辅助指标如何能反映或说明主要指标的信息；不同范畴的主要考核指标所反映的企业经营情况、财务状况的不同侧面与不同层次的信息有机统一，应当能够全面而翔实地揭示出企业经营活动、绩效的实际情况。

3. 静态分析和动态分析要相结合

静态分析是一种静止地、孤立地考察某种问题的方法，它完全忽视了事情的具体变化过程，静态分析只分析经济现象的均衡现象或达到均衡状态所需要的条件，不考虑达到均衡状态的过程。动态分析法则要分析经济现象变动的具体过程，如相关变量在不同时间段的变动过程，以及它们在变动中的相互影响关系。由于静态分析只能说明某一时点的状态，而动态分析则说明整个时间段内变量的发展方向。所以，在综合分析中应将两种分析方式结合起来运用，为进行企业经济活动的预测、决策等多方面提供很好的依据。

第七节　财务分析方法的局限性

财务分析方法作为财务分析的基本工具，对于企业的财务状况和经营成果的评价和剖析，以及反映经营业绩、财务状况及发展趋势，改进企业财务管理工作和优化经济决策等都有着极大的作用。但是，由于各种财务分析方法受到分析资料的局限性、分析方法以及各种财务指标本身的局限性的影响，分析结果不能客观地反映企业的实际财务状况及经营情况，因而在运用各种财务分析方法时，应明确了解财务分析方法的局限性并采取相应的措施，从而更好地为财务分析工具的使用者服务。其局限性主要表现在以下 3 个方面。

一、信息资料的局限性

（1）会计报表中的有些数据是通过估计得来的，受会计人员主观因素的影响较大。如采用备抵法核销坏账，按年末应收账款余额的比例计提坏账准备金，计入资产减值损失；无形资产的摊销期限，固定资产的折旧年限等，在不同的企业可能会导致几年甚至十几年的差异。单一地看，上述这些问题似乎无关紧要，但每一种估计与企业损益都有直接关系，都会对企业的损益产生影响，而损益尤其是净损益往往又是财务分析中最为关注的项目。

（2）会计处理方法的不同，会使不同企业同类报表数据缺乏可比性，从而使财务分析结果有差异。根据现行会计制度的规定，企业的存货发出的计价方法、固定资产的折旧方法、坏账的处理方法、对外投资的核算方法、外币报表的折算汇率、所得税会计中的核算方法等等，都可以有不同的会计政策选择。如存货发出计价方法有先进先出法、加权平均法、分批实际法等多种方法。即使两个企业实际经营情况完全相同，不同的方法都会对期末存货及销售成本水平产生不同的影响，因此，财务报表中的有关数据会有所不同，使得两个企业的财务分析得出不同的结论。

（3）通货膨胀会使资产负债表、损益表中的各项数据严重地歪曲。会计核算以货币计量为基本前提，而币值稳定是货币计量假设的前提。在现实中通货膨胀普遍存在，币值稳定假设受到严峻的挑战，会计的真实性在很大程度上依靠货币的真实性，但货币在不同时期的实际含义是不相同的。

（4）财务报表是按会计准则和规范编制的，但不一定完全反映企业的客观实际经营情况，依据这些资料进行财务分析，容易产生假报表真分析的情况或包含人为因素，如果报表体现管理者某种意愿，就不能真实地分析企业财务状况和经营成果。

二、财务分析指标的局限性

（1）财务指标体系不严密。每一个财务指标只能反映企业的财务状况或经营状况的某一方面，每一类指标都过分强调本身所反映的内容，导致整个指标体系不严密。

（2）财务指标所反映的情况具有相对性。在判断某个具体财务指标是好还是坏，或根据一系列指标进行企业的综合判断时，必须注意财务指标本身所反映情况的相对性。因此，在利用财务指标进行分析时，必须把握好对财务指标的信任度。

（3）财务指标的评价标准不统一。比如，对于流动比率，人们一般认为指标值为 2 比较合理，速动比率则为 1 比较合适，但许多成功企业的流动比率都低于 2，不同行业的速动比率也有很大差别，如采用大量现金销售的企业，几乎没有应收账款，速动比率大大低于 1 也是很正常的。相反，一些应收账款较多的企业，速动比率可能大于 1 也不正常。因此，在不同企业之间用财务指标进行评价时没有一个统一标准，不便于不同行业间的比较。

三、具体分析方法的局限性

财务分析的信息资料及财务指标的局限性最终会影响或渗透进财务分析方法，而使财务分析方法存在诸多的局限性，主要表现在以下 4 个方面。

（1）比较分析法的局限性。在实际操作时，比较的双方必须具备可比性比较分析法才有意义。然而数据是否可比受众多条件的制约，如计算方法是否相同、计价标准是否一致、时间长度是否相等。在进行同行业比较时，要使其具有可比性，至少应具备 3 个条件：第一，同行业的业务性质相同或相似；第二，企业的经营规模较为接近；第三，经营方式相近或相同。这些条件自然限制了比较分析法的应用范围。

（2）趋势分析法的局限性。一是进行趋势分析法所依据的资料主要是财务报表的数据，财务报表外的数据却没有得到反映，从而造成这一方法的局限性；二是由于通货膨胀或各种偶然因素的影响和会计换算方法的改变，不同时期的财务报表可能不具有可比性。

（3）比率分析法的局限性。由于同一企业在不同时期可能选用不同的会计政策，或者由于不同企业在处理相同的会计事项时，可能采用不同的处理方法，所以对不同口径下的财务比率进行对比的结论不一定能准确反映不同企业之间的差异。当财务报表承载的信息不完美时，根据这些财务数据计算出来的财务比率就有着无法避免的缺陷。企业财务分析大多数是事后分析，依据的是财务报表反映的情况，而报表反映的情况均是企业过去的财务状况与经营业绩。会计报表使用者取得会计报表的时间与业务发生的时间间隔较长，因此，用过去的数据信息去判断企业目前甚至将来的财务状况，往往会与实际发生差异，从而使企业财务分析作用的发挥受到限制。

（4）因素分析法的局限性。在计算各因素对综合经济指标的影响额时，主观假定各因素替代的顺序而且各指标的分析顺序一经确定就不能更改，此外，在分析过程中规定每次只有一个因素发生变化,其他因素不变。这些假定往往与实际情况不符,这有可能导致分析的结果不准确。

本 章 小 结

　　财务分析法是在财务分析和评价过程中所构建的方法,财务分析法是完成财务分析任务、实现财务分析目的的技术手段。财务分析可以采用多种方法,这些方法各有偏重,需要综合应用、融会贯通。

　　比较分析法主要是将上市公司两个年份的财务报表进行比较分析,旨在找出单个项目各年之间的不同,以便发现某种变化的情况及原因。

　　趋势分析法是指用若干个连续期间的财务报告的资料进行对比,得出它们的增减变动方向、数额和幅度,以说明企业经营活动和财务状况的变化过程及发展趋向的分析方法。

　　比率分析法是将影响财务状况的两个相关因素联系起来,通过计算各种比率,反映它们之间的关系,借以评价企业财务状况和经营状况的一种财务分析方法。比率分析法以其简单、明了、可比性强等优点在财务分析实践中被广泛采用。

　　因素分析法是经济活动分析中最重要的方法之一,也是财务分析的重要方法之一。因素分析法是依据分析指标与其影响因素之间的关系,按照一定的程序和方法,确定各因素对分析指标差异影响程度的一种技术方法。因素分析法包括连环替代法和差额计算法两种方法。

　　连环替代法是因素分析法的基本形式,其名称是由分析程序的特点决定的。连环替代是根据因素之间的内在依存关系,依次测定各因素变动对经济指标差异影响的一种分析方法。连环替代法的程序由以下步骤组成:① 确定分析指标与其影响因素之间的关系;② 根据分析指标的报告期数值与基期数值列出两个关系式或指标体系,确定分析对象;③ 连环顺序替代,计算替代结果;④ 比较各因素的替代结果,确定各因素对分析指标的影响程度;⑤ 检验分析结果。连环替代法需要注意4个问题即因素分解的相关性问题、分析前提的假定性、因素替代的顺序性、顺序替代的连环性。

　　综合分析法就是将有关财务指标按其内在联系结合起来,系统、全面、综合地对企业的财务状况和经营成果进行剖析、解释和评价,说明企业的财务状况和经营成果的优劣。

复习思考题

1. 财务分析(方法)的基础理论有哪些?请简述其主要内容。
2. 什么是定性分析法?定性分析的一般方法有哪些?
3. 什么是定量分析法?运用定量分析法需要注意哪些问题?
4. 什么是拟定量分析法?它与定性分析和定量分析法有什么关系?
5. 什么是比较分析法?比较分析法有哪些具体形式?运用比较分析法应注意哪些问题?
6. 什么是趋势分析法?使用趋势分析法应注意哪些问题?
7. 什么是比率分析法?比率分析有哪些具体类型?
8. 什么是因素分析法?运用因素分析法有哪些要点和应注意的问题?

9. 财务分析方法有哪些局限性？结合财务分析发展现状，谈谈你对改进财务分析方法的建议。

案 例 分 析

ABC企业是一家集汽车研发、制造和销售于一身的现代化中外合资股份制企业，2018年的资本结构变动情况如下：从资产构成看，主要的资产项目是应收账款、存货、短期股权投资、固定资产和无形资产。从这些主要资产的变化情况看，资产总额年末比年初增长了11.3%，应收账款增加了1 070万元，增长率24.32%，占总资产比重上升0.1%；存货增加了3 000万元，增长率14.42%，占总资产比重上升1.03%，从存货构成变化情况看，材料存货减少1 800万元，减少了18%；在制品增加550万元，增长率8.87%，产成品存货增加4 250万元，增长率92.39%；长期投资增加了900万元，其占总资产的比重上升了1.34%；固定资产虽然增加了1 800万元，但其占总资产的比重下降了1.79%；无形资产及其他资产减少了200万元，其占总资产的比重下降了0.59%。从负债总额看，年末比年初增加了4 082万元，增长率18.32%，流动负债增长了6 176万元，长期负债下降了2 094万元。从负债构成看，占权重较大的为短期借款、应付账款和长期借款。从其变化情况看，短期借款增加了3 300万元，增长率30.7%；应付账款增加了1 956万元，增长率88.91%；长期借款减少了2 094万元，减少率4.28%。所有者权益总额增加了2 331万元，增长率6.76%。

要求：基于上述报表的资产、负债和所有者权益的相关信息，采用适当方法对这个企业的财务状况做出分析评价，并说明选择财务分析方法时应注意的问题。

第三章　财务分析的信息

引导案例

　　小王从学校毕业 2 年了,是资深财务分析师李总的助理。受学院邀请,小王在回学校给师弟师妹们介绍求职和工作经验时说:"与其说我是做财务分析工作的,倒不如说我是个店小二,而且是个多面手的店小二。首先,我是个资料收集员,我要收集国家产业政策数据、行业发展数据、竞争对手数据,还要收集证监会、中注协等行业监管数据。其次,我还是资料核查员,核查李总分析报告的文字、数据错误。最后,我还是资料的联络员,联络财务部各科组、企业其他部室,甚至公司高管,倾听并收集相关人员对财务报表分析报告初稿的意见并反馈给李总。"

　　已持续多天 38 度高温的三伏天,小王每天还顶着酷暑挤公交,频繁地往来省图书馆和项目公司之间,收集公司所处行业背景、公司竞争情报,以及证券相关法律法规、企业规章制度等资料,并对公司进行实地调研。小王说,4 年的会计本科、3 年的财务方向研究生,感觉知识仍然不够用,需要进一步提高自己。他认为找资料找信息是锻炼信息的收集能力,这对财务分析是最基础,也是最最重要的;检查核对是培养自己的细致、耐心和严谨性;联络跑腿是锻炼自己的沟通能力。小王说,这对一个读了很多年书的年轻人来说,是一个很好的锻炼和学习机会。

　　主持经验座谈会的陈老师说:"小王说得对,收集整理资料是财务分析最基础的工作,也是进行后期财务分析的保障;了解相关法律法规、企业规章制度是为了使财务分析能按照财务分析的要求展开,是为了发现财务活动有无超规矩的边界;然后要学会如何去做分析,即方法手段的运用,这是从事财务分析工作的要求。当然,财务分析离不开对国家政策、规划和宏观经济政策的把握,因此,还要了解国家宏观政策对财务分析的影响,希望同学们借助本次座谈会的机会,多向你们师兄请教。"

　　通过本次经验交流会,同学们认识到了财务分析的基础,也了解了如何快速、有效地收集相关资料,理解了有关资料对财务分析的重要性。

【教学目的与要求】

　　通过本章的学习,使学生理解财务分析资料的分类、内容,为进一步学习财务分析打好基础。使学生了解信息资料的收集渠道,掌握会计分析基础信息,即会计报告与会计准则的基本内容及作用。重点掌握会计报表的种类与信息作用;一般掌握会计报表附注及财务状况说明书的内涵与作用;了解审计报告中审计意见的种类和作用,以及关键审计事项与财务信息质量的关系;理解其他信息对财务分析信息的影响。

第一节 财务分析信息的概述

一、财务分析信息的作用

财务分析信息是财务分析的基础和不可分割的组成部分。它对于保证财务分析工作的顺利进行、提高财务分析的质量与效果都有着重要的作用。

(一) 财务分析信息是财务分析的根本依据

没有财务分析信息,财务分析就如同"无米之炊",进行财务分析是不可能的。财务分析实际上就是对财务信息的分析。如要分析企业的资产、负债和所有者权益状况,就必须有资产负债表的信息;而要分析企业的盈利状况,则需要利润表的信息等。

(二) 搜集和整理财务分析信息是财务分析的重要内容和环节

从一定意义上说,财务分析信息搜集与整理的过程就是财务报表分析的过程。财务分析所用的信息并不是取之即来、来之可用的。不同的分析目的和分析要求,所需要的信息是不同的,包括信息来源、内容、形式等都不相同。因此,财务信息的搜集与整理是财务分析的基础性环节。

(三) 财务分析信息的数量和质量决定着财务分析的质量与效果

正因为财务分析信息是财务分析的基本依据和基础性环节,财务分析信息的准确性、完整性、及时性对提高财务分析的质量和效果至关重要。使用错误的、过时的或不规范的财务分析信息,要保证财务分析的准确性是不可能的。

二、财务分析信息的要求

财务分析的基础是财务分析所需要的信息,分析者掌握信息的质量和数量决定了财务分析的准确性和相关性,进而影响着财务分析者决策的正确性。

对于财务分析的基础——财务分析信息而言,一般应具有如下6个特点。

(一) 财务分析信息的合法性

财务分析信息的合法性是指财务分析信息的披露必须遵守国家相关的法律法规及规章制度的要求,无论在格式上还是在内容上,都要按照规定执行,并且在披露的时间、媒体等方面也要按照相关规定的要求执行。

财务分析信息的合法性主要是指财务信息的披露应该遵循《会计法》《企业会计准则》《企业会计制度》《公司法》《证券法》等相关法律的规定。

(二) 财务分析信息的客观性

财务分析信息的客观性是指财务会计信息的披露必须以事实为依据,准确反映企业的经营状况、财务状况、收益及盈利信息以及现金流量等相关信息。信息失真一直是资本市场讨论的热点问题,这不仅在我国,在世界范围内都是如此。在资本市场高度发达的美国,自安然事件以来的一系列财务丑闻都说明,财务会计信息的客观性、真实性是其永久的生命力。信息失真不仅会伤害投资者的利益,诱导其做出错误的投资决策,而且对所有者、债权人甚至国家利益都是极大的威胁。另外,它也会殃及自身,不仅使企业的声誉受到极大的损害,而且会影响到企业的生存和未来的发展。

(三) 财务分析信息的完整性

财务分析信息的完整性是指企业公布的财务分析信息必须在内容与形式上符合信息报告的相关政策法规的规定。不能缺项、漏项,更不能有意隐瞒一些对企业不甚有利的信息。财务分析信息之间的关联性往往会对分析结果起到重大的影响,在正确分析企业的财务状况、经营状况、资产负债信息、盈利状况等方面相互制约。因此,财务信息必须完整,否则将会产生错误的分析结论,导致错误的经济决策。

(四) 财务分析信息的及时性

财务分析信息的及时性是信息时间价值的核心。过时的信息是不具有任何预测价值的。财务分析信息的及时性要求信息披露必须遵守时间的规定,无论是对于定期信息与不定期信息,还是对于强制信息与非强制信息都应该如此。

(五) 财务分析信息的相关性

财务分析信息的相关性是指财务分析信息必须与企业的经营管理状况以及财务分析的目的与要求紧密相关。相关信息是对大量信息进行分析、整理后的结果,相关信息也构成了财务分析的直接对象。在现代社会,信息量的繁杂要求财务分析人员必须具有去伪存真、去粗取精的分析判断能力。财务分析人员只有依据具有高度相关性的财务分析信息才能够在得到准确的分析结论、做出正确的投资、信贷决策前提下提高工作效率。

(六) 财务分析信息的一致性

财务分析信息的一致性是指企业披露的相关信息,无论在计量模式上还是在计量属性上,均应前后各期保持一致,避免由于计量模式或计量属性上的变更而使不同时期产生的财务分析信息缺乏一致性,从而致使信息之间不可比。不具有一致性的财务分析信息,不仅缺乏可比性,而且会造成错误的决策。

因此,保证财务信息的一致性与可比性是正确进行财务分析与判断的基础。只有这样才能得出正确的分析结论,做出正确的投资、信贷决策。

三、财务分析信息的种类

进行财务分析的信息是多种多样的,对于不同的分析目的、不同的分析内容,所使用的财务信息可能是不同的。因此,从不同角度看,财务分析信息的种类是不同的。

(一) 内部信息与外部信息

财务分析信息按信息来源可分为内部信息和外部信息两类。内部信息是指从企业内部取得的财务信息;外部信息则是指从企业外部取得的信息。

1. 企业的内部信息

(1) 会计信息。会计信息又可分为财务会计信息和管理会计信息。财务会计信息主要指财务会计报告,包括资产负债表、利润表、现金流量表、所有者权益变动表和财务报表附注等财务会计准则规定企业编制的各种报表、附表和附注等;管理会计信息主要包括责任会计核算信息、决策会计信息和企业成本报表信息等。

（2）统计与业务信息。统计信息主要指各种统计报表和企业内部统计信息。业务信息则指与各部门经营业务及技术状况有关的核算与报表信息。总之，统计与业务信息包括了企业除会计信息之外其他反映企业实际财务状况或经营状况的非财务信息。

（3）计划及预算信息。这些信息是企业管理的目标或标准，包括企业的生产计划、经营计划、财务计划以及各种消耗定额、储备定额、资金定额等。

2. 企业的外部信息

（1）国家经济政策与法规信息。国家的宏观经济信息主要指与企业财务活动密切相关的信息，如通货膨胀率、银行利息率、各种税率等；有关法规信息包括会计法、税法、会计准则、审计准则、财务制度等。

（2）综合部门发布的信息。这包括国家统计局定期公布的统计报告和统计分析、国家经济贸易委员会（以下简称经贸委）的经济形势分析、国家发展和改革委员会（以下简称发改委）的国民经济计划及有关部门的经济形势预测信息等。

（3）证券市场信息。这包括各证券市场和资金市场的有关股价、债券利息等方面的信息以及财务分析师预测信息等。

（4）中介机构信息。这包括会计师事务所、资产评估事务所等提供的企业资产评估报告和审计报告等。

（5）报纸杂志的信息。这是指各种经济著作、报纸及杂志的科研成果、调查报告、经济分析中所提供的与企业财务分析有关的信息。

（6）企业间交换的信息。这是指企业与同行业其他企业或有业务往来的企业间相互交换的报表及业务信息等。

（7）国外有关信息。这是指从国外取得的各种经济信息。取得国外有关信息的渠道有出国考察访问、购买国外经济信息报纸杂志、国际会议交流等。

（二）定期信息与不定期信息

财务分析信息根据取得时间的确定性程度可分为定期信息和不定期信息。定期信息是指企业经常需要、可定期取得的信息。不定期信息则是根据临时需要搜集的信息。

定期信息主要包括：① 会计信息。会计信息尤其财务会计信息是以会计制度规定的时间，按月度和年度核算和编报的，是企业财务分析中可定期取得的信息。② 统计信息。企业的统计月报、季报和年报信息也是财务分析的定期信息之一。③ 综合经济部门的信息。综合经济信息有的按月公布，有的按季公布，有的按年公布，也有一些市场信息是按日或按旬公布的。④ 证券市场信息。这是指证券交易市场每日的证券价格、交易量、市场价值等信息。⑤ 中介机构信息。定期财务分析信息为企业定期进行财务分析提供了可能，奠定了基础。

不定期信息主要包括宏观经济政策信息、企业间不定期交换信息、国外经济信息、主要报纸杂志信息等。不定期的经济信息，有的是因为信息不能定期提供形成的，有的是因为企业不定期的分析需要形成的。企业在财务分析中，应注重定期信息的搜集与整理，同时也应及时搜集不定期信息。

（三）实际信息与标准信息

实际信息是指反映各项经济活动数量与质量的实际发生情况的信息，一般是在企业的经营管理实践中不断地、连续地产生的相关数据资料，需要采取一定的方法搜集、整理，使之转变为财务分析信息。

标准信息是指作为运行、评价的标准而搜集得到的相关财务分析信息,如计划与预算信息、行业标准信息等。实际信息是财务分析的基础和主要对象,标准信息则是判断、评价的准绳。

(四) 财务信息与非财务信息

财务信息是指与企业财务状况相关的信息。财务信息是进行财务分析的信息主体,对企业的财务状况、盈利能力、现金流量、偿债能力、营运能力、发展潜力等方面做出评价都要以财务信息为依据,其他信息作为辅助,起到检验和修正的作用。

非财务信息是指与企业经营相关的、企业财务状况以外的、对分析决策有重要影响的其他相关信息。非财务信息的内容非常广泛,既包含企业内部的相关信息,如企业的统计信息、预算信息、计划信息、生产与销售信息、技术信息等,又包含企业外部的相关信息,如政策法规信息、产业或行业信息以及相关市场研究机构公布的重要信息。非财务信息数量繁杂,因此,如何进行信息的搜集、整理显得更加重要。

在财务分析过程中,财务信息和非财务信息都是非常重要的信息来源。财务信息提供量化的数据,反映企业财务活动的过程和结果,是财务分析主要的分析对象和信息来源;非财务信息提供有关企业的组织结构设置和行业背景情况等的信息,是财务信息必要和有益的补充。在财务分析过程中,需要将非财务信息和财务信息相结合。

四、政策与市场信息

(一) 政策与市场信息的重要性

政策与市场信息是指除企业内部信息之外的所有企业外部信息。在进行企业财务分析过程中,无论投资者、经营者,还是债券持有者,只靠企业内部信息是远远不够的,尤其在我国实行社会主义市场经济的今天,财务分析更不能离开政策与市场信息。

企业的投资者和所有者为保证其投资的收益性和安全性,要分析企业的盈利能力和支付能力,掌握市场上的风险投资收益率水平、其他企业的投资收益率水平;要了解企业的生产经营状况,根据国家的产业政策信息,预测企业未来的发展前景;要了解企业的名义产出和盈利水平,要根据通货膨胀率确定企业的实际产出和盈利水平,等等。这些都离不开政策与市场信息。

企业的经营者要不断提高企业的经济效益,保证企业经营状况和财务状况不断改善,必须面向市场。不掌握国家政策与市场信息,要在市场竞争中立于不败之地是不可能的。例如,企业根据市场利率信息确定企业的负债结构,根据市场的需求信息确定产品的品种和产量,根据国家的产业政策与技术政策确定企业的发展目标等。

企业的债权人在对企业进行财务分析时,要根据企业财务会计报表信息,分析其流动性和偿债能力,要研究企业在市场上的信誉状况、企业的发展前景,以及国家的信贷政策变动情况。只有这样才能保证债权人的收益性与安全性。

(二) 政策法规信息

政策法规信息是指国家为加强宏观管理,所制定的各项与企业有关的政策、法规、制度等。

(1) 经济体制政策。经济体制政策是指涉及国家经济体制变化的政策。如我国从计划经济体制向有计划商品经济体制转变,从有计划商品经济体制向社会主义市场经济体制转变,从封闭的经济体制向开放的经济体制转变等,都属于国家体制的政策变动。财务分析要明确企业所处的体制环境,预测体制的变动对企业的投资和经营产生的影响。

(2) 宏观经济政策。宏观经济政策是指国家的财政政策、金融政策、货币政策等。这些政策对于企业财务分析至关重要。一个企业经营者如果不了解税率、利率的水平及其变动,不掌握通货膨胀率的水平及其变动趋势,希望其搞好这个企业是不现实的。同理,一个投资者或债权人不掌握宏观经济政策的变动,也必将做出错误的决策。

(3) 产业政策和技术政策。产业政策是国家指导产业发展的政策性文献,它规定了国家的基础产业和支柱产业,并对产业组织、产业技术和产业布局做出了相应的规划。技术政策规定了国家鼓励创新和推广的技术,以及相应的鼓励措施。投资者和经营者掌握产业政策和技术政策,对于保证企业持续健康的发展有着重要作用。

(三) 市场信息

市场信息是指除政策信息之外的所有企业外部信息。主要内容包括以下5个方面。

(1) 综合部门发布的信息。综合部门发布的信息是指国家统计局定期公布的统计报告和统计分析、国家经贸委的经济形势分析、国家计委的国民经济计划、政府有关部门和专家的经济形势预测等。

(2) 证券市场信息。证券市场信息是指各种证券市场和资金市场的有关股价、债券利息等方面的信息等,如上市公司的每日股市行情,人民银行每日公布的货币利率,证券报纸、杂志刊登的有关股价、利息等方面的信息,国外证券市场的信息等。

(3) 其他市场信息。其他市场信息是指生产市场信息、物资市场信息、劳动力市场信息,以及有关信息市场或信息部门提供的各种信息,包括中介机构提供的信息。

(4) 企业间交流信息。企业间交流信息是指企业与同行业其他企业或有业务往来的企业间相互交换的报表及业务信息等。

(5) 其他有关信息。其他有关信息是指除以上市场信息之外,与企业财务分析有关的信息。如通过出国考察访问、购买国外经济信息报纸杂志、国际会议交流等方式从国外取得的各种经济信息资料,以及国内有关部门的评比、会议交流信息等。

第二节 财务分析资料的获取途径

信息是当今社会最重要的经济资源。从一般意义上看,任何经济活动都离不开信息,都表现为一个信息处理过程,即对信息的收集、分析与处理,依据这种分析与处理做出经济决策、实施经济决策,并依据决策实施过程中反馈回来的信息控制决策的实施过程。财务信息是微观主体日常经济活动中最重要的信息资源,而财务分析则是研究如何利用财务信息进行经济决策的一门科学与艺术。所以,财务会计报告分析的重要功能就是对其数据进行加工、整理和分析,使其能更加清晰地反映企业的真实经济状况。

财务分析使用的主要资料是对外发布的财务报表。财务报表是根据统一规范编制的反映企业经营成果、财务状况及现金流量的会计报表。它们包括:① 资产负债表;② 利润表;

③ 现金流量表；④ 所有者权益变动表；⑤ 附表和附注；⑥ 文字说明等。

但财务报表不是财务分析唯一的信息来源。公司还以各种形式发布补充信息，分析时经常需要查阅这些补充来源的信息。财务分析资料获取的途径主要有 3 种。

一、获取有关公司年度报告、中期报告内容的主要途径

（一）向企业索取

企业应向其股东、主要债权人（如银行、债券托管机构）报送其定期报告，上述机构（不限于上述机构）亦可以向公司索取定期报告。

（二）查询企业登记主管机关

取得有关企业定期报告的最基本的渠道是该企业登记主管机关，即该企业所属的工商行政管理机关。按照我国企业登记管理的有关法规规定，企业必须在每一经营年度终了向其所属工商行政管理机关申请年度检查，企业年检申请报告中包括企业报送的年度报表，工商行政管理机关也有义务向办理了正常手续的查阅者提供企业的有关信息，包括企业的年度财务报告。

（三）查阅证监会指定的报刊

在证监会指定的报刊中查阅，这些报刊如《金融时报》《中国证券报》《上海证券报》《金融早报》等，这些报刊在每年的 4 月底、8 月底前将大量刊出上市公司的定期报告。

（四）访问相关网站

包括证券监管机构和证券交易所的网站，也包括中国证监会的官方网站：http://www.scrc.gov.cn

上海证券交易所：http://www.sse.com.cn/
深圳证券交易所：http://www.sse.org.cn/
还可以访问一些证券服务商网站。如：
证券之星网站：http://www.stockstar.com
巨潮信息网站：http://www.cninfo.com.cn

二、获取有关公司的临时报告的主要途径

根据我国《上市公司信息披露管理办法》的有关规定，上市公司的临时报告分为重大事件公告与公司收购公告两种。

重大事件公告：当可能发生对上市公司股票价格产生重大影响而投资者尚未得知的重大事件时，上市公司应该立即将有关该重大事件的报告提交证券上市的交易所及证监会，并向社会公布，说明该事件的性质。

公司收购公告：为了及时披露上市公司间的收购情况，任何法人直接或间接持有一个上市公司发行在外普通股达到 5% 时，应当自该事实发生之日起 3 个工作日内，向该公司、证券交易所和证监会书面报告并公告。当达到 5% 后，其持有的该种股票份额每增减 2% 时，也应自该事实发生之日起 3 个工作日内向该公司、证券交易所和证监会书面报告并公告。当发起人以外的任何法人直接或间接拥有该公司发行在外普通股的 30% 时，应该自该事实

发生之日起45个工作日内向该公司的全体股东发出要约收购的公告书。

关于这些临时公告,财务分析者也可以从证监会指定的刊物上,以及该公司挂牌的证券交易所、中国证监会和该公司的网站上获取这些资料。

三、获取非财务信息的主要途径

由于非财务信息不受公认的会计准则约束,所以其形成并不像财务信息那样规范,不必完全遵守确认、计量和报告的程序。那么,怎样才能获得这些非财务信息呢?结合我们国家的实际情况,可以通过以下方法获取非财务信息。

(一)间接法

间接法是指从侧面了解企业的非财务信息。非财务信息主要来源于证券分析资料、政府管理部门文件或者行业分析资料。企业官方网站是企业披露非财务信息的主要途径,也是利益相关方了解企业非财务信息的重要窗口。人们处在信息高度发达的时代,从互联网上往往能获得非常有用的非财务信息。

(二)直接法

直接法主要是对有关场所和人员的调查、询问,包括对经营场所、生产场所、仓库等地的现场调查以及对高级管理人员、生产人员、库管员、统计员、业务员、律师的询问。现场调查和询问是获取非财务信息的重要手段,企业内部的生产记录和制度是比会计报表更可信的资料,人们在现场调查和询问中应该始终坚持谨慎的态度。

第三节 财务报表

一、财务报表及其目标

财务报表是对企业财务状况、经营成果和现金流量的结构性表述。财务报表是会计要素确认、计量的结果和综合性描述,会计准则中规定的会计要素的确认、计量过程中所采用的各项会计政策被企业实际应用后将有助于促进企业可持续发展,反映企业管理层受托责任的履行情况。企业在生产经营过程中通过应用会计准则实现发展战略,需要一套完整的结构化的报表体系,科学地进行列报。

投资者等报表使用者通过全面阅读和综合分析财务报表,可以了解和掌握企业过去和当前的状况,预测企业的未来发展趋势,从而做出相关决策。一套完整的财务报表至少应当包括"四表一注",即资产负债表、利润表、现金流量表、所有者权益变动表以及附注。列报是指交易和事项在报表中的列示和在附注中的披露。在财务报表的列报中,"列示"通常反映资产负债表、利润表、现金流量表和所有者权益变动表等报表中的信息,"披露"通常反映附注中的信息。

企业编制会计报表的目标是向会计报表使用者提供与企业财务状况、经营成果和现金流量等有关的财务信息,反映企业管理层受托责任的履行情况,有助于财务报表使用者做出经济决策。财务报表使用者通常包括投资者、债权人、政府及其有关部门和社会公众等。

二、财务报表的组成和分类

(一) 财务报表的组成

财务报表是对企业财务状况、经营成果和现金流量的结构性表述，一套完整的会计报表至少应当包括资产负债表、利润表、现金流量表、所有者权益变动表以及附注。

资产负债表、利润表和现金流量表分别从不同角度反映企业的财务状况、经营成果和现金流量。资产负债表主要提供有关企业财务状况方面的信息，即某一特定日期的企业资产、负债、所有者权益及其相互关系。利润表反映企业在一定会计期间的经营成果，即利润或亏损的情况，表明企业运用所拥有的资产的获利能力。现金流量表反映企业在一定会计期间现金和现金等价物流入和流出的情况。所有者权益变动表反映构成所有者权益的各组成部分当期的增减变动情况。企业的净利润及其分配情况是所有者权益变动的组成部分，相关信息已经在所有者权益变动表及其附注中反映，企业不需要再单独编制利润分配表。附注是财务报表不可或缺的组成部分，是对在资产负债表、利润表、现金流量表和所有者权益变动表等报表中列示项目的文字描述或明细资料，以及对未能在这些报表中列示项目的说明等。

(二) 财务报表的分类

财务报表可以按照不同的标准进行分类。

(1) 按财务报表编报期间的不同，可以分为中期财务报表和年度财务报表。中期财务报表是以短于一个完整会计年度的报告期间为基础编制的财务报表，包括月报、季报和半年报等。中期财务报表至少应当包括资产负债表、利润表、现金流量表和附注。年度财务报表是以一个完整会计年度的报告期间为基础编制的财务报表，包括资产负债表、利润表、现金流量表和附注。其中，中期资产负债表、利润表和现金流量表、所有者权益变动表应当是完整报表，其格式和内容应当与年度财务报表相一致。与年度财务报表相比，中期财务报表中的附注披露可适当简略。

(2) 按财务报表编报主体的不同，可以分为个别财务报表和合并财务报表。个别财务报表是由企业在自身会计核算基础上对账簿记录进行加工而编制的会计报表，它主要用以反映企业自身的财务状况、经营成果和现金流量情况。合并财务报表是以母公司和子公司组成的企业集团为会计主体，根据母公司和所属子公司的会计报表，由母公司编制的综合反映企业集团财务状况、经营成果及现金流量的会计报表。

三、主要财务报表的格式及内容

(一) 资产负债表的格式及内容

我国企业的资产负债表采用账户式结构，账户式资产负债表分左右两方，左方为资产项目，大体按资产的流动性大小排列，流动性大的资产如货币资金、以公允价值计量且其变动计入当期损益的金融资产、衍生金融资产等排在前面，流动性小的资产如长期股权投资、固定资产等排在后面。右方为负债及所有者权益项目，一般按要求清偿时间的先后顺序排列：以公允价值计量且其变动计入当期损益的金融负债、应付票据、应付账款等需要在一年以内或者长于一年的一个正常营业周期内偿还的流动负债排在前面;长期借款等在一年以上才需要偿还的非流动负债排在中间;在企业清算之前不需要偿还的所有者权益项目排在后面。

账户式资产负债表中的资产各项目的合计等于负债和所有者权益各项目的合计,即资产负债表左方和右方平衡。因此,通过账户式资产负债表,可以反映资产、负债、所有者权益之间的内在关系,即资产=负债+所有者权益。JLQC公司合并及母公司资产负债表格式如表3-1所示。

表 3-1　JLQC 公司合并及母公司资产负债表

编制单位:JLQC公司　　　　2018年12月31日　　　　　　　　　　(单位:万元)

资　产	2018年12月31日合并	2017年12月31日合并	2018年12月31日公司	2017年12月31日公司
流动资产				
货币资金	761 688	1 113 772	624 468	985 989
以公允价值计量且其变动计入当期损益的金融资产				
衍生金融资产	98	—	98	—
应收票据及应收账款	330 116	296 145	198 443	175 007
预付款项	52 578	57 100	50 987	50 878
其他应收款	12 251	21 018	249 557	183 776
存货	252 235	233 930	212 608	211 567
持有待售的资产	—	9 341	—	9 341
其他流动资产	73 508	81 330	65 983	69 721
流动资产合计	1 482 474	1 812 637	1 402 143	1 686 279
非流动资产				
长期股权投资	4 011	3 787	39 011	35 787
固定资产	567 895	603 651	477 394	518 600
在建工程	126 234	67 758	83 338	36 623
无形资产	83 830	80 804	52 894	49 046
开发支出	553	320	553	320
商誉	346	346	—	—
递延所得税资产	74 310	69 025	14 807	9 559
其他非流动资产	—	48	—	48
非流动资产合计	857 179	825 739	667 997	649 983
资产总计	2 339 653	2 638 376	2 070 140	2 336 262
流动负债				

(续表)

资　产	2018年12月31日合并	2017年12月31日合并	2018年12月31日公司	2017年12月31日公司
以公允价值计量且其变动计入当期损益的金融负债	—	849	—	849
应付票据及应付账款	782 491	860 332	742 336	826 292
预收款项	—	16 806	—	10 156
合同负债	26 670	—	10 161	—
应付职工薪酬	30 892	27 809	23 588	21 819
应交税费	23 356	25 435	18 190	2 233
其他应付款	383 335	403 805	149 115	167 741
一年内到期的非流动负债	45	43	45	43
其他流动负债	20 106	19 029	836	775
流动负债合计	1 266 895	1 354 108	944 271	1 029 908
非流动负债				
长期借款	360	385	360	385
预计负债	15 149	18 469	—	—
递延收益	6 000	—	—	—
长期应付职工薪酬	6 343	5 476	6 317	5 439
递延所得税负债	2 602	2 674	—	—
其他非流动负债	3 854	24	2 760	—
非流动负债合计	34 308	27 028	9 436	5 824
负债合计	1 301 203	1 381 136	953 707	1 035 732
股东权益				
股本	86 321	86 321	86 321	86 321
资本公积	83 944	83 944	83 944	83 944
其他综合收益	−1 018	−674	−1 040	−683
盈余公积	43 161	43 161	43 161	43 161
未分配利润	826 041	1 044 487	904 046	1 087 786
归属于母公司股东权益合计	1 038 450	1 257 240	1 116 433	1 300 530
少数股东权益	—	—	—	—
股东权益合计	1 038 450	1 257 240	1 116 433	1 300 530
负债及股东权益总计	2 339 653	2 638 376	2 070 140	2 336 262

(二) 利润表的格式及内容

我国企业利润表采用多步式格式,多步式利润表是通过对当期的收入、费用、支出项目按性质加以归类,按利润形成的主要环节列示一些中间性利润指标,分步计算当期净损益。企业应当采用多步式列报利润表,将不同性质的收入和费用进行对比,从而可以得出一些中间性的利润数据,便于使用者理解企业经营成果的不同来源。JLQC 集团公司合并及母公司利润表格式如表 3-2 所示。

表 3-2 JLQC 公司合并及母公司利润表

编制单位:JLQC公司　　　　年度:2018　　　　（单位:万元）

项目	2018 年度合并	2017 年度合并	2018 年度公司	2017 年度公司
一、营业收入	2 824 934	3 134 575	2 630 758	2 871 981
减:营业成本	−2 440 955	−2 504 509	−2 337 446	−2 487 922
税金及附加	−68 713	−96 701	−67 135	−92 754
销售费用	−120 238	−269 478	−16 627	−21 314
管理费用	−79 670	−70 791	−61 177	−59 627
研发费用	−166 355	−199 673	−153 091	−191 120
财务费用	16 367	24 364	19 024	26 201
其中:利息费用	−22	−22	−22	−22
利息收益	18 844	24 430	21 069	26 047
资产减值损失	−6 079	−5 181	−5 899	−4 127
信用减值损失	−109	—	−84	—
加:其他收益	15 260	1 166	888	1 166
投资收益	1 323	809	1 323	809
其中:对联营企业和合营企业的投资收益	224	815	224	815
公允价值变动收益	947	−1 703	947	−1 703
资产处置收益	3 463	−20	3 506	17
二、营业利润	−19 827	12 858	14 985	41 607
加:营业外收入	24 813	63 735	24 754	55 380
减:营业外支出	−1 022	−411	−979	−343
三、利润总额	3 964	76 182	38 761	96 643
减:所得税费用	5 219	−7 088	5 128	−6 450
四、净利润	9 183	69 094	43 889	90 194

(续表)

项　　目	2018年度合并	2017年度合并	2018年度公司	2017年度公司
按经营持续性分类				
持续经营净利润	9 183	69 094	43 889	90 194
终止经营净利润	—	—	—	—
按所有权归属分类				
少数股东损益	—	—	—	—
归属于母公司股东的净利润	9 183	69 094	43 889	90 194
五、其他综合收益的税后净额				
归属于母公司股东的其他综合收益的税后净额				
不能重分类进损益的其他综合收益				
重新计量设定受益计划变动额	−344	−121	−357	−140
归属于少数股东的其他综合收益的税后净额	—	—	—	—
六、综合收益总额	8 839	68 973	43 532	90 053
归属于母公司股东的综合收益总额	8 839	68 973	43 532	90 053
归属于少数股东的综合收益总额	—	—	—	—
七、每股收益				
基本每股收益（人民币元）	0.11	0.80	—	—
稀释每股收益（人民币元）	0.11	0.80	—	—

（三）现金流量表的格式及内容

现金流量表是反映企业在一定会计期间现金和现金等价物流入和流出的报表。通过现金流量表，可以为报表使用者提供企业一定会计期间内现金和现金等价物流入和流出的信息，便于使用者了解和评价企业获取现金和现金等价物的能力，据以预测企业未来现金流量。在我国，企业现金流量表采用报告式结构，分类反映经营活动产生的现金流量、投资活动产生的现金流量、筹资活动产生的现金流量以及其他业务产生的现金流量，最后汇总反映企业某一期间现金及现金等价物的净增加、减少额。JLQC集团公司合并及母公司现金流量表的格式如表3-3所示。

表 3-3　JLQC 公司合并及母公司现金流量

编制单位：JLQC 公司　　　　　　年度：2018　　　　　　　　　　　　　（单位：万元）

项　目	2018 年度合并	2017 年度合并	2018 年度公司	2017 年度公司
一、经营活动产生的现金流量				
销售商品、提供劳务收到的现金	3 149 075	3 489 903	2 948 560	3 222 584
收到其他与经营活动有关的现金	68 825	72 995	33 920	62 582
经营活动现金流入小计	3 217 900	3 562 899	2 982 480	3 285 166
购买商品、接受劳务支付的现金	−2 568 233	−2 567 499	−2 451 826	−2 556 780
支付给职工以及为职工支付的现金	−218 967	−209 656	−196 318	−189 368
支付的各项税费	−157 442	−297 137	−132 208	−262 056
支付其他与经营活动有关的现金	−283 417	−421 125	−173 559	−215 677
经营活动现金流出小计	−3 228 059	−3 495 417	−2 953 911	−3 223 881
经营活动产生的现金流量净额	−10 159	67 481	28 569	61 285
二、投资活动产生的现金流量				
收回投资收到的现金	1 035 300	—	1 195 400	106 300
取得投资收益收到的现金	1 819	1 017	1 819	1 017
处置固定资产、无形资产和其他长期资产收回的现金净额	277	9 973	230	9 856
收到其他与投资活动有关的现金	24 175	25 136	23 705	25 710
投资活动现金流入小计	1 061 571	36 125	1 221 154	142 882
购建固定资产、无形资产和其他长期资产支付的现金	−138 532	−101 983	−107 379	−75 700
投资支付的现金	−1 035 300	—	−1 274 200	−158 400
支付其他与投资活动有关的现金	−1 632	−1 108	−1 632	−1 108
投资活动现金流出小计	−1 175 464	−103 091	−1 383 211	−235 208
投资活动产生的现金流量净额	−113 892	−66 966	−162 057	−92 326

(续表)

项　　目	2018年度合并	2017年度合并	2018年度公司	2017年度公司
三、筹资活动产生的现金流量				
偿还债务支付的现金	-43	-544	-43	-44
分配股利、利润或偿付利息支付的现金	-227 863	-52 734	-227 863	-52 734
支付其他与筹资活动有关的现金	-126	-87	-126	-87
筹资活动现金流出小计	-228 033	-53 366	-228 033	-52 866
筹资活动产生的现金流量净额	-228 033	-53 366	-228 033	-52 866
四、汇率变动对现金及现金等价物的影响	—	—	—	—
五、现金及现金等价物净增加额	-352 084	-52 850	-361 521	-83 907
加：年初现金及现金等价物余额	1 113 772	1 166 622	985 989	1 069 896
六、年末现金及现金等价物余额	761 688	1 113 772	624 468	985 989

四、财务报表附注

财务报表附注是便于财务报表使用者理解会计报表的内容而对财务报表的编制基础、编制依据、编制原则和方法及主要项目等所做的解释。它是对财务报表的补充说明，是财务会计报告的重要组成部分。企业的年度财务报表附注至少应披露如下内容。

（一）企业的基本情况

（1）企业注册地、组织形式和总部地址。

（2）企业的业务性质和主要经营活动。

（3）母公司以及集团最终母公司的名称。

（4）财务报告的批准报出者和财务报告批准报出日，或者以签字人及其签字日期为准。

（5）营业期限有限的企业，还应当披露有关其营业期限的信息。

（二）企业报表的编制基础

持续经营是会计的基本前提，是会计确认、计量及编制财务报表的基础。企业会计准则规范的是持续经营条件下企业对所发生交易和事项确认、计量及报表列报；相反，如果企业经营出现了非持续经营，应当采用其他基础编制财务报表。财务报表准则的规定是以持续经营为基础的。

在编制财务报表的过程中，企业管理层应当对企业持续经营的能力进行评价，需要考虑的因素包括市场经营风险、企业目前或长期的盈利能力、偿债能力、财务弹性以及企业管理层改变经营政策的意向等。评价后对企业持续经营的能力产生严重怀疑的,应当在附注中披露导致对持续经营能力产生重大怀疑的重要的不确定因素。

(三) 遵循企业会计准则的声明

企业应当声明编制的财务报表符合企业会计准则的要求,真实、完整地反映了企业的财务状况、经营成果和现金流量等有关信息,以此明确企业编制财务报表所依据的制度基础。如果企业编制的财务报表只是部分地遵循了企业会计准则,附注中不得做出这种表述。

(四) 重要会计政策和会计估计

根据财务报表列报准则的规定,企业应当披露采用的重要会计政策和会计估计,不重要的会计政策和会计估计可以不披露。

1. 重要会计政策的说明

企业在发生某项交易或事项允许选用不同的会计处理方法时,应当根据准则的规定从允许的会计处理方法中选择适合本企业特点的会计政策。比如,存货的计价可以选择先进先出法、加权平均法、个别计价法等。为了帮助报表使用者理解,有必要对这些会计政策加以披露。包括:

(1) 财务报表项目的计量基础。

(2) 会计政策的确定依据,主要是指企业在运用会计政策过程中所做的对报表中确认的项目金额最具影响的判断。

2. 重要会计估计的说明

财务报表列报准则强调了对会计估计不确定因素的披露要求,企业应当披露会计估计中所采用的关键假设和不确定因素的确定依据,这些关键假设和不确定因素在下一会计期间内很可能导致对资产、负债账面价值进行重大调整。

在确定报表中确认的资产和负债的账面金额过程中,企业有时需要对不确定的未来事项在资产负债表日对这些资产和负债的影响加以估计。例如,固定资产可收回金额的计算需要根据其公允价值减去处置费用后的净额与预计未来现金流量的现值两者之间的较高者确定,在计算资产预计未来现金流量的现值时需要对未来现金流量进行预测,并选择适当的折现率,应当在附注中披露未来现金流量预测所采用的假设及其依据、所选择的折现率为什么是合理的等等。又如,应当披露为正在进行中的诉讼确认预计负债时,最佳估计数的确定依据等。这些假设的变动对这些资产和负债项目金额的确定影响很大,有可能会在下一个会计年度内做出重大调整。因此,强调这一披露要求,有助于提高财务报表的可理解性。

(五) 重要会计政策和会计估计变更以及重大会计差错更正的说明

(1) 会计政策变更的内容和理由。

(2) 会计政策变更的影响数。

(3) 累积影响数不能合理确定的理由。

(4) 会计估计变更的内容和理由。

(5) 会计估计变更的影响数。

(6) 会计估计变更的影响数不能合理确定的理由。

(7) 重大会计差错的内容。

(8) 重大会计差错的更正金额。

(六) 或有事项的说明

或有负债的类型及其影响包括：

(1) 已贴现商业承兑汇票形成的或有负债；

(2) 未决诉讼、仲裁形成的或有负债；

(3) 为其他单位提供债务担保形成的或有负债；

(4) 其他或有负债（不包括极小可能导致经济利益流出企业的或有负债）；

(5) 或有负债预计产生的财务影响（如无法预计，应说明理由）；

(6) 或有负债获得补偿的可能性。

如果或有资产很可能会给企业带来经济利益，则应说明其形成的原因及其产生的财务影响。

(七) 资产负债表日后事项的说明

应说明股票和债券的发行、对一个企业的巨额投资、自然灾害导致的资产损失以及外汇汇率发生较大变动等非调整事项的内容，估计对财务状况、经营成果的影响；如无法做出估计，应说明其原因。

(八) 关联方关系及其交易的说明

(1) 在存在控制关系的情况下，关联方如为企业时，不论它们之间有无交易，都应说明如下事项：

① 企业经济性质或类型、名称、法定代表人、注册地、注册资本及其变化；

② 企业的主营业务；

③ 所持股份或权益及其变化。

(2) 在企业与关联方发生交易的情况下，企业应说明关联关系的性质、交易类型及其交易要素，这些要素一般包括：

① 交易的金额或相应比例；

② 未结算项目的金额或相应比例；

③ 定价政策（包括没有金额或只有象征性金额的交易）。

(3) 关联方交易应分别关联方以及交易类型予以说明，类型相同的关联方交易，在不影响会计报表使用者正确理解的情况下可以合并说明。

(4) 对于关联方交易价格的确定，如果高于或低于一般交易价格的，应说明其价格的公允性。

(九) 重要资产转让及其出售的说明

(1) 重大收购、兼并情况的说明。

(2) 重大资产转让情况的说明。

(3) 重大股权变动情况的说明。

(4) 债转股情况的说明。

(5) 重大中外合资项目情况的说明。

(6) 非货币性交易事项的说明。

(7) 债务重组事项的说明。

(十) 企业合并、分立的说明

企业如果与其他企业发生合并的事项，或发生把某生产线分离出企业的事项，对于企业的战略、规模、经营等各方面都会产生重要影响,需要在财务报表附注中说明。

(十一)会计报表重要项目的说明

1. 应收款项(包括其他应收款,不包括应收票据,下同)及计提坏账准备的方法

(1)说明坏账的确认标准,以及坏账准备的计提方法和计提比例,并重点说明以下4个方面事项。

第一,执行新《企业会计制度》的企业本年度全额计提坏账准备,或计提坏账准备的比例较大的(计提比例一般超过40%的,下同),应单独说明计提的比例及其理由。

第二,以前年度已全额计提坏账准备,或计提坏账准备的比例较大的,但在本年度又全额或部分收回的,或通过重组等其他方式收回的,应说明其原因、原估计计提比例的理由,以及原估计计提比例的合理性。

第三,执行新《企业会计制度》的企业本年度对某些金额较大的应收款项不计坏账准备,或计提坏账准备比例较低(一般为5%或低于5%)的理由。

第四,本年度实际冲销的应收款项及其理由,其中,实际冲销的关联交易产生的应收款项应单独披露。

(2)应收款项应按表3-4所示的格式分别进行披露(不执行新企业会计制度的企业只列示应收账款情况)。

表3-4 应收账款

账 龄	期 初 金 额			期 末 金 额		
	金 额	比例(%)	坏账准备	金 额	比例(%)	坏账准备
1年以内						
1~2年						
2~3年						
3年以上						
合 计						

(3)应收账款、其他应收款的主要债务人。

2. 存货核算方法

(1)说明存货分类、取得、发出、计价及低值易耗品和包装物的摊销方法;执行新《企业会计制度》和《商品流通企业会计制度》的企业计提存货跌价准备(商品削价准备)的方法以及存货可变现净值的确定依据。

(2)存货应按表3-5所示的格式披露。

表3-5 存 货

项 目	期初余额	期末余额	超过3年的存货
原材料			
库存商品			
低值易耗品			

(续表)

项　　目	期初余额	期末余额	超过3年的存货
包装物			
合　　计			

3. 投资的核算方法

(1) 说明当期发生的投资净损益,其中重大的投资净损益项目应单独说明;说明短期投资、长期股权投资和长期债权投资的期末余额,其中长期股权投资中属于对子公司、合营企业、联营企业投资的部分,应单独说明。

说明投资的计价方法以及短期投资的期末市价;说明投资总额占净资产的比例;采用权益法核算时,还应说明投资企业与被投资单位会计政策的重大差异;说明投资变现及投资收益汇回的重大限制;股权投资差额的摊销方法、债券投资溢价和折价的摊销方法;执行新《企业会计制度》的企业,还应说明当年提取的短期投资与长期投资减值准备的计提方法。

(2) 长期股票投资应按表3-6所示的格式披露。

表3-6　长期股票投资

被投资单位名称	股份类别	股票数量	占被投资单位股权的比例	初始投资成本

(3) 长期债券投资应按以下格式披露:

表3-7　长期债券投资

债券种类	面值	年利率	初始投资成本	到期日	本期利息	累计应收或已收利息

注:备注栏标明其中3年未分红利的投资。

4. 固定资产计价和折旧方法

说明固定资产的标准、分类、计价方法和折旧方法,各类固定资产的预计使用年限、预计净残值率和折旧率,如有在建工程转入、出售、置换、抵押和担保等情况,应予说明。

5. 无形资产的计价和摊销方法

无形资产应按表3-8所示格式披露。

表3-8　无　形　资　产

种　类	实际成本	期初余额	本期增加数	本期转出数	本期摊销数	期末余额

(十二) 收入

说明当期确认的下列各项收入的金额：

(1) 销售商品的收入；

(2) 提供劳务的收入；

(3) 工程结算收入（建造合同收入）；

(4) 利息收入；

(5) 使用费收入；

(6) 本期分期收款确认的收入。

(十三) 所得税的会计处理方法

说明所得税的会计处理是采用应付税款法，还是采用纳税影响会计法；如果采用纳税影响会计法，应说明是采用递延法还是债务法。

(十四) 合并会计报表的说明

说明合并范围的确定原则；本年度合并报表范围如发生变更，企业应说明变更的内容、理由。

(十五) 拟执行《企业会计制度》的企业，财产清查损失的说明

(1) 分项说明按原制度清查的资产损失。

(2) 分项说明按《企业会计制度》清查的预计资产损失。

(十六) 企业主辅分离辅业改制情况的说明

(十七) 有助于理解和分析会计报表需要说明的其他事项

(1) 待处理财产损益主要内容及处理情况。

(2) 待摊费用主要内容及摊销办法。

(3) 在建工程主要项目及工程结算情况。

(4) 银行借款期限、利率、借款条件等情况。

(5) 应付账款、其他应付款主要内容、主要债权人。

(6) 已贴现商业承兑汇票、未决诉讼、未决仲裁、为其他单位提供债务担保等或有负债情况。

(7) 从事证券买卖、期货交易、房地产开发等业务占用资金和效益情况。

(8) 企业利润分配情况。

(9) 主管财政机关要求的和企业需要说明的其他重要事项。

根据上述内容分类，我们相应地将上市公司会计报表附注的分析重点归纳为5个方面，包括公司基本情况，会计处理方法，控股公司、关联企业及关联交易，会计报表中重要项目的明细资料，以及公司重要事项的说明。

第一，公司基本情况：主要分析公司主营业务范围，明确公司所属行业。介绍公司基本情况是财务报表附注的第一部分内容，这一部分介绍公司的发展简史和主营业务范围。对分析财务信息而言，了解公司所属行业非常重要，而这方面的信息可以由此得到。

第二，会计处理方法。会计报表附注的第二部分内容是公司所采用的主要会计处理方法、处理方法的变更、变更的原因，以及方法变更对财务报表项目的影响，其中最主要的是对利润的影响。

一般而言，会计处理方法中，对成本的核算、对应收账款中坏账准备的核算、对固定资

产折旧率和折旧年限的核算、对存货的核算均有可能影响公司的账面利润,或者夸大利润或者人为调减利润。因此,关注会计报表附注的会计处理方法也要关注处理方法产生的经济后果。但应该注意,在一些会计报表附注中,仅仅根据"会计政策附注"还无法进行会计处理方法的分析,还必须参考"会计报表中重要项目的解释",通过关注相应的会计科目解释(如"固定资产折旧""存货""应收账款"等科目的说明),才有可能还原经济业务的全貌。

第三,控股公司、关联企业及关联交易。控股公司、关联企业及关联交易的基本情况介绍是会计报表附注的第三部分内容。针对这部分内容,主要关注两方面情况:① 哪些子公司对上市公司的利润影响比较大,通过何种关系产生影响,这些影响是否可靠,可信度如何;② 上市公司在这些公司的投资处于何种状况,是否需要做减值准备。

第四,会计报表中的重要项目。列示会计报表重要项目的详细资料是会计报表附注的第四项主要内容。对这部分内容的关注,可以帮助我们分析上市公司财务信息的真实程度。这部分内容比较多,一般会涵盖会计日记账中的主要科目。"货币资金"反映公司的现金及银行存款状况,其中应该特别关注银行定期存款的抵押状况;"应收账款、其他应收款及坏账准备""预付账款""存货""待摊费用""短期投资"等作为流动资产,其资产构成及资产状况对公司资产的真实性影响较大;"固定资产""累计折旧"反映公司资产的含金量;此外,流动负债、长期负债、递延税项等负债科目有助于了解公司的偿债能力。由于附注项目较多,在分析过程中,我们可以结合审计报告提出的问题做重点分析。

第五,公司的重要事项。会计重大差错调整、关联交易、承诺事项、或有事项、资产负债表日后事项、其他重要事项等,均可能在会计报表附注中出现。这些方面的信息可以成为我们判断公司财务信息真实程度的重要依据。

第四节 审 计 报 告

审计报告是指注册会计师根据中国注册会计师审计准则的规定,在实施审计工作的基础上对被审计单位财务报表发表审计意见的书面文件。审计报告是由独立会计师或审计师对公司审计之后签发的正式报告,用于向公司董事会、全体股东及社会公众报告公司的财务运行情况。审计报告根据普遍接受的会计标准和审计程序出具,可对公司的财务状况做出积极和消极的结论。

审计报告分为标准审计报告和非标准审计报告。标准审计报告包含的审计报告要素齐全,属于无保留意见,而且不附加说明段、强调事项段或任何修饰性用语,否则不能称为标准审计报告。非标准审计报告是指标准审计报告以外的其他审计报告,包括带强调事项段的无保留意见的审计报告和非无保留意见的审计报告。非无保留意见的审计报告包括保留意见的审计报告、否定意见的审计报告和无法表示意见的审计报告。一般来说,会计师出具非标准无保留意见的审计报告,大都出于无奈,上市公司确实存在一些无法回避的问题。因此,我们可以从此类审计报告对不确定事项的说明入手,探寻上市公司财务及经营状况中存在的问题。

一、无保留意见审计报告

无保留意见审计报告是指审计人员对被审计单位的会计报表,依照独立审计准则的要求进行审查后,确认被审查单位采用的会计处理方法遵循了会计准则及有关规定;会计报表反映的内容符合被审计单位的实际情况;会计报表内容完整,表达清楚,无重要遗漏;报表项目的分类和编制方法符合规定要求,因而对被审计单位的会计报表无保留地表示满意。无保留意见审计报告具体又可分为标准无保留意见审计报告和附带说明段的无保留意见审计报告两种。标准无保留意见审计报告表明会计师认为财务报表质量合格;附带说明段的无保留意见的审计报告是指审计人员在审计过程中未受任何阻碍和限制,审计结果令人满意,财务报表也是公允表达,但审计人员认为十分必要提供更多的信息。

二、保留意见审计报告

保留意见适用的情况是被审计单位没有遵守国家发布的企业会计准则和相关会计制度的规定,或注册会计师的审计范围受到限制。只有当注册会计师认为会计报表就其整体而言是公允的,但还存在对会计报表产生重大影响的情形,才能出具保留意见的审计报告。如果注册会计师认为所报告的情形对会计报表产生的影响极为严重,则应出具否定意见的审计报告或无法表示意见的审计报告。因此,保留意见的审计报告被视为注册会计师在不能出具无保留意见审计报告的情况下最不严厉的审计报告。

三、否定意见的审计报告

只有当注册会计师确信被审计单位会计报表存在重大错报和歪曲,以致会计报表不符合国家发布的企业会计准则和相关会计制度的规定,未能从整体上公允反映被审计单位的财务状况、经营成果和现金流量,注册会计师才出具否定意见的审计报告。注册会计师应当依据充分、适当的证据,进行恰当的职业判断,确信被审计单位会计报表不具有合法性与公允性时,才能出具否定意见的审计报告。

四、无法表示意见审计报告

只有当审计范围受到限制可能产生的影响非常重大和广泛,不能获取充分、适当的审计证据,以致无法确定会计报表的合法性与公允性,注册会计师才可出具无法表示意见的审计报告。无法表示意见不同于否定意见,它仅仅适用于注册会计师不能获取充分、适当的审计证据的情形。如果注册会计师发表否定意见,必须获得充分、适当的审计证据。无论无法表示意见还是否定意见,都只有在非常严重的情形下才能采用。

即使经过注册会计师审计,被发表无保留意见、无解释段的财务报表,也不能全面、准确地反映上市公司的真实情况。其原因主要有如下两个方面:① 财务报表严格按会计准则、会计制度及其他相关法规编制而成,这只说明这些财务报表的编制是合乎规范的,并不保证它能准确反映公司的客观实际,因为会计核算本身就受到许多原则和假设的限制。比如,固定资产的净值只是按其历史成本减去累计折旧计算出来的,折旧的计算隐含着很大的主观性,固定资产的账面价值并不代表其现行市价,也不能详细反映固定资产的技术状况和盈利能力。非常或偶然事件的发生会使本期的损益数据受到异常的影响,使损益指标不能反映公司的正常盈利水平。② 财务报表中的数据是分类汇总性数据,它不能直接反映企业财务状况的详细情况。比如,上市公司期末应收账款的余额中,不同账龄、不同项目的债权具有不同的风险,其实际价值也就不相同,但财务报表并不能全面反映这些情况。

五、关键审计事项

关键审计事项是指注册会计师根据职业判断认为对财务报表审计最为重要的事项,该关键审计事项的应对以对财务报表整体进行审计并形成审计意见为背景,注册会计师不对关键审计事项单独发表意见。注册会计师在审计报告中沟通关键事项,能够为财务报表预期使用者提供额外的信息,以帮助其了解注册会计师根据职业判断认为对本期财务报表审计最为重要的事项。沟通关键审计事项还能够帮助财务报表预期使用者了解被审计单位,以及已审计财务报表中涉及重大管理层判断的领域,该信息从注册会计师与治理层沟通过的事项中选取。

此外,财务报表数据的信息质量还受制于上市公司管理当局的道德操守。众所周知,企业经营的目的都是盈利。然而,盈利的方法和途径却是多种多样的,有人通过正当的艰苦经营来谋取利润,也有人想通过不正当的操作来牟取私利。上市公司的利润操纵正是由此而来。因此,在上市公司的财务报表分析之前,先要对该公司管理当局的道德水准、公司治理水平等进行评估,以判断该公司财务报表数据的可信度,把握其相关的风险。

既然财务报表具有如上所述的局限性,要准确把握上市公司的财务状况和盈利能力,就必须透过现象看本质,用正确的思路和方法对报表数据进行科学、细致的分析。虽然上市公司公布的财务报告不能准确反映上市公司的全部情况,但它为我们提供了许多有用的信息,除信息本身之外,我们还可以利用这些信息推断出许多有用的新信息。

第五节　其他信息

财务分析资料除了以上几种外,还包括有关企业经营环境的资料,如反映企业外部的宏观经济形势统计信息、行业情况信息、其他同类企业的经营情况等,以及有关分析比较标准的资料。对所收集的其他资料也要加以整理,去伪存真,保证资料的真实性。

一、有关宏观经济环境的相关资料

企业生产经营的经济环境对企业的财务状况、经营成果与现金流量产生着各种的影响,这些影响是财务分析师所必须关注的。如果财务分析师要对企业财务状况、经营成果与现金流量及它们的变化做出解释,仅依靠财务信息本身就不够了,因为财务信息不能说明自身为什么会达到目前这一状态,财务分析要解释待分析企业财务状况与经营成果的变化,必须从企业的经营活动、财务活动与投资活动及它们与企业所处的宏观经济环境、区域经济环境的交互作用中寻求答案。因此,财务分析师必须要对宏观经济环境有所了解,必须掌握一定量的关于宏观经济环境的资料。这些信息既可以从前面介绍过的渠道中取得,也可以从政府、民间专业性信息服务机构、大众传媒以及有关商业期刊和学术期刊上取得。

二、企业所在行业的资料

财务分析师要评价某一特定企业的财务状况、经营成果,往往需要一个标准,财务分析师将该企业的财务状况、经营成果与这一标准进行比较,即可以知道待评价企业的财务状况之优劣,经营业绩之好坏。但是,对于许多企业及其财务指标而言,要取得绝对的评价标准往往是不可能的,因而同行业其他企业的财务数据、反映同行业财务状况指标的平均数为财务分析师提供了一个良好的评价尺度。因此,财务分析师有必要收集待分析企业所在行业的有关信息,包括该行业主要竞争者的财务信息。这些信息包括行业的基本情况、同行业企业间的相互关系、其他企业的年度报告与中期报告等。这些信息既可以从前面介绍过的渠道取得,也可以从政府行业经济管理部门、行业协会、有关商业期刊上取得。

上面讨论了财务分析师应该获取的资料及这些资料的主要来源。在实际工作中,受雇于证券机构、信用评级机构、商业银行等组织的财务分析师的财务分析工作是连续地进行的,他们的信息收集工作也是不间断地连续进行的。换句话说,他们每时每刻都需要留意与他们分析对象有关的资料,并注意资料的平时积累。如果需要,他们通常会建立与分析对象有关的资料档案,将上述这些信息连续地、分类地予以整理、保存,并根据新的信息动态地更新,以保证在他们需要这些信息的时候,可以随时获得最新的、符合他们分析需要的信息。

三、法律法规及其有关规章制度

掌握有关的法律法规及其有关规章制度的资料也是财务分析的重要工作。例如,投资在烟草业上,则法规与可能的法律诉讼之影响是分析的重要因素。同样地,投资在银行、通信业与发电设备上,预测这些产业未来的相关法规与产业因应法规变化的能力也相当重要。

四、无法量化的其他信息

财务分析一般以量化的数据为基础,但是财务报表并未包含所有的信息,如经营过程中的信息以及无法量化的信息。在这种情况下该如何处理呢?例如,以某房地产公司为例,在很大程度上,房地产行业的信息都反映在财务报表外,如宏观政策、项目进度等,这些重要信息无法通过财务报表体现,所以,财务分析时关注重心更倾向于会计系统之外的信息,如进度报表、公司经营会议所取得的信息等,以及和业务部门的充分交流等,经过再次进行加工,得出所需要的信息。

常见的财务分析报告是厚厚的一摞,通篇的数据,辅以图表。这样形式的财务分析报告是做给会计人看的,并不一定适合管理者读。下面我们介绍如何观察财务报表数字以外的玄机。

做企业决策、评估绩效与预测未来状况时,了解财务报表以及了解如何诠释会计信息,这些重要且基础的技巧是很重要的。了解与解释财务报表相当重要,但财务分析并不仅是计算与解释数字。在评估一家公司(包括自己的公司)时,应该找出影响报表的因素。这些因素主要包括以下 6 个方面。

(1) 公司收益是否来自单一主要客户。如果是,则该客户消失时,该公司的收益将剧烈下降。相反地,如果公司的客户很广泛,则该公司的销售量会较稳定。

(2) 公司收益是否来自单一产品。公司依赖单一产品可以更集中更有效率,但也会降低风险分散的能力。如果公司拥有较多种产品,则整体的底线不会因单一产品需求下降而受影响。

(3) 公司是否依靠单一供货商。依靠单一供应厂商可能导致不可预料的货源短缺,因此,投资人与债权人应加以关注。

(4) 公司在海外事业的百分比。公司在海外有较高百分比的事业通常会有较高的获利边际与成长。但公司也会发现企业的业绩、价值深受当地货币价值的影响。所以对拥有许多海外事业的公司而言,应该关注货币市场的波动性带来的额外风险。

(5) 产业竞争。增加竞争会降低价格与获利边际。所以,对现在竞争者可能采取的行动以及未来可能出现的潜在竞争者均要加以考虑。

(6) 未来前景与潜力。公司是否存在大量的研发投资,如果是,则公司未来的前景大幅倚赖试验中的新产品成功与否。例如,市场对计算机的需求决定于未来几年产品的可能走向。同样地,投资在制药业的投资人对公司能否发展出可销售的突破性药物会很感兴趣。

本 章 小 结

财务分析使用的主要资料是对外发布的财务报表,但财务报表不是财务分析唯一的信息来源。公司还以各种形式发布补充信息,分析时经常需要查阅这些补充来源的信息。财务报表是根据统一规范编制的反映企业经营成果、财务状况及现金流量的会计报表。它们包括资产负债表、利润表、现金流量表、附表和附注、文字说明等。审计报告也可对公司的财务状况做出积极和消极的结论。财务分析资料除了以上几种外,还包括有关企业经营环境的资料,如反映企业外部的宏观经济形势的统计信息、行业情况信息、其他同类企业的经营情况等,以及有关分析比较标准的资料。对所收集的其他资料也要加以整理,去伪存真,保证资料的真实性。

复习思考题

1. 财务分析的基础即财务分析信息要具有哪些特点?
2. 财务分析信息一般有哪些种类?
3. 政策信息与市场信息对财务分析具有什么作用?
4. 财务分析资料的获取途径主要有哪些?
5. 财务报表的组成和分类有哪些?
6. 财务报表的格式及内容是什么?通用财务报表格式和内容对财务分析带来哪些影响?
7. 审计报告意见类型有哪些?审计报告会影响财务分析吗?为什么?

案例分析

审 计 报 告

瑞华审字〔2019〕2108000X号

xx出版社集团股份有限公司全体股东：

一、审计意见

我们审计了出版社集团股份有限公司（以下简称"xx出版社"）财务报表，包括2018年12月31日的合并及公司资产负债表，2018年度的合并及公司利润表、合并及公司现金流量表、合并及公司股东权益变动表以及相关财务报表附注。

我们认为，后附的财务报表在所有重大方面按照企业会计准则的规定编制，公允反映了xx出版社2018年12月31日合并及公司的财务状况以及2018年度合并及公司的经营成果和现金流量。

二、形成审计意见的基础

我们按照中国注册会计师审计准则的规定执行了审计工作。审计报告的"注册会计师对财务报表审计的责任"部分进一步阐述了我们在这些准则下的责任。按照中国注册会计师职业道德守则，我们独立于出版社，并履行了职业道德方面的其他责任。我们相信，我们获取的审计证据是充分、适当的，为发表审计意见提供了基础。

三、关键审计事项

关键审计事项是我们根据职业判断，认为对本期财务报表审计最为重要的事项。这些事项的应对以对财务报表整体进行审计并形成审计意见为背景，我们不对这些事项单独发表意见。我们确定下列事项是需要在审计报告中沟通的关键审计事项。

应收账款、其他应收款坏账准备：

1. 事项描述（节选）

如后附的财务报表附注六"应收账款"所示，截至2018年12月31日，出版社（合并报表口径）应收账款期末账面余额为……

2. 审计应对（节选）

针对应收账款、其他应收款坏账准备，我们执行的审计程序主要包括：

（1）了解评价与坏账准备相关内部控制制度的设计，并测试关键控制的执行情况；

（2）检查了出版社管理层有关应收款项坏账准备的会计政策是否在报告期发生变更，评价了对于按照单项金额重大和按照信用风险组合确认坏账准备的区分标准是否适当。

四、其他信息

出版社管理层对其他信息负责。其他信息包括出版社2018年年度报告中涵盖的信息，但不包括财务报表和我们的审计报告。我们对财务报表发表的审计意见不涵盖其他信息，我们也不对其他信息发表任何形式的鉴证结论。

结合我们对财务报表的审计，我们的责任是阅读其他信息，在此过程中，考虑其他信息是否与财务报表或我们在审计过程中了解到的情况存在重大不一致或者似乎存在重大错报。

基于我们已执行的工作，如果我们确定其他信息存在重大错报，我们应当报告该事实。

在这方面,我们无任何事项需要报告。

五、管理层和治理层对财务报表的责任

出版社管理层(以下简称管理层)负责按照企业会计准则的规定编制财务报表,使其实现公允反映,并设计、执行和维护必要的内部控制,以使财务报表不存在由于舞弊或错误导致的重大错报。

在编制财务报表时,管理层负责评估出版社的持续经营能力,披露与持续经营相关的事项(如适用),并运用持续经营假设,除非管理层计划清算出版社、终止运营或别无其他现实的选择。

治理层负责监督出版社的财务报告过程。

六、注册会计师对财务报表审计的责任

我们的目标是对财务报表整体是否不存在由于舞弊或错误导致的重大错报获取合理保证,并出具包含审计意见的审计报告。合理保证是高水平的保证,但并不能保证按照审计准则执行的审计在某一重大错报存在时总能发现。错报可能由于舞弊或错误导致,如果合理预期错报单独或汇总起来可能影响财务报表使用者依据财务报表做出的经济决策,则通常认为错报是重大的。

在按照审计准则执行审计工作的过程中,我们运用职业判断,并保持职业怀疑。同时,我们也执行以下工作:

……

中国注册会计师:

瑞华会计师事务所(特殊普通合伙)

中国注册会计师:

地址:中国·北京

二〇一九年三月二十日

思考:

1. 试阐述财务分析信息的组成,及其在财务分析中的作用。

2. 假如你想对出版社的财务状况及发展前景进行分析,简述你搜索信息的途径,并分析这些信息的全面性及可靠性。

第二篇　财务活动分析

- 第四章　筹资活动分析
- 第五章　投资活动分析
- 第六章　经营活动分析
- 第七章　分配活动分析

第四章 筹资活动分析

引 导 案 例

2019年7月22日,我国轨道交通控制核心企业中国铁路通信信号股份有限公司(以下简称中国通号)正式在A股科创板挂牌上市。发行价格为5.85元/股,发行数量为18亿股,募集资金105.3亿元,成为登陆科创板的首家大型央企和A+H股的科创板上市公司,发行后公司实收资本达到105.9亿元,这是中国通号自成立以来的第5次股权筹资。在此之前,中国通号还经历过4次股权融资。

第1次是2010年12月29日中国通号成立之时,由中国铁路通信信号集团有限公司(以下简称通号集团)、中国诚通控股集团有限公司、中国国新控股有限责任公司、中国机械工业集团有限公司、中金佳成投资管理有限公司发起募集设立,公司总股本为9亿元。其中,通号集团占比96.8%,通号集团由国资委100%出资设立。

第2次是2011年3月29日,上述股东向中国通号同比例增资,实收资本增加至45亿元。

第3次是2013年12月6日,上述股东向中国通号再次同比例增资,实收资本增加至70亿元。

第4次是2015年8月7日,中国通号在香港证券市场发行H股,新增实收资本约17.9亿元。

虽然2018年中国通号的营业收入达400亿,净利润达34亿,但公司2016—2018年经营活动现金流量净额分别为29.4亿元、-8.9亿元、-15.9亿元。根据中国通号的公告,由于近年来公司投资的综合管廊、海绵城市等项目进入主体施工阶段,公司的经营活动现金流出增加;另外,公司为推进有轨电车、智慧城市及电力电气化等项目的建设,持续加大研发投入。为解决公司经营活动所需要的资金,公司采取在科创板公开发行股票的形式筹集105亿元资金,其中31亿元用于补充流动资金,46亿元计划用于智能技术研发项目,其余31亿用于基地项目。

对于一家已经在香港联交所上市的企业,有多种筹资方式可以选择,为什么该公司要选择在科创板发行股票筹资呢?为什么不选择发行债券或银行借款的方式筹资呢?公司选择股票融资的理论依据又是什么呢?

【学习目的与要求】

本章主要阐述筹资活动分析的基本内容、基本目的、筹资规模与筹资结构优化的步骤与方法等内容。通过本章的学习,学生应了解筹资活动分析的目的、筹资方式与筹资渠道的特点和筹资分析的内容,掌握筹资政策与策略、筹资规模和筹资结构优化等问题;掌握筹资分析的程序与方法,特别是水平分析法、垂直分析法及趋势分析法的评价思路与方法;熟练掌握股东权益变动表的分析思路与方法,以及股东权益变动的内在原因;理解企业管理层制定筹资政策应考虑的相关因素,掌握筹资结构优化的标准与理念,并能在实际筹资过程中进行合理的筹资决策。

第一节 筹资活动分析的概述

一、筹资活动内涵及其分析目的

(一) 筹资活动内涵

资金是企业的血脉,企业的经营活动、持续发展必须以筹资活动作为先决条件。筹资活动是企业根据生产经营活动对资本的需求,通过各种筹资渠道,采取适当的筹资方式获取所需资本的行为。筹资活动是企业经营活动的重要组成部分,筹资活动的结果形成了资本规模和构成,并在资产负债表的右方得以体现——权益项目,即负债和所有者权益。企业筹集了债务资本和权益资本后进行投资,通过各种投资活动转化为企业资产,从而为企业开展生产经营活动提供必要的条件。

表 4-1 简易资产负债表结构

流动资产	负　债
非流动资产	所有者权益
投　资	筹　资

(二) 筹资活动分析的目的

企业的筹资规模决定企业的经营规模,企业的筹资结构影响企业的投资结构,企业的筹资成本影响企业的经营效益。筹资活动分析的目的是在对企业筹资活动总括了解的基础上,判断资金来源的合理性,分析企业相关会计政策对筹资活动的影响,以及该种影响对企业经营活动和财务状况所带来的结果,进而对企业的筹资政策、筹资规模与筹资结构进行客观评价。具体而言,筹资活动分析的目的主要包括以下 4 个方面。

1. 通过筹资活动分析,评价企业筹资政策的合理性

在企业的经营和发展过程中,应该保持负债与股东权益之间的合理关系。采取合理的外延筹资方式筹集经营活动所需要的资金,以及通过制定科学的股利政策进行内部资金的筹集,使企业的资本结构达到最优,这样不仅可以满足企业再生产的需要,还可以实现企业价值最大化的目标。通过筹资活动分析可以帮助企业按照最优资本结构的要求,选择恰当的筹资策略和股利政策,满足投资者、经营者与债权人等利益相关者的要求,逐步实现企业价值最大化的目标。

2. 通过筹资活动分析,评价企业会计政策的合理性

企业进行会计核算必须遵循企业会计准则的基本要求,在遵循企业会计准则的前提

下根据其职业判断合理选择恰当的会计政策和会计处理方法,由于会计准则给予了企业会计政策及会计处理方法一定的选择空间,所以不同企业选择的会计政策及其会计处理方法存在一定的差异,从而导致企业财务报表列示的结果也不相同。通过筹资活动的分析,可以揭示筹资活动的目的,而通过对筹资活动改变引起的资产负债表项目变动情况的深入分析,不仅可以分析揭示资本结构变动的原因,还可以了解企业会计政策选择的动机,从而评估企业会计政策及其会计处理方法的恰当性,帮助报表使用者更好地使用企业的会计信息。

3. 通过筹资活动分析,帮助企业合理筹集生产经营活动所需要的资金

筹资既是企业生产经营的前提,又是企业再生产顺利进行的保证,筹资与投资以及收益分配关系密切,没有资本的筹集,就无法进行资本的投放,投资效益和收益分配更无从谈起。因此,通过筹资活动分析,可以帮助企业根据生产经营活动的总体需要,确定合理的筹资渠道和筹资方式,筹集生产经营活动所需要的资金,从而保证企业正常生产经营所需要的资金。

4. 通过筹资活动分析,帮助企业降低筹资成本和优化资本结构

不同的资金来源其资金成本存在差异,通过筹资活动分析,可以帮助企业选择合理的筹资方式,从而降低企业筹资成本。企业的筹资方式不同也会导致企业资本结构存在差异,企业应该根据最优资本结构的要求,通过合理的筹资方式,使企业的资本成本达到最低状态,从而实现企业价值最大化。因此,通过对企业筹资活动的分析可以帮助企业选择合理的资金来源渠道,从而降低企业的加权资本成本,优化企业的资本结构,实现企业价值最大化的财务管理目标。

二、筹资渠道与筹资方式

企业筹资活动需要通过筹资渠道和一定的筹资方式来实现,企业在筹资时,应实现两者的合理配合。

(一) 筹资渠道

筹资渠道是指资本来源的方向与渠道,体现资本的来源与供应量。认识和了解各种筹资渠道及其特点,有助于筹资者拓宽和使用各种筹资渠道。企业的筹资渠道主要包括以下6个方面。

1. 国家财政资金

国家财政资金是代表国家投资的政府部门或机构以国有资金投入企业的资金,国家财政资金的投资形成企业的国家资本金,在公司制企业中形成国有股,国家财政资金具有广阔的来源和稳固的基础,它是国有企业筹集资金的重要渠道和主要来源。

2. 银行信贷资金

银行信贷资金是我国企业的重要资金来源渠道,特别是对于具有良好信誉但又缺乏其他渠道筹资的企业,银行信贷资金更重要的资金来源渠道。我国的银行业可以分为商业性银行和政策性银行,商业银行为各类企业提供商业性贷款,政策性银行主要为特定企业提供政策性贷款。银行信贷资金主要来自居民储蓄、单位存款等经常性的资金来源,因其贷款方式多种多样,可以适应各类企业的不同资金需要。企业可以根据经营活动情况和对资金的

需求向银行借贷长期资金和短期资金。

3. 非银行金融机构资金

非银行金融机构主要有信托投资公司、租赁公司、保险公司、证券公司、企业集团的财务公司等,它们可以向企业提供信贷资金的投放、委托贷款、租赁、担保等金融服务。非银行金融机构的财力一般比商业银行要小,但由于其资金供应比较灵活,并且可以为企业提供除贷款外的其他方面服务,所以这种筹资渠道广受企业的青睐。

4. 其他法人单位资金

其他法人单位资金是指其他法人单位以其可以支配的资金在企业之间相互融通而形成的资金。企业在生产经营的过程中,往往会有部分暂时闲置的资金,可以在企业之间相互融通,调剂使用,这样既可以满足资金短缺企业对资金的需求,又可以使这部分暂时闲置的资金获得更高的收益。其他法人单位投入资金的方式包括联营、入股、购买债券及提供各种商业信用,其中既有长期稳定的资金,也有短期的资金融通。随着企业横向经济联合的发展,企业与企业之间的资金融通被广泛运用。

随着我国外商投资企业、三资企业的不断发展,外商投资企业、三资企业提供的资金也是企业资金的重要来源渠道。外商资金是指外国投资者向我国企业所投的资金;三资资金是指我国港澳台地区投资者向内地企业投入的资金。

5. 居民个人资金

随着我国城乡居民收入的增加,城乡居民暂时不用消费的资金越来越多,企业可通过发行股票、债券等方式,将这些个人闲散的资金聚集起来形成企业生产所需要的资金。这不仅可以为城乡居民提供更多的投资渠道,还可以将这部分暂时不用消费的闲置资金转化为生产资金。

6. 企业内部形成的资金

企业内部形成的资金主要是指企业通过计提固定资产折旧等各种渠道形成的资本公积以及根据利润提取的盈余公积金和未分配利润等资金。其中,固定资产折旧虽然并不直接增加资金的总量,但它可以增加企业可以使用的营运资金,满足生产经营的资金需要。此外,一些经常性的延期支付的款项如应付职工薪酬、应交税费、应付股利等也属于这种资金来源渠道。这些资金的重要特征是,它们无须企业通过外部筹资方式筹集这部分资金,而是直接由企业内部自动生成或转移。

以上不同的筹资渠道,对于不同的企业在不同的经济环境和不同的经济体制下发挥的作用是不一样的。例如,相对于民营企业,国有企业获得国家财政资金的支持较多。在繁荣的宏观经济环境下,企业可能较容易获得银行信贷资金,而在萧条的宏观经济环境下,国家的信贷可能收紧,企业可能更多地依靠非银行金融机构资金和内部资金积累等资金来满足企业对生产经营活动的需要。

(二)筹资方式

筹资方式是指企业筹集资本所采取的具体形式。企业筹资渠道的选择受制于企业外部的客观环境,而筹资方式则属于企业的主观选择行为,企业筹资活动中应根据不同的筹资渠道,选择合适的筹资方式,保证企业经营活动所需的资本规模与结构。

认识筹资方式的种类及其属性有利于企业选择不同的筹资方式,进行最佳筹资组合,从而降低筹资成本,优化资本结构,控制筹资风险,提高筹资效益。我国企业筹资方式主要有:

① 内部筹资，包括折旧和收益留存。② 外部筹资，包括银行长短期借款、发行债券、吸收直接投资、发行普通股票、发行优先股票、发行可转换公司债券、发行短期融资券、融资租赁、商业信用等。

筹资渠道解决的是资本来源问题，筹资方式解决的则是通过何种方式取得所需资本的问题。同一渠道的资本可以采取不同的方式取得，而一定的筹资方式往往仅适用于某一特定的筹资渠道。

三、筹资政策与筹资方式的选择

企业资金的筹集有多种选择方式，企业管理层根据企业自身的实际情况及外部筹资环境制定相应筹资政策和选择筹资策略是企业管理的一项重要工作。企业在制定筹资政策和选择筹资策略时应该考虑以下因素。

(一) 制定筹资政策应考虑的因素

1. 企业自身的财务状况

(1) 企业盈利能力及其稳定性。当企业选择权益融资时，要充分考虑发行股票后总股本的增加对每股收益的稀释情况。对于一些盈利增长潜力不佳的企业，发行股票融资会导致每股收益的大幅降低，从而对公司股票价格产生较大影响。

当企业选择负债融资时，则要考虑企业盈利及现金流的稳定性。销售收入或者现金流比较稳定的企业一般比销售收入或者现金流波动比较大的企业具有更强的抵御财务风险的能力。对于一些销售收入或者现金流波动比较大的企业，往往在正常年份可以偿还债务的本金和利息，而当市场发生变化，销售收入或者现金流减少时，可能无法偿还债务的本金和利息，尽管其未来可能有更多的现金用于偿还债务的本金和利息，但此时企业却很难渡过难关，这将给企业带来财务风险。因此，销售收入或者现金流比较稳定的企业可以采取高财务杠杆的筹资政策，而销售收入或者现金流波动比较大的企业不宜采用高财务杠杆的筹资政策。如一些处于成熟期的企业由于其市场占有率较高，收入比较稳定，其负债比例可以高一些；同样，对于一些现金流比较稳定的企业，如水电企业等公用事业类企业，也可以采取高财务杠杆的筹资政策。企业选择负债融资时要充分考虑在盈利不佳时期偿付利息费用的能力，谨慎选择负债融资的规模，从而降低财务风险发生的概率。因此，企业在制定筹资政策和筹资策略时应该考虑企业销售收入与现金流量的稳定性。

(2) 企业所得税的税率情况。由于负债的利息费用在税前支付，负债融资具有抵税效应。当企业所得税税率较高时，通过提高企业的负债比例可以达到少交所得税的目的，但提高负债比例还要考虑企业的最优资本结构。另外，固定资产折旧费用可以税前扣除，因而折旧也具有抵税效应。所得税率高的企业提高折旧比例可以达到少交所得税的目的，所得税率高的企业采取提高折旧比例这一内部融资方式更为有利。因此，在制定筹资政策时会考虑企业所得税税率、固定资产折旧等因素。

(3) 财务杠杆与财务危机的程度。所谓财务杠杆效应，是指企业负债的固定财务费用的存在导致息税前利润（earnings before interest and tax, EBIT）的变化而引起每股收益（earnings per share, EPS）变化的一种现象。即在企业固定财务费用一定时，息税前利润的微量变化会导致企业每股收益更大的变动幅度，因此，当企业可以产生一定的息税前利润时,适度进行举债经营,不仅可以发挥负债的抵税效应,而且可以提高企业的每股收益,从而为股东创造更大的财富。

企业通过提高负债比例不仅可以达到抵税目的,而且可以发挥财务杠杆效应,但负债比例的增加也增加了企业无法向债权人偿还本金和利息的风险,甚至可能使企业陷入财务困境,这种由于负债过重而给企业带来预期收益的不确定性,称为财务风险。财务风险的存在加大了企业所有者与债权人之间的利益冲突,也使企业的有形或无形财务风险成本与损失进一步增加,如法律费用、机会成本、心理压力、信誉降低、债务重组等。财务危机程度较大的企业不宜高比例负债融资,高负债会增加企业的财务风险。因此,企业在制定筹资政策时还应该考虑企业财务风险的因素。

经营杠杆是由于固定成本的存在导致销售收入的微量变化引起息税前利润更大幅度变化的现象。经营杠杆较高的企业,其经营风险也比较大,因此,这类企业不宜采取过高的负债融资方式,而应该选择权益融资来满足企业经营活动的需要。

(4) 有形资产与无形资产的情况。企业陷入财务困境时资产变现能力的强弱是其偿还债权人本金和利息的重要因素,也是衡量企业财务风险大小的重要因素。对于有形资产实力较强的企业,在遇到财务困境时可以将资产变现,有利于保障债权人的利益,债权人的安全性更高,此时财务风险较低。因此,当企业的有形资产比例较高时,企业往往可以采取高财务杠杆的筹资政策和筹资策略,如一些传统的制造行业、高速公路行业、房地产行业、宾馆酒店行业由于具有较高的固定资产,其负债比例往往较高。反之,一些无形资产比例较高的企业面临财务困境时,其无形资产价值往往容易贬值,甚至很难将其价值变现用于偿还债务的本金和利息。因此,那些无形资产比例较高的企业一般不宜采用较高的财务杠杆,如高科技企业一般拥有较高的无形资产,其在制定筹资政策时应该优先选择权益融资,将负债比例控制在一定范围。总之,企业在制定筹资政策时不仅要考虑其总资产的规模,还应考虑其资产的结构,相对于无形资产比例较高的企业,有形资产比例较高的企业可以更多采用债务融资,其财务杠杆比例可以高一些。

(5) 股利政策。企业支付给投资者股利的多少会影响税后利润的留存,支付给所有者的利润与企业的留存利润存在此消彼长的关系。高股利分配政策导致税后留存减少,会引起企业股东权益结构相对降低,负债比重相对增加;低股利政策则正好相反。因此,股利政策是企业筹资政策特别是内部筹资政策的重要组成部分,企业在制定筹资政策时应该考虑企业的股利政策。

(6) 企业所处的发展阶段。按照企业的生命周期可以将企业的发展阶段分为初创期、成长期、成熟期和衰退期4个时期。企业所处的时期不同,经营风险不同,其对应配置的财务杠杆也应该不同。当企业处于初创期时,企业主要进行固定资产的构建,此时企业没有产出,其经营风险一般比较大,处于初创期的企业一般不宜采用太高的财务杠杆。当企业进入成长期时,企业仍然要进行较大规模的投资,销售收入却不大,因而其经营风险仍然较高。但随着企业的投资项目逐渐完成,其销售收入和现金流也不断增加,此时,可以逐步提高财务杠杆比例。当企业处于成熟期时,企业的行业地位得以巩固,销售收入和现金流比较稳定,企业的经营风险比较小,此时企业采取高比例的财务杠杆可以为股东创造更高的每股收益。当企业进入衰退期时,企业的财务危机程度加大,此时企业应该尽量避免债务融资,尽量降低财务杠杆比例,减少或者延缓企业破产的时间。因此,企业在制定筹资政策时还应该考虑企业所处的发展阶段。

2. 企业外部因素

企业在制定筹资政策时除了应该考虑上述企业内部因素外,还应该考虑融资环境等外部因素的影响,如国家的货币政策、银行的信贷制度、证券市场发展情况等宏观因素,以及企业所处的产业竞争态势、债权人态度等中观因素的影响。

(二) 筹资方式的选择

若企业经营中遇到一个理想的投资项目需要融资,企业可以选择的筹资方式主要包括内部融资、债务融资、权益融资和混合性融资。

1. 内部融资

企业内部筹资的方式主要包括固定资产折旧的计提和税后利润的留存两种方式。内部融资的程序相对外部融资较为简单,但内部融资的规模有限。

(1) 折旧的计提。固定资产计提折旧在会计上计入成本费用并减少当期的利润总额,但计提折旧并不会导致企业现金流的流出,因而计提折旧的基金可以用于投资,即企业可以用于投资活动的现金流等于税后利润加折旧。但是,固定资产计提折旧受到固定资产规模及会计政策、税法等法规对企业固定资产计提折旧的约束。

(2) 税后利润留存。税后利润留存方式的融资是指企业通过提取盈余公积、减少税后利润的分配等形式进行融资的一种方式,企业通过内部留存的积累来满足企业投资项目所需要的资金。企业采用税后利润留存方式的融资的优点主要有筹资成本低、无须进行信用调查、速度快、风险小、不受外界因素影响等。

但其也存在如下缺点:企业税后利润的留存不如发行股票、发行公司债券、银行借贷等外部融资的规模大,尤其一些盈利不佳的企业靠税后利润留存往往难以满足企业投资项目的资金需求;此外,企业采用税后利润留存方式的融资将会降低企业股利分配额,不仅会导致原有的股利政策发生改变,容易使投资者对企业预期失望,甚至还会遭到股东的反对,这将导致企业股票股价的波动,影响企业的市场形象和日后的股票发行。

2. 外部融资

(1) 债务融资。企业采用银行借款或发行债券等债务融资方式具有如下优点:债务筹资的成本一般比股权筹资资本成本低;负债融资具有抵税作用和财务杠杆效应;负债筹资不会影响股东的控制权等。

但债务筹资也存在如下缺点:企业需要按期支付负债的利息和到期偿还负债的本金,当企业不能偿还负债的本金及利息时,将给企业带来财务风险。尤其是负债比例较高的企业,采用负债融资会使得企业财务费用迅速增加,在公司的销售收入不能同步增加的情况下,企业的税后利润会急剧下降,甚至不能偿还到期的债务本金及利息而带来较高的财务风险,这将会影响其进一步的债务融资和企业股票价格的波动,此时,企业的财务杠杆便产生了负面的效应。

企业债务融资的方式主要包括以下 4 种。

① 商业信用融资。该融资方式主要是企业在原材料及商品采购时延期付款或销售产品时预收货款而形成对供应商或客户的资金占用。商业信用融资往往是在商品交易中形成的,所以是一种"自然融资"。商业信用融资一般在企业的短期负债融资中占有相当大的比重。

商业信用融资具有如下优点：融资成本较低；程序简单、便捷；限制条件较少。

但商业信用融资也存在如下不足：筹资的期限较短，短期偿债风险较大；当企业放弃现金折扣时，筹资的机会成本较大。

② 向金融机构借款融资。这是企业根据与银行及非银行金融机构签订的借款合同向银行及非银行金融机构借入所需要的资金的一种筹资方式。按照企业向银行及非银行金融机构借款的时间可以将负债筹资分为短期借款、中期借款和长期借款。

向金融机构借款融资具有如下优点：与股票融资相比，速度快，成本低，弹性大；负债的利息可以抵税；负债具有财务杠杆效应；债务融资不影响股东的控制权。

但向金融机构借款融资也存在不足：金融机构对借款的限制条件较多；相对于股票融资，债务融资的规模有限；当企业盈利不佳，或者企业暂时现金流周转出现困难不能及时偿还债权人的本金和利息时，将导致企业财务风险。

③ 发行企业债券融资。企业发行债券融资是指企业依法发行企业债券或者公司债券筹集资金的一种方式。

企业通过发行企业债券融资具有如下优点：企业通过发行债券融资便形成了企业债务，由于负债具有抵税效应，并且企业支付给债权人的利息一般要低于分配给股东的股息，所以相对于股票融资而言，发行企业债券融资的资金成本更低；由于债权人没有参与经营管理的权利，企业通过发行债券融资可以保证股东的控制权；企业通过发行债券融资形成的负债具有财务杠杆效应。

但企业通过发行债券融资也存在不足：企业发行的债券需要按期支付利息和到期偿还本金，当企业不能偿付债权人的本金和利息时便会产生财务风险；发行债券的限制条件较多，并且往往还要金融机构代理发行，程序相对复杂；筹集资金的时间较长；相对于发行股票融资，发行债券融资的规模有限。

④ 融资租赁融资。该融资方式是指企业与租赁公司签订固定资产租赁契约或合同，租赁公司按照企业的要求购买固定资产长期租给企业，企业按期支付租赁公司租金的一种融资行为。它是企业通过融物来达到融资目的的一种融资行为。

融资租赁融资具有如下优点：融资租赁集"融资"与"融物"于一身，速度快；相对于股票融资、债务融资，融资租赁融资的限制条件少；租金具有抵税效应；可以避免所租赁设备过时的风险；在租赁期届满时有优先购买权。

但融资租赁融资也存在以下不足：融资租赁时支付给租赁公司的租金往往要高于银行借款的利息，所以其融资成本相对较高。尤其在企业出现财务困境时，固定的租金支付会给企业带来较高的财务风险。

(2) 权益筹资主要包括以下3种。

① 吸收直接投资的资金。吸收直接投资的资金是指企业依法吸收国家、法人、外商及个人投资者直接投入企业资本的一种筹资方式。

企业通过吸收直接投资筹集资金具有如下优点：企业吸收直接投资的资金属于权益资本，企业权益资本的增加可以提高企业的举债能力；企业吸收直接投资的资金可以供企业长期使用，无须偿还，财务风险较小；企业吸收直接投资资金的程序简单，速度快，能够较快地帮助企业形成生产能力。

但企业通过吸收直接投资筹集资金也存在如下缺点：资金成本较高；易分散企业的控

制权;产权转让比较困难。

② 发行普通股融资。普通股融资是指股份公司依法对外发行股票筹集资金的一种方式。企业通过发行股票筹集资金是较为常见的一种筹资方式,企业首次发行股票后还可以再次发行股票融资,我国上市公司再次发行股票融资的方式主要有配股、公开增发新股、非公开增发新股等形式。

企业通过发行普通股方式筹集资金具有如下优点:企业以发行普通股方式筹集的资金属于权益资本,企业权益资本的增加可以提高企业的举债能力;发行普通股方式筹集的资金无须偿还,可以供企业长期使用,可以进行长期投资,财务风险较小;产权较为明晰且易于转让;相对于企业通过举债筹集的资金,企业使用发行普通股方式筹集资金的限制条件少。

但企业通过发行普通股方式筹集资金也存在如下缺点:以发行普通股方式筹集资金成本相对较高;易分散企业的控制权;核准制背景下发行股票对发行公司有许多限制性条件并且要经过证券监管部门的审核,注册制下公司发行股票要经过证券交易所的审核并经证券监管部门注册之后才能发行,股票发行时还要聘请有关中介机构帮助销售,因而股票发行的程序较为复杂,筹集资金的时间较长。

对于已经首次发行股票的上市公司,再次发行股票的方式主要有配股、公开增发新股、非公开增发新股等方式。配股是指已经首次发行股票的上市公司依法向公司原有股东按照一定比例发行股票的一种股票筹资方式。公司通过配股形式筹集资金实质上是向公司的老股东再次发行股票的一种筹资行为,其发行审核程序相对较为简单,在老股东都愿意参与配售的情况下公司制定的发行规模一般都能够完成。股票发行的承销费用较低,由于配股是向所有老股东同比例发行股票,尽管配股会使得公司的总股本增加,但公司在配股后一般不会改变原有的股权结构。

公开增发新股筹资是指已经首次发行股票的上市公司依法在证券市场再次发行新股的一种筹资方式。由于公开增发新股筹资是上市公司在证券市场再次发行新股的一种行为,审核程序相对配股更复杂,而且承销费用相对较高;公开增发新股筹资还会导致公司的总股本增加,每股收益摊薄,公司原有的股权结构会发生改变。

非公开增发新股是指已经首次发行股票的上市公司依法向特定对象再次发行股票的一种筹资方式。该筹资方式是我国上市公司主要的一种股权再融资方式。相对于普通股融资和公开发行新股融资,非公开增发新股筹资的程序相对简单,发行的速度快,而且对非公开增发新股公司没有业绩的要求,"门槛"相对较低。此外,由于非公开增发新股的对象主要为机构投资者,非公开增发新股会给公司引入一批长期持有公司股票的机构投资者,对公司治理具有促进作用。

③ 优先股融资。公司优先股融资是指公司向在公司税后利润的分配和公司清算时比普通股享有优先权利的股东发行股票融资的一种融资方式。

企业通过发行优先股方式筹集资金具有如下优点:企业发行优先股方式筹集的资金属于权益资本,企业权益资本的增加可以提高企业的举债能力;发行优先股方式筹集的资金无须偿还,可以供企业长期使用;产权较为明晰可以进行转让;优先股股东一般没有参与公司经营管理的权利,可以保障普通股股东的控制权;当企业经营不佳无法支付优先股股利时可以暂时不支付股利,即无支付股利的法定义务。

但企业通过发行优先股方式筹集资金也存在如下缺点：公司一般应该向优先股的股东每年支付固定的股利，并且股利在税后支付，因此，相对普通股和负债融资，优先股的融资成本更高；优先股要求支付固定的股利，有时也会给企业带来较重的财务负担。

（3）混合型融资主要包括以下 2 种。

① 可转换公司债券融资，即公司依法发行的在一定条件下可以转换成公司股票的公司债券。公司发行可转换公司债券时属于负债融资，将可转换债券转换为公司股票时属于股票融资，故将可转换公司债券融资称为混合型融资。

企业通过发行可转换公司债券方式筹集资金具有如下优点：由于可转换公司债券的票面利率较低且在税前支付，可转换公司债券融资的成本较低；由于可转换公司债券持有者不仅可以获得债券的票面利息收入，还可以获得转股价与公司二级市场股价差价的收益，对可转换公司债券的投资者而言是一种进可攻、退可守的投资方式，所以可转换公司债券易于发行；当可转换公司债券持有人将可转换公司债券转换成公司股票时，公司不用还本付息，从而降低公司财务风险。

但企业通过发行可转换公司债券方式筹集资金也存在如下缺点：当公司的股票价格低于可转换公司债券的转股价时，可转换公司债券持有人不会将可转换公司债券转换成公司股票，此时，公司要偿还可转换公司债券持有人的本金和利息，有可能给公司带来财务风险；当可转换公司债券持有人将可转换公司债券转换成公司股票时，公司总股本的增加会导致老股东权利的稀释，并且还会丧失可转换公司债券低利息给公司带来的好处。

② 认股权证融资，即公司向投资者发行一种未来可以按照约定价格购买公司股票的一种凭证的融资方式。

通过上述筹资策略的分析可以得出基本的结论：如果企业拥有较多的内部现金流量，可以采用留存收益筹资；否则，应在权衡负债筹资与股权筹资的筹资成本、筹资风险与筹资效益的过程中，选择合理的筹资方式。由于受筹资成本、债券市场的发展程度及股权特征等因素的影响，企业在筹资方式的选择上有很大差异，西方发达国家企业在筹资过程中往往遵循筹资的"优序理论"：优先考虑内部筹资方式解决企业的资金所需；当内部筹资无法满足企业的资金需求时，再考虑外部负债融资；当外部负债融资存在困难或者企业负债率过高时，则采用股权筹资。

不同的筹资渠道和筹资方式形成企业不同的资本规模与资本结构，资本规模与资本结构表面上看似乎是一个比率问题，实质上反映的是企业筹资策略问题。

四、筹资活动分析的内容

筹资活动分析是财务分析的重要内容，通过对企业筹资活动的分析不仅可以揭示企业筹资政策、筹资方式的合理性，还可以判断企业资本结构是否达到最优。筹资活动的分析主要包括以下 4 个方面的内容。

（1）筹资活动的全面分析。该项分析主要包括对筹资规模及变动趋势进行水平分析，对筹资结构及变动情况进行垂直分析，以及对筹资规模和结构优化进一步分析。

（2）负债筹资分析。该项分析主要包括对流动负债、非流动负债的分类分析，以及对负债结构的具体分析。

(3) 股东权益筹资分析。该项分析主要包括对投入资本、留用利润的分类分析，以及对股东权益变动表的具体分析。

(4) 筹资规模与结构优化分析。该项分析主要包括筹资规模与结构优化应考虑的因素、筹资规模与结构的分析步骤、筹资结构优化的分析方法。

第二节　筹资活动的全面分析

一、筹资规模及变动分析

企业经营活动所需要的资本来源于哪些渠道、以何种方式取得以及权益资本和负债资本应保持在何种水平，不仅是经营者关心的问题，也是股票投资者和债权人等利益相关者普遍关注的问题。企业的筹资规模适当，既可以满足企业经营活动对资本的需求，又可以降低筹资成本，避免资本过剩所造成的浪费，合理的筹资规模是影响企业价值的重要因素。

对企业筹资规模及变动情况进行分析，主要是借助资产负债表右方的负债及股东权益数据，利用水平分析法，分析企业筹资规模的变动情况，观察其变动趋势，对筹资状况合理性进行评价的过程。

现根据 JLQC 股份公司 2018 年资产负债表，对该公司筹资规模及变动情况进行分析，如表 4-2 所示。

表 4-2　筹资规模及变动情况分析表

项　目	2017 年(万元)	2018 年(万元)	变动额(万元)	变动率(%)
流动负债				
以公允价值计量且其变动计入当期损益的金融负债	849	0	−849	−100
应付票据及应付账款	860 332	782 491	−77 841	−9
合同负债/预收款项	16 806	26 670	9 864	59
应付职工薪酬	27 809	30 892	3 083	11
应交税费	25 435	23 356	−2 079	−8
其他应付款	403 805	383 335	−20 470	−5
一年内到期的非流动负债	43	45	2	5
其他流动负债	19 029	20 106	1 077	6
流动负债合计	1 354 108	1 266 895	−87 213	−6
非流动负债				

(续表)

项　　目	2017年(万元)	2018年(万元)	变动额(万元)	变动率(%)
长期借款	385	360	−25	−6
预计负债	18 469	15 149	−3 320	−18
递延收益	0	6 000	6 000	—
长期应付职工薪酬	5 476	6 343	867	16
递延所得税负债	2 674	2 602	−72	−3
其他非流动负债	24	3 854	3 830	15 958
非流动负债合计	27 028	34 308	7 280	27
负债合计	1 381 136	1 301 203	−79 933	−6
股东权益				
股本	86 321	86 321	0	0
资本公积	83 944	83 944	0	0
其他综合收益	−674	−1 018	−344	51
盈余公积	43 161	43 161	—	0
未分配利润	1 044 487	826 041	−218 446	−21
归属于母公司股东权益合计	1 257 240	1 038 450	−218 790	−17
少数股东权益	0	0	0	0
股东权益合计	1 257 240	1 038 450	−218 790	−17
负债及股东权益总计	2 638 376	2 339 653	−298 723	−11

注：由于"合同负债"属于《企业会计准则第14号——收入》(财会〔2017〕22号)2018年1月1日施行的新增内容，2017年的"预收账款"项目可能含有"合同负债"项目的内容，为便于比较，将"预收账款"与"合同负债"项目合并计算。

通过分析可见，该公司2018年筹资规模年末比年初减少11%，主要原因是股东权益资本减少了17%，负债资本减少了6%。从具体项目看，主要是股东权益资本中的未分配利润项目减少了218 790万元，以及负债资本中的应付票据及应付账款项目减少了77 841万元。从表4-2还可以发现，2018年公司未分配利润减少了21%，导致2018年公司股东权益减少17%，这是导致2018年公司筹资规模下降的主要原因。由于2018年公司股东权益比2017年有所减少，并且2017年、2018年公司的股东权益总额均小于当年的负债总额，说明公司的偿债能力可能存在问题。此外，由于公司2018年股东权益与负债的比例与2017年相比有所下降，可以判断公司2018年的偿债能力较2017年也随之下降。尽管2018年公司的股东权益比2017年下降了17%，但公司2018年的负债总额仅比2017年减少了6%，因而公司2018年股东权益与负债的比例总体下降不大。

为了更清楚地分析和评价企业的筹资规模及变动情况，还要应用趋势分析法对公司的筹资规模及变动情况进行分析，现根据JLQC股份公司2016—2018年的资产负债表，对其连续3年的筹资规模进行定基分析，趋势分析如表4-3所示。

表 4-3　筹资规模趋势分析

项　　目	2016 年	2017 年	2018 年
负债及股东权益总计(万元)	2 449 379	2 638 376	2 339 653
定基指数(%)	100	108	96
负债合计(万元)	1 208 455	1 381 136	1 301 203
定基指数(%)	100	114	108
股东权益合计(万元)	1 240 924	1 257 240	1 038 450
定基指数(%)	100	101	84

由表 4-3 趋势分析可见,该公司 2017 年的筹资规模比 2016 年增长了 8%,但 2018 年,公司的筹资规模又比 2016 年下降了 4%,主要是公司股东权益下降造成的。从表 4-3 还可以发现,该公司 2017 年、2018 年负债融资的规模分别比 2016 年增加了 14%、8%,2017 年股东权益总额比 2016 年只增加了 1%,而 2018 年股东权益总额比 2016 年却减少了 16%。

二、筹资结构及变动分析

筹资结构是指企业各种方式的筹资额占筹资总额的比例,或者各种方式的筹资额之间的比例关系。筹资结构及变动情况分析的目的主要有:① 通过计算某期筹资结构的情况,与上期数、计划数或者同行业平均水平、标准水平进行比较,从中评价企业的筹资政策,这特别有助于判断企业资本的构成或变动情况的合理性以及对投资者、债权人的影响情况;② 通过对企业筹资结构变化趋势的分析,了解企业的筹资策略和筹资采取的主要措施,从而预测未来的筹资方向。

根据 JLQC 股份公司 2017—2018 年的资产负债表,对其筹资结构情况进行分析,如表 4-4 所示。

表 4-4　筹资结构变动分析表

项　　目	2017 年 金额(万元)	2017 年 占比(%)	2018 年 金额(万元)	2018 年 占比(%)	结构变动(%)
流动负债					
以公允价值计量且其变动计入当期损益的金融负债	849	0.03	0	0.00	−0.03
应付票据及应付账款	860 332	32.61	782 491	33.44	0.84
合同负债/预收款项	16 806	0.64	26 670	1.14	0.50
应付职工薪酬	27 809	1.05	30 892	1.32	0.27
应交税费	25 435	0.96	23 356	1.00	0.04
其他应付款	403 805	15.31	383 335	16.38	1.07

(续表)

项　　目	2017年		2018年		结构变动(%)
	金额(万元)	占比(%)	金额(万元)	占比(%)	
一年内到期的非流动负债	43	0.00	45	0.00	0.00
其他流动负债	19 029	0.72	20 106	0.86	0.14
流动负债合计	1 354 108	51.32	1 266 895	54.15	2.83
非流动负债		0.00		0.00	0.00
长期借款	385	0.01	360	0.02	0.01
预计负债	18 469	0.70	15 149	0.65	−0.05
递延收益	0	0.00	6 000	0.26	0.26
长期应付职工薪酬	5 476	0.21	6 343	0.27	0.06
递延所得税负债	2 674	0.10	2 602	0.11	0.01
其他非流动负债	24	0.00	3 854	0.16	0.16
非流动负债合计	27 028	1.02	34 308	1.47	0.45
负债合计	1 381 136	52.35	1 301 203	55.62	3.27
股东权益		0.00		0.00	0.00
股本	86 321	3.27	86 321	3.69	0.42
资本公积	83 944	3.18	83 944	3.59	0.41
其他综合收益	−674	−0.03	−1 018	−0.04	−0.01
盈余公积	43 161	1.64	43 161	1.84	0.20
未分配利润	1 044 487	39.59	826 041	35.31	−4.28
归属于母公司股东权益合计	1 257 240	47.65	1 038 450	44.38	−3.27
少数股东权益	0	0.00	0	0.00	0.00
股东权益合计	1 257 240	47.65	1 038 450	44.38	−3.27
负债及股东权益总计	2 638 376	100.00	2 339 653	100.00	0.00

从表4-4来看，JLQC公司2017年和2018年负债筹资占总资本的比例分别为52.35%、55.62%，呈增加态势；而权益筹资占总资本的比例分别为47.65%、44.38%，呈下降态势，并且每年权益筹资占总资本的比例均小于负债融资占总资本的比例，说明该公司负债融资是主要筹资方式。

为了进一步了解筹资结构的变动，还可以将多个连续会计年度的筹资结构加以比较，通过对公司筹资结构变化趋势的分析，可以更加全面地了解企业的筹资政策。

根据JLQC股份公司2016—2018年3年的资产负债表，对其3年的筹资结构进行趋势分析，如表4-5所示。

表 4-5 筹资结构变动趋势分析表

项　　目	2016 年	2017 年	2018 年
流动负债	48.45%	51.32%	54.15%
非流动负债	0.89%	1.02%	1.47%
负债小计	49.34%	52.35%	55.62%
股东权益小计	50.66%	47.65%	44.38%
负债及股东权益合计	100.00%	100.00%	100.00%

从表 4-5 中的分析结果可知,该公司 3 年的筹资方式主要是股东权益与流动负债,非流动负债融资方式所占比例非常小,说明该公司主要依靠流动负债和股东权益筹资来满足企业经营活动所需要的资金。并且,2017—2018 年公司的流动负债占总资本的比例超过了股东权益占总资本的比例,说明在权益资本不能增加的情况下,企业主要依靠举借短期负债来满足企业的资金需求。再从 2016—2018 年筹资结构的变化趋势来看,其流动负债比重逐年增长,而股东权益比重呈逐年下降趋势,但两者的增减额均不大,尽管公司的财务风险在逐年上升,但风险仍然可控。由于企业流动负债在负债结构中的比重较大且逐年增加,公司的短期偿债压力较大,公司经营者应重点关注短期偿债能力,防范因短期偿债压力带来的财务风险。

第三节　负债筹资分析

一、流动负债分析

流动负债是企业在一年内或者超过一年的一个营业周期内将要偿还的债务,具体包括应付账款、短期借款、应付票据、预收账款、应付职工薪酬、应付股利、应交税费、其他应付款项、一年内到期的非流动负债等。

流动负债分析的内容及步骤如下:首先,对企业某期流动负债的各个项目进行水平分析。通过计算企业某期流动负债的各个项目与上期同项目相比的绝对变化数和相对变动比率,观察其绝对额的变动情况和相对变动情况。其次,对某期流动负债各个项目进行垂直分析。通过计算企业某期流动负债的各个项目与负债总额的比例,可以揭示企业某期流动负债的各个项目占总负债的比例情况,并对企业各项短期负债比例的合理性与合法性进行评价。最后,对连续多期企业的流动负债及其各个负债项目进行趋势分析。通过计算企业流动负债各项目的定基动态比率、环比动态比率等指标,了解企业流动负债各项目的增减变动方向、数额和幅度,揭示企业流动负债各项目变动的趋势及其规律性。

(一)流动负债增减变动情况分析

以表 4-2 为例,根据 JLQC 股份公司 2018 年流动负债增减变动情况,对该公司流动负债的变动情况进行分析。

本期流动负债减少了 87 213 万元,与年初相比降幅为 6%,其中变动最大的项目是应付票据及应付账款,共计减少了 77 841 万元。流动负债的减少,从绝对数上看是降低了公司的短期偿债压力,但这样分析未必准确,因为如果股东权益也随之减少,而且减少的幅度比流动负债还要大,那么此时公司的短期偿债压力反而比上期还要大,JLQC 公司就属于这类情况。另外,在分析应付票据及应付账款、合同负债、预收账款的变动时,还应关注是否存在不正常关联方交易行为,或者是否是非经营性业务发生的负债。

由于流动负债是企业在短期内应偿还给债权人的债务,企业的短期偿债能力是企业实力与信誉的具体表现,企业为了树立良好的信誉和形象,应及时足额地偿还各种短期负债,尽量避免不合理拖欠,对个别不正常的变动项目应做具体分析,及时采取相应的措施加以解决。

当然,由于资产负债表反映的是某一时点的静态数据,并不能完全代表某一个时期企业的整体流动负债情况,如该项目中的应交税费、应付股利等可能由于时间差异暂时置存于企业资产负债表上,待下期某一时间上缴或派发,因此,分析时应注意流动负债产生的具体原因,不能简单机械地对此做出判断,而要根据流动负债的具体情况进行分析后再得出结论。

(二)流动负债规模变动情况分析

根据表 4-4 中 JLQC 股份公司 2017—2018 年流动负债规模变动情况,对其流动负债规模变动情况进行分析。

表 4-4 显示,该公司的流动负债各项目中,2017 年和 2018 年应付票据及应付账款所占比重最大,两年分别占负债及股东权益总额比重达 32.61% 和 33.44%。接下来是 2017 年和 2018 年这两年的其他应付款占比较大,分别占负债及股东权益总额的比重达 15.31% 和 16.38%。可见,虽然 2018 年应付票据及应付账款的绝对数比 2017 年有较大幅度的降低,但其在负债及股东权益总额中的占比却有所上升。由于该企业 2018 年流动负债总额比 2017 年有所减少,而且应付票据及应付账款又是反映企业偿还供应商欠款的负债项目,可以判断该企业 2018 年偿还流动负债的压力实际上是有所上升的。在对流动负债各项目的结构分析时,不但要比较该项目前后期的绝对数,还应比较该项目在总额中的占比变化,必须将两者结合起来分析才能得出正确的结论,否则可能会得出错误结论。

(三)流动负债变动趋势分析

根据 JLQC 股份公司 2016—2018 年的资产负债表,对流动负债及其主要项目进行趋势变动分析的情况如表 4-6 所示。

表 4-6 流动负债主要项目趋势分析表

项　　目	2016 年	2017 年	2018 年
流动负债合计(万元)	1 186 769	1 354 108	1 266 895
其中:应付票据及应付账款(万元)	773 117	860 332	782 491
其他应付款(万元)	332 792	403 805	383 335
预收款项/合同负债(万元)	17 348	16 806	26 670
应付职工薪酬(万元)	29 384	27 809	30 892

(续表)

项　目	2016 年	2017 年	2018 年
各项目定基指数			
流动负债合计	100%	114%	107%
其中：应付票据及应付账款	100%	111%	101%
其他应付款	100%	121%	115%
预收款项/合同负债	100%	97%	154%
应付职工薪酬	100%	95%	105%

从表 4-6 的结果可见，2017 年是该公司流动负债总额最大的一年，并且 2017 年也是该公司流动负债项目中的应付票据及应付账款、其他应付款的金额最大的一年，但在 2018 年，该公司流动负债总额、应付票据及应付账款、其他应付款的金额都有所下降，而该公司流动负债项目中的预收账款及合同负债、应付职工薪酬在 2017 年有所下降后却在 2018 年有较大幅度的增长，但是尽管增加幅度大，绝对数却不大，对流动负债总额的影响较小。结合股东权益项目的变化来看，2018 年该公司股东权益有所减少，负债却有所增加，因此，该公司应控制流动负债的总规模，防范不能偿还短期负债的情况发生，以降低公司的财务风险。

二、非流动负债分析

非流动负债是企业超过一年或一个营业周期的债务，它包括长期借款、应付债券、长期应付款和其他非流动负债等项目。

非流动负债分析的基本思路与流动负债分析基本相同。分析的主要内容及步骤如下：首先，对企业某期非流动负债的各个项目进行水平分析。通过计算企业某期非流动负债的各个项目与上期同项目相比的绝对变化数和相对变动比率，观察其绝对额的变动情况和相对变动情况。其次，对某期非流动负债各个项目进行垂直分析。通过计算企业某期非流动负债的各个项目与负债总额的比例，可以揭示企业某期非流动负债的各个项目占总负债的比重和各项目在负债总额中的比例情况，并对企业各项长期负债比例的合理性与合法性进行评价。最后，对连续多期企业的非流动负债及其各个负债项目进行趋势分析。通过计算企业非流动负债各项目的定基动态比率、环比动态比率等指标，了解企业非流动负债各项目的增减变动方向、数额和幅度，揭示企业非流动负债各项目变动的趋势及其规律性。

为了更清楚地分析非流动负债规模的变动情况，下面以 JLQC 公司 2016—2018 年 3 年的非流动负债趋势变动情况分析表来加以说明（见表 4-7）。

表 4-7　非流动负债趋势变动情况分析表

项　目	2016 年	2017 年	2018 年
非流动负债(万元)	21 686	27 028	34 308
定基指数(%)	100	125	158

分析结果表明,该公司非流动负债的变化趋势与流动负债基本相似,非流动负债总额也逐年增加,但由于公司非流动负债总额在负债及股东权益总额中所占比重不大,在公司非流动负债总额比重最高的2018年,它占公司负债及股东权益合计额的比例也不到1.5%,公司非流动负债总额的增加主要是递延负债和其他非流动负债的增加所致,所以非流动负债的增加对公司长期偿债能力的影响不大。

三、影响负债结构的因素

负债结构是指企业各项负债的金额分别占总负债的比例关系。一方面,在进行负债结构的分析时,要计算某时期企业各项负债金额所占总负债的比例,并与前期数、同行业平均水平、标准水平等进行比较,分析各项负债所占比例的变化情况,从而评价企业筹资政策的情况,并通过评价判断企业负债筹资的变化趋势,了解企业的筹资政策和预测未来的筹资政策。另一方面,通过分析各项负债所占比例的变化情况,可以了解企业资本结构的构成及其变化的原因,帮助投资者、债权人等利益相关者分析企业的财务风险及其财务杠杆的运用情况。在分析负债结构时,应结合影响负债结构及其变化的相关因素。

（一）负债成本

按照资本来源性质不同,资本成本可分为负债资本成本(负债成本)和股东权益资本成本(股东权益成本),负债成本是企业使用债权人资本而付出的代价。不同渠道、方式取得负债的资本成本往往不同,对于有息负债而言,一般债券的资本成本高于银行借款的资本成本,长期借款的资本成本高于短期借款的资本成本。企业在筹资过程中往往希望以较低的代价取得资本,企业在选择负债融资时会权衡负债的资本成本,因此,负债的资本成本是影响企业的负债结构的一个重要因素。

（二）负债规模

负债规模是各项负债的金额之和,负债结构是各项负债金额占总负债的比重。负债结构的变动有时是负债总规模的变化所致,有时是负债内部项目之间的变化所致。所以,在分析负债结构的变动原因和变动趋势时,必须结合负债总规模的变化加以分析。

（三）财务风险

财务风险是由于企业负债的固定财务费用的存在,息税前利润变化导致每股收益变化而产生的风险。举债经营的企业,财务风险不可避免,但通过合理的负债结构安排,可以适当降低或规避财务风险。一般而言,短期负债的风险往往要高于非流动负债的风险,这是因为短期负债一般要求企业在1年或1个营业周期以内偿还债权人的债务,其要求企业偿还债务的紧迫性较强,如果企业不能在短期内偿还相应的债务,将导致企业的财务风险发生。非流动负债偿还期较长,企业有较充分的时间组织、调配现金偿还债务,相对而言非流动负债的风险要低于流动负债。因此,企业在选择负债项目上要充分权衡流动负债与非流动负债的风险情况。

（四）债务偿还期与未来现金流的情况

负债到期时企业必须有足额的现金用于偿还到期债务,否则将导致企业的信用受损,甚至发生财务风险。企业负债结构是否合理的重要标志,是它在负债到期日与企业适量的现金流入是否相配合,因此,企业应根据负债偿还期限来安排企业的负债结构。如果企业能够根据其现金流入量的时间和流入量的规模来安排负债的结构,企业就可以及时偿还相应的债务。如果企业的各项债务的偿还期与其现金流入量不匹配,可能会造成企业不能足额偿还债务的本金或利息,不仅会导致企业信誉受损,给企业今后再次负债筹资带来不利影响,而且甚至有可能造成企业财务风险的发生。企业各项债务的偿还期与其现金流入量不匹配,也有可能造成企业在偿还债务的本金和利息之后存在现金过剩的情况,大量的现金过剩会造成企业资金成本的上升,从而影响当期利润。

(五)经济环境

企业生产经营所处的经济环境,特别是资本市场的情况,是影响企业负债结构的一个重要因素。当宏观经济处于繁荣时期,国家的信贷政策一般比较宽松,银行借款的利率也比较低,企业取得银行短期贷款的机会较多,此时企业的负债结构中短期借款的比重较大;反之,若宏观经济处于萧条期,国家采取的是银根紧缩的政策,银行借款的利率相对较高,企业从金融机构取得短期借款的难度较大,此时企业负债结构中短期借款的比重一般较小,而长期负债比重会相对上升,此时企业的资金成本相对较高。企业在安排负债结构时,既要考虑所处的经济环境,又要考虑企业内部的相关因素,在综合考虑两方面的因素之后合理安排各种类型的债务。

(六)企业自身的情况

企业在选择负债融资的类型时,不仅受到客观因素的影响,而且受到企业自身情况的影响和制约。企业应该根据自身的实际情况制定相应的融资政策,这些因素包括:① 企业生命周期。企业根据其所处的不同时期及经营目标进行资产配置,按照资产配置的情况制定相应的筹资政策。如当企业处于初创期时,企业经营的目标是固定资产的构建,此时企业没有现金的流入或者现金的流入很少,企业应尽量不要选择流动负债融资,而应该举借非流动负债来满足经营活动的资金需求;当企业处于成长期时,不仅企业的固定资产投资逐渐减少,而且企业现金流开始逐渐增加,企业偿还债务的能力在逐渐提高,此时企业可以增加流动负债的比率,以便降低资金的成本;当企业处于成熟期时,企业固定资产投资很少,而产生的现金流较多,偿债能力很强,此时企业可以提高流动负债的比例,以便降低资金成本,同时发挥负债的财务杠杆效应,为股东创造更大财富;当企业处于衰退期时,企业的财务风险加大,此时企业要控制负债的总规模,尤其要减少流动负债的规模,以便降低短期不能偿还负债的风险。② 企业所属的行业类型。如果企业属于商品流通行业,由于商品流通行业固定资产投资的规模相对较小,而存货的周转速度又比较快,该类企业的负债规模可以比制造行业大一些,而且在负债结构安排方面,流动负债的比例可以高一些。③ 企业销售收入的情况。对于一些采取赊销的企业,如果应收账款比较大,不宜高负债,尤其要控制流动负债的规模。一些收现率较高的企业,如高速公路、水电等行业现金流比较稳定的企业,则可以适当提高负债的规模和流动负债在负债总额中的比例。总之,企业应该根据企业自身的经营情况和实际情况,合理制定负债融资的规模和负债的结构。

企业当前的负债结构是上述各种影响因素的综合结果,但若仅就资产负债表提供的数据进行负债结构的分析,存在一定的局限性,应结合企业的资产结构、偿债能力、收益状况以及外部经济环境等因素进行综合分析,才能得出较为恰当的分析结论。

第四节 所有者权益筹资分析

一、所有者权益含义

所有者权益也称为自有资本、净资产,是企业资产总额扣除负债后的净额,它是所有者在企业资产中享有的剩余权益,是除负债以外企业资本来源的另一项重要组成部分。

与债权人权益相比,所有者权益具有以下特征:

(1) 所有者权益在企业经营期内可供企业长期、持续地使用,企业不必向投资人返还资本金。负债则须按期向债权人偿还本息,成为企业对债权人的责任。

(2) 企业所有者凭其对企业投入的资本,享有分配税后利润的权利。所有者权益是企业分配税后净利润的主要依据,而债权人除按规定取得利息外,无权参与企业税后利润的分配。

(3) 企业所有人有权行使企业的经营管理权,或者授权管理人员行使经营管理权,但债权人没有参与企业经营管理的权利。

(4) 企业的所有者对企业的债务和亏损负有无限的责任或有限的责任,而债权人对企业的其他债务不承担责任,而且当企业因破产清算时,债权人优先于企业所有者清偿企业的资产。

形成所有者权益的渠道主要有 3 条:一是所有者投入的资本;二是所有者投资后税后利润提取的盈余公积和未分配利润;三是直接计入所有者权益的利得和损失。以上来源构成所有者权益的 5 个项目,即实收资本、资本公积、其他综合收益、盈余公积和未分配利润。其中:实收资本是所有者在企业注册资本的范围内实际投入的资本;资本公积是归所有者所有的、由非收益转化而形成的资本,主要包括资本溢价(股本溢价)和其他资本公积等;其他综合收益是指未在损益中确认的各项利得和损失扣除所得税影响后的净额;盈余公积指企业从税后利润中提取形成的、存留于企业内部、具有特定用途的收益积累;未分配利润是指企业实现的净利润经过弥补亏损、提取盈余公积和向投资者分配利润后留存在企业的、历年结存的利润。

二、所有者权益筹资分析的目的

所有者权益筹资分析,往往是通过对所有者权益变动表的分析来实现的,通过分析所有者权益的来源及其变动情况,了解某会计期间影响所有者权益增减变动的具体情况及原因,判断所有者权益各个项目变动的合法性与合理性,为报表使用者提供较为真实的所有者权益总额及其变动情况等信息的行为。所有者权益变动表是反映企业本期(年度或中期)内截至期末所有者权益变动情况的报表,它既是资产负债表的补充,又是利润分配表的替代,也是对利润表的补充说明。2014 年 1 月,财政部发布修订版《企业会计准则第 30 号——财务报表列报》(财会〔2014〕7 号),并于 2014 年 7 月 1 日起实施,同时 2006 年版《企业会计准则第 30 号——财务报表列报》废止。2014 年版的所有者权益变动表最大的变化是用"综合收益总额"取代"净利润"和"直接计入所有者权益的利得和损失项目及其总额"。

所有者权益变动表是一张总结性的报表,它总结了影响所有者权益的所有交易,既包含了本期综合收益的具体构成、会计政策变更和会计差错更正的累积影响数,也反映了当期所有者的资本投入和向所有者分配利润等信息,它反映了资产负债表中所有者权益具体项目的变化过程。因此,通过对所有者权益变动表的分析,可以了解企业权益融资的情况和所有者权益的增减变化。

第一,通过对所有者权益变动表的分析,可以了解企业的综合收益。由于净利润和直接计入所有者权益的利得与损失在该表中均以单列项目反映,以反映企业综合收益总额的具体构成,所以通过对所有者权益变动表的分析,可以了解会计期间企业所有者权益的构成,各项目的变动规模、变动原因与变动趋势,反映企业净资产的实力,提供保值增值的重要信息。

第二,通过对所有者权益变动表的分析,可以了解企业的利润分配情况。由于企业对税后利润的分配会直接影响所有者权益的总额,而且所有者权益内部各项目的变动也会体现在所有者权益变动表中,所以通过对该表的分析可以了解企业税后利润的分配情况,为报表使用者的投资、信贷及其他经济决策提供有用的信息。

第三,通过对所有者权益变动表的分析,可以反映企业会计政策变更的合理性,反映会计差错更正的幅度,了解企业会计政策变更和会计差错更正对所有者权益的影响数额。

第四,通过对所有者权益变动表的分析,可以了解股利分配政策、再筹资方案等财务政策对所有者权益的影响情况。

三、所有者权益变动的水平分析

所有者权益变动的水平分析是以所有者权益变动表为基础,将形成所有者权益项目的本期数与基期数进行对比,揭示公司当期形成所有者权益各项目的水平及其变动情况,解释公司净资产的变动原因,进行相关决策的过程。下面以 JLQC 股份公司所有者权益变动表为基础资料,编制所有者权益水平分析表,如表 4-8 所示。

表 4-8 JLQC 公司 2018 年所有者权益变动水平分析表

项 目	归属于母公司股东权益						少数股东权益	股东权益合计
	股本	资本公积	其他综合收益	盈余公积	未分配利润	小计		
一、上年期末余额（万元）	86 321	83 944	−674	43 161	1 044 487	1 257 240	0	1 257 240
加：会计政策变更								
前期差错更正								
二、本年年初余额（万元）	86 321	83 944	−674	43 161	1 044 487	1 257 240	0	1 257 240

企业财务分析

(续表)

项目	归属于母公司股东权益						少数股东权益	股东权益合计
	股本	资本公积	其他综合收益	盈余公积	未分配利润	小计		
三、本年增减变动额（万元）	0	0	−344	0	−218 446	−218 790	0	−218 790
（一）综合收益总额								
净利润(万元)	0	0	0	0	9 183	9 183	0	9 183
其他综合收益(万元)	0	0	−344	0	0	0	0	−344
（二）股东投入资本								
（三）利润分配						0		
对股东的分配(万元)	0	0	0	0	−227 630	−227 630	0	−227 630
（四）所有者权益内部结转								
（五）专项储备								
（六）其他								
四、本年年末余额（万元）	86 321	83 944	−1 018	43 161	826 041	1 038 450	0	1 038 450
增减额(万元)	0	0	−344	0	−218 446	−218 790	0	−218 790
增减率	0%	0%	−51.04%	0%	−20.91%	−17.40%	0%	−17.40%

注：本年增减变动额＝本年年末余额－本年年初余额
　　企业综合收益总额＝企业净利润＋其他综合收益税后净额

从表4-8可以看出，JLQC公司2018年年末所有者权益比2017年年末减少了218 790万元，减少幅度为17.40%。其原因主要包括两方面：一是2018年的其他综合收益比2017年减少了344万元，减少幅度达51.04%；二是2018年年末的未分配利润项目比2017年减少了218 446万元，减少幅度达20.91%，从绝对数来看，后者的影响更大。进一步分析发现，2018年年末未分配利润项目减少的原因是公司当年对股东分配了227 630万元利润，远超过2018年获取的9 183万净利润。

四、所有者权益变动的垂直分析

所有者权益变动垂直分析是以所有者权益变动表为基础，计算所有者权益各项目的变动额占所有者权益变动总额的比例，并进行分析评价，揭示公司当期所有者权益各项目的比重及其变动情况，解释公司净资产构成变动的原因，进行相关决策的过程。下面以JLQC股份公司所有者权益变动表为基础资料，编制所有者权益垂直分析表，如表4-9所示。

表 4-9　JLQC 公司 2018 年所有者权益变动垂直分析表

项　目	归属于母公司股东权益						少数股东权益	股东权益合计
	股本	资本公积	其他综合收益	盈余公积	未分配利润	小计		
一、本年年初余额（万元）	86 321	83 944	−674	43 161	1 044 487	1 257 240	0	1 257 240
二、本年年末余额（万元）	86 321	83 944	−1 018	43 161	826 041	1 038 450	0	1 038 450
三、本期增减变动额（万元）	0	0	−344	0	−218 446	−218 790	0	−218 790
四、本年增减变动构成比重(%)	0.00	0.00	0.16	0.00	99.84	100.00	0.00	100.00

表 4-9 显示，JLQC 公司 2018 年年末所有者权益与 2017 年年末相比减少了 218 791 万元，若以其增减变动额为 100%，发现其中未分配利润项目减少了 218 446 万元，占比达 99.84%，而其他综合收益项目减少额所占比重仅为 0.16%。可见，对 2018 年所有者权益变动的影响主要来自未分配利润项目的减少，再结合表 4-8 分析，可以发现 2018 年未分配利润项目的减少主要是由于当年向股东支付了 227 630 万元利润。

根据表 4-9 可以发现，若仅依赖于表 4-8 对所有者权益水平变动幅度的分析，可能会得出错误结论，因为在表 4-8 中，2018 年其他综合收益比 2017 年减少了 51.04%，远大于未分配利润项目 20.91% 的减少幅度，而在表 4-9 对 2018 年所有者权益变动的垂直分析中，未分配利润项目减少额占当年所有者权益减少总额的比重达 99.84%，远超过其他综合收益项目减少额 0.16% 的比重。所以，应将所有者权益变动的水平分析和垂直分析结合起来，才能得出正确的结论。

五、所有者权益主要项目结构变动的趋势分析

所有者权益主要项目结构变动的趋势分析是以所有者权益变动表为基础，计算期末所有者权益的各项目占其总额的比例，并与期初的构成比例进行对比，分析其变动的趋势、变动的成因、合理合法性等事项的过程。所有者权益项目包括实收资本（股本）、资本公积、其他综合收益、盈余公积和未分配利润，以所有者权益变动表为分析基础，不但可以了解资产负债表日所有者权益各个项目的构成状况，还可以观察各个项目形成当前状况的变化原因。

下面以 JLQC 公司 2017—2018 年所有者权益变动表为基础，编制该公司所有者权益主要项目结构变动趋势分析表，如表 4-10 所示。

表 4-10 显示，JLQC 公司所有者权益主要项目在 2017 年初、2017 年末和 2018 年末 3 个资产负债表日的比例结构没有发生太大变化，而且一直都是未分配利润项目占比较大，其比例保持在 80% 左右，可见该公司的所有者权益筹资增加的主要原因是公司的未分配利润项目的增加。进一步分析发现，由于 2017 年和 2018 年其他综合收益的减少，尤其是 2018 年的未分配利润项目减少了 218 447 万元（见表 4-8，2018 年分配利润 227 630 万元，而净利

企业财务分析

表 4-10　JLQC 公司 2017—2018 年所有者权益主要项目结构变动趋势分析表

项　目	2017 年 年初 金额（万元）	2017 年 年初 比重（%）	变动额	2017 年 年末 金额（万元）	2017 年 年末 比重（%）	变动额	2018 年 年末 金额（万元）	2018 年 年末 比重（%）
股本	86 321	6.96	0	86 321	6.87	0	86 321	8.31
资本公积	83 944	6.76	0	83 944	6.68	0	83 944	8.08
其他综合收益	−552	−0.04	−121	−673	−0.05	−344	−1 017	−0.10
盈余公积	43 161	3.48	0	43 161	3.43	0	43 161	4.16
未分配利润	1 028 050	82.85	16 438	1 044 488	83.08	−218 447	826 041	79.55
所有者权益合计	1 240 924	100.00	16 317	1 257 241	100.00	−218 791	1 038 450	100.00

润仅为 9 183 万元,两者相抵为 218 447 万元),导致 2018 年年末未分配利润项目的占比与之前相比有所下降。

六、影响所有者权益结构的因素

（一）利润分配政策

企业投入资本和留存利润的结构直接受制于企业的利润分配政策,若企业某期采取高利润分配政策,而盈余公积、公益金又按照法定比例提取,则未分配利润会相对减少,必然导致留存利润的比重相对降低;反之,若公司采取低利润分配政策或暂缓分配利润的政策,则留存利润的比重就会相对提高。

（二）所有者权益规模

所有者权益的变化往往会由于其规模或总量的变动而发生相应的变动。比如,企业发行股票或者增发股票会导致所有者权益股本或实收资本、资本公积的增加,进而影响企业所有者权益结构的变化;又如,在其他条件不变的情况下,若投资者追加投资或依法收回投资,都会引起所有者权益总量的变动,进而引起所有者权益结构的变动;再如,若公司采取盈余公积转增资本、送配股等,则会引起所有者权益中某个项目总额的变动,从而导致所有者权益结构的变化。

（三）企业控制权

企业的控制权往往掌握在持有一定股份比例的大股东手中,如果企业决定接受其他投资者的投资,就会稀释大股东的股权,分散企业的控制权。若企业所有者愿意接受其他投资者的投资,公司所有者权益项目中实收资本、资本公积项目将会增加,这必然会引起所有者权益结构的变化。

（四）权益资本成本

权益资本成本是公司选择筹资方式的重要依据,公司在选择筹资方式时,一般会选择资本成本较低、筹资方式比较简单的方式。在所有者权益的内部,投入资本的资本成本往往要高于留存利润的资本成本,并且留存利润筹资的程序也比接受投资者投入资本要简单,公司一般愿意选择留存利润筹资,这必然会导致所有者权益结构发生变动。

(五) 外部因素

企业在选择筹资渠道时,往往还受到经济环境、金融政策、资本市场情况等因素的影响,这些因素的变化往往也会影响企业筹资方式的选择,从而影响企业所有者权益结构。因此,在对所有者权益的结构进行水平分析、垂直分析时,既要分析所有者权益各项目变动的内部原因,还要结合上述各种影响因素进行分析,这样才能完整地了解和评价相关项目变动的合理性。

第五节 筹资规模与结构优化分析

一、影响筹资规模与结构的因素

筹资规模与结构制约和影响着企业的投资活动、经营活动和分配活动,而筹资规模与结构又受以下诸多因素的影响,在进行筹资活动的分析时应考虑这些因素对筹资规模和结构的影响。

(一) 内部因素

1. 投资项目现金回收期与建设周期的长短情况

公司应该采取与投资项目相适应的筹资规模和方式,根据投资项目资金回收期的长短选择相应的筹资方式,特别是在负债融资时要考虑债务的偿还期与项目现金回收速度之间的匹配。企业在选择筹资规模和方式时还要考虑项目建设期的长短,若投资项目建设周期短,资金周转速度较快,每期的现金流入量大,则公司可以适当增加负债筹资的比例,甚至可以适当提高短期负债的筹资比例;相反,若投资项目建设期较长,资金周转速度缓慢,应采取低负债的筹资结构,谨慎采用短期负债筹资。

2. 企业规模与行业特点

企业规模是影响公司筹资结构的一个重要因素。一般而言,大型企业负债筹资的规模可以大一些,因为大型企业有足够的固定资产抵押贷款,大型企业可选择的筹资渠道较多,统筹资金的能力较强,大型企业比小规模企业负债融资的规模要大。大型公司还可以在股票市场发行股票筹资,股票融资不仅可以增加企业的筹资规模,而且权益资本的增加为扩大举债融资提供了条件。因此,大型企业的筹资规模一般较大。

由于大型企业既可以选择负债融资又可以选择股票融资,企业可以根据自身的目标资本结构合理选择适当的筹资方式。中小型企业筹资方式较为单一,靠税后利润留存收益筹资的金额有限,更多采用负债筹资的方式筹集资金,相对而言其负债比率较高。

行业特点与属性也是决定筹资规模与结构的重要因素。对于劳动密集型企业,企业的流动资产比重较高,固定资产的比例相对较低,容易产生与其他厂商的竞争,应采取低负债的筹资结构;而对于资本密集型企业,非流动资产比重大,短期内容易形成垄断经营,可采取较高负债的筹资结构。对于有形资产较多的公司,如高速公路、酒店、房地产等行业,在破产时可用于偿还负债的有形资产较多,可以适当配置较高的负债比例;而对无形资产较多的公司,如高科技企业,由于在公司破产时可用于偿还负债的有形资产比较少,其应该选择权益融资方式筹集资金,尽量降低债务融资的比例。对于处于成熟行业的公司,其收入比较稳定,而投资项目又比较少,可以更多采用债务融资来提高财务杠杆的比例,以便更好地发挥负债的财务杠杆效应,为股东创造更多的财富。对于垄断经营的行业,经营风险较小或者破产损失较小,可保持较高的负债融资水平;而对于一些竞争性行业,经营风险较大,破产损失较大,不宜采取高负债比例的融资结构。

3. 销售的稳定性和未来销售的增长情况

对于一些市场占有率比较高、行业地位比较稳固的企业,一般其经营收入比较稳定且有良好的经营活动现金流量,则可适当配置较高的负债比例,如供水、供电等公用事业类企业、酒类生产企业、处于成熟期的企业等。对于一些处于生命周期的初创期或者成长初期的企业,企业还处于项目建设期或者项目刚刚建设完成,企业产生的销售收入、现金流入量有限,企业负债筹资的比例不宜太高。但随着项目的建成和销售产品市场的扩大,企业未来销售收入的增长前景看好,可逐渐提高负债筹资的比例;而当企业发展到成熟期时,由于此时企业的销售收入比较稳定,则可以采取高负债比例的筹资方式;当企业处于衰退期时,企业的产品逐渐不被市场认可,销售收入逐渐减少,企业应该尽量降低负债筹资的比例,以便降低企业破产的风险。

4. 企业的财务状况

当企业的资产质量好,获利能力强,财务状况好且资产变现能力强时,其承担财务风险的能力也越强,因此,这类企业可以适当提高负债筹资的比例;反之,则应该降低负债筹资的比例。这是因为,当企业资产的质量较好,变现能力强,财务状况较好时,其资产变现能力强,偿还债务的能力也强。企业的获利能力是偿还债权人本金和利息的重要保证,获利能力较强的企业可以相应提高负债筹资比例。

5. 企业的筹资政策和融资偏好

若企业控制权较为集中,其控股股东有意保持现有的控制权,而不愿稀释其控制权,企业会优先选择负债筹资,而尽量避免股权筹资。即使企业采取股权融资也会选择不至于稀释控股股东控制权的优先股融资或者配股融资。管理者若冒险精神较强,愿意承担更高的财务风险,则管理层选择负债筹资的意愿更强,这类企业的负债比例一般较高。

(二) 外部因素

1. 社会经济环境

当社会经济处于增长时期,政府鼓励投资,财政、信贷政策相对宽松,企业可充分利用较为宽松的宏观经济政策,增强企业发展动力,企业一般会扩大筹资规模。此时,公司的负债比例一般较高;反之,在经济萎缩或衰退时期,政府一般会采取紧缩的财政、信贷政策,则应缩减筹资规模,尤其要减少负债筹资的规模,此时公司的负债比例一般较低,这样可以减少宏观经济环境对企业投资效益的不利影响。

2. 债权人的态度

企业能否适当地使用财务杠杆,为所有者带来额外收益,既取决于企业是否有较强的盈利能力与偿债能力,又受债权人对企业信任程度的影响。如果债权人对企业信任程度较高,企业取得银行贷款的机会就较多,公司的负债规模和比例较高;反之,企业取得银行贷款较难时,公司负债筹资规模就较小,负债在公司资本结构中的比例较低。因此,债权人对企业的信任与信心直接影响企业的筹资规模与结构。

3. 金融信贷政策

金融机构的信贷政策是指金融机构所制定的影响借款人借款意愿的一系列政策措施，如抵押担保措施、贷款利率等。比如，我国曾实行"税前还贷"政策，使银行信用膨胀，借款成本较低，曾经一度使企业的负债经营规模迅速扩大。因此，金融信贷政策也是影响企业筹资规模与结构的重要因素。

4. 所得税率的高低

所得税率相对提高时，同样规模的负债抵税作用加大，此时企业可以适当提高负债筹资比例，以获取更多负债抵税效应。

5. 其他因素

证券市场发育与完善状况、产业竞争情况、产业组织状况、周边经济环境等，都是影响筹资规模与筹资结构的重要因素。

二、筹资规模与结构分析的步骤

企业负债资本与所有者权益资本的特点决定了企业必须将两种性质不同的融资方式进行组合。一定的股东权益资本是企业经济实力和承担风险能力的基础；一定的负债资本则是企业灵活调节资金余缺和发挥财务杠杆效率的前提。

筹资规模与结构分析是在对企业筹资总额进行垂直分析与趋势分析的基础上，结合筹资规模与结构的影响因素，对企业筹资规模和结构进行剖析，对不合理的资本结构进行调整，使之逐渐优化的过程，主要包括以下3个具体步骤。

（1）对企业负债资本与所有者权益资本的规模与结构进行分析，将分析结果与行业平均水平或企业历史平均水平等进行比较，观察有无异常变动项目与异常变动态势。

（2）对企业负债资本与所有者权益资本中正常或非正常变动项目进行会计分析，根据项目的变动情况分析企业某一会计期间的会计政策、筹资政策、分配政策的合理性，以及这些政策对企业经营者、投资者和债权人的影响情况。对企业经营者而言，筹资规模与结构的合理性体现在：筹资成本是否较低；筹资结构是否最优；财务风险是否可控。对于投资者而言，企业筹资规模与结构是否合理应体现在：投资者是否能够承受筹资规模与结构带来的投资风险；投资者能否获得较高的投资报酬；在弥补投资的机会成本后，投资者能否获得稳定、长期的投资回报。对于债权人而言，企业合理的筹资规模与结构应体现在：公司是否具有良好的财务状况和最优的资本结构；公司的财务风险是否可控；公司偿债能力是否较强。

（3）对于企业不合理的筹资规模与结构进行深入分析，并剖析其产生的原因，有针对性地采取有关的措施来调整资本结构，使其筹资规模与结构逐渐趋于合理，直到达到最优资本结构。合理的筹资规模与结构并不是要求采取一个固定不变的负债比率，而是要根据具体情况适时动态调整公司的负债比例，使负债保持在一个合理的弹性区间。对于一个已经具有合理资本结构的企业，应继续保持并根据内外部环境的变化及时调整资本结构，始终保持公司的资本结构处于最优状态。企业调整资本结构的方法可以采用息税前利润-每股利润分析法、比较资本成本法等方法确定企业的最优资本结构，并采取相应的筹资方式优化企业的资本结构。

三、筹资结构优化分析方法

(一) 息税前利润-每股利润分析法

企业的偿债能力是建立在未来盈利能力的基础上的,未来盈利能力强的企业一般偿债能力也强,因此,研究企业资本结构不能脱离企业的盈利能力,企业的盈利能力一般用息税前利润(EBIT)来表示。

负债筹资是通过其杠杆作用来增加所有者财富的,确定资本结构不能不考虑它对所有者财富的影响。所有者财富用每股利润(EPS)来表示。

将以上两个方面联系起来,分析资本结构与每股利润之间的关系,进而确定合理的资本结构的方法,叫息税前利润-每股利润分析法。其计算公式如下:

$$\frac{(\overline{EBIT}-I_1)(1-T)-D_1}{N_1}=\frac{(\overline{EBIT}-I_2)(1-T)-D_2}{N_2}$$

其中:$\overline{EBIT}$代表每股利润无差异点处的息税前利润;I_1,I_2代表两种筹资方式下的年利息;D_1,D_2代表两种筹资方式下的优先股股利;N_1,N_2代表两种筹资方式下的普通股股利。

通过以上公式计算出来的每股利润无差别点处的息税前利润是在两种筹资方式下普通股每股收益相等的息税前利润;如果预期的息税前利润大于每股收益无差别点的息税前利润,则应运用负债筹资方式,因为此时通过负债筹资可以提高每股收益;如果预期的息税前利润小于每股收益无差别点的息税前利润,则应运用股权筹资方式,因为此时通过股权筹资可以提高每股收益。

但这种方法有一定的局限性,因为它只考虑了资本结构对每股利润的影响,并假定当每股利润最大时,股票价格也就最高。把资本结构对风险的影响置于视野之外是不全面的,因为随着负债的增加,投资者的风险在加大,股票价格和企业价值也会有下降的趋势。

【例4-1】某公司现有普通股100万股,股本总额为1 000万元,公司债券为600万元。若公司拟扩大筹资规模,募集1 000万元资金,现有两个备选方案:一是增发普通股50万股,每股发行价格为20元;二是平价发行公司债券1 000万元,公司债券年利率为12%,所得税税率为25%。

要求:
(1) 计算两种筹资方式的每股利润无差别点。
(2) 如果该公司预期的息税前利润为500万元,确定应采用何种筹资方案。

解:
(1) 将两种筹资方式的有关数据代入公式,得:

$$\frac{(\overline{EBIT}-600\times12\%)(1-25\%)-0}{100+50}$$

$$=\frac{[\overline{EBIT}-(600+1\,000)\times12\%](1-25\%)-0}{100}$$

解得：每股利润无差别点 $\overline{EBIT}=432$（万元）

（2）因为预期息税前利润 500 万元大于 $\overline{EBIT}$，所以应选择增发债券的方式筹措资金，这样预期每股利润较高。

(二) 比较资本成本法

比较资本成本法是指企业在筹资决策时，先拟定若干个筹资方案，分别计算各个方案的加权平均资本成本，通过相互比较来确定最佳资本结构，即计算不同资本结构的综合资本成本率，并以此为标准相互比较，选择综合资本成本率最低的资本结构作为最佳资本结构的方法。运用比较资本成本法必须具备两个前提条件：一是能够取得债务筹资；二是具备偿还债务的能力。

依据比较资本成本法进行资本结构优化，首先应明确资本成本与资本结构的关系。二者的关系实际上可用加权平均资本成本的计算公式导出：

$$\begin{aligned}\text{加权平均}\atop\text{资本成本} &= \sum\left(\text{各筹资方式成本}\times\frac{\text{各该方式筹资额}}{\text{各方式筹资总额}}\right)\\ &=\sum\left(\text{各负债筹资成本}\times\frac{\text{各负债筹资方式筹资额}}{\text{负债筹资总额}}\right)\times\frac{\text{负债筹资总额}}{\text{各方式筹资总额}}\\ &\quad+\sum\left(\text{各权益筹资成本}\times\frac{\text{各权益筹资方式筹资额}}{\text{权益筹资总额}}\right)\times\frac{\text{权益筹资总额}}{\text{各方式筹资总额}}\\ &=\text{负债成本}\times\text{负债构成率}+\text{权益资本成本}\times\text{所有者权益构成率}\end{aligned}$$

以上资本成本与资本结构关系式说明，企业要优化资本结构可以采取如下 3 种方法：第一，在负债成本与权益资本成本已确定但不相等的情况下，通过增加资本成本低的资本构成，降低资本成本高的资本构成，将会使综合资本成本有所降低；第二，在各种负债筹资成本已确定但不相等时，通过调整负债内部结构可使企业的综合资本成本降低；第三，在各种权益资本成本已确定但不等时，通过调整权益资本成本内部结构，也可使企业的综合资本成本降低。

【例 4-2】某公司息税前利润为 600 万元，公司适用的所得税率为 25%，公司目前总资本为 2 000 万元，其中 80% 由普通股资本构成，股票账面价值为 1 600 万元，20% 由债券资本构成，债券账面价值为 400 万元，假设债券市场价值与其账面价值基本一致。该公司认为目前的资本结构不合理，准备用发行债券回购股票的办法予以调整。经咨询调查，目前债务利息和权益资本的成本情况如表 4-11 所示。

表 4-11 债券资本与权益资本成本表

债券市场价值（万元）	债券利息率（%）	股票的贝塔系数	无风险收益率（%）	平均风险股票必要收益率（%）
400	8	1.3	6	16
600	10	1.42	6	16
800	12	1.6	6	16
1 000	14	2.0	6	16

要求：计算每次债券发行额所对应的公司市场价值与企业综合资金成本（以市场价值为权重），并确定最佳资本结构。

解：计算步骤如下：

第一，计算每次债券发行额所对应的债券资本成本与权益资本成本：

债券资本成本＝债券利息率×（1－25％）

权益资本成本＝无风险收益率＋贝塔系数
　　　　　　×（平均风险股票必要收益率－无风险收益率）

第二，计算股票市场价值：

股票市场价值＝（息税前利润－债券发行额×债券利息率）
　　　　　　×（1－25％）/权益资本成本

第三，计算公司市场总价值：

市场总价值＝债券价值＋股票市场价值

第四，计算加权平均资本成本：

加权平均资本成本＝债券市场价值/公司市场总价值×债券资本成本
　　　　　　　　＋股票市场价值/公司市场总价值×权益资本成本

根据上述步骤和公式，计算结果如表 4-12 所示。

表 4-12　公司价值与加权平均资本成本变动表

债券市场价值（万元）	债券资本成本（％）	权益资金成本（％）	股票市场价值（万元）	公司市场总价值（万元）	债券价值比重（％）	股票价值比重（％）	加权平均资金成本（％）
400	6	19	2 242.11	2 642.11	15.14	84.86	17.03
600	7.50	20.20	2 004.95	2 604.95	23.03	76.97	17.27
800	9	22	1 718.18	2 518.18	31.77	68.23	17.87
1 000	10.50	26	1 326.92	2 326.92	42.98	57.02	19.34

可见，当负债资金为 400 万元时，企业价值最大且加权平均资本成本最低，所以目前的资本结构为公司最优资本结构，不应调整企业的资本结构。

本 章 小 结

筹资活动是企业根据生产经营对资本的需求，通过各种筹资渠道，采取适当的筹资方式获取所需资本的行为。筹资活动分析的目的是在对企业筹资活动总括了解的基础上，判断资金来源的合理性，分析企业相关会计政策对筹资活动的影响，以及该种影响对企业经营活动和财务状况所造成的后果，进而对企业的筹资政策、筹资规模与筹资结构进行客观评价，以对企业资本结构和与资本成本不断优化的过程。筹资活动分析的内容包括筹资活动的全面分析、负债和所有者权益筹资分析以及筹资规模与结构优化分析。

企业面临的筹资方式往往不止一种,在选择筹资政策与策略时应考虑:① 公司内部因素,包括财务杠杆与财务风险、有形资产、收入的稳定与现金流量、股利政策、所得税税率等;② 公司外部因素,包括宏观经济政策、产业竞争态势、债权人态度、证券市场状况、银行信贷制度等。

若企业经营中遇到一个理想的投资项目,企业可以选择以下 3 种筹资渠道:一是留存收益;二是银行借款或发行债券;三是发行新股。由此产生 3 种筹资策略,即留存收益筹资策略、银行借款或发行债券筹资策略以及发行股票筹资策略。企业应该根据内外部环境等因素选择适当的筹资方式,企业的筹资的过程必然会对企业的资本规模与资本结构产生影响,因此,资本规模与资本结构表面上看似乎是一个比率问题,但实质上反映了企业的理财思路和筹资政策。

筹资活动的全面分析主要是借助资产负债表右方的负债及所有者权益主要数据,利用水平分析法,分析企业的筹资规模的变动情况,观察其变动趋势,对筹资状况合理性进行评价的过程。

负债和股东权益筹资分析主要是采用水平分析法、垂直分析法、趋势分析法了解和分析负债筹资和股东权益筹资的合理性,结合企业外部和内部的影响因素,评价企业各种筹资政策的合理性。

筹资规模与结构分析是在对企业筹资总额进行垂直分析与趋势分析的基础上,结合影响筹资规模和结构的内部与外部因素,对企业的筹资规模和结构进行分析,揭示企业筹资活动中存在的问题并深入剖析其原因,然后采取有针对性的措施调整企业资本结构,使企业资本结构达到最优状态。调整企业资本结构的具体方法主要有息税前利润-每股利润分析法、比较资本成本法等。

复习思考题

1. 企业采取流动负债方式筹资有哪些优点和不足?如何进行流动负债分析?
2. 企业采取非流动负债方式筹资有哪些优点和不足?如何进行非流动负债分析?
3. 企业采取所有者权益筹资的方式有哪些?各有何优缺点?所有者权益的各个项目中,资本成本是否相同?为什么?
4. 企业的筹资方式主要有哪些?各种筹资方式的理论依据是什么?
5. 公司在盈利能力较强时,却仍然采取暂不分配股利政策,其原因是什么?
6. 什么是合理的资本结构?确定合理的资本结构的办法有哪些?在实际工作中如何确定?
7. 影响企业筹资政策的因素主要哪些?

案 例 分 析

WK 公司经营范围包括兴办实业(具体项目另行申报)、国内商业、物资供销业(不含专营、专控、专卖商品)、进出口业务和房地产开发。控股子公司主营业务包括房地产开发、物业管理、投资咨询等。为扩大公司规模,WK 公司在 2017 年、2018 年收购许多企业。

如表 4-13 所示是 WK 公司 2018 年年末的相关财务数据资料。

表 4-13　WK 公司资产负债表　　　　　　　　　　　　　　（单位：千元）

项目	期初	期末
流动负债：		
短期借款	550 000	376 000
应付票据	80 000	70 000
应付账款	75 000	66 000
其他应付款	2 300	3 870
应付职工薪酬	32 700	40 000
应交税费	45 000	16 000
应付利润	20 000	11 000
其他流动负债	4 300	7 000
流动负债合计	809 300	589 870
非流动负债：		
长期借款	170 000	184 000
应付债券	250 000	200 000
长期应付款	1 810 000	1 810 000
非流动负债合计	2 230 000	2 194 000
负债合计	3 039 300	2 783 870

思考：

1. 请分析 WK 公司负债的变动情况并评价其合理性。
2. 请分析 WK 公司负债结构的变化情况并评价其合理性。

第五章 投资活动分析

引导案例

獐子岛集团股份有限公司是我国农业产业化的重点龙头企业,2006年在深交所正式挂牌上市,主要业务有海洋食品、海珍品种业和海水增养殖。2014年和2015年,獐子岛连续两年亏损,被证券交易所实施退市风险警示(*ST)。獐子岛是水产第一股,但是獐子岛存货占流动资产比率一直高于同行业企业,而獐子岛大部分存货是消耗性生物资产,主要是扇贝等海产品,2009—2013年,消耗性生物资产占存货比重都在70%以上。消耗性生物资产不易核查,如此高额的存货,为盈余管理提供了方便,很可能本身就是一种盈余管理的行为。2014年10月30日晚间,獐子岛发布公告称,因北黄海遭遇几十年一遇异常的冷水团,公司在2011年和2012年播撒的100多万亩即将进入收获期的虾夷扇贝绝收。受此影响,獐子岛前3季业绩"大变脸",由预报盈利变为亏损约8亿元,全年预计大幅亏损,这被网友戏称为"扇贝跑了"。2015年6月1日晚,獐子岛发布的公告称:"公司底播虾夷扇贝生长正常,符合预期,尚不存在减值的风险。"这被网友称为"扇贝又游回来了"。2018年1月31日,獐子岛发布公告称,公司正在进行底播虾夷扇贝的年末存量盘点,发现部分海域的底播虾夷扇贝存货异常,公司预计2017年净利润亏损5.3~7.2亿元。经过4天的重新盘点,獐子岛公司最终将亏损金额确定在6.29亿元,相当于獐子岛2016年净利润的近8倍,这被网友称为"扇贝又跑了"。随着扇贝的跑来跑去,獐子岛的股价起起伏伏,投资者受到了重大损失,而与此同时,獐子岛摘掉了"*ST"的帽子,进行了增发和大股东减持等一系列资本操作。2018年2月9日,獐子岛因为涉嫌信息披露违法违规,被证监会立案调查。

在公司的经营中,投资活动对企业有重要的意义,资产是投资的基础和结果。如何区分优质资产和劣质资产,如何通过资产结构发现企业经营中的风险,如何通过减值准备的分析发现盈余管理的痕迹,学习这一章后将有助于理解这些问题。

【教学目的与要求】

通过本章的学习,深刻理解并掌握货币资金、交易性金融资产、应收款项、存货、其他流动资产、债权投资、长期股权投资、投资性房地产、固定资产、在建工程、无形资产和其他非流动资产等各资产项目分析的基本概念和基本分析方法;了解资产结构对企业的影响以及影响资产结构的因素,掌握资产结构的分析方法;理解资产质量的内涵及特征,掌握资产质量分析的主要内容。

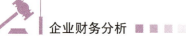
企业财务分析

第一节 资产项目分析

资产是指企业过去的交易或者事项形成的、由企业拥有或者控制的、预期会给企业带来经济利益的资源。它是企业从事生产经营活动的物质基础,以各种具体形态分布或占用在生产经营过程的不同方面。资产按其流动性通常可分为流动资产和非流动资产,其中:流动资产包括货币资金、交易性金融资产、应收款项、存货和其他流动资产等;非流动资产包括债权投资、其他债权投资、其他权益投资工具、长期股权投资、投资性房地产、固定资产、在建工程、无形资产和其他非流动资产等。接下来将对主要的资产项目进行分析。

一般来说,对资产项目进行分析的方法有水平分析法和垂直分析法。其中,水平分析法是指对企业资产负债表中的不同时期进行对比,分析各项资产规模及其变动情况和各项资产对资产规模的影响程度,以了解企业各项资产增减变动的原因,发现企业各资产项目的异常变动和投资活动中的问题;而垂直分析法则是通过计算报表具体项目占总体项目的比重,对各项资产规模及其变动情况进行分析与比较,以了解企业经济资源的配置情况,判断企业的各项资产规模是否合理,也可发现企业各项资产项目的异常变动和投资活动中的问题。

一、流动资产项目分析

流动资产一般是指企业可以或准备在一年内或者超过一年的一个营业周期内转化为货币,或被销售或被耗用的资产。在我国企业的资产负债表上,按照各流动资产变现能力的强弱,依次为货币资金、交易性金融资产、应收票据、应收账款、预付账款、其他应收款、存货、一年内到期的非流动资产和其他流动资产等。流动资产项目分析是指利用水平分析法和垂直分析法对流动资产具体项目的规模及其变动分别进行分析,从而了解流动资产具体项目的规模变化趋势。

(一) 货币资金

1. 基本概念

货币资金是指企业生产经营过程中停留于货币形态的那部分资金。它具有可立即作为支付的手段,普遍的接受性等特点。资产负债表中反映的"货币资金"项目包括企业的库存现金、银行结算户存款、外埠存款、银行汇票存款、银行本票存款、信用证保证金存款、信用卡存款和在途资金等。

企业持有货币资金有3个动机,即交易性动机、预防性动机和投机性动机。若企业持有过多的货币资金,会降低企业的获利能力;持有过少的货币资金,则不能满足上述需要,影响企业的正常经营,不能抵御突发的财务困境,或者不能抓住突然出现的投资机会。因此,货币资金过多和过少,都不利于企业的长期发展。

2. 对JLQC公司货币资金项目的分析

现以JLQC公司为例,对报表中的货币资金项目进行分析,其货币资金的规模及其变动情况如表5-1所示。

表 5-1　JLQC 公司货币资金规模及其变动分析表

项　目	金　额				占流动资产的比重		
	2017 年（万元）	2018 年（万元）	增减额（万元）	增减率（％）	2017 年（％）	2018 年（％）	比重变化（％）
货币资金	1 113 772	761 688	352 084	−31.61	51.38	61.44	−10.06

从表 5-1 中可知，货币资金的金额是逐年减少的，2018 年比 2017 年下降了 352 084 万元，下降幅度为 31.61％，占流动资产的比重也降低了 10.06 个百分点。这说明 JLQC 公司的货币资金不管是总量规模还是相对流动资产的比例都是下降的，有可能会影响该公司的支付能力。同时，货币资金的下降也会影响现金的流动性需求，因而还应结合该公司的现金需要量，从资金利用效果方面进一步分析。

（二）交易性金融资产

1. 基本概念

交易性金融资产是指企业为了近期内出售而持有的金融资产，主要是企业以赚取差价为目的从二级市场购入的各种有价证券，包括股票、债券、基金等。金融资产满足下列条件之一的，应当划分为交易性金融资产。

（1）取得该金融资产的目的，主要是在近期内出售或回购。例如，企业以赚取差价为目的从二级市场购入股票、债券、基金等。

（2）属于进行集中管理的可辨认金融工具组合中的一部分，而且有客观证据表明企业近期采用短期获利方式对该组合进行管理。比如，企业基于其投资策略和风险管理的需要，将某些金融资产进行组合从事短期获利活动，对于组合中的金融资产，应采用公允价值计量，并将其相关公允价值变动计入当期损益。

（3）属于衍生金融工具。比如，国债期货、远期合同、股指期货等，其公允价值变动大于零时，应将其相关变动金额确认为交易性金融资产，同时计入当期损益。但如果衍生工具被企业指定为有效套期关系中的套期工具，那么该衍生金融工具初始确认后的公允价值变动应根据其对应的套期关系（即公允价值套期、现金流量套期或境外经营净投资套期）的不同，采用相应的方法进行处理。

2. 对 JLQC 公司交易性金融资产项目的分析

现以 JLQC 公司为例，对其报表中的交易性金融资产进行分析。从 JLQC 公司的 2018 年资产负债表可知，该公司交易性金融资产金额为零，甚至近两年的资产负债表也表明，该公司交易性金融资产的期初数和期末数均为零。究其原因，我们可以发现：相对其他流动资产而言，交易性金融资产具有一定程度的风险性，而 JLQC 公司所采用的投资政策则是中庸的，甚至是偏向于保守型的，故 JLQC 公司不拥有交易性金融资产是与其自身的业务特点、投资策略和风险管理要求相适应的。当然，因为 JLQC 公司是实业公司，而且交易性金融资产是公司为了近期内出售而持有的金融资产，故也有可能 JLQC 公司在年内购买交易性金融资产之后又在年内出售了，不存在跨年度的交易性金融资产。

（三）应收款项

1. 基本概念

应收款项泛指企业拥有的将来获取现款、商品或劳动的权利。它是企业在日常生产经营过程中发生的各种债权,是企业重要的流动资产,主要包括应收账款、应收票据、预付账款、应收股利、应收利息、应收补贴款、其他应收款等。应收账款反映企业因赊销商品、材料及提供劳务等业务而形成的商业债权,这种债权应向购货单位或劳务接受单位收取。应收票据反映企业因赊销产品、提供劳务等在采用商业汇票结算方式下收到的商业汇票而形成的债权。预付账款是企业按照购货合同的规定,因预先支付给供货单位的货款而形成的债权。应收股利是企业应收取的现金股利和应收取的其他单位分配的利润;应收利息是企业发放贷款、债权投资、其他债权投资等应收取的利息。其他应收款是指企业除应收票据、应收账款、应收股利、应收利息和预付账款以外的各种应收、暂付款项。其内容包括:应收的各种赔款、罚款;应收出租包装物的租金;应向职工收取的各种垫付款项;备用金;存出保证金,如租入包装物而支付的押金;其他各种应收、暂付款项。它不包括企业拨出用于投资、购买物资的各种款项。

2. 对JLQC公司应收款项项目的分析

现以JLQC公司为例,对报表中的应收款项项目进行分析,其应收款项的规模及其变动情况如表5-2所示。

表5-2　JLQC公司应收款项规模及其变动分析表

项　目	金　额				占流动资产的比重		
	2017年（万元）	2018年（万元）	增减额（万元）	增减率（％）	2017年（％）	2018年（％）	比重变化（％）
应收票据	65 433.54	62 650.89	－2 782.65	－4.25	3.61	4.23	0.62
应收账款	230 711.84	267 464.97	36 753.13	15.93	12.73	18.04	5.31
预付账款	55 169	145 683	－4 522.42	－7.92	3.15	3.55	0.40
应收股利	—	—	—	—	—	—	—
其他应收款	21 017.53	12 251.05	－8 766.48	－41.71	1.16	0.83	－0.33
合　计	374 263.01	394 944.59	20 681.58	5.53	20.65	26.64	5.99

由表5-2可知,该公司的应收款项包括应收票据、应收账款、预付账款、应收股利和其他应收款,2018年的应收款项较2017年有所增加,增加绝对额为20 681.58万元,上升幅度为5.53％。同时通过计算,JLQC公司2017年的应收款项占流动资产的比重由20.65％上升到2018年的26.64％,上升了5.99个百分点,其中,应收票据、应收账款、预付账款占流动资产的比例都有上升,应收账款上升幅度最大,其他应收款的比例有轻微下降。该公司的应收股利2017年、2018年均为零,没有发生变化。其他应收款的绝对额、结构比及其变化均不大,而且因其过渡性质较为明显,对应收款项的分析影响不大。应收账款和应收票据的增加与其产品畅销程度、销售政策发生改变有很大的关系。预付账款的增加则与其生产型存货的紧俏程度、采购政策发生改变有很大的关系。

(四) 存货

1. 基本概念

存货是指企业在正常生产经营过程中持有以备出售的产品或商品、仍然处在生产过程中的在产品,或者将在生产过程或提供劳务过程中耗用的材料、物料等。可以看出,存货最基本的特征是企业持有存货的最终目的是出售,而不是自用或者消耗。这一特征使存货明显区别于固定资产等长期资产。

企业的资产是否作为存货处理不是取决于资产的物理特性,而是取决于其持有目的。如果持有目的是短期周转、销售或快速消耗掉,则应作为存货处理。

2. 构成

存货的构成在不同企业中是有差别的。在工业企业中,存货包括库存、加工中以及在途的各种原材料、燃料、包装物、低值易耗品、在产品、外购商品、自制半成品、产成品以及分期收款发出商品等。商品流通企业的存货则包含企业在库、在途、出租和加工中的各种商品,包括在途商品、库存商品、加工商品、出租商品、分期收款发出商品以及材料物资、包装物、低值易耗品等,还有企业委托代销的商品等。

需要指出的是,为建造固定资产等各项工程而储备的各种材料,虽然同属材料,但由于是用于建造固定资产等各项工程,其价值分次转移,最终目的并非出售,所以不能作为企业的存货进行核算。企业的特种储备以及按照国家指令专项储备的资产不符合存货的定义,因而也不属于存货。

3. 对JLQC公司存货项目的分析

现以JLQC公司为例,对报表中的存货项目进行分析,其存货的规模及其变动情况如表5-3所示。

表5-3 JLQC公司存货规模及其变动分析表

项 目	金 额				占流动资产的比重		
	2017年(万元)	2018年(万元)	增减额(万元)	增减率(％)	2017年(％)	2018年(％)	比重变化(％)
存货	233 930	252 235	18 305	7.82	12.91	17.01	4.10

由表5-3可知,2018年度的存货水平明显上升了18 305万元,增长幅度为7.82％。根据相关的计算可知,JLQC公司2018年存货在流动资产中所占比重上升了4.10个百分点,可见该公司2018年的存货数量相对2017年来说大大增加了。存货的增加肯定会影响企业流动资产的周转效率,因而还应结合相关周转率项目,从周转能力方面进一步分析。

(五) 其他流动资产

1. 基本概念

资产负债表中的其他流动资产是指除货币资金、交易性金融资产、应收款项、存货等流动资产以外的流动资产,如一般企业"待处理流动财产净损益"科目未处理转账时,该项目挂报表中。其他流动资产通常应根据有关科目的期末余额填列,但数额较大时,应在报表附注中进行披露。

2. 对JLQC公司其他流动资产项目的分析

现以JLQC公司为例,对报表中的其他流动资产项目进行分析,其他流动资产的规模及其变动情况如表5-4所示。

由表5-4可知,JLQC公司2017年和2018年的其他流动资产总量规模较大,分别是81 330.32万元和73 508万元,占流动资产的比重分别为4.49％和4.96％,相对2017年,2018年的其他流动资产规模减少了7 822万元,但占流动资产的比例上升了0.47％,其中的变动原因应结合财务报表附注进行更深层次的分析。

表 5-4　JLQC 公司其他流动资产规模及其变动分析表

项 目	金　额				占流动资产的比重		
	2017年（万元）	2018年（万元）	增减额（万元）	增减率（%）	2017年（%）	2018年（%）	比重变化（%）
其他流动资产	81 330.32	73 508	－7 822	－9.62	4.49	4.96	0.47

二、非流动资产项目分析

非流动资产是指变现时间在一年以上或长于一年的一个营业周期的那部分资产,即流动资产以外的资产,主要包括债权投资、其他债权投资、其他权益投资工具、长期股权投资、投资性房地产、固定资产、在建工程、无形资产和其他非流动资产等。其预期效用主要是满足企业正常的生产经营需要,保持企业适当的规模和竞争力,获取充分的盈利。非流动资产项目分析是指利用水平分析法和垂直分析法对非流动资产具体项目的规模及其变动分别进行分析,从而了解非流动资产具体项目的规模变化趋势。

（一）债权投资

1. 基本概念

债权投资是指到期日固定、回收金额固定或可确定,而且企业有明确意图和能力持有至到期的非衍生金融资产。通常情况下,能够划分为债权投资的金融资产主要是债权性投资,如企业从二级市场上购入的固定利率国债、浮动利率金融债券等。股权投资因其没有固定的到期日,所以不能划分为债权投资。债权投资的目的主要是通过定期收取利息来获得长期稳定的收益,同时又由于到期收回本金,所以在很大程度上降低了投资风险。

2. 对 JLQC 公司债权投资项目的分析

从 JLQC 公司的资产负债表可知,该公司的债权投资的金额基本为零。这可能是因为 JLQC 公司为一实业公司,平时将关注点都放在了生产经营上,没有多余的精力去关注这些具有一定风险性的金融资产,故不拥有这些金融资产是与其自身的业务特点、投资策略和风险管理要求相适应的。

（二）长期股权投资

1. 基本概念

长期股权投资是指企业持有的对其子公司、合营企业、联营企业的权益性投资以及企业持有的对被投资单位不具有控制、共同控制或重大影响,并且在活跃市场中没有报价、公允价值不能可靠计量的权益性投资。其中包括:投资企业能够对被投资单位实施控制的权益性投资,即对子公司投资;投资企业与其他合营方一同对被投资单位实施共同控制的权益性投资,即对合营企业投资;投资企业对被投资单位具有重大影响的权益性投资,即对联营企业投资。

2. 对 JLQC 公司长期股权投资项目的分析

现以 JLQC 公司为例,对报表中的长期股权投资项目进行分析,其长期股权投资的规模及其变动情况如表 5-5 所示。

表 5-5　JLQC 公司长期股权投资规模及其变动分析表

项　目	金　额				占非流动资产的比重		
	2017 年（万元）	2018 年（万元）	增减额（万元）	增减率（％）	2017 年（％）	2018 年（％）	比重变化（％）
长期股权投资	3 787.40	4 011.17	224	5.91	0.46	0.47	0.01
合　计	3 787.40	4 011.17	224	5.91	0.46	0.47	0.01

由表 5-5 可知，该公司 2018 年度的长期股权投资较 2017 年度增加了约 224 万元，增加幅度为 5.91％。同时，占非流动资产的比重也由 2017 年的 0.46％上升到 2018 年的 0.47％。长期股权投资比例基本不变。

（三）投资性房地产

1. 基本概念

投资性房地产是指为赚取租金或资本增值（或二者兼具）而持有的房地产。它是一种经营性活动，主要形式是已出租的土地使用权、持有并准备增值后转让的土地使用权以及已出租的建筑物。

2. 对 JLQC 公司投资性房地产项目的分析

从 JLQC 公司的资产负债表可知，该公司的投资性房地产的金额为零。这可能是因为 JLQC 公司为一实业公司，平时将关注点放在了生产经营上，将全部房地产用作生产经营。也没有多余的精力去关注这些具有一定风险性的金融资产，故不拥有这些金融资产是与其自身的业务特点、投资策略和风险管理要求相适应的。

（四）固定资产与在建工程

1. 基本概念

固定资产是指为生产商品、提供劳务、出租或经营管理而持有的，使用寿命超过一个会计年度的有形资产。它是企业生产经营重要的劳动手段，是企业获取盈利的主要物质基础，在企业的生产经营过程中发挥着重要的作用。固定资产有助于企业提高劳动效率、改善工作条件、扩大生产经营规模和降低生产成本。企业的固定资产呈现出以下特点：长期拥有并在生产经营中持续发挥作用；投资数额大，经营风险也相对较大；反映企业生产的技术水平、工艺水平；对企业的经济效益和财务状况影响巨大；变现性较差。

由于在建工程具有固定资产的特点，故有时将这个项目也并入固定资产的总额。在建工程是企业进行的与固定资产有关的各项工程，包括固定资产新建工程、改扩建工程、大修理工程等。在我国，企业资产负债表中的在建工程项目反映企业期末各项未完工程的实际支出和尚未使用的工程物资的实际成本，反映了企业固定资产新建、改扩建、更新改造、大修理等的情况和规模。资产负债表的"在建工程"金额包括了交付安装的设备价值，未完建筑安装工程已经耗用的材料、工资和费用支出、预付出包工程的价款，已经建筑安装完毕但尚未交付使用的建筑安装工程成本、尚未使用的工程物资的实际成本等。在建工程本质上是正在形成中的固定资产，它是企业固定资产的一种特殊表现形式。

2. 对 JLQC 公司固定资产与在建工程项目的分析

现以 JLQC 公司为例，对资产负债表中的固定资产项目进行分析，其固定资产的规模及其变动情况如表 5-6 所示。

表5-6 JLQC公司固定资产规模及其变动分析表

项 目	金 额				占非流动资产的比重		
	2017年（万元）	2018年（万元）	增减额（万元）	增减率（%）	2017年（%）	2018年（%）	比重变化（%）
固定资产	603 651.19	567 863.45	−35 788	−5.93	73.10	66.25	−6.85
在建工程	67 757.57	126 234.49	58 477	86.30	8.21	14.73	6.52
固定资产清理		31.21	31		—	0.00	0.00
合 计	671 409	694 129	22 720	7.01	81.31	80.98	−0.33

由表5-6可知,该公司2018年的固定资产较2017年有一定减少,减少的绝对额约为35 788万元,减少幅度为5.93%,它占非流动资产的比重也由2017年的73.10%下降到2018年的66.25%,比重减少了6.85个百分点。2018年度的在建工程比2017年度增加了约58 477万元,增加幅度为86.30%;而且它占非流动资产的比重由2017年的8.21%上升到2018年的14.73%。由此可知,有很大一部分的固定资产报废,但是没有新的固定资产代替,公司新增的固定资产很多还是以在建工程的形式存在,还没有完工。此外,该公司年末固定资产清理为31.21万元,这反映了跨年度的固定资产清理事项。年度内是否发生该事项,可以查阅现金流量表"投资活动现金流入"项目来判断。

（五）无形资产和其他非流动资产

1. 基本概念

无形资产是指企业拥有或者控制的没有实物形态的可辨认非货币性资产。无形资产具有以下特征:由企业拥有或者控制并能为其带来未来经济利益的资源;无形资产不具有实物形态;无形资产具有可辨认性;无形资产属于非货币性资产。无形资产通常包括专利权、非专利技术、商标权、著作权、特许经营权、土地使用权等。商誉属于不可辨认资产,因而不属于无形资产,只能算作"无形项目"。但是,企业并购过程中产生的外购商誉若满足资产确认条件,应当确认为企业的一项资产,并在资产负债表中单独列示。

资产负债表中的其他非流动资产是指除债权投资、其他债权投资、其他权益投资工具、长期股权投资、投资性房地产、固定资产以及无形资产等以外的非流动资产,如长期待摊费用、递延所得税资产等。

2. 其他非流动资产项目的内容

（1）长期待摊费用是指企业已经发生但尚未摊销的,摊销期在一年以上（不含一年）的各种费用,如租入固定资产改良支出、大修理支出以及摊销期在一年以上（不含一年）的其他待摊费用。资产负债表上的长期待摊费用反映的是扣除本期摊销后的净额。

（2）递延所得税资产是列示于资产方的一项与税款有关的资产,反映企业尚未转销的递延税款的借方余额。它是递延到以后应缴纳的税款,是时间性差异对所得税的影响,是根据可抵扣暂时性差异及适用税率计算、影响未来期间应交所得税的金额。

3. 对JLQC公司无形资产和其他非流动资产项目的分析

现以JLQC公司为例,对报表中的无形资产和其他非流动资产项目进行分析,其无形资产和其他非流动资产的规模及其变动情况如表5-7所示。

表 5-7　JLQC 公司无形资产和其他资产项目规模及其变动分析表

项　目	金　额				占非流动资产的比重		
	2017年（万元）	2018年（万元）	增减额（万元）	增减率（％）	2017年（％）	2018年（％）	比重变化（％）
无形资产	80 803.68	83 829.50	3 026	3.74	9.79	9.78	−0.01
长期待摊费用	—	—					
递延所得税资产	69 025.24	74 309.63	5 284	7.66	8.36	8.67	0.31
合　计	149 829	158 139	8 310	5.55	18.14	18.45	0.30

由表 5-7 可知，JLQC 公司的无形资产略有增加，增加绝对额约为 3 026 万元，增加幅度为 3.74％，同时无形资产占非流动资产的比重也由 9.79％降到 9.78％，比例基本不变。递延所得税资产上升幅度更大一些，增加绝对额约为 5 284 万元，增加了 7.66％。通过合计数，我们可以很清楚地看到 2018 年的金额略有上升，增加绝对额为 8 310 万元，上升幅度为 5.55％，占非流动资产的比例也从 18.14％上升到 18.45％，比例变化不大。

第二节　资产结构分析

一、资产结构概述

（一）资产结构的定义

所谓资产结构，是指各项资产相互之间、资产与其相应的来源之间，由规模决定的比例关系。从资产自身的结构来看，既有按照流动性确定的流动资产与非流动资产的结构关系，也有按照利润贡献方式确定的经营性资产（主要包括货币资金、应收款项、存货、固定资产和无形资产等项目）和投资性资产（主要包括直接对外投资形成的交易性金融资产、其他债权投资、其他权益投资工具、债权投资、长期股权投资等项目）的结构关系，还有企业从事经营的各个业务板块形成的资产结构关系，等等。不同的结构所表现出来的经济含义和管理含义有显著区别。为简化起见，本节主要阐述的是按照流动性确定的流动资产与非流动资产之间的结构关系。其他结构关系请读者以此类推并参阅其他相关资料进行分析。

（二）资产结构分析的目的

进行资产的结构分析通常出于以下目的：第一，了解企业资产的组成情况、盈利能力、风险大小和弹性高低，从而为合理地制定决策提供支持；第二，优化资产结构，改善财务状况，使资产保持适当的流动性，降低经营风险，加速资金周转；第三，了解债权的物质保证度和债权的安全性；第四，了解企业存货状况和支付能力，确保合同的有效执行；第五，了解企业财务的安全性、资本的保全能力及资产收益能力。

（三）资产结构的类型

企业在进行资产结构决策时，往往较为关注资产的流动性问题，特别是流动资产占总资产的比重。根据这个比重的大小,可以将企业的资产结构分为以下3种类型。

1. 保守型资产结构

在这种资产结构下,流动资产占总资产的比重偏大,企业资产流动性较好,从而降低了企业的风险。但因为收益水平较高的非流动资产比重较小,企业的盈利水平同时也降低,因而企业的风险和收益水平都较低。

2. 激进型资产结构

在这种资产结构下,流动资产占总资产的比重偏小,企业资产流动性和变现能力较弱,从而提高了企业的风险。但收益水平较高的非流动资产比重较大,企业的盈利水平同时也提高,因而企业的风险和收益水平都较高。

3. 适中型资产结构

此类资产结构介于保守型和激进型资产结构之间。在这种资产结构下,固定资产与流动资产存量比例保持在平均水平,企业的风险和收益均为中等水平。

(四) 资产结构对企业的影响

资产结构对企业的流动性、风险和收益都会产生影响。

1. 对企业流动性的影响

在前面对企业流动性的分析中,可知企业的流动性是指企业资源满足短期现金需要的能力。不同形式的资产的变现能力不同,因此,满足短期现金需要的能力也有所不同。

企业的所有资产中,流动资产的变现能力强于非流动资产。因此,在企业资产结构中,流动资产所占比重越高,企业的流动性越强。在流动资产内部,各项流动资产的变现能力也存在差异。例如,常见的流动资产中,变现能力最强的是货币资金,其次是交易性金融资产,应收账款和应收票据的变现能力也通常高于存货。因此,流动资产内部的结构也将影响整个企业的流动性。

当然,某一项资产中具体构成项目的变现能力也不尽相同。例如,同是应收账款,有的可能10天后就能变现,有的可能半年后才能变现。又如,同是存货,有的可能1个月后就可以变现,而有的则可能需要1年才能变现。因此,每项资产内部的结构也将对企业的流动性产生影响。

由此可见,资产结构直接影响着企业所有资产的变现能力,进而影响整个企业的流动性,而企业的流动性又决定着企业的短期偿债能力。

2. 对企业风险的影响

不同资产的价值变动风险不同。一般而言,流动资产的价值变动风险相对较低,非流动资产的价值变动风险相对较高。这是因为短期内的不确定因素较少,流动资产的价值变动较小,而长期的不确定因素较多,非流动资产的价值极易受到各种因素的影响。例如,在现有市场环境中很容易估计交易性金融资产、应收账款、库存商品等流动资产的价值,并且通常不会有大幅波动,而随着市场的变化、技术的发展,企业的机器设备、专利技术等非流动资产则很可能出现大幅度贬值的情况。

另外,不同的资产为企业带来的经营风险也不同。企业的固定成本往往是非流动资产带来的,如固定资产折旧、无形资产摊销等。在对营业杠杆的分析中可知,固定成本越高,企业的营业杠杆程度越高,经营风险也就越大。所以,非流动资产所带来的经营风险通常高于流动资产。

由此可见，企业不同资产的比重即企业的资产结构直接影响着企业的经营风险程度。

3. 对企业收益的影响

不同的资产其获取收益的能力不同。根据风险报酬原则，风险越高的资产获取收益的能力越强，反之亦然。因此，一般来说，非流动资产获取收益的能力会强于流动资产。例如，库存现金不能为企业带来任何收益，而机器设备则可以通过生产经营活动为企业带来收益。

综上所述，资产结构管理就是通过合理安排各种资产的比重，保证企业的流动性，并使企业的收益与风险达到均衡。

（五）影响企业资产结构的因素

企业资产结构的形成过程一般会受到以下 4 种因素的影响。

1. 企业所处的行业

不同行业的企业，资产结构有着不同的特点。例如，工业企业比商业企业的固定资产比重高，资本密集型企业比劳动密集型企业的固定资产比重高，生产周期长的企业比生产周期短的企业的存货等流动资产比重高。

2. 企业的经营规模

一般而言，经营规模较大的企业与经营规模较小的企业相比，固定资产比重更高，流动资产比重更低。这主要是因为大企业的筹资能力更强，承担风险的能力也较强，因而可以保留较少的流动资产。另外，大企业往往实力比较雄厚，在固定资产上的投资较多。

3. 企业的经营环境

企业经营环境中的很多因素，如社会信用状况、通货膨胀都可能对企业的资产结构产生影响。例如，不良的社会信用状况往往导致企业应收账款的比重增加，而通货膨胀则往往导致企业减少货币资金的比重，等等。

4. 经济周期

市场经济的周期性变化也会对企业的资产结构产生影响。例如：当经济处于复苏阶段时，企业往往会增加投资，导致货币资金比重下降，固定资产比重上升；当经济处于衰退阶段时，企业往往会收缩投资、缩减生产，因而固定资产、存货等资产的比重会下降。

二、资产结构分析的方法与步骤

概括起来，分析企业的资产结构主要从以下 3 个方面入手：资产结构的有机整合性、资产结构与融资结构的对应性，以及资产结构与企业战略的吻合性。它们被简化为几个财务比率的计算与分析。以下为资产结构分析的具体方法与步骤。

（一）构成比重的计算

为分析某一企业的资产结构，应首先分别计算期末与期初各大类资产占全部资产的比率，即构成比重，并计算比率变动差异。计算公式如下：

$$流动资产构成比重 = \frac{流动资产}{总资产} \times 100\%$$

企业流动资产比重高，说明其资产的流动性和变现能力强，企业的抗风险能力和应变能力就强。但这必须以雄厚的固定资产做后盾。如果没有大量的固定资产支持，其经营的稳定性就会较差。

$$非流动资产构成比重 = \frac{非流动资产}{总资产} \times 100\% = 1 - 流动资产构成比重$$

非流动资产的比重过高意味着企业长期资产周转缓慢,变现能力低,势必会增大企业经营风险;长期资产比重过高还意味着企业固定费用刚性强,经营风险较大。如果企业所在行业全面退出市场,企业将面临两难的境地。

无论是流动资产构成比重还是非流动资产构成比重,在不同的行业是不同的。例如,在制造行业非流动资产的比重必然很高,而在商品流通行业流动资产的构成比重会占企业资产总额的70%左右。所以,评价一个企业资产构成是否合理,主要需要结合企业的经营领域、经营规模、市场环境及企业所处的市场地位等因素,参照行业的平均水平或先进水平确定。

(二)资产结构性比率的计算

一般来说,需要计算如下比率:

$$固定资产与流动资产结构比率 = \frac{固定资产}{流动资产} \times 100\%$$

$$结构性资产比率 = \frac{结构性资产}{流动资产} \times 100\%$$

$$结构性资产 = 总资产 - 流动资产 = 非流动资产$$

(三)分析变动的合理性

对于流动资产来说,在资产总量不变的情况下,流动资产比率的增大意味着企业抵御风险的能力增强。但是,如果资产总量的增长是由流动资产的增长引起的,则说明企业占用在流动资产上的资金过多,企业资金周转速度减慢。

对于固定资产来说,理论上占用的比例越大越好。但在我国,目前还依然强调减少固定资产占用量,增大流动资产占用量,以降低企业经营风险。

对于固定资产与流动资产之间的比率,主要依赖企业采用的资产政策来判断:保守型资产政策希望维持较高的流动资产存量,激进型资产政策希望流动资产存量尽量降低,而适中型资产政策则希望保持均衡水平。

(四)对JLQC公司资产结构的分析

1. JLQC公司2018年的资产结构分析

现以JLQC公司2018年的资产负债表为例,分析其资产结构如下:

$$流动资产构成比重 = \frac{1\,482\,474.36}{2\,339\,652.95} \times 100\% = 63.36\%$$

$$非流动资产构成比重 = 1 - 63.36\% = 36.64\%$$

$$固定资产与流动资产结构比率 = \frac{567\,894.66}{1\,482\,474.36} \times 100\%$$
$$= 38.31\%$$

$$结构性资产比率 = \frac{857\,178.59}{14\,282\,474.36} \times 100\% = 57.82\%$$

通过以上计算出的各种指标,可知该公司 2018 年采用的是适中偏保守型资产结构。这与该企业的经营规模、融资结构、整体战略是相适应的。

2. JLQC 公司资产结构变动分析

现结合 JLQC 公司 2017 年的资产负债表,通过相关计算,可列出该公司的资产结构变动分析表,如表 5-8 所示。

表 5-8　JLQC 公司资产结构变动分析表　　　　　　　　（金额单位：万元）

项目	金额			
	2017 年	2018 年	增减额	增减率
总资产	2 638 376.08	2 339 652.95	−298 723	−11.32%
流动资产	1 812 637.38	1 482 474.36	−330 163	−18.21%
非流动资产	825 738.69	857 178.59	31 440	3.81%
固定资产	603 651.19	567 894.66	−35 757	−5.92%
流动资产构成比重	68.70%	63.36%	—	−5.34%
非流动资产构成比重	31.30%	36.64%	—	5.34%
固定资产与流动资产结构比率	33.30%	38.31%	—	5.01%
结构性资产比率	45.55%	57.82%	—	12.27%

从资产结构的变动分析表可以看出,JLQC 公司在 2017 年采用的是偏保守型的资产结构。但流动资产构成比重由 2017 年的 68.70% 下降到 2018 年的 63.36%,下降了 5.34 个百分点;相应地,非流动资产构成比重由 31.30% 上升到 36.64%,上升了 5.34 个百分点;固定资产与流动资产结构比率由 2017 年的 33.30% 上升到 38.31%,上升了 5.01 个百分点;结构性资产比率也由 45.55% 上升到 57.82%,上升了 12.27 个百分点。这种变动的后果是使 JLQC 公司的资产流动性下降,收益性有所改善。流动资产、非流动资产变动的具体原因,需要通过进一步分析其构成项目的变动来寻找,下一节将具体介绍。

第三节　资产质量分析

一、资产质量分析概述

（一）资产质量的内涵及特征

在前文中,资产按照其流动性可分为流动资产和非流动资产,但这种分类并不能完全揭示资产的质量情况。

1. 资产质量的内涵

资产质量是指特定资产在企业管理系统中发挥作用的情况,具体表现为变现质量、被利用质量、与其他资产组合的增值质量以及为企业发展目标做出贡献的质量等方面。资产质量主要关注的不是特定资产的物理质量。这是因为,相同物理质量的资产在不同企业之间、在同一企业的不同时期之间或者在同一企业的不同用途之间会表现出不同的贡献能力。换句话说,资产对不同的企业而言具有相对有用性。一项资产即使是物理质量再好,如果在特定企业中不能发挥作用,也不能算作该企业的优质资产,而只能算作不良资产。但是,如果该资产在另外的企业中能够得到较好利用,发挥较好作用,则应作为另外企业的优质资产。质量较高的企业资产,应该能够满足企业长短期发展以及偿还债务的需要。此外,不同的企业或同一企业在不同时期、不同环境之下,对同一项资产的预期效用也会有所差异。因此,对资产质量的分析必须结合企业特定的经济环境来进行,不能一概而论,要强调资产的相对有用性。企业对资产的安排和使用程度上的差异,即资产质量的好坏,将直接导致企业实现利润、创造价值水平方面的差异。不断优化资产质量,促进资产的新陈代谢,保持资产的良性循环,是决定企业能否长久保持竞争优势的源泉。

2. 资产的质量特征

资产的质量特征是指企业根据不同项目的资产本身所具有的属性、功用而对其设定的预期效用。总体来说,研究资产的质量特征可以从资产的盈利性、可变现性、周转性以及与其他资产组合的增值性等方面进行分析。

(1) 资产的盈利性。资产的盈利性是指资产在使用的过程中能够为企业带来经济效益的能力,它强调的是资产能够为企业创造价值的这一效用。资产的盈利性在一定程度上决定了企业进行扩大再生产的能力,进而决定了企业的盈利能力及收益质量。它是资产运作结果最综合的表现,也是提升资产质量的条件。因此在评价资产质量时,资产的盈利性是最为重要的因素。

(2) 资产的可变现性。资产的可变现性是指非现金资产通过交换能够直接转换为现金的能力,它强调的是资产作为企业债务的物资保障的这一效用。资产变现性的强弱会直接影响企业的偿债能力(尤其是短期偿债能力)的高低,而偿债能力又是企业能否健康发展的关键。日常的会计核算均建立在持续经营假设的基础之上,致使企业资产的变现价值和账面价值之间往往存在较大的差异。因此,资产能否按照账面价值或高于账面价值顺利变现,是衡量企业资产质量、进一步分析企业偿债能力的一个重要因素。

(3) 资产的周转性。资产的周转性是指资产在企业经营运作过程中利用的效率和周转速度,它强调的是资产作为企业生产经营的物质基础而被利用的效用。资产的周转速度越快,说明该项资产与企业经营战略的吻合度越高,对该资产利用越充分,为企业赚取收益或偿还债务的能力越强,其质量越高。所以,资产的周转性是资产质量的另一个重要方面(将在第九章中详述,本章仅简单介绍)。

(4) 与其他资产组合的增值性。与其他资产组合的增值性是指资产在特定的经济背景下,有可能与企业的其他相关资产在使用中产生协同效应的能力。它强调的是资产通过与其他资产适当组合,能够发挥出大于单项资产个别效用总和的联合效用。一项资产如果在特定企业中不能发挥作用,即使物理质量再好,也不能算作该企业的优质资产,而必须通过适当的安排与整合,与企业的其他资产进行组合,才能共同满足企业的战略要求,从而体现其真正的增值能力,这是企业重组增值的基础。因此,与其他资产组合的增值性,也应该成为资产质量一个必不可少的重要方面。

同时,资产质量还会表现出一些独有的特征,即资产质量的属性,如资产质量的相对性、时效性和层次性等。

(二) 企业资产按照质量的分类

企业的各项资产可从理论层面上按质量进行分类,其中盈利性和可变现性是常用的两个标准,其他性质均为这两种性质的其他表现形式。又因为盈利性和可变现性是相互矛盾的一对性质,所以可将其统一起来,简单地以资产的账面价值与其变现价值或被进一步利用的潜在价值之间的差异来衡量。据此,资产可分为以下 4 类。

1. 按照账面价值等金额实现的资产

按照账面价值等金额实现的资产主要包括企业的货币资金和部分金融资产。

(1) 货币资金。作为充当一般等价物的特殊商品,企业的货币资金会自动地与任一时点的货币购买力相等。因此可以认为,企业在任一时点的货币资产,均会按照账面等金额实现其价值。但需要强调的是,由于通货膨胀等因素,在不同时点,相同数额的货币资金其购买力是不同的。

(2) 交易性金融资产。交易性金融资产是指能够随时变现并且持有时间不准备超过一年的投资。尽管交易性金融资产按照初始目的持有期不超过一年,但如果实际持有期超过一年,该投资仍应作为流动资产处理,除非企业已经将其改为长期持有目的。交易性金融资产项目按公允价值计量,报表中所披露的公允价值基本反映了该项目期末的可变现价值。因此,该项目可以被认为是能够按照账面价值等金额实现的资产。

2. 按照低于账面价值的金额价值实现的资产

所谓按照低于账面价值的金额价值实现的资产,是指那些账面价值较高,而其变现价值或被进一步利用的潜在价值(可以用资产的公允价值来计量)较低的资产。

(1) 应收款项,包括应收账款、应收票据和其他应收款等。由于存在发生坏账的可能性,所以应收款项注定要以低于账面的价值进行回收。企业计提的坏账准备虽然在一定程度上考虑了应收款项的贬值因素,但从目前大多数企业应收账款计提坏账准备的情况来看,主要做法是将其区分为单项金额重大与非重大两类。单项金额重大的应收账款基本上是按照未来现金流量现值低于其账面价值的差额计提;单项金额非重大的应收账款基本上还是按照原来的账龄分析法计提。但由于未来现金流量的确定不可避免地存在人为主观估计的因素,企业按照账龄确定对坏账准备计提的百分比也不一定能够准确地反映债权的贬值程度,因而应收款项的账面价值并不一定等同于其可以回收的价值。

(2) 部分存货。在企业的报表披露上,存货可以计提跌价准备。企业计提的存货跌价准备反映了企业对其存货跌价的认识。在企业采用成本与可变现净值孰低规则对存货进行期末计价的条件下,若存货的可变现净值下跌到成本以下,表明存货给企业带来的未来经济利益低于其账面价值,此时按照可变现净值低于成本的数额计提存货跌价准备,并将这部分损失计入当期损益。

(3) 部分债权投资和长期股权投资。为了揭示企业此类资产因质量下降所产生的贬值因素,企业可以在其资产负债表中计提减值准备。但当计提的减值准备并不充分时,其实际变现价值也会在账面价值以下。

(4) 部分固定资产。我们知道，固定资产体现了企业的技术装备水平。在企业持续经营的条件下，企业一般不会将正在使用中的固定资产对外出售。企业固定资产的质量主要体现在被企业进一步利用的质量上。

持续经营企业在资产负债表及其附注中通常会提供固定资产的原值、累计折旧以及固定资产计提的减值准备等情况。但受企业折旧政策选择和减值准备估计人为因素的制约，企业披露的固定资产账面价值仍无法反映资产负债表日相应固定资产对企业的实际价值。

实际上，企业的固定资产中，有相当一部分将在未来增值，如企业的房地产等。但企业也有相当一部分固定资产正在快速贬值，如技术含量较高、技术进步较快的高科技资产。

(5) 纯摊销性的资产。纯摊销性的资产是指那些由于权责发生制的要求而暂作"资产"处理的有关项目，包括长期待摊费用等。

应该说，除个别项目有可能包含对企业未来有利的资产内容外，上述项目的主体并不能为企业未来提供实质性帮助，并没有实际利用价值。因此，上述各项资产的实际价值趋近于零。

3. 按照高于账面价值的金额增值实现的资产

所谓按照高于账面价值的金额增值实现的资产，是指那些账面价值较低，而其变现价值或被进一步利用的潜在价值（可以用资产的可变现净值或公允价值来计量）较高的资产。

(1) 大部分存货。对于制造业企业和商品流通企业，其主要经营与销售的商品就是企业的存货。因此，企业的大部分存货应按照高于账面价值的金额增值实现。

(2) 部分债权投资和长期股权投资。总体上来说，企业的此类投资性资产应该通过转让或者收回投资、持有并获得股利或者债权投资收益等方式来实现增值。该类资产的增值程度取决于其盈利性的大小，但正常情况下，至少可以按照其账面价值收回投资。

(3) 部分固定资产和生产性生物资产。企业的部分固定资产和生产性生物资产通过持有和运用等方式来实现增值，增值程度取决于其盈利性、稀缺程度、自身属性等诸多因素。固定资产在运用过程中实现的增值并不能反映在账面价值上，因而在变现时就有可能按照高于账面价值的金额实现增值。

4. 账面上未体现其价值但可以增值实现的表外资产

账面上未体现其价值但可以增值实现的表外资产是指那些因会计处理原因或计量手段的限制而未能在资产负债表中体现价值，但可以在未来为企业做出贡献的资产项目。

(1) 已经提足折旧但企业仍然继续使用的固定资产。已经提足折旧但企业仍然继续使用的固定资产在资产负债表上由于其历史成本与累计折旧相等而未能体现出净值。企业的建筑物以及设备、生产线等有可能出现这种情况。这类资产由于其对企业有未来利用价值，所以尚属于企业实实在在的资产。

(2) 企业正在使用，但已经作为低值易耗品一次摊销到费用中去，资产负债表上未体现价值的资产。与已经提足折旧但企业仍然继续使用的固定资产一样，企业正在使用但已经作为低值易耗品一次摊销到费用中、资产负债表上未体现价值的资产，因为其对企业有未来利用价值，也属于企业实实在在的资产。

(3) 已经成功的研究和部分已列入费用的开发项目的成果。企业的研究和开发支出一般作为支出当期的费用处理。只有成功的开发支出才能作为资产负债表上的资产处理。因此，已成功的研究和部分已列入费用的开发项目的成果将游离于报表之外。但由于其能够给企业带来未来的经济利益,所以它也应属于企业所拥有的资产。这种情况经常出现于重视研究和开发、历史悠久的企业。

(4) 人力资源。毋庸置疑,人力资源是企业最重要的一项无形资产。可惜的是,目前财务会计还难以将人力资源作为一项资产纳入企业的资产负债表。因此,了解、分析企业人力资源的质量只能借助于对非货币性因素的分析。

上述分析表明,对企业资产质量的整体把握,应当结合表内因素与表外因素加以综合分析。对企业的资产按照质量重新分类,将有助于信息使用者了解企业资产的实际状况,从而有助于更加合理地预测企业未来的变现能力(短期偿债能力)、盈利能力(长期偿债能力)和发展前景。

二、流动资产项目质量分析

流动资产项目质量分析主要划分为货币资金质量分析、交易性金融资产质量分析、应收款项质量分析、存货质量分析以及其他流动资产项目的质量分析等。下面将从其盈利性、可变现性、周转性以及与其他资产组合的增值性等方面来分析各项流动资产的质量。

(一) 货币资金质量分析

1. 基本概念

货币资金质量主要是指企业对货币资金的运用质量以及货币资金的构成质量。由于货币资金是按照账面价值等金额实现的资产,而且可变现性最强,所以对企业货币资金质量的分析应特别关注其可变现性以及与此相关的一些特征,如安全性。一般主要从以下方面展开:分析企业日常的货币资金规模是否适当;分析企业货币资金收支过程的内部控制制度的完善程度以及实际执行质量;分析企业对国家有关货币资金管理规定的遵守质量;分析企业货币资金构成质量。企业资产负债表上的货币资金金额代表了企业的货币资金持有量。

此外,有些货币资金项目出于某些原因被指定了特殊用途,这些货币资金因不能随意支用而不能充当企业真正的支付手段。在分析中,可通过计算这些货币资金占该项目总额的比例来考察货币资金的自由度,这样将有助于揭示企业实际的支付能力。

2. 对 JLQC 公司货币资金项目的质量分析

JLQC 公司货币资金的具体构成在报表附注中进行了充分的披露,如表 5-9、表 5-10 所示,其内容包括货币资金各明细项目的期初期末数、变化较大的原因以及外币金额。同时,2018 年 12 月 31 日,JLQC 公司存放于公司内部财务公司的银行存款为 83 361.67 万元(2017 年 12 月 31 日:112 080.59 万元),人民币存款按年利率 0.455%~2.55%计收利息(2017 年:1.495%~2.25%)。财务公司系 JLQC 公司的控股子公司为一家非银行金融机构。

表 5-9 JLQC 公司货币资金各明细项目的附注信息 (单位:万元)

项 目	2017 年	2018 年
库存现金	—	0.1
银行存款	1 113 772.2	761 687.9
合 计	1 113 772.2	761 688.0

表 5-10　JLQC 公司应收账款附注信息　　　　　　　　　　（单位：万元）

项　　目	2017 年		2018 年	
应收账款	232 813.46		269 692.75	
减：坏账准备	期初数	本年增加	本年减少	期末数
	2 101.62	126.13	—	2 227.75
合　　计	230 711.84		267 464.97	

通过 JLQC 公司披露的附注可知，JLQC 公司的货币资金大部分是银行存款，几乎没有库存现金，这符合公司在货币资金收支过程中的内部控制制度。货币资金的可变现性是最强的，因而完善的内部控制制度在一定程度上增强了货币资金的安全性，保证了公司的支付能力和利用效率。在日常拥有货币资金的规模上，2018 年存放于财务公司的银行存款所占比例为 10.94%（2017 年的为 10.06%），将资金存放于财务公司使得公司在遵守国家有关货币资金管理规定的同时，又适当增加内部财务公司拥有的存款，以增强货币资金的自由度。通过投资其他更多的项目，可以为公司创造更大的价值。在分析货币资金中的外币金额时，可发现 JLQC 公司没有持有任何外币金额，所有货币资金全部为人民币。

（二）交易性金融资产质量分析

1. 基本概念

不管是在交易性金融资产取得时的初始计量还是在资产负债表日的后续计量，其均以公允价值为基本计量属性，因而在分析交易性金融资产的质量特征时，应特别关注公允价值这一计量属性，着重分析该项目的盈利性及其可变现性大小。具体地说，应从两个方面进行分析。

（1）分析同期利润表中的"公允价值变动损益"及其在会计报表附注中对该项目的详细说明，通过把握交易性金融资产投资产生的公允价值变动损益是正还是负，来确定该项资产的盈利能力。

（2）分析同期利润表中的"投资收益"及其在会计报表附注中对该项目的详细说明，通过把握因交易性金融资产投资而产生的投资收益为正还是为负，来确定该项资产的盈利能力。

当然，若此项投资的规模过大，必然影响企业的正常生产经营，也有人为地将"其他债权投资""其他权益投资工具"，甚至"债权投资"及"长期股权投资"等项目转入该项目"挂账"之嫌，以"改善"其流动比率，我们可以从其规模的波动情况、现金支付能力、投资收益构成等方面来进行判断。

2. 对 JLQC 公司交易性金融资产项目的质量分析

JLQC 公司近两年的资产负债表表明，该公司交易性金融资产的期初数和期末数均为零，所以我们无从也无必要分析其交易性金融资产项目的质量如何。若某一企业有该项目的金额，则我们应从其可变现性、计量价值的公允性、盈利性等方面进行分析，着重分析该项目的盈利性及其可变现性大小。

（三）应收款项质量分析

应收款项主要包括应收账款、应收票据、预付账款、应收股利、应收利息和其他应收款等,现就各个项目进行具体分析。

1. 应收账款质量分析

(1) 基本概念。对应收账款进行质量分析,主要针对的是其可变现性和周转性,可从以下5个方面进行。

第一,对债权的账龄进行分析。通过对债权的形成时间进行分析,进而对不同账龄的债权分别判断质量。对现有债权,按欠账期长短(即账龄)进行分类分析。一般而言,未超过信用期或已超过信用期较短时间的债权出现坏账的可能性,比已超过信用期较长时间的债权发生坏账的可能性小。

第二,对债务人的构成进行分析,可以从债务人的行业构成、债务人的区域构成、债务人的所有权性质、债权企业与债务人的关联状况和债务人的稳定程度等方面进行分析。

第三,对形成债权的内部经手人构成进行分析。一般来说,企业外部报表信息的使用者,由于受所掌握资料的限制,不大可能对形成企业债权的内部经手人构成进行分析。但是,从企业管理者的角度来说,完全可以对形成债权的内部经手人构成进行分析。

第四,对债权的周转情况进行分析。可借助应收账款周转率、应收账款周转期等指标进行分析。在一定的赊账政策条件下,企业应收账款周转期越长,债权周转速度越慢,债权的可变现性也就越差。

第五,对坏账准备政策进行分析。资产负债表上列示的是应收账款净额,因此,在分析应收账款的质量时,要特别关注企业坏账准备计提的合理性。

(2) 对JLQC公司应收账款项目的质量分析。JLQC公司应收账款的相关信息在报表附注中披露。如表5-11所示,JLQC公司应收账款2018年年底为269 692.75万元,2017年为232 813.46万元,增加了36 879.29万元,增长幅度为15.84%,总资产的增长率为−11.32%,说明应收账款在总资产的比例有一定幅度的上升。应收账款中,2017年有99.57%,2018年有97.29%属于一年以内的应收账款,说明公司的信用政策和收账政策比较稳定,应收账款比较安全。公司的应收账款中,前五大欠款人应收账款之和占应收账款的27.76%,说明公司的应收账款比较分散,不易受到单一厂商的影响。

表5-11 JLQC公司应收账款账龄分析表

报告期	账龄	应收账款金额(万元)	占总应收款比例(%)
2017	1年以内	231 871.20	99.57
	1~2年	395.14	0.17
	2~3年	360.71	0.15
	3年以上	247.57	0.11
2018	1年以内	262 389.81	97.29
	1~2年	6 439.65	2.39
2018	2~3年	352.80	0.13
	3年以上	510.49	0.19

2. 应收票据质量分析

（1）基本概念。分析应收票据的质量特征时，在强调其具有较强的可变现性的同时，必须关注其可能给企业的财务状况造成的负面影响。我国票据法规定，票据贴现具有追索权，即如果票据承兑人到期不能兑付，背书人负有连带付款责任。这样，对企业而言，已贴现的商业汇票就是一种或有负债，若已贴现的应收票据金额过大，也可能对企业的财务状况带来较大影响。因此，在分析该项目时，应结合会计报表附注中的相关披露，了解企业是否存在已贴现的商业汇票，据以判断其是否会影响企业将来的偿债能力。

另外，对于到期的应收票据，因付款人无力支付或其他原因而发生拒付时，企业要按应收票据的账面余额将其转入"应收账款"账户，从而把企业的商业债权由有期转为无期加以核算，这样会在一定程度上影响该项目的可变现性和周转性。

（2）对JLQC公司应收票据项目的质量分析。JLQC公司应收票据的具体构成在报表附注中披露，如表5-12所示。同时也披露了2018年12月31日，本公司无质押的应收票据。

表5-12　JLQC公司应收票据附注信息　　　　　　　　　　（单位：万元）

项　　目	2017年	2018年
商业承兑汇票	56	—
银行承兑汇票	65 377.54	62 620.89
合　　计	65 433.54	62 620.89

由附注信息可知，JLQC公司2018年的应收票据全部是银行承兑汇票，2017年虽有部分的商业承兑汇票，但所占的比例极小（约为0.01%）。银行承兑汇票是指银行承诺在汇票到期日支付汇票金额，其承兑人是银行，而商业承兑汇票由出票人签发并承诺在汇票到期日支付汇票金额，承兑人是出票人，故有银行的信誉作付款保证的银行承兑汇票安全性高于以出票人的商业信用作保证的商业承兑汇票。因此，当银行承兑汇票的比例上升时，企业收不回账款的可能性大大降低，保证了该项目的变现。此外，该企业不存在已贴现的商业汇票以及付款人无力支付或因其他原因而发生拒付的到期应收票据，因而JLQC公司应收票据项目并不会影响该公司将来的偿债能力、可变现性和周转性。

3. 预付账款质量分析

（1）基本概念。在供货商很稳定的条件下，企业的预付账款应该按照约定转化为存货。因此，一般情况下，企业的预付账款债权不会构成流动资产的主体部分。如果企业的预付账款较高，则可能与企业所处行业的经营特点和付款方式相关，也可能是由企业以往的商业信用不高所引起，当然还有可能是企业向有关单位提供贷款的信号。如果属于最后一种情况，则该项目将很有可能成为不良资产的区域。由于性质接近，所以预付账款的质量分析与应收账款的质量分析类似。

（2）对JLQC公司预付账款项目的质量分析。JLQC公司预付账款账龄分析表在报表附注中披露，如表5-13所示。同时也披露了预付账款中无预付持有该公司5%（含5%）以上表决权股份的股东的款项，而且无外币余额。

表 5-13　JLQC 公司预付账款账龄分析表

项　目	2017 年		2018 年	
	金额(万元)	占总额比例	金额(万元)	占总额比例
1 年以内	57 100.10	100%	52 577.68	100%
合　计	57 100.10	100%	52 577.68	100%

由附注信息可知，JLQC 公司 2017 年和 2018 年预付账款的账龄均在 1 年之内，故预付账款成为不良资产的可能性较小。同时，该公司预付账款中无预付持有该公司 5%(含 5%)以上表决权股份的股东的款项，无外币余额。这表明该项目均来自非关联方交易，而且不受汇率变动的影响。

4. 其他应收款质量分析

(1) 基本概念。其他应收款既为"其他"，就不应该属于企业主要的债权项目，其数额及所占比例也不应过大。如果其数额过高，即为不正常现象，容易产生一些不明原因的占用。为此，要借助报表附注仔细分析其具体构成项目的内容和发生时间，特别是金额较大、时间较长、来自关联方的其他应收款。要警惕企业利用该项目粉饰利润、大股东抽逃或无偿占用资金及转移销售收入偷逃税款等行为。

但是应该看到，在一些对外投资比较广泛、自己较少从事经营活动的企业自身的财务报表(通常为母公司报表)中，较大规模的其他应收款实际上可能代表了投资方对被投资企业提供的经营资金。此时，比较一下投资方自身报表与合并报表中"其他应收款"的相关金额，如果合并报表数字小于投资方自身报表数字，则差额基本上代表了投资方向被投资方提供的资金规模。此时，其他应收款的质量将取决于被投资者的盈利能力和资产质量。

(2) 对 JLQC 公司其他应收款项目的质量分析。根据 JLQC 公司会计报表及附注(见表 5-14)可以知道，2018 年 JLQC 公司的其他应收款为 12 251.05 万元，占总资产的 0.53%，2017 年的其他应收款为 21 083.34 万元，占总资产的 0.80%，其他应收款比上一年减少了 8 787.94 万元，减少了 41.68%，说明公司在其他应收款上占用的资金大幅度减少。

表 5-14　JLQC 公司其他应收款附注信息　　　　　　　　　　　　(单位：万元)

项　目	2017 年		2018 年	
其他应收款	21 083.34		12 295.40	
减：坏账准备	期初数	本年增加	本年减少	期末数
	65.81	—	21.46	44.35
合　计	21 017.53		12 251.05	

(四) 存货质量分析

1. 基本概念

存货的质量分析应结合该项目本身的物理属性和预期效用，从盈利性、可变现性以及周转性等 3 个方面重点进行分析，但首先要以分析存货的物理质量、时效状况和品种构成为基础。

(1) 对存货的物理质量分析。存货的物理质量指存货的自然质量，即存货的自然状态。

例如,制造业中的存货处于原材料、在产品以及产成品的哪个阶段,各阶段的存货质量是否符合相应存货的等级要求,商业企业中的待售商品是否完好无损,等等。对存货的物理质量分析,可以初步确定企业存货的状态,为分析存货的盈利性、周转性和可变现性奠定基础。

(2) 对存货的时效状况分析。对存货的时效状况分析是指对时效性较强的企业存货的时效性状况进行的分析。与时效性相关的企业存货则是指那些盈利性和可变现性与时间联系较大的企业存货。按照时效性对企业存货进行分类,可以分为以下3种。

第一,与保质期相关联的存货。如食品,保质期较长的时效性相对较弱,保质期较短、即将达到保质期的食品的时效性相对较强。

第二,与内容相关联的存货。如出版物,内容较为稳定、可利用期限较长的(如数学书籍等)时效性相对较弱,内容变化较快、可利用期限较短(如报纸、杂志等)的时效性相对较强。

第三,与技术相关联的存货。如电子计算机技术、传统中药配方、药品配方、食品配方等,支持技术进步较快的存货的时效性较强,支持技术进步较慢的存货的时效性较弱。

(3) 对存货的品种构成分析。在企业生产和销售多种产品的条件下,不同品种的产品的盈利能力、技术状态、市场发展前景以及产品的抗变能力等可能有较大的差异。因此,应对企业存货的品种构成进行分析,并关注不同品种的产品的盈利能力、技术状态、市场发展前景以及产品的抗变能力等方面的状况。

(4) 通过对存货的毛利率走势进行分析来考察存货的盈利性。存货的毛利率在很大程度上体现了企业在存货项目上的获利空间,也反映了企业在日常经营活动中的初始获利空间。

(5) 通过对存货的期末计价和存货跌价准备计提的分析,考察存货的可变现性。存货跌价准备在质量方面的含义是其反映了企业对其存货贬值程度的认识水平和企业可接受的贬值水平。此外,还要关注报表附注有关存货担保、抵押方面的说明。如果企业存在上述情况,这部分存货的可变现性就会受到影响。

(6) 通过对存货周转率进行分析,考察存货的周转性。存货周转率是一个动态的内部管理指标,反映一定时期内的存货流转的速度(具体指标计算可参见本书后面章节)。

2. 对JLQC公司存货项目的质量分析

JLQC公司存货的有关信息在报表附注中进行了披露,如表5-15所示。

表5-15 JLQC公司存货附注信息 （单位：万元）

报告期	存货项目	存货金额	跌价准备	存货净额
2018年	产成品	75 772.91	—	75 772.91
	低值易耗品	18 767.12	—	18 767.12
	委托加工材料	17 678	—	—
	原材料	121 949.67	7 681.50	114 268.17
	在产品	21 148.99	—	21 148.99
	在途物资	10 729.33	—	10 729.33
	合　计	259 916.91	7 681.50	252 235.41

(续表)

报告期	存货项目	存货金额	跌价准备	存货净额
2017年	产成品	56 373.37	—	—
	低值易耗品	17 573.29	—	—
	委托加工材料	7 058.69	—	—
	原材料	122 588.36	4 512.53	118 075.84
	在产品	20 898.56	0.46	—
	在途物资	13 951.15	—	13 951.15
	合 计	238 443.42	4 512.99	233 930.43

根据JLQC公司的报表附注信息,可以看出该公司存货包括产成品、低值易耗品、委托加工材料、原材料、在产品和在途物资。其中产成品和原材料占了很大一部分(接近90%),说明该公司的主营业务就是购买原材料,生产出产成品以对外销售。存货跌价准备平均计提比例为2.96%(2017年的为1.89%),该比例的上升说明存货的减值问题应该引起注意。

(五) 其他流动资产项目的质量分析

其他流动资产的分类较为随机,一般没有明确、固定的构成项目。因此,其他流动资产的质量分析主要应结合该项目自身的具体构成状况进行分析。

三、非流动资产项目质量分析

非流动资产项目质量分析主要划分为长期股权投资质量分析、投资性房地产质量分析、固定资产质量分析以及无形资产和其他非流动资产质量分析等进行具体分析。下面主要从其盈利性、可变现性、周转性以及与其他资产组合的增值性等方面来分析非流动资产的质量。

(一) 长期股权投资质量分析

1. 基本概念

在分析企业的长期股权投资项目时,应重点从其盈利性和可变现性角度进行分析。长期股权投资项目的盈利性通常呈现较大的波动性,具体要依据其投资方向、年内所发生的重大变化、投资所运用的资产种类、投资收益确认方法等诸多因素来确定。长期股权投资的变现性也有可能会出现较大幅度的波动,具体要依据投资方在股权转让中损益的确定性以及长期股权投资减值准备的计提情况。

2. 对JLQC公司长期股权投资项目的质量分析

从JLQC公司的报表附注信息中可看出,长期股权投资包括对子公司和联营企业的投资,没有任何境外投资,也不存在长期股权投资变现及收益汇回的重大限制。其中,子公司投资占了大部分(2018年为89.72%,2017年为89.42%),在合并财务报表中,对子公司的长期股权投资被抵消掉了。总体来说,长期股权投资的风险相对较小,而且该项目无很大的变动,延续以往的政策。

(二) 投资性房地产质量分析

投资性房地产是新会计准则颁布实施后资产负债表中新增加的一个项目,对该项目的分析,首先应注意企业对投资性房地产的分类是否恰当,即企业是否对投资性房地产与固定资产、无形资产做了正确的区分。当然,也要分析该项目的盈利性。通过分析这些,我们就可得出投资性房地产的质量好坏与否。

(三) 固定资产质量分析

1. 基本概念

(1) 针对某项具体的固定资产项目来说,其利用效率和利用效果的大小与企业所处的不同历史时期、不同发展阶段以及不同的客观经济环境有着直接联系。因此,在对固定资产进行质量分析时,一定要强调其相对有用性。固定资产在规模、配置以及分布等方面与企业战略的吻合程度也会直接影响其盈利性、周转性和可变现性。同时,如果能够合理地安排使用,还可以与其他资产产生协同效应,给企业带来超额收益。在不同企业之间对现有固定资产进行重新组合,实现增值,也是一种较为经济而有效的途径。通过固定资产重组,可以使劣势企业的固定资产流入优势企业,从而加速资本的集中,扩大企业规模,增强企业实力,迅速提高市场竞争能力和市场占有率。因此,利用资产重组来实现固定资产的增值具有很大潜力。

(2) 在建工程本质上是正在形成中的固定资产,它是企业固定资产的一种特殊表现形式。在建工程占用的资金属于长期资金,但是投入前属于流动资金。如果工程管理出现问题,会使大量的流动资金沉淀,甚至造成企业流动资金周转困难。因此,分析该项目时,应深入了解工程的工期长短,及时发现存在的问题。此外,还应重点关注企业的有关借款费用资本化问题。上市公司有可能以某项固定资产还处于试生产阶段或安装调试阶段为借口,将理应计入当期费用的借款利息资本化为该项资产的成本,从而虚增资产和利润。

2. 对JLQC公司固定资产项目的质量分析

JLQC公司固定资产的有关信息在报表附注中进行了披露,2018年12月31日,JLQC公司固定资产净值为567 863.45万元(原价1 227 949.63万元),2017年固定资产净值为603 651.19万元(原价为1 186 649.54万元)。固定资产具体包括房屋及建筑物、机器设备、运输工具、模具和电子及其他设备。固定资产折旧采用年限平均法并按其入账价值减去预计净残值后在预计使用寿命内计提。对计提了减值准备的固定资产,则在未来期间按扣除减值准备后的账面价值及依据尚可使用年限确定折旧额。

由相关附注信息可知,JLQC公司在2018年有59 695.91万元的在建工程转入了固定资产(2017年度:132 161.12万元),在建工程转入的固定资产有所减少,2018年度固定资产计提的折旧金额为92 588.78万元(2017年度:84 509.95万元),累计折旧有所增加,这都使得固定资产净值比2017年年底下降了5.92%。但是,2018年年底在建工程为126 234.49万元,比2017年年底的在建工程67 757.57万元多86.30%,这说明固定资产增长的潜力很大。

(四) 无形资产和其他非流动资产质量分析

1. 无形资产质量分析的基本概念

不同项目的无形资产的属性相差悬殊,其盈利性也各不相同,因而不能一概而论。一般来说,专利权、商标权、著作权、土地使用权、特许经营权等无形资产由于有明确的法律保护的时间,其盈利性较为容易判断,而专有技术等不受法律保护的项目,其盈利性就不太好确定,同时也易产生资产泡沫。

无形资产在市场上通过转让而变现,是其价值实现的一种有效途径。但由于它是一种技术含量很高或垄断性很高的特殊资源,它的变现价值确认存在着较大的不确定性。分析企业无形资产的可变现性主要包含3个方面:① 是否为特定主体所控制;② 是否可以单独进行转让;③ 是否存在活跃的市场进行公平交易。由此可见,可以通过分析企业无形资产减值准备的计提情况来分析判断企业所拥有的各项无形资产的可变现性。当然,在分析时还要注意无形资产减值准备计提的合理性。

前已述及,无形资产是一项不具有实物形态的特殊资源,自身无法直接为企业创造财富,而必须依附于直接或间接的物质载体才能表现出它的内在价值。因此,无形资产这种独有的胶合功能与催化激活功能,只有与固定资产或存货等有形资产进行适当组合,才能正常发挥,而使企业在一定程度上实现增值。企业可利用名牌效应、技术优势、管理优势等无形资产盘活有形资产,通过联合、参股、控股、兼并等形式实现企业扩张,达到资源的最佳配置。可以这样说,无形资产在与其他资产组合过程中所释放的增值潜力的大小,直接决定了无形资产的盈利性,进而在很大程度上决定了无形资产的质量好坏。

2. 其他非流动资产质量分析的基本概念

长期待摊费用实质上是按照权责发生制原则资本化的支出,本身没有交换价值,不可转让,因而根本没有可变现性。盈利性的大小要视具体项目情况而定。一般地说,其数额越大,表明企业的未来费用负担越重。在分析长期待摊费用项目时,应注意企业是否存在人为将长期待摊费用作为利润调节器的情况:在当期利润不足的情况下,将本应当期承担的部分费用资本化为长期待摊费用,或将长期待摊费用挂账而延期摊销;而在当期利润较为富裕的情况下,又会采用"以丰补歉"的做法,加大长期待摊费用的摊销力度,为今后经营业绩的保持奠定基础。

递延所得税资产则根据资产的计税基础与其账面价值的差额(暂时性差异)计算确认。对于按照税法规定能够于以后年度抵减应纳税所得额的可抵扣亏损,确认相应的递延所得税资产。对于既不影响会计利润也不影响应纳税所得额(或可抵扣亏损)的非企业合并的交易中产生的资产的初始确认形成的暂时性差异,不确认相应的递延所得税资产。于资产负债表日,递延所得税资产按照预期收回该资产或清偿该负债期间的适用税率计量。其确认以很可能取得用来抵扣可抵扣暂时性差异、可抵扣亏损和税款抵减的应纳税所得额为限。若递延所得税资产占非流动资产的比例较大,则说明企业的会计处理和税法规定有很大的不同,应仔细分析原因,特别关注这个资产是怎么来的,是否有虚增当期利润的嫌疑。

3. 对 JLQC 公司无形资产项目的质量分析

JLQC 公司无形资产的有关信息在报表附注中进行了披露。2018 年 12 月 31 日,无形资产净值为 83 829.50 万元,原值为 119 114.87 万元;2017 年 12 月 31 日,无形资产净值为 80 803.68 万元,原值为 108 993.61 万元,无形资产净值 2018 年比 2017 年增长了 3.74%。JLQC 公司的无形资产主要包括土地使用权、软件使用费、售后服务管理模式和其他,其中最主要的是土地使用权(在增加的无形资产中所占的比例为 71.72%)。这说明 JLQC 公司在当时的经营环境下有意扩张并圈占了一定的土地。这些土地是经营用地还是投资用地(如开发投资性房地产),需要在后续的信息披露中进一步分析,以考察其增值性及其关联的风险性。JLQC 公司没有专利权、商标权、著作权、特许经营权等项目,表明公司较少从事研发、创新活动或者较少研发成功。该公司2018年度的研究开发支出173 536.87万元,其中有166 355.44万元计入当期损益,6 628.51万元计入无形资产,552.92万元包含在期末的开发支出余额中,在无形资产中,本集团内部研发而成的占20.7%,这在一定程度上可以说明公司的研发情况。

本 章 小 结

投资活动分析主要包括资产项目分析、资产结构分析和资产质量分析3个方面的内容。资产是指企业过去的交易或者事项形成的、由企业拥有或者控制的、预期会给企业带来经济利益的资源。资产按其流动性通常可分为流动资产和非流动资产;流动资产包括货币资金、交易性金融资产、应收款项、存货和其他流动资产等;非流动资产包括债权投资、其他债权投资、其他权益投资工具、长期股权投资、投资性房地产、固定资产、在建工程、无形资产和其他非流动资产等。

一般来说,对资产项目进行分析的方法有水平分析法和垂直分析法。流动资产项目分析是指利用水平分析法和垂直分析法对流动资产具体项目的规模及其变动分别进行分析,从而了解流动资产具体项目的规模变化趋势。非流动资产项目分析是指利用水平分析法和垂直分析法对非流动资产具体项目的规模及其变动分别进行分析,从而了解非流动资产具体项目的规模变化趋势。

所谓资产结构,是指各项资产相互之间、资产与其相应的来源之间,由规模决定的比例关系。本节主要阐述的是按照流动性确定的流动资产与非流动资产之间的结构关系。企业在进行资产结构决策时,往往较为关注资产的流动性问题,特别是流动资产占总资产的比重。根据这个比重的大小,可以将企业的资产结构分为保守型、适中型、激进型3种类型。资产结构对企业的流动性、风险和收益都会产生影响。企业资产结构的形成过程一般会受到行业、企业规模、经营环境等因素的影响。概括起来,分析企业的资产结构主要从以下3个方面入手:资产结构的有机整合性、资产结构与融资结构的对应性,以及资产结构与企业战略的吻合性。它们被简化为几个财务比率的计算与分析。

资产质量是指特定资产在企业管理的系统中发挥作用的质量,具体表现为变现质量、被利用质量、与其他资产组合的增值质量以及为企业发展目标做出贡献的质量等方面。资产质量主要关注的不是特定资产的物理质量。资产的质量特征是指企业根据不同项目的资产本身所具有的属性、功用而对其设定的预期效用。总体来说,研究资产的质量特征可以从资产的盈利性、可变现性、周转性以及与其他资产组合的增值性等方面进行分析。企业的各项资产可从理论层面上按质量进行分类,其中盈利性和可变现性是常用的两个标准,可将其统一起来,简单地以资产的账面价值与其变现价值或被进一步利用的潜在价值之间的差异来衡量。

复习思考题

1. 简述投资活动分析的目的和内容。
2. 流动资产主要有哪些项目?如何进行流动资产项目分析?
3. 如何进行资产结构分析?
4. 简述资产结构的类型。

5. 资产结构对企业有哪些影响？
6. 坏账准备对应收账款的影响如何分析？
7. 简述资产质量的内涵和特征。
8. 如何对应收账款、存货进行质量分析？

案 例 分 析

2000年起，为解决加盟制管理混乱的问题，顺丰逐步转变其经营模式，在2002年基本实现了全面直营模式，总部控制了全部快递网络、快递核心资源（如中转场地、干支线路、航空枢纽、营业网点、货运飞机、货运车辆、员工等）。直营模式的前期投入成本较高，扩张速度慢，但完成直营模式改造后，可打造较高的进入壁垒。直营模式有利于企业统一形象、统一管理、统一服务，管理效率高，保证了投递速度。但是，直营模式用于组建团队、购买运输器具等的资金需求量大，网络拓展速度较慢，管理成本高等。与之相反，其他快递公司大多采用加盟模式。加盟模式可以利用较少的资金较快地进行业务拓展，有一定的价格优势，但很难统一管理，加盟商缺少动力购置新设备，信息化技术落后。2020年年初，新冠肺炎疫情暴发，大部分快递公司的业务受到严重影响，业务量同比减少，而顺丰基于稳定可靠的直营网络，承担了大量疫情期间的快递业务。2020年2月，顺丰业务量增速达到119%。2020年1月底，国家邮政局发布紧急通知，建议公众如在春节期间有寄往武汉邮件快件需要，优先选用中国邮政、顺丰、京东三家品牌企业的邮政快递服务。

比较顺丰公司和其他快递公司的资产负债表，看看直营模式和加盟模式的差异对资产负债表会产生什么样的影响。

第六章 经营活动分析

引导案例

2019年5月16日,海马汽车发布公告称公司拟出售海口市金盘工业开发区的闲置房产,共计住宅269套商铺15套。根据交易标的的数额,这些房产原值约为3 090万元,最终估值以成交价为准。对此,海马汽车表示本次交易有利于盘活公司闲置资产,补充公司流动资金,有利于公司的经营发展。就在稍早前的4月22日,海马汽车还发布了被实行退市风险警示的公告。根据公告内容,由于连续两个会计年度审计的净利润为负值,海马汽车的股票名称更名为"*ST海马"。此次公告声称通过卖房变现来筹集流动资金,可见销量不断下滑的海马汽车当前的经营状况已经到了非常危险的地步。

根据统计,海马汽车2018年销售新车仅为67 570辆,比2017年大幅下滑51.88%。经营方面,其2018年财报显示,过去一年营收额为50亿元,与2017年相比大幅下滑47.88%;净利润更是从2017年的-9.9亿元扩大至-16.4亿元。对此,海马汽车给出的解释为,公司汽车产销量同比大幅下滑,导致净利润大幅度下滑。而且公司根据所实施的品牌战略和即将实施的国家第六阶段机动车污染物排放标准(以下简称"国六"排放标准)对产品研发项目进一步聚焦,决定对部分在研产品终止研发。财报内容显示,受制于"国六"排放标准的实施和国家新能源汽车补贴退出的影响,海马汽车决定在2020年6月30日前停售海马M3车型,福美来F5和F7产品也将逐步退市,并且相关的福美来F7商品性改进项目VB00-B项目、福美来系列产品技术平台项目、福美来F7的电动化项目VB00-EA项目等终止研发。

对此,有业内人士表示,海马汽车如今所面临的颓势主要是因为其自身研发实力弱、技术老旧,导致海马汽车产品布局过于狭窄,与市场需求脱节。同时,吉利、上汽乘用车等自主车企持续发力,导致市场竞争愈加激烈,部分法系、韩系品牌加入同价位的竞争,再加上品牌和营销方面的弱势,海马汽车竞争力进一步减弱。

对于海马汽车面临的颓势,究竟该如何做出转变?面对利润持续下滑的局面,海马汽车是该选择扩大销售团队还是加大研发投入,抑或是选择其他的办法?海马汽车做出改变的理论依据又是什么?

【教学目的与要求】

本章主要阐述经营活动分析的基本内容、基本目的,介绍企业经营活动分析的全面分析、收入分析、企业成本费用分析等方法。通过本章的学习,使学生全面、系统掌握经营活动分析的基本内容与方法。重点掌握企业收入分析和成本费用分析的内容与方法;掌握收入水平分析和垂直分析方法在经营活动分析中的运用;熟练进行收入构成分析和收入变动分析;掌握成本费用的构成和效果分析;熟悉利润质量分析的内容与方法。

第一节 经营活动分析的概述

一、经营活动内涵及其分析目的

(一) 经营活动内涵

企业的经营活动是各种生产要素的投入与资本收回的过程,企业生产经营活动会导致成本费用的产生和收入、利润的形成。就工商企业而言,企业的经营活动主要包括原材料的采购、产品的加工、销售商品、提供劳务、经营性租赁、购买商品、接受劳务、广告宣传、推销产品、缴纳税款等内容。企业经营活动的成果主要受到企业在经营过程中的收入和成本费用两个方面的影响。因此,企业的经营活动包括各种收入、成本、费用的产生和利润的形成。

(二) 经营活动分析的目的

企业经营活动是资本的耗费过程和资本的收回过程,包括发生各种成本费用和取得各项收入。企业在经营活动中,要考虑生产要素和商品或劳务的数量、结构、质量、消耗、价格等因素。经营活动的目的在于以较低的成本费用取得较多的收入,实现利润最大化。因此,利润分析是经营活动分析的核心。

利润通常是指企业在一定会计期间收入减去费用后的净额,以及直接计入当期损益的利得和损失等,也称为企业一定时期内的财务成果或经营成果,具体包括营业利润、利润总额和净利润等。在商品经济条件下,企业追求的根本目标是企业价值最大化或股东权益最大化,而无论是企业价值最大化还是股东权益最大化,其基础都是企业利润。利润已成为现代企业经营与发展的直接目标。企业生产经营过程中的各项工作最终都聚焦在所创造利润的多少这一结果上。

在开始研究经营活动的意义及作用之前,已经明确利润分析是经营活动分析的核心,那么搞清利润本身的意义与作用便能够了解清楚经营活动分析的意义与作用。利润的意义与作用主要表现在以下 3 个方面。

第一,利润是企业和社会积累与扩大再生产的重要源泉,企业实现的利润,从分配渠道看:一是分给企业所有者;二是留在企业内部形成留存收益。然而,无论利润分配到何处,其用途主要都是两个,即积累和消费。究其原因,可以说没有积累就没有扩大再生产,也就是说没有利润就没有扩大再生产的资本。用企业内部留存收益直接进行扩大再生产是这样,采用筹资方式扩大再生产也是这样。企业筹资的一部分可能来自内部资金的积累,筹资本金或利息及股息的偿还和支付也离不开利润。

第二,利润是反映企业经营业绩最重要的指标,也是反映企业经营成果最中和的指标,企业生产经营各步骤、各因素的变动都会对利润产生影响。供、产、销各环节,人、财、物各要素等的变动都会反映在利润的增减变动中。企业各环节和各因素的表现良好,利润就高;反之，如果某一环节或因素出现问题，就会影响利润的增长，甚至会导致下降。因此，利润对于评价企业经营者经营业绩的重要性不言而喻。

第三，利润是企业进行投资与经营决策的重要依据。在现代企业制度下，政企职责分离，所有权和经营权分离，企业的经营自主权扩大。在这样的背景下，决策问题就成为企业经营管理中的核心问题，也是企业外部各投资者、债权人尤为关心的问题。但是，无论企业做出何种投资与经营决策，都离不开利润这一关键的依据及标准。唯有能使利润增长的方案才是经济可行、决策上可执行的方案。

通过对企业利润的分析可以评价企业经营管理者做出的经营管理决策的正确与否。财务分析人员通过对企业不同时期或者与同行业其他企业利润的比较分析，不仅可以评价企业经营管理的水平，还可以明确自身在同行业所处的地位，发现自身的优势和不足，为企业改善经营管理、挖掘内部潜力、降低产品成本、提高利润水平奠定基础。具体而言，经营活动分析的目的主要包括以下3个方面。

1. 通过利润分析可正确评价企业各方面的经营业绩

由于利润受企业生产经营过程中各环节、各步骤的影响，所以通过对不同环节进行利润分析，可准确评价各环节的业绩。如通过产品销售利润分析，不仅可以说明产品销售利润受哪些因素影响以及各因素的影响程度，还可以说明造成影响的是主观因素还是客观因素，是有利影响还是不利影响等。这满足了准确评价各部门和环节业绩的要求。

2. 通过利润分析企业的经营活动，可及时、准确地发现企业经营管理中存在的问题

正因为利润分析不仅能评价业绩还能发现问题，所以借助利润分析，企业在各环节中存在的问题或缺陷都会一目了然，为企业进一步改进经营管理工作指明了可行的方向。这有利于企业放宽眼界，全面改善经营管理，从而促使利润持续增长。

3. 通过利润分析企业经营活动，可为投资者、债权人提供有用的信息

这是利润分析的一项重要作用。前面提及，由于企业经营权自主化及管理体制的改变，人们愈发关心企业的利润，企业经营者关心利润，投资者、债权人也是如此，他们通过对利润做出分析，预测判断企业的经营潜力及发展前景，进一步做出切合实际的投资与信贷决策。另外，国家宏观管理者研究企业对国家的贡献时也会用到利润分析这一重要手段。

二、经营活动分析的内容

由于利润分析是经营活动分析的核心，所以企业的经营活动分析可以在利润分析的基础上进行，经营活动分析应从以下3个方面进行。

（一）利润表综合分析

利润表的综合分析主要是对利润表主表各项利润额增减变动、利润结构变动情况进行分析。

（1）利润额增减变动分析。借助水平分析法，结合利润形成过程中相关的影响因素，反映利润额的变动情况，评价企业在利润形成过程中各方面的管理业绩并揭露存在的问题。

（2）利润结构变动分析。利润结构变动分析主要是在对利润表进行垂直分析的基础上，通过各项利润及成本费用相对于收入的占比，反映企业各环节的利润构成、利润率及成本费用水平。

(二) 利润表分项分析

利润表分项分析主要是结合利润表有关附注所提供的详细信息,对企业利润表中重要项目的变动情况进行分析说明,深入揭示利润形成的主观及客观原因。具体分析内容可根据分析对象的具体情况选择利润表重要项目进行分析。

(1) 企业收入分析。收入是影响利润的重要因素。企业收入分析的具体内容包括收入的确认与计量分析、影响收入的价格因素与销售量因素分析和企业收入的构成分析等。

(2) 成本费用分析。成本费用分析主要包括产品销售成本分析和期间费用分析两部分。产品销售成本分析包括销售总成本分析和单位销售成本分析,期间费用分析包括销售费用分析、财务费用分析和管理费用分析。

(3) 资产减值损失分析。资产减值损失分析包括资产减值损失的构成分析以及资产减值损失变动的原因分析。

(4) 其他收益分析。其他收益分析包括其他收益的构成分析以及其他收益变动的原因分析。

此外,还可以根据不同企业利润表的资料,对一些重要项目进行深入分析,如对投资收益、公允价值变动损益、资产处置收益与营业外收入等的变动情况进行分析。

(三) 收益质量分析

收益总额可以表明企业收益的总水平,却不能反映这一总收益是怎样形成的,即无法揭示它的内在质量,而收益质量对投资人来说却是最为重要的信息之一。企业收益质量的分析主要包括以下两个方面的内容。

(1) 收益的可持续性。收益的可持续性是指在考虑企业的收益时应该排除非经常性损益项目的干扰。通常,影响企业收益可持续性的项目的特点就是非经常性,而且不被企业经营者控制。在分析收益能力时,如果不将非经常性损益项目剔除,就可能得出错误的结论。

(2) 收益的可支配性。收益的可支配性是指在考虑企业的收益时,应该考虑到已经实现了的收益。这主要是从现金流量的角度,分析企业的盈利是否有足够的现金流量支持,企业的收益是否已经实现并可被企业支配。

除了利润表之外,进行经营活动分析的基础资料还有利润表附表(利润分配表、分部报表、投资收益明细表、营业外收支明细表等)以及利润表附注(关于企业收入、成本费用、投资收益等的会计原则与会计政策选择与变动等情况)。

第二节 经营活动分析的全面分析

一、利润额增减变动水平分析

企业经营活动的目的在于以较低的成本费用取得较多的收入,实现更多的利润。因此,对企业经营活动及利润变动情况进行分析,主要是借助利润表,采用水平分析法,将反映企业财务报告期财务状况的信息与反映企业前期或历史某一时期财务状况的信息进行对比,从而对企业各项经营活动创造的利润或财务状况的变动情况做出评价。

现根据 JLQC 股份有限公司 2018 年度利润表资料,采用增减变动额和增减变动百分比两种方式,对该公司的整体经营情况及利润的变动情况进行分析,如表 6-1 所示。

表 6-1　JLQC 股份有限公司 2018 年利润水平分析表

项　　目	2018 年度(万元)	2017 年度(万元)	增减额(万元)	增减率(%)
一、营业收入	2 824 934	3 134 575	−309 641	−9.88
减:营业成本	−2 440 955	−2 504 509	63 554	−2.54
税金及附加	−68 713	−96 701	27 988	−28.94
销售费用	−120 238	−269 478	149 240	−55.38
管理费用	−79 670	−70 791	−8 879	12.54
研发费用	−166 355	−199 673	33 318	−16.69
财务费用	16 367	24 364	−7 997	−32.82
资产减值损失	−6 188	−5 181	−1 007	19.44
加:公允价值变动收益	947	−1 703	2 650	−155.61
投资收益	1 323	809	514	63.54
其他收益	15 260	1 166	14 094	1 208.75
资产处置收益	3 463	−20	3 483	−17 415.00
二、营业利润	−19 827	12 858	−32 685	−254.20
加:营业外收入	24 813	63 735	−38 922	−61.07
减:营业外支出	−1 022	−411	−611	148.66
三、利润总额	3 964	76 182	−72 218	−94.80
减:所得税费用	5 219	−7 088	12 307	−173.63
四、净利润	9 183	69 094	−59 911	−86.71
五、其他综合收益的税后净额	0	0	0	0
六、综合收益总额	8 839	68 973	−60 134	−87.18
七、每股收益				
基本每股收益	0.11	0.80	−0.69	−86.25

根据上述资料,对企业经营活动中的利润增减变动水平进行分析及评价。企业的利润取决于收入和费用、直接计入当期利润的利得和损失金额。总体来看,相较于 2017 年,JLQC 股份有限公司 2018 年的营业利润、利润总额均有较大幅度下滑。对利润表增减额变动分析还应抓住几个关键利润指标的变动情况,分析其变动原因。

(1) 净利润或税后利润分析。净利润是指企业所有者最终取得的财务成果,或可供企业所有者分配或使用的财务成果。本例中,JLQC 股份有限公司 2018 年利润为 9 183 万元,比上年降低 5 991 万元,下降幅度为 86.71%。从水平分析来看,公司净利润的降低有 2 个主要原因：一是利润总额相较于 2017 年有所下降，金额达到 72 218 万元；二是实际缴纳所得税比上年增加了 12 307 万元。其中，利润总额的下降是 JLQC 股份有限公司 2018 年利润减少的主要原因。

（2）利润总额分析。利润总额是反映企业全部财务成果的指标，它不仅反映企业的营业利润，而且反映企业的营业外收支情况。本例中，公司利润总额减少了 72 218 万元，主要是受到营业利润下降的影响，营业利润下降了 32 685 万元，下降幅度 254.2%。另外，营业外收入减少也是造成利润总额下降的原因之一，JLQC 股份有限公司 2018 年营业外收入下降了 38 922 万元，下降幅度达到 61.07%。

（3）营业利润分析。营业利润是企业计算利润的第一步，通常也是一定时期内企业盈利最主要、最稳定的关键来源，它既包括企业在销售商品、提供劳务等日常活动中所产生的营业毛利，又包括企业公允价值变动净收益、对外投资的净收益和接受政府补助的其他收益，营业利润大致反映了企业自身生产经营业务的财务成果。本案例中，JLQC 股份有限公司 2018 年的营业利润比上年有较大幅度的下降，营业利润的降低主要是营业收入降低和营业成本提高所致。相较于 2017 年，JLQC 股份有限公司营业收入降低了 309 641 万元，下降幅度为 9.88%，同时，营业成本增加了 63 554 万元，增长率为 2.54%。

（4）营业毛利分析。营业毛利是指企业营业收入与营业成本之间的差额。本例中，JLQC 股份有限公司 2018 年营业毛利是 38 379 万元，2017 年营业毛利是 630 066 万元，2018 年营业毛利比上年减少 591 687 万元，降低率为 93.91%，其中最关键的影响因素是营业收入大幅减少 309 641 万元，降低率为 9.88%，虽然营业成本相较于 2017 年也有所下降，但下降幅度较小，仅为－2.54%，无法抵消营业收入大幅下降的不利影响。在各因素的综合作用下，该公司营业毛利减少了 38 379 万元。

（5）综合收益总额分析。综合收益总额项目是反映企业净利润与其他综合收益的合计金额，包括其他综合收益和综合收益总额。其中：其他综合收益反映企业根据企业会计准则规定未在损益中确认的各项利得和损失扣除所得税影响后的净额；综合收益总额是企业净利润与其他综合收益的合计金额。本案例中，JLQC 股份有限公司 2018 年的综合收益总额比上年有较大幅度的下降，综合收益总额的降低主要是净利润的大幅下滑所致。相较于 2017 年，JLQC 股份有限公司净利润下降了 59 911 万元，下降幅度 86.17%，最终导致该公司 2018 年综合收益总额相较于过去一年减少 60 134 万元，下滑幅度达到 87.18%。

从总体看，JLQC 股份有限公司经营状况相较于上年有所恶化，无论净利润还是利润总额等指标都有所下滑。JLQC 股份有限公司利润下滑的原因主要包括：一是 2018 年的营业收入减少，相较于 2017 年减少了 309 641 万元；二是 2018 年的资产减值损失增加，导致利润减少了 1 007 万元；三是 2018 年税金及附加、销售费用、管理费用、财务费用下降的数额较小，不足以弥补收入减少所带来的损失。除上述原因外，还应该根据利润表附注提供的资料进一步对 JLQC 股份有限公司影响利润的各项因素进行分析，如企业收入分析、成本费用分析、资产减值损失分析、其他收益分析等。

二、利润构成及变动分析

利润构成是指企业通过各种方式实现的利润占利润总额的比例，或者各个利润指标之间的比例关系。使用垂直分析法对财务报表中利润进行分析时,用表中各项目的数据与总体(或称报表合计数)相比较,以得出该项目在总体中的比例,可以揭示该项目在总利润中所处的地位、重要性及对利润变化的影响情况。采用垂直分析法分析利润构成时,通过计算各因素或各种财务成果占营业收入的比重,可以分析财务成果的结构及其增减变动的情况。

根据JLQC股份有限公司2018年的利润表资料,对其利润构成情况进行分析,如表6-2所示。

表6-2 JLQC股份有限公司2018年利润垂直分析表

项目	2018年度（万元）	2017年度（万元）	2018年度（%）	2017年度（%）	占比变化（%）
一、营业收入	2 824 934	3 134 575	100	100	
减：营业成本	−2 440 955	−2 504 509	−86.41	−79.90	−6.51
营业税金及附加	−68 713	−96 701	−2.43	−3.08	0.65
销售费用	−120 238	−269 478	−4.26	−8.60	4.34
管理费用	−79 670	−70 791	−2.82	−2.26	−0.56
研发费用	−166 355	−199 673	−5.89	−6.37	0.48
财务费用	16 367	24 364	0.58	0.78	−0.20
资产减值损失	−6 188	−5 181	−0.22	−0.17	−0.05
加：公允价值变动收益	947	−1 703	0.03	−0.05	0.08
投资收益	1 323	809	0.05	0.03	0.02
其他收益	15 260	1 166	0.54	0.04	0.50
资产处置收益	3 463	−20	0.12	0.00	0.12
二、营业利润	−19 827	12 858	−0.70	0.41	−1.11
加：营业外收入	24 813	63 735	0.88	2.03	−1.15
减：营业外支出	−1 022	−411	−0.04	−0.01	−0.03
三、利润总额	3 964	76 182	0.14	2.43	−2.29
减：所得税费用	5 219	−7 088	0.18	−0.23	0.41
四、净利润	9 183	69 094	0.33	2.20	−1.87

从表6-2可看出,JLQC股份有限公司2018年度各项利润指标均有所下降。营业利润占营业收入的比重为0.7%,比上年度降低了1.11%;本年度利润总额占收入的比例为0.14%,比上年度减少了2.29%;本年度净利润占收入的比例为0.33%,比上年度减少了1.87%。因此,从企业利润的分析可见,该企业的盈利能力相较于上年度有所下降。通过对营业利润占收入比例的分析还可以看出,营业利润占收入比例的下降主要是营业利润和营业外收入有所降低所致,说明收入的降低是造成JLQC股份有限公司2018年利润下降的根本原因。另外,通过对利润总额结构的分析还发现,除收入下降是影响企业利润下降的原因之外,相关营业成本以及费用的增加也是导致JLQC股份有限公司2018年度利润下降的重

要原因。

在进行利润结构变动分析时,还可以针对综合收益总额进行垂直分析,分别考察净利润、其他综合收益构成的比重及变动,归属于母公司所有者的综合收益,以及归属于少数股东的综合收益构成的比重及变动情况,进一步分析综合收益总额的构成及变动情况。

第三节 收入分析

一、收入的含义与内容

收入可以从狭义和广义两个角度来理解。从狭义角度讲,我国财政部2006年发布的《企业会计准则》对收入做出了如下的定义:收入是指企业在日常活动中形成的、会导致所有者权益增加的、与所有者投入资本无关的经济利益的总流入。它主要包括企业为完成其经营目标所从事的经常性活动实现的收入,如工业企业生产销售产品、商业企业销售商品、咨询公司提供咨询服务、软件公司为客户开发软件、安装公司提供安装服务、商业银行对外贷款、保险公司签发保单、租赁公司出租资产等实现的收入;另外,企业发生的与经常性活动相关的其他活动,如工业企业对外出售不需用的原材料、利用闲置资金对外投资、对外转让无形资产使用权等所形成的经济利益的总流入也构成收入,但不包括为第三方或客户代收的款项。收入是企业经营成果的一个重要影响因素,在其他条件相同的情况下,收入越多,企业的经营成果越好。

收入按照其在企业经营业务中的主次关系,可以分为主营业务收入和其他业务收入。主营业务收入是企业日常活动中主营业务形成的收入,包括商品销售收入和提供劳务收入。主营业务收入可以根据营业执照上载明的主要业务范围确定。其他业务收入是指主营业务收入以外的收入,主要包括转让技术使用权所取得的收入、销售材料所取得的收入等。其他业务收入可以通过营业执照上载明的兼营业务范围来确定。在新准则下,企业的利润表中取消了主营业务与其他业务的划分,将这些业务所产生的收入和发生的成本统一在"营业收入与营业成本"中列示,基于市场经济中企业经营的多元化,主营业务与其他业务已界限模糊,按大类列示也是与国际会计准则趋同的做法。

二、收入确认与计量分析

(一)企业收入确认分析

我国《企业会计准则——基本准则》对收入的定义中,工业企业制造并销售产品、商品流通企业销售商品、咨询公司提供咨询服务、软件公司为客户开发软件、安装公司提供安装服务、建筑企业提供建筑服务等,均属于企业的日常活动。日常经营活动所形成的经济利益的流入应当确认为收入。

企业应根据《企业会计准则第14号——收入》中规定的五步法确认收入。收入的确认至少应当符合以下条件:一是合同各方已批准该合同并承诺将履行各自义务;二是该合同明确了合同各方与所转让商品或提供劳务(以下简称"转让商品")相关的权利和义务;三是该合同有明确的与所转让商品相关的支付条款;四是该合同具有商业实质,即履行该合同将改变企业未来现金流量的风险、时间分布或金额;五是企业因向客户转让商品而有权取得的对价很可能收回。

在明确收入内涵的基础上,应着重进行以下 3 方面的分析。

(1) 收入确认时间合法性分析,即分析本期收入与前期收入或后期收入的界线是否清晰。

(2) 在特殊情况下,企业收入确认的分析,如附有销售退款条件销售时收入的确认、附有质量保证条款销售时收入的确认、售后回购收入的确认等,其收入的确认与一般性收入确认不同。

(3) 收入确认方法合理性的分析,如对采用产出法和投入法的条件与估计方法是否合理等的分析。

(二) 企业收入计量分析

企业应当首先确定合同的交易对价,再按照分摊至各单项履约义务的交易价格计量收入。企业在确定交易价格时,应当考虑可变对价、合同中存在的重大融资成分、非现金对价以及应付客户对价等因素的影响,并应当假定按照现有合同的约定向客户转让商品,而且该合同不会被取消、续约或变更。

企业收入计量分析主要是指营业收入计量分析。企业的营业收入是指全部营业收入减去销售退回、折扣与折让后的余额。因此,营业收入计量分析的关键在于确认销售退回、折扣与折让的计量是否准确。根据会计准则规定,销售退回与折让的计量比较简单,而销售折扣问题相对比较复杂,应作为分析的重点。分析时应根据商业折扣与现金折扣的特点,分别分析折扣的合理性与准确性以及对企业收入的影响。

无论是收入确认的分析还是收入计量的分析,明确分析的目的关键在于确认收入的正确性,而其正确与否的关键在于分析时选择的会计政策、会计方法的准确性与合理性。

三、销售数量与销售价格分析

企业营业收入的金额主要受销售数量和销售价格影响。因此,进行营业收入分析时,应在分析收入总量变动的基础上,进一步分析销售量和价格对其影响的程度。

第一步,计算营业收入增长额和增长率。

$$营业收入增长额=本期实际营业收入-本期营业收入$$
$$营业收入增长率=营业收入增长额/本期营业收入\times100\%$$

第二步,计算销售量变动对营业收入的影响。

$$销售量变动对营业收入的影响=基期营业收入\times销售量增长率$$
$$销售量增长率=\{\sum(产品实际销售量\times基期单价)/\sum(产品基期销售量\times基期单价)\}-1$$

第三步,计算价格变动对收入的影响。

价格变动对收入的影响＝营业收入增长额－销售变动对营业收入的影响

通过销售量及价格对收入影响的分析，不仅可以明确企业销售量及价格对收入的影响程度，而且可以了解企业的竞争战略的选择及其效果。

四、收入构成分析

企业收入分析不仅要研究其总量，而且应分析其结构及变动情况，以了解企业的经营方针和会计政策选择。收入构成分析主要包括主营业务收入与其他业务收入、现销收入与赊销收入的结构等内容。

（一）主营业务收入与其他业务收入分析

企业收入包括主营业务收入和其他业务收入。通过对主营业务收入与其他业务收入的构成情况的分析，可以了解与判断企业的经营方针、方向及效果，进而可分析、预测企业的持续发展能力。如果一个企业的主营业务收入结构较低或不断下降，其发展潜力和前景显然是值得怀疑的。JLQC 股份有限公司 2017—2018 年收入构成分析如表 6-3 所示。

表 6-3　JLQC 股份有限公司 2017—2018 年利润水平分析表

项　　目	2018 年度		2017 年度	
	金额（万元）	比重（%）	金额（万元）	比重（%）
主营业务收入	2 794 142	98.91	3 109 498	99.02
其他业务收入	30 792	1.09	25 077	0.98
营业收入	2 824 934	100	3 134 575	100

由表 6-3 可知，JLQC 股份有限公司 2018 年营业收入总额比 2017 年有所减少，主要原因在于主营业务收入的减少。在这两年中，公司的营业收入超过 98% 的部分均来自主营业务收入，只有不到 2% 的部分源于其他业务收入，说明 JLQC 股份有限公司主业比较突出，企业的收入来源比较稳定，但公司主营业务收入占比相比上一年度有所下降，降低率为 0.11%，说明公司的营业收入处于下降态势，并且公司的其他业务收入增加也仅为 0.11%。由此可见，公司的经营战略和经营方式没有太大的改变，未来企业营业收入可以保持相对的稳定。

现代企业往往实行多元化经营，企业的收入分析还应该进一步细化，如分析不同产品收入占总收入的比重，以及不同地区收入占总收入的比重，从而更为详细地对总收入的结构进行分析。接下来介绍如何对企业的营业收入进行构成分析。

（二）企业营业收入的产品品种构成分析

在企业从事多品种经营的条件下，企业不同品种的商品或劳务的营业收入构成对信息使用者有十分重要的意义，占总收入比重大的商品或劳务是企业过去业绩的主要增长点。此外，信息使用者还可以通过对体现企业过去主要业绩的商品或劳务的未来发展趋势进行分析，来判断企业的未来发展。

具体分析方法是计算各产品品种的收入占全部营业收入的比重，通过分析比重的变化揭示企业经营品种结构的变化幅度，可以观察企业的产品和服务是否与市场的需求一致。

企业产品品种的变化也反映了企业发展战略的变化,通过对企业产品品种的变化分析还可以了解企业经营战略的改变情况。

(三)企业营业收入的地区构成分析

在企业为不同地区提供产品或劳务的情况下,企业在不同地区的商品或劳务的营业收入构成对信息使用者也具有重要价值,占总收入比重大的地区是企业过去经营业绩的主要来源地区。从消费者的心理与行为表现来看,不同地区的消费者对不同品牌的商品有不同的偏好,某地区占总收入比重大一般说明企业的商品适合该地区消费者的需求,该地区的市场潜力一般较大。

(四)与关联方交易的收入比重构成分析

在企业形成集团化经营的情况下,企业集团内部各个企业之间可能存在关联方交易事项。由于关联方之间的密切关系,关联方之间的交易可能存在转移定价等不合理的现象。因此,信息使用者必须关注以关联方销售为主体形成的营业收入在交易价格、交易时间等方面的非市场因素。关联方交易的交易价格的不公允是为了实现企业所在集团的整体利益。因此,这种收入并不一定真实,分析时应当考虑将其单列,或者对其按照公允价值进行调整,如果难以调整,可以直接从企业收入中剔除出去。

(五)现销收入与赊销收入分析

企业收入中的现销收入与赊销收入构成受企业的产品适销程度、企业竞争战略、会计政策选择等多种因素的影响。通过对二者结构及其变动情况的分析,可了解与掌握企业产品销售情况及其战略和会计政策的选择,从而分析判断其合理性。当然,在市场经济条件下,赊销作为商业秘密并不要求企业披露其赊销收入的情况,所以,这种分析方法更适用于企业内部的财务分析。

(六)行政手段对企业收入的贡献比重分析

在我国社会主义计划经济向市场经济的转轨过程中,政府行政手段对企业营业收入的影响也是不容忽视的。政府为了促进地区经济的发展,可能采取多种支持企业的政策,也可能通过行政干预让企业承担一部分政府的社会责任,这很可能影响企业的收入及利润。这种由于政府的行政干预而导致的收入增减与企业自身的经营活动并无直接的关系,也不可能持续,往往是偶发性的收入增加或者减少,因而在收入分析时应当将其剔除。

五、收入变动分析

对收入类项目的增减变动分析主要包括营业收入、投资收益和营业外收入分析等。在进行企业营业收入分析时,由于企业的其他业务收入不是企业的主要经营范围的收入,一般其所占比重较小,不是企业经常性的利润来源,通常不作为分析重点,只要其没出现异常情况,往往不予考虑,因而只需要重点分析企业的营业收入。

作为企业收入的主要来源,营业收入在企业收入构成中一般具有稳定性。在对其变动分析时应重点关注以下4个方面。

(1)企业的收入是按照收入实现原则来确认的,分析主营业务收入首先考虑企业是否按规定确认营业收入的实现,按已实现的收入入账,计入当期损益,有无隐瞒当期收入或虚报当期收入的现象,即对企业收入的真实性进行分析。

（2）企业营业收入是最重要的收入构成项目，是企业实现利润的主要来源，是决定企业竞争力的基本保证。在全部收入中，营业收入的比重应当最大。分析时，如果发现营业收入的比重较小，应重点关注。同时，还应结合上一年度利润表的分析，观察企业营业收入的变化趋势，看其是否有较大的增长。如果有，说明企业的产品适销对路或者市场开发取得一定的进展。此外，还需要判断企业营业收入的稳定性，只有营业收入稳定增长的企业，生产经营活动才能正常进行。

（3）在分析营业收入时，应分析企业营业收入增长率指标及其变化态势。通过对企业营业收入增长情况的分析，可以发现企业的增长潜力。企业的销售收入增长越快，企业生存和发展的空间越大。财务分析人员还要从营业收入增长率指标进一步分析企业产品或经营结构情况，以考察企业的成长性。企业生产经营的过程可以划分为 4 个阶段，即产品开发投入阶段、产品的成长阶段、产品的成熟阶段和产品的衰退阶段。在不同的阶段，企业的销售增减都是不一样的。在分析时，如果发现报表提供的资料并非如此，则说明企业在管理上存在一定的问题，应尽快查明原因，提出改进的措施。

（4）分析营业收入时，应结合市场占有率情况来考察企业的经营能力。一般而言，一个国家的市场在特定时期对于特定的产品或劳务的市场容量大致是相对确定的数量。那么，一个企业的主营业务或产品销售规模越大，其产品的市场占有份额就越大，企业的经营就越稳定，竞争能力也越强，并且产品或劳务的市场占有状况直接影响甚至决定企业的生存和发展的能力。在分析企业市场占有率情况的同时，还应分析企业的销售收入是否存在发生坏账的风险。企业坏账越多，说明企业销售收入不能收回的可能性越大，企业可能遭受的损失就越多。企业在开拓市场、扩大销售的同时，应该有效地控制坏账风险。

（一）销售增长率的分析

销售增长率是指企业报告期的商品销售收入增加额与基期商品销售收入额的比率，销售增长率是表明企业报告期实现的商品销售收入比基期实现的商品销售收入增长程度的指标。一般说来，企业的销售增长率越高，说明其销售增长率产品市场前景越看好，而良好的销售业绩不仅能带动企业生产规模及相关业务的发展，而且销售增长率为企业赢得了一个更为广阔的盈利空间，该企业的盈利增长趋势也就越好。反之，则表明企业销售增长率盈利的增长后劲不足，企业的盈利趋势不容乐观。其计算公式如下：

$$销售增长率 = \frac{本期营业收入 - 上期营业收入}{上期营业收入} \times 100\%$$

下面以 JLQC 股份有限公司年度会计报表为基础，利用相关数据计算 JLQC 股份有限公司的销售增长率指标，分析该公司的收入的情况，如表 6-4 所示。

表 6-4　JLQC 股份有限公司销售增长率

项　目	2016 年	2017 年	2018 年
营业收入（万元）	26 63 400	3 134 575	2 824 934
本年营业收入增加额（万元）	—	471 175	−309 641
销售增长率（%）	—	17.69	−9.88

从表 6-4 中可以看出，JLQC 股份有限公司自 2016 年以来，其销售规模和营业收入波动较大，相较于 2016 年，2017 年营业收入增加了 471 175 万元，销售增长率为 17.69%；而 2018 年，JLQC 股份有限公司的营业收入及销售收入都有一定幅度的下滑，导致 2018 年销售增长率为 −9.88%，这可能受到市场宏观环境和公司自身因素共同作用的影响。可见，JLQC 股份有限公司销售收入不够稳定。

企业营业收入的大小主要受销售数量和销售价格影响，即营业收入＝销售数量×销售价格。因此，进行营业收入变动分析时，应在分析营业收入总变动的基础上，采用因素分析法具体确认销售数量和销售价格对其影响程度。分析步骤如下：

第一，计算营业收入变动额：

$$营业收入变动额＝本期营业收入－上期（或预算）营业收入$$

第二，计算销售数量变动对营业收入的影响：

$$数量差异＝（本期销量－上期销量）×上期售价$$

第三，计算销售价格变动对营业收入的影响：

$$价格差异＝（本期售价－上期售价）×本期销量$$

下面以 JLQC 股份有限公司 2018 年和 2017 年主要产品销售明细表为例进行分析，如表 6-5 和表 6-6 所示。

表 6-5　2017 年产品销售明细表

产品名称	销售数量(万辆)	单位产品销售价格	产品销售收入(万元)
甲	25	5	1 250
乙	45	24.8	11 160
丙	10	120	120 000
总　计	—	—	24 410

表 6-6　2018 年产品销售明细表

产品名称	销售数量(万辆)	单位产品销售价格	产品销售收入(万元)
甲	20	5	100
乙	50	24	1 200
丙	8	120	960
总　计			2 260

首先：营业收入变动额＝2 260－2 441＝－181(亿元)

其次，分析销售量变动对销售收入的影响：

销售量变动对销售收入的影响额＝(20－25)×5＋(50－45)×24.8＋(8－10)×120
　　　　　　　　　　　　　　＝－141(亿元)

最后,分析销售价格变动对营业收入的影响:

销售价格变动对营业收入的影响=(5-5)×20+(24-24.8)×50+(120-120)×8
=-40(亿元)

(二)收入增减变动情况分析

通过对企业经营活动中收入增减变动情况的分析,能够更好地了解企业现阶段与过去相比经营业绩和财务状况的整体变化,找出其中存在的问题,并加以改善。通过水平分析法,将反映企业报告期财务状况的信息与反映企业前期或历史某一时期财务状况的信息进行对比,分析企业各项经营业绩或财务状况的发展变动情况并做出评价。

现根据 JLQC 股份有限公司 2018 年度利润表资料,采用增减变动额和增减变动百分比两种方式,对该公司的收入水平进行分析,如表 6-7 所示。

表 6-7 JLQC 股份有限公司收入水平分析表

项　目	2018 年度（万元）	2017 年度（万元）	增减额（万元）	增减率（％）
一、营业收入	2 824 934	3 134 575	-309 641	-9.88
减:营业成本	-2 440 955	-2 504 509	63 554	-2.54
营业税金及附加	-68 713	-96 701	27 988	-28.94
销售费用	-120 238	-269 478	149 240	-55.38
管理费用	-79 670	-70 791	-8 879	12.54
研发费用	-166 355	-199 673	33 318	-16.69
财务费用	16 367	24 364	-7 997	-32.82
资产减值损失	-6 188	-5 181	-1 007	19.44
加:公允价值变动收益	947	-1 703	2 650	-155.61
投资收益	1 323	809	514	63.54
其他收益	15 260	1 166	14 094	1 208.75
资产处置收益	3 463	-20	3 483	-17 415.00
二、营业利润	-19 827	12 858	-32 685	-254.20
加:营业外收入	24 813	63 735	-38 922	-61.07
减:营业外支出	-1 022	-411	-611	148.66
三、利润总额	3 964	76 182	-72 218	-94.80
减:所得税费用	5 219	-7 088	12 307	-173.63
四、净利润	9 183	69 094	-59 911	-86.71
五、每股收益				
(一)基本每股收益	0.11	0.80	-0.69	-86.25
(二)稀释每股收益	0.11	0.80	-0.69	-86.25

根据表6-7对JLQC股份有限公司的收入增减变动进行分析,得出以下结果:第一,营业收入分析,JLQC股份有限公司2018年实现营业收入2 824 934万元,比上年减少了309 641万元,减少了9.88%;第二,投资收益分析,JLQC股份有限公司2018年投资收益为1 323万元,比上年增加了514万元,增加63.54%,尽管增幅较大,但是由于其基数较小,对企业的利润影响有限;第三,营业外收入分析,JLQC股份有限公司2018年的营业外收入为24 813万元,比上年减少了38 922万元,减少了61.07%,降低的幅度较大。企业的营业外收入的减少主要是由于政府的一次性补助有所下降,对企业的利润造成了较大影响。

(三) 收入构成变动情况分析

通过对企业经营活动中收入构成情况进行分析,能够更好地了解企业收入的来源及所占比重,进而对企业的整体收入加以优化。通过对经营业绩和财务状况现阶段与过去的比较,可以揭示企业收入的整体变化情况,找出其中存在的问题,并加以改善。通过垂直分析法将财务报表中各项目的数据与总体(或称报表合计数)相比较,可以揭示该项目在总体中的比例、重要性与变化情况。

根据JLQC股份有限公司2018年度利润表资料,采用增减变动额和增减变动百分比两种方式,对该公司的收入构成进行分析(见表6-8)。

表6-8 JLQC股份有限公司2018年利润垂直分析表

项　　目	2018年度(万元)	2017年度(万元)	2018年度(%)	2017年度(%)
一、营业收入	2 824 934	3 134 575	100	100
减:营业成本	−2 440 955	−2 504 509	−86.41	−79.90
营业税金及附加	−68 713	−96 701	−2.43	−3.08
销售费用	−120 238	−269 478	−4.26	−8.60
管理费用	−79 670	−70 791	−2.82	−2.26
研发费用	−166 355	−199 673	−5.89	−6.37
财务费用	16 367	24 364	0.58	0.78
资产减值损失	−6 188	−5 181	−0.22	−0.17
加:公允价值变动收益	947	−1 703	0.03	−0.05
投资收益	1 323	809	0.05	0.03
其他收益	15 260	1 166	0.54	0.04
资产处置收益	3 463	−20	0.12	0.00
二、营业利润	−19 827	12 858	−0.70	0.41
加:营业外收入	24 813	63 735	0.88	2.03
减:营业外支出	−1 022	−411	−0.04	−0.01
三、利润总额	3 964	76 182	0.14	2.43
减:所得税费用	5 219	−7 088	0.18	−0.23
四、净利润	9 183	69 094	0.33	2.20

从表 6-8 可以得出：2018 年投资收益占营业收入的比重为 0.05%，比 2017 年 0.03% 增加了 0.02%；营业外收入占营业收入的 0.88%，比 2017 年的 2.03% 减少了 1.15%；营业利润占营业收入的 -0.70%，比 2017 年的 0.41% 减少了 1.15%；本年度利润总额的比重为 0.14%，比上年度的 2.43% 减少 2.29%；本年度净利润的比重为 0.33%，比上年度的 2.20% 减少了 1.87%。可见，从企业利润构成情况上看，盈利能力比上年有所下降。

各项财务成果构成下降的原因，从营业利润构成来看，营业利润的下降主要是营业收入和营业外收入的下降所致。

第四节　企业成本费用分析

一、成本费用分析的含义与内容

成本费用是指营业成本、销售费用、管理费用及财务费用的统称。从各项财务成果的分析可以看出，成本费用对财务成果具有十分重要的影响，降低成本费用是增加财务成果的关键或重要途径。因此，进行财务成果分析时，应在揭示财务成果完成情况的基础上，进一步对影响财务成果的基本要素——成本费用进行分析，以找出影响成本升降的原因，为降低成本费用、促进财务成果的增长指明方向。

成本费用分析是按照一定的原则，采用一定的方法，利用成本费用计划、核算和其他有关资料，控制实际成本费用的支出，揭示成本费用计划完成情况，查明成本费用升降的原因，寻求降低成本费用的途径和方法，以达到用最少的劳动消耗取得最大的经济效益的目的。

成本是生产某种产品、完成某个项目发生的耗费总和，费用是指企业为销售商品、提供劳务等日常活动所发生的经济利益的流出，两者既有联系又有区别，其关系如表 6-9 所示。

表 6-9　　成本与费用的关系表

项目	类　　别	
	成　本	费　用
区别	工业企业的产品成本只包括生产一定种类或数量的成品的成本。未完成产品的生产成本和其他费用不包括在内	费用包括生产费用、管理费用、销售费用和财务费用等
	产品成本一般与产品的生产周期有关	费用的计算周期与会计期间有关
	产品成本的计算对象是产品	费用的计算对象是按照经济用途来分类的
	成本是以一定的成本计算对象为基础的	费用计算基于直接费用和间接费用
联系	成本和费用都是企业经济资源的消耗，费用是成本的基础，如果费用没有发生就不会形成成本	

成本费用分析包括事前、事中和事后3个方面。事前分析是指在成本费用未形成之前所进行的成本费用预测。进行事前成本分析，可使企业的成本控制有可靠的目标。事中分析是指对正在执行的成本费用计划的结果所进行的分析。事中分析主要是为了进行成本费用控制，防止实际成本费用超过目标范围。事后分析是指对成本费用实际执行的结果所做的分析。事后分析主要是对成本费用执行的结果进行评价，分析产生问题的原因，总结成本费用降低的经验，以利于下一阶段的成本费用控制活动的开展。

成本费用分析的内容包括产品营业成本分析和期间费用分析两部分。

（1）产品营业成本分析。营业成本分析包括全部营业成本完成情况分析、单位生产成本分析和营业成本构成分析。全部营业成本完成情况分析对企业全部已销售产品营业成本的本年实际完成情况与上年度实际情况进行对比分析。单位生产成本分析和营业成本构成分析主要分析报告期内生产的各种主要产品单位成本构成情况。

（2）期间费用分析。期间费用分析包括销售费用、管理费用和财务费用的分析。主要采用水平分析法分析各项费用增减变动规模及趋势，采用垂直分析法分析各项费用所占比重及其合理性。

二、产品营业成本分析

营业成本分析包括全部营业成本完成情况分析、单位生产成本分析和营业成本构成分析。

（一）全部营业成本完成情况分析

全部营业成本分析是指根据产品生产、销售成本表的资料，对企业全部已销售产品营业成本的本年实际完成情况与上年度实际情况进行对比分析，从产品类别角度找出各类产品或各主要产品营业成本升降的幅度，以及对全部营业成本的影响程度。全部营业成本分析的一般步骤如下：

第一，将本年度全部产品营业总成本与按本年实际销售量计算的上年实际营业总成本进行对比，求出营业成本的增减额和增减率。计算公式如下：

$$\text{全部营业成本降低额} = \text{本年实际营业总成本} - \text{按本年实际销售量计算的上年实际营业总成本}$$

$$\text{全部营业成本降低率} = \left(\frac{\text{全部营业成本降低额}}{\text{按本年实际销量计算的上年营业总成本}}\right) \times 100\%$$

第二，计算主要产品和非主要产品的营业成本降低额和降低率，以及对全部营业成本降低率的影响。主要产品和非主要产品营业成本降低额和降低率的计算可依据上式进行，只是产品的范围不同。它们对全部营业成本降低率影响的计算公式如下：

$$\text{主要产品营业成本降低对全部营业成本降低率的影响} = \left(\frac{\text{主要产品营业成本降低额}}{\text{按本年实际销量计算的上年营业总成本}}\right) \times 100\%$$

$$\text{非主要产品营业成本降低对全部营业成本降低率的影响} = \left(\frac{\text{非主要产品营业成本降低额}}{\text{按本年实际销量计算的上年营业总成本}}\right) \times 100\%$$

第三，计算各主要产品营业成本降低额和降低率，以及它们对全部产品营业总成本降低率的影响。计算方法可采用上述全部营业成本降低额和降低率的计算公式,以及主要产品营业成本降低对全部营业成本降低率影响的公式,只是产品的口径和范围不同。

通过以上 3 个步骤,不仅分析了全部营业成本的完成情况,而且从产品类别上找出了营业总成本增减变动的原因,为加强成本管理指明了方向。

下面举例说明全部营业成本完成情况分析的方法。根据 JLQC 股份有限公司某子公司 2018 年度和 2017 年度生产、销售成本表的资料,按照分析的目的和要求整理出所需资料,如表 6-10 所示。

表 6-10　产品营业成本资料表

产品名称	实际销售量（件）	实际单位生产成本(万元)		实际营业总成本(万元)	
		2018 年	2017 年	2018 年	2017 年
主要产品				17 770	17 900
其中:甲	250	4	4.20	1 000	1 050
乙	450	18.60	19	8 370	8 550
丙	100	84	83	8 400	8 300
非主要产品				1 808	1 705
其中:丁	100	8.20	8.20	820	800
全部产品				19 578	19 605

根据表 6-10 的数据,按照全部营业成本完成情况分析的步骤,可对该企业全部营业成本分析如下。

第一步,计算全部营业销售成本增减变动额和变动率:

$$全部营业成本降低额 = 19\,578 - 1\,605 = -27(万元)$$
$$全部营业成本降低率 = 27/19\,605 \times 100\% = -0.14\%$$

可见,企业全部营业成本比上年有所下降,降低额为 27 万元,降低率为 0.14%。

第二步,确定主要产品和非主要产品成本变动情况及对全部营业成本的影响:

$$主要产品营业成本降低额 = 17\,770 - 17\,900 = -130(万元)$$
$$主要成品成本降低率 = -130/1\,705 \times 100\% = -0.73\%$$
$$\begin{array}{l}主要产品营业销售成本对\\全部销售成本降低率的影响\end{array} = -130/19\,605 \times 100\% = -0.67\%$$
$$非主要产品销售成本降低额 = 1\,808 - 1\,705 = 103(万元)$$
$$非主要产品销售成本降低率 = 103/1\,705 \times 100\% = 6.04\%$$
$$\begin{array}{l}非主要产品营业成本对\\全部营业成本降低率的影响\end{array} = 103/19\,605 \times 100\% = 0.53\%$$

从第二个步骤分析可以看出,全部营业成本之所以比上年有所下降,关键是由主要产品营业成本下降引起的。主要产品营业成本比上年降低了 0.73%,使全部营业成本降低了 0.67%。非主要产品的营业成本却比上年提高了,成本超支率为 6.04%,使全部营业成本上升了 0.53%。

第三步,分析各主要产品营业成本完成情况及对全部营业成本的影响:

甲产品营业成本降低额=1 000-1 050=-50(万元)
甲产品营业成本降低率=-50/1 058×100%=-4.76%
对全部营业成本降低率的影响=-50/19 605×100%=-0.26%
乙产品营业成本降低额=837-855=-18(万元)
乙产品营业成本降低率=-180/8 550×100%=-2.11%
对全部营业成本降低率的影响=-180/19 605×100%=-0.92%
丙产品营业成本降低额=840-830=10(万元)
丙产品营业成本降低率=100/8 300×100%=1.20%
对全部营业成本降低率的影响=100/19 605×100%=0.51%

可见:企业全部营业成本比上年下降主要是由主营产品营业成本下降引起的,而非主要产品的营业成本却有所上升;在主要产品成本中,甲产品和乙产品的营业成本都有所下降,而丙产品的营业成本却有所上升,应抓住关键产品对其成本升降情况进行进一步的分析。

(二) 主要产品单位生产成本分析

从上述产品营业成本分析可以看出,单位生产成本是全部营业成本分析的重要影响因素。因此,深入地对单位生产成本进行分析是十分必要的。单位生产成本与全部营业成本的关系可通过以下关系式反映出来:

某产品单位生产成本=该产品本期生产总成本/该产品当期生产量

某产品营业总成本=$\sum$某产品单位生产成本×该产品销量

假设JLQC股份有限公司某子公司的丙产品期初无库存,而且当期生产的产品当期全部销售,其产品单位成本如表6-11所示。

根据表6-11的资料,运用水平分析法对单位成本完成情况进行分析(见表6-12)。

表6-11 丙产品单位成本简表

成 本 项 目	上年度实际(万元)		本年度实际(万元)	
直接材料	51.60		59.40	
直接人工	12		16.20	
制造费用	19.40		8.40	
产品单位成本	83		84	
补充明细项目	单位用量(千克)	金额(万元)	单位用量(千克)	金额(万元)
直接材料:A	72	21.60	669	26.40
B	60	30	60	27
直接人工工时(小时)	12 080		108	
产品产销量(件)			100	

表 6-12　丙产品单位成本分析表

成本项目	2018年实际成本(万元)	2017年实际成本(万元)	增减变动情况		项目变动对单位成本的影响(%)
			增减额(万元)	增减率(%)	
直接材料	59.40	51.60	7.80	15.12	9.40
直接人工	16.20	12	4.20	35.00	5.06
制造费用	8.40	19.40	−11	−56.70	−13.25
合　　计	84	83	1	1.20	1.20

从表 6-12 的分析可以看出,企业丙产品单位生产成本比上年增加了 1 万元,增长 1.20%,主要原因是直接人工成本和直接材料成本上升,二者共同使单位成本增加了 12 万元,但与此同时,制造费用却有所下降,使得单位成本又降低了 11 万元。因此,综合来看,单位成本上升 1 万元,上升率为 1.20%。至于直接材料和人工成本上升的原因以及制造费用下降的原因,还应进一步结合企业的各项消耗和价格的变动进行分析,以找出单位成本升降的最根本原因。

(二) 营业成本构成分析

与收入分析相对应,企业营业成本分析不仅要研究其总量,而且应分析其结构及变动情况,以了解企业的经营方向和会计政策选择。营业成本构成分析主要通过主营业务成本与其他业务成本的结构对比进行。

通过对主营业务成本与其他业务成本的构成情况分析,可以了解与判断企业的经营方针、方向及效果,进而可分析、预测企业已销售产品的成本构成及变动情况。JLQC 股份有限公司 2018 年、2017 年年度营业成本构成分析如表 6-13 所示。

表 6-13　JLQC 股份有限公司年度营业成本构成分析表

项　　目	2018年		2017年	
	金额(万元)	比重(%)	金额(万元)	比重(%)
主营业务成本	2 424 112	99.31	2 485 224	99.23
其他业务成本	16 843	0.69	19 285	0.77
营业成本	2 440 955	100	2 504 509	100

由表 6-13 可知,JLQC 股份有限公司营业成本总额 2018 年较 2017 年有所减少,主要原因在于主营业务成本降低。在 2017 年、2018 年公司的营业成本中,主营业务成本占 99% 以上,只有不到 1% 的部分来源于其他业务成本,说明 JLQC 股份有限公司主业突出,营业成本几乎全部由主营业务成本构成。2018 年主营业务成本占比相较于上年略有增加,增长率为 0.08%,其他业务成本占比相较于上年略有下降,降低率为 0.08%。营业成本处于下降态势,主要原因是主营业务成本下降。应深入分析主营业务成本降低的具体原因,做好成本管控,进一步提升利润空间。

三、期间费用分析

期间费用一般包括销售费用、管理费用和财务费用。期间费用是为产品生产提供正常的条件和进行管理而发生的费用,与产品的生产本身并不直接相关;生产成本是指与产品生产直接相关的成本,它们应直接计入或分配计入有关的产品中。期间费用只与费用发生的当期有关,不影响或不分摊到其他会计期间;生产成本中当期完工部分当期转为产品成本,未完工部分则结转下一期继续加工,与前后会计期间都有联系。期间费用直接列入当期损益表,扣除当期损益;生产成本完工部分转为产品成品,已销售产成品的生产成本再转入损益表列作产品销售成本,而未售产品和未完工的产品都应作为存货列入资产负债表。因此,也可把生产成本称为可盘存成本,把期间费用称为不可盘存成本。按照配比原则,当会计上确认某项营业收入时,对因该项营业收入产生的相关费用,要在同一会计期间确认。如产品生产过程中发生的直接材料、直接人工和制造费用等生产成本理应将其成本化,待产品销售时与销售收入相配比。期间费用由于它不能提供明确的未来收益,按照谨慎性原则,在这些费用发生时采用立即确认的办法处理。例如,企业支付的广告费究竟在今后哪个会计期间将获得收益难以确定。即使期间费用与将来的某些会计期间的收益确有联系,但却不可能预期未来收益的多少,所以可以作为分摊期间费用的依据。为简化会计工作,将期间费用立即确认为当期费用较为合理。此外,期间费用直接与当期营业收入配比,从长期来看,由于各期的发生额比较均匀,对损益的影响不大。

(一) JLQC 股份有限公司期间费用分析

JLQC 股份有限公司 2017 年度、2018 年度的销售费用、管理费用、财务费用明细如表 6-14、表 6-15、表 6-16 所示。

1. 销售费用分析

表 6-14 销 售 费 用

项 目	本年数（万元）	上年同期数（万元）	同比增长额（万元）	同比增长（%）	占总额（%）
销售费用	120 238	269 478	−149 240.00	−55.38	
其中：销售人员工资	14 866.61	32 045.61	−17 178.99	−53.61	12.36
除工资外的其他职工薪酬	6 574.76	14 149.60	−7 574.84	−53.53	5.47
包装费	1.37	0.00	1.37		0.00
展览费	15 188.95	39 428.53	−24 239.57	−61.48	12.63
广告费	1 256.51	3 090.07	−1 833.57	−59.34	1.05
运输费	11 153.21	26 068.89	−14 915.68	−57.22	9.28
业务费	4 202.04	9 108.37	−4 906.33	−53.87	3.49
差旅费	33 505.48	73 588.63	−40 083.14	−54.47	27.87
办公费	6 167.56	14 471.83	−8 304.27	−57.38	5.13
修理费	1 371.48	3 407.84	−2 036.36	−59.76	1.14
折旧费	3 532.04	7 255.22	−3 723.17	−51.32	2.94
租赁费	8 136.50	17 653.97	−9 517.47	−53.91	6.77
劳务费	9 506.61	20 179.78	−10 673.17	−52.89	7.91
低值易耗品摊销	158.77	709.78	−551.01	−77.63	0.13
其他	4 616.09	8 319.89	−3 703.80	−44.52	3.84

从以上销售费用数据表可以看出,销售费用与上年相比下降了55.38%。其中,支付给销售人员工资同比下降53.61%。除工资外的其他职工薪酬下降了533.5%,展览费、广告费、修理费等各下降了61.48%、59.34%和59.76%。尤其是低值易耗品摊销下降了77.63%,下降幅度较大。

由此可见,本公司该年度加大了成本费用的控制力度,取得了一定的成效。尤其在展览费、广告费等方面表现得更为明显。但不可否认,有时一味地降低费用并不是一件好事,展览费、广告费等费用的降低尽管可以提高企业的利润,但对企业长期发展可能造成不利影响。

鉴于上述分析,作为生产、销售、服务一条龙式的汽车企业,该公司虽已处于成熟稳定阶段,但若想发展壮大,适当增加销售费用对企业也许是明智的选择。加大广告宣传力度,进行必要的展览促销活动,可以扩大企业产品的知名度,有利于拓展销售渠道,增加销售量,促进企业利润的增加。

2. 管理费用分析

表6-15 管 理 费 用

项 目	本年数（万元）	上年同期数（万元）	同比增长额（万元）	同比增长（%）	占总额（%）
管理费用	79 670.00	70 791.00	8 879.00	12.54	
其中：管理人员工资	13 597.11	12 493.28	1 103.83	8.84	17.07
除工资外的其他职工薪酬	10 144.72	9 399.66	745.06	7.93	12.73
保险费	706.73	596.94	109.79	18.39	0.89
折旧费	2 842.19	2 522.22	319.97	12.69	3.57
修理费	1 177.81	883.89	293.92	33.25	1.48
业务招待费	2 273.14	2 036.35	236.79	11.63	2.85
差旅费	1 259.28	1 089.77	169.51	15.55	1.58
办公费	2 597.59	2 216.69	380.89	17.18	3.26
水电费	3 810.84	3 411.73	399.11	11.70	4.78
税金	1 841.77	1 326.61	515.16	38.83	2.31
租赁费	−1 326.90	3 199.46	−4 526.36	−141.47	−1.67
咨询费	3 278.25	2 288.67	989.57	43.24	4.11
研究与开发费	29 048.62	21 831.41	7 217.21	33.06	36.46
会议费	1 678.43	1 190.58	487.85	40.98	2.11
取暖费	2 380.07	2 171.61	208.46	9.60	2.99
低值易耗品摊销	196.74	150.54	46.20	30.69	0.25
其他	4 163.59	3 981.57	182.02	4.57	5.23

从以上管理费用数据表分析可知,该公司本年度管理费用较上年同比增长了12.54%。其中,发放给管理人员的工资增长了8.84%,除工资外的其他职工薪酬同比增长了7.93%。

增长幅度较大的费用还有修理费、税金、咨询费、研发与开发费、会议费、低值易耗品摊销等。这些方面体现出该公司应当加大费用的管理力度,公司高层在管理方针政策方面有待进一步完善。另外,在管理费用中,租赁费出现明显下降的态势,下降幅度达到141.47%,这很有可能与销售费用中降低的展览费有一定的相关性。

通过上述分析,可为企业提出如下的建议:管理费用属于固定性费用,尽管管理层可以对某些管理费用采取控制或降低其规模等措施,无论在销售还是管理环节,都不能片面追求费用的一味降低。因此,企业应更加努力完善管理制度,尤其要加强内部管理。管理费用与营业收入之间存在着一定的比例关系,所以直接影响着企业利润。企业应加强管理费用的管控,将钱用在刀刃上,促进利润的最大化。

3. 财务费用分析

表 6-16 财务费用

项　　目	本年数 (万元)	上年同期数 (万元)	同比增长额 (万元)	同比增长 (%)
财务费用:	16 367	24 364	−7 997	−32.82
利息收入	9 138	16 149	−7 012	−43.42
利息支出	24 114	38 900	−14 787	−38.01
利息支出净额	14 976	22 751	−7 775	−34.17
汇兑净损失				
调剂外汇手续费				
金融机构手续费	1 391	1 612	−222	−13.76
财务费用合计	16 367	24 364	−7 997	−32.82

对以上财务费用数据表分析可知,财务费用由上年的 24 364 万元下降为 16 367 万元,本年度较上年有着大幅度的下降。其中利息收入和利息支出的变化幅度较大,同比分别下降 43.42% 和 38.01%,说明该公司当年的存、贷款数额相较于上一年度均有所减少,虽然二者的下降幅度接近,但由于公司贷款数额的基数较大,导致相较于上一年度的利息支出净额减少了 7 775 万元。

四、各项费用完成情况的分析

与财务成果直接相关的费用有销售费用、管理费用和财务费用等。对各项费用进行分析可采用水平分析法和垂直分析法。运用水平分析法可将各费用项目的实际数与上期数或预算数进行对比,以揭示各项费用的完成情况及产生差异的原因。运用垂直分析法则可揭示各项费用的构成变动,说明费用构成变动的特点。从上述 JLQC 股份有限公司的利润表实际情况看,在 3 项期间费用中销售费用在各项费用总额中的比例最大,下面通过该公司销售费用的分析说明费用分析的方法。根据 JLQC 股份有限公司 2018 年度和 2017 年度销售费用资料,运用水平分析法分析销售费用的完成情况(见表 6-17)。

表 6-17　JLQC 股份有限公司 2018 年销售费用完成情况分析表

项　目	2018 年(万元)	2017 年(万元)	增减额(万元)	增减率(%)
1. 物流仓储费	6 098	59 913	−53 815	−89.82
2. 工资及员工福利	16 166	27 414	−11 248	−41.16
3. 广告费用	74 463	100 807	−26 344	−26.13
4. 售后服务及销售奖励	15 114	67 656	−52 542	−77.66
5. 其他	8 387	13 628	−5 241	−38.45
合　计	120 238	269 478	−149 240	−55.38

从表 6-17 可以看出，JLQC 股份有限公司销售费用相比上年降低了 149 240 万元，降低率为 55.38%。销售费用变动的主要原因包括：一是物流仓储费用大大减少，比上年度降低了 89.82%；二是售后服务及销售奖励大大降低，比上年度降低了 77.66%。另外还包括工资及员工福利以及广告费用等下降，多项因素共同作用导致销售费用出现了明显下降。

第五节　收益质量分析

一、收益质量的概念

收益质量是指企业实现利润的优劣程度，即报告利润与企业业绩的相关性。若利润能够如实地反映企业的业绩，则说明利润质量较高；否则，说明利润质量较低。但在权责发生制下，损益表中所显示出来的利润指标并不能真实地反映企业的利润质量，原因是传统利润分析方法存在着缺陷，而要解决这个问题就应从现金流量角度对利润质量进行分析，从而揭示企业真实的经营业绩。收益质量分析是一个主观判断过程，其判断的正确性与分析者的经验、能力和风险偏好密切相关，分析者必须努力提高自己的专业素质并在实践中积累丰富的经验才能胜任这项工作。在对公司整体进行评价时，分析者应该将财务报表分析和公司的整体环境结合起来，根据各个公司的具体情况，灵活运用各种分析指标，而不是生搬硬套各种指标和公式，才能得出恰当的评价。

二、收益质量的影响因素

1. 企业的资产状况

企业资产状况的好坏与收益质量的优劣是互相影响的。一方面，企业资产状况的好坏会直接影响企业收益质量的优劣；另一方面，低质量的收益也会降低企业资产的质量。资产的本质是"预期会给企业带来未来的经济利益"，如果一项资产不具备这项特征，那么它便是一项劣质资产，最终会转作费用或损失，导致企业收益减少，从而降低收益的质量。比如，企业存在大量无法收回的应收账款时说明企业的资产质量较低，无法收回的应收账款也会导致企业未来收益的减少;再如,资产负债表中大金额的待摊及递延、准备项目,均会导致企业未来收益的减少,同时也说明企业的资产质量较差。

2. 收入的质量

收入是一个公司经营活动现金流入及营业利润的主要来源,因此,收入质量的好坏将直接影响收益质量的好坏。如果当期收入与现金流入同步,说明收益质量较高;如果当期收入建立在应收账款大量增长的基础之上,则其质量不得不令人怀疑。在进行收入分析时,可将关联收入及非经常性收入剔除,防止人为调节与偶然因素的影响。

3. 主营业务的鲜明性

企业的利润一般由营业利润、投资净收益及营业外收支净额构成,其中营业利润是企业在一定期间内获得利润的最主要、最稳定的来源,同时也是企业自我"造血"功能的保障。营业利润主要由企业的主营业务产生。企业的主营业务具有重复性、经常性的特点,因此,由主营业务产生的营业利润具有相对的稳定性、持续性。投资收益与营业外收支净额具有偶发性、一次性的特点,它们对企业未来的收益贡献具有极大的不稳定性。因此,营业利润占利润总额的比重预示着企业盈利能力的高低与稳定程度,营业利润占利润总额的比重越大,说明企业的盈利能力越具有持续稳定性。营业利润与企业的主营业务密切相关,主营业务越突出,营业利润对利润总额的贡献就越大。因此,主营业务突出的公司,其收益质量一般较高。

4. 营业杠杆与财务杠杆

营业杠杆是指由于固定成本的存在,导致利润变动率大于销售变动率的一种经济现象,它反映了企业经营风险的大小。营业杠杆系数越大,经营活动引起收益的变化也越大;收益波动的幅度大,说明收益的质量低。此外,经营风险大的公司在经营困难的时候,倾向于将支出资本化,而非费用化,这也会降低收益的质量;财务杠杆则是由负债融资引起的。较高的财务杠杆意味着企业偿还债务的压力较大,企业进一步利用债务融资的可能性降低;同时较高的财务杠杆也意味着财务费用增加,收益可能下降。在营业杠杆和财务杠杆的作用下,企业收入提高的背后意味着整体风险的进一步增加,一旦外部环境发生恶化,企业收入可能出现更大幅度的下滑。因此,较高的财务杠杆同样会降低收益质量。

5. 会计政策的选择

会计政策是指企业在会计核算时所遵循的具体原则及企业所采纳的具体会计处理方法。由于收益是会计人员利用一系列的会计政策计算出来的,而同一类型的经济业务在进行会计处理时具有一定的选择空间,所以利用不同的会计政策计算出来的收益就会产生差异。例如,对存货可以采用先进先出法与后进先出法进行核算,在物价发生变动的时候,两种方法计算出来的收益并不相同,因而会计政策的选择对收益的质量会产生影响。一般认为,稳健的会计政策有助于提高收益质量。

6. 会计准则的影响

会计准则对会计收益的确定起指导作用,它对收益的影响是直接且显而易见的。例如,我国对债务重组准则进行修订以后,将债务重组收益计入资本公积,防止上市公司利用债务重组蓄意操纵盈余;再如,我国会计制度规定"八项资产减值准备"的计提制度,挤压了资产的水分,有助于提高股份公司的收益质量。因此,会计准则的完善有助于从根本上提高会计收益的质量。

7. 公司治理结构

公司治理结构的基本含义是指一整套控制和管理公司的制度安排,它是关于公司内部各种权利的一种约束和制衡机制。公司治理结构对收益质量的影响主要表现在:治理结构的不完善可能导致经营者为了自己的利益虚构经营业务或者滥用会计政策,对收益进行操纵;而好的治理结构能够有效地约束经营者的行为,从而抑制经营者降低收益质量的行为。因此,完善的公司治理结构有助于企业会计收益质量的提高。

三、收益质量的衡量

对企业收益的分析不仅包括对收益能力大小的分析,还要包括对收益质量的分析。某企业计算出的收益指标可能很好,但若收益的质量不高,也不能说明企业具有很好的收益创造能力。只有全面考察收益的两个方面——收益能力的大小和收益质量,才能准确评价一个企业真实创造收益的能力。企业收益质量的分析主要包括以下两个方面的内容。

1. 收益的可持续性

收益的可持续性是指在考虑企业的收益时应该排除非经常性损益项目的干扰。非经常性损益项目是偶然发生的,并不能够在企业经营过程中长久持续,也不能够为企业的长期持续经营做出足够贡献。在分析收益能力时,如果不将非经常性损益项目剔除,可能得出错误的结论。

通常会影响企业收益可持续性的项目的特点就是非经常性,而且不被企业经营者控制。非经常性损益项目一般包括营业外收支、投资收益。

营业外收支项目通常不可重复,不能经常发生,与企业的日常持续经营关系不大,而且不被企业经营者控制。营业外收支的多少并不影响企业真实收益的创造能力。

投资收益大致可以分为处置金融工具获得的损益和持有金融工具获得的损益。其中,处置金融工具获得的损益通常不具有可持续性,因为企业不可能有无限多的金融资产可供处置。即使企业不断买卖金融资产获得的损益也不具有可持续性;而持有金融工具获得的损益一般具有较好的持续性。因此,在分析盈利的可持续性时,要准确区分投资收益的性质。

2. 收益的可支配性

收益的可支配性是指在考虑企业的收益时,应该考虑到已经实现了的收益。这主要是从现金流量的角度,分析企业的盈利是否有足够的现金流量支持,企业的收益是否已经实现并可被企业支配。

企业的会计记账体系一般以权责发生制为基础,这样就使得企业在确认收入的同时却没有收到现金,而是确认为企业的一项债权。如果企业存在过多的应收账款,并且应收账款不能及时收回变为现金,则不仅会导致企业发生较多坏账损失而引起经济损失,还会影响企业实际可支配的资金,更严重时甚至会导致企业资金链的断裂,削弱企业的日常持续经营能力,这也就体现出收益质量偏低。

因此,分析企业收益的可支配性,关键要结合分析企业的现金流量表。

3. JLQC 股份有限公司收益质量分析——可持续性

JLQC 股份有限公司 2011—2015 年的利润表数据如表 6-18 所示。

表 6-18　JLQC 股份有限公司 2011—2015 年的利润表　　　　　　　　（单位：万元）

项　　目	2011 年	2012 年	2013 年	2014 年	2015 年
一、营业收入	295 746	310 719	326 747	369 516	398 630
减：营业成本	209 894	200 444	202 163	216 546	241 551
税金及附加	27 624	31 522	31 274	32 031	34 373
销售费用	23 502	31 339	29 823	37 787	45 647
管理费用	14 204	15 588	16 643	19 811	21 481
财务费用	7 426	3 529	2 132	7 120	5 621
资产减值损失	0.8	111	88	328	−32
加：投资收益	29 038	32 975	37 127	49 805	61 915
二、营业利润	42 133.2	61 161	81 751	105 698	111 904
加：营业外收入	974	776	3 601	4 168	2 291
减：营业外支出	59	370	492	185	48
三、利润总额	43 048.2	61 567	84 860	109 681	114 147
减：所得税费用	2 589	3 686	6 476	8 246	7 082
四、净利润	40 459.2	57 881	78 384	101 435	107 065

分析：在不考虑收益质量的可持续性情况下，计算 JLQC 股份有限公司的营业毛利、营业利润、净利润、营业毛利率和销售净利率，如表 6-19 所示。

表 6-19　JLQC 股份有限公司 2011—2015 年的盈利能力情况

项　　目	2011 年	2012 年	2013 年	2014 年	2015 年
营业毛利(万元)	85 852	110 275	124 584	152 970	157 079
营业利润(万元)	42 133.2	61 161	81 751	105 698	111 904
净利润(万元)	40 459.2	57 881	78 384	101 435	107 065
营业毛利率(%)	29.03	25.49	38.13	41.40	39.40
销售利润率(%)	13.68	18.63	23.99	27.45	26.86

从表 6-19 可以看出，JLQC 股份有限公司的收益在不断提高。其中，营业毛利、营业利润、净利润等绝对数不断增加，而营业毛利率、销售利润率也呈显著上升趋势。这些都表明公司的收益状况不断得到改善，公司获取利润的能力也在不断增强。

但这是在没有考虑公司收益质量的前提下得出的结论。若考虑收益质量会得出什么样的结果呢？本例主要以收益能力的可持续性分析收益的情况。

首先，JLQC 股份有限公司营业外收入和营业外支出项目对本公司而言是非经常性损益，应予以剔除。

其次，JLQC 股份有限公司的投资收益情况如表 6-20 所示。

表 6-20　JLQC 股份有限公司 2011—2015 年的收益明细情况　　　（单位：万元）

项　　目	2011 年	2012 年	2013 年	2014 年	2015 年
投资收益总额	29 038	32 975	37 127	49 805	61 915
持有收益	28 141	32 975	37 127	49 805	61 915
处置损益	897	0	0	0	0

从表 6-20 可以看出，JLQC 股份有限公司的投资收益主要是持有长期股权取得的投资收益，具有较好的持续性。

在排除了非经常性的损益项目后，JLQC 股份有限公司的利润表情况如表 6-21 所示。

表 6-21　JLQC 股份有限公司 2011—2015 年的盈利能力情况

项　　目	2011 年		2012 年		2013 年		2014 年		2015 年	
	排除前	排出后	排除前	排出后	排除前	排出后	排除前	排出后	排除前	排出后
营业毛利(万元)	85 852	85 852	110 275	110 275	123 584	123 584	152 970	152 970	157 079	157 079
营业利润(万元)	42 132.2	41 236.2	61 161	61 161	81 751	81 751	105 698	105 698	111 904	111 904
净利润(万元)	40 459.2	39 773	57 881	57 577	78 384	76 052	101 435	98 448	107 065	105 383
营业毛利率(%)	29.03	29.03	35.49	35.49	38.13	38.13	41.40	41.40	39.40	39.40
销售利润率(%)	13.68	13.45	18.63	18.53	23.99	23.28	27.45	26.64	26.86	26.44

可以发现，营业毛利和营业毛利率在排除非经常性损益前和排除后没有发生变化；由于投资收益只有 2011 年有一部分属于非经常性损益，所以营业利润也基本上没有变化；受营业外项目的影响，净利润和销售利润率的变化较大，都在一定程度上减少了。不过，营业毛利、营业利润、净利润、营业毛利率和销售利润率历年的变动趋势在考虑收益的可持续性前后并没有发生变化，只不过在数值上有变动。由此可以得出结论：2011—2015 年，JLQC 股份有限公司收益在不断提高，各项指标都存在上升趋势，表明公司的收益创造能力越来越好，但是，公司的收益创造能力并不像利润表中的直接数据表现得那么强。总而言之，JLQC 股份有限公司的收益质量比较好。

通过上述分析可以得出，收益的可持续性会影响企业的真实盈利能力。在分析企业的收益创造能力时应该考虑收益的可持续性，有效的方法就是将利润表中非经常性的损益项目剔除，在剔除非经常性的损益后才能准确判断企业的收益创造能力。当然，也可以计算非经常性损益项目与净利润的比率，得出非经常性损益项目对真实盈利能力影响的大小，在此基础上进一步分析收益质量。

本 章 小 结

收入是构成企业利润的关键因素之一，可以根据企业提供的利润表获取收入数据。对收入类项目的增减变动分析主要包括营业收入、投资收益、补贴收入和营业外收入分析等。在进行企业营业收入分析时，由于企业的其他业务收入不是企业主要经营范围的收入，其比重较小，不是企业经常性的利润来源，通常不作为分析重点，只要其没有出现异常，则只需要重点分析企业的主营业务收入。按成本项目反映的产品生产成本表一般可以采用对比分析法、构成比率分析法和相关指标比率分析法进行分析。期间费用分析中,主要分析与财务成果直接相关的费用,有销售费用、管理费用和财务费用等。对各项费用进行分析可采用水平分析法和垂直分析法。运用水平分析法可将各费用项目的实际数与上期数或预算数进行对比,以揭示各项费用的完成情况及产生差异的原因。运用垂直分析法则可揭示各项费用的构成变动,说明费用构成变动的特点。收益质量分析通过分析收益的可持续性和可支配性两个方面来考虑。有效分析收益质量的做法就是将利润表中非经常性损益的项目剔除。

复习思考题

1. 简述收入分析的作用。
2. 简述产品销售利润的完成情况的评价内容。
3. 简述成本费用分析的内容。
4. 收益质量的影响因素有哪些?
5. 如何对收益质量进行分析评价?

案例分析

YJPJ 股份有限公司是我国最大的啤酒企业集团之一,年产量达 500 万千升左右。面对激烈的竞争,YJPJ 股份有限公司长期保持快速、稳定、健康的发展,在 2010 年"华樽杯"中国酒类品牌价值评议中,其品牌价值达到 263.18 亿元,荣获啤酒类品牌价值第二名。下面以 YJPJ 股份有限公司 2018 年度的利润表为例,从其营业收入、营业成本等方面进行分析。具体数据如表 6-22 所示。

表 6-22 YJPJ 股份有限公司利润表

编制单位:RJL 公司　　　　　　　2018 年度　　　　　　　　　　（单位:千元）

项　　目	2018 年	2017 年
一、营业总收入	11 343 775	11 195 581
其中:营业收入	11 343 775	11 195 581
利息收入		
手续费及佣金收入		
二、营业总成本	6 973 020	7 129 355
其中:营业成本		
利息支出		
手续费及佣金支出		
退保金		
赔付支出净额		
提取保险合同准备金净额		

(续表)

项　　目	2018 年	2017 年
保单红利支出		
分保费用		
税金及附加	1 129 784	1 229 612
销售费用	1 446 462	1 480 661
管理费用	1 282 888	1 107 494
研发费用	141 063	161 406
财务费用	−11 069	5 221
其中：利息费用	13 061	23 529
利息收入	27 453	22 169
净资产减值损失	73 339	29 231
加：其他收益	21 442	127 417
投资收益	44 379	34 821
公允价值变动收益	21 642	19 517
汇兑收益		
资产处置收益	9 462	150 895
三、营业利润	383 571	365 732
加：营业外收入	4 279	8 199
减：营业外支出	6 751	15 762
四、利润总额	381 099	358 168
减：所得税费用	157 053	185 655
五、净利润	224 045	172 512
六、其他综合收益的税后净额	259	
七、综合收益总额	224 305	172 512 940.25
归属于母公司所有者的综合收益总额	180 110	161 348 235.04
归属于少数股东的综合收益总额	44 194	11 164 705.21
八、每股收益		
（一）基本每股收益	0.064	0.057
（二）稀释每股收益	0.064	0.057

思考：通过上表分析 YJPJ 公司 2018 年度利润的构成和增减变动情况。

第七章　分配活动分析

> **引 导 案 例**
>
> 格力集团于1985年成立,1996年发行深市A股股票。该集团在30多年的发展中成为珠海市的龙头国有企业。同时,格力电器自身坚持自主研发,注重企业创新,实现了企业快速发展,保持着空调行业的第一位。格力电器属于日用电器制造业。对格力电器2012—2014年的股利分配进行分析,格力电器企业自从上市以来,每10股分配的股利都超出了3元,在2012年之后,股利分配额度及支付率剧增,其中2012—2016年的平均现金分红达到了每10股15.6元。和同行业平均水平相比,格力电器的股利支付率高出平均水平,从2014年开始,格力的股利支付率超过60%。按照高派现的概念和格力电器的实际股利分配情况,该企业的股利分配政策符合"5年及以上持续稳定地现金分红,每10股派现金额大于3元",支付水平超过同行业均值,该公司属于高派现股利政策公司。
>
> 高额的股利政策能够提升投资者对公司的满意程度,但也有可能阻碍公司稳定盈利和健康发展。那么,我们应该如何对公司的利润分配方案进行全面、综合的分析?企业在迎合投资者和寻求自身发展的过程中该如何寻找均衡点?

【教学目的与要求】

本章主要从分配活动分析的内涵、分配活动全面分析、利润分配项目分析、股利分配政策分析4个方面对企业的分配活动分析进行阐述。本章学习的目的是使读者掌握企业利润分配的程序,重点掌握分配活动分析的内容,能独立分析影响企业利润分配的因素,并能够运用利润分配活动的分析方法,对企业的利润分配项目、分配政策加以分析;能够对企业选择的股利政策以及股利支付方式对所有者权益的影响进行分析,并能够评价所选择的股利政策和股利支付方式是否符合企业发展。

第一节　分配活动分析概述

一、分配活动分析的目的

利润分配是企业在一定时期(通常为年度)内对所实现的利润总额以及从联营单位分得的利润,按规定在国家与企业、企业与企业之间的分配。分配活动分析则是分析企业净利润在企业与投资者之间以及企业内部各项资金之间分配的情况及变动状况,从而确定各主要分配渠道分配额的增减变动幅度,利润分配去向,以及结构是否合理、合法。企业的利润分配政策决定了流向投资者和留存在公司以图再投资的投资数量,利润分配政策制定得恰当与否直接影响企业的市场价值、筹资能力及企业未来的成长性。因此,分配活动分析的目的就是要通过对企业利润分配资料以及所有者权益变动表所揭示的企业股利分配政策的分析,判断企业所处的生产发展阶段与股利分配政策的适应性,从而预测企业未来的发展前景,以便对企业的价值进行评估。

二、利润的构成

利润通常是指企业在一定会计期间收入减去费用后的净额以及直接计入当期损益的利得和损失,也称为企业一定时期内的财务成果或经营成果,具体包括营业利润、利润总额和净利润等。它是反映企业经营绩效的核心指标,并且决定着企业利润分配参与者的利益和企业的发展能力。企业利益相关者进行利润分配是以实现利润为前提的,而要合理地进行利润分配,必须准确计算一定时期的利润总额,这也是确保利润正确分配的基础。一般而言,企业的利润总额由营业利润和营业外收支净额两个部分组成,由于其各自在利润总额中所占比例和来源不同,往往能反映出企业不同的经营业绩和经营风险。

1. 营业利润

营业利润是企业在日常生产经营活动中所形成的,是企业利润的主要来源,它直接客观地反映出企业经营的成果,也代表了企业的总体经营管理水平。企业在日常经营活动中所产生的营业利润主要来自主营业务,而主营业务利润是企业销售产品或提供劳务而取得的利润,即主营业务收入减去主营业务成本和主营业务税金及附加得来的。大多数情况下,主营业务利润是营业利润的重要组成部分,一个企业主营业务利润高,不仅表明企业产品销售情况良好,销售规模和市场占有率达到一定水平,而且可以说明企业直接成本费用控制合理。如果企业不能严格控制成本,降低各项消耗费用,即便有再高的主营业务收入,也会被成本费用所侵蚀,使得主营业务利润很难达到较高状态。在营业利润构成中,其他业务利润是企业附属业务如材料销售、技术使用权转让等带来的利润,即企业除主要经营业务以外的其他经营业务产生的利润,反映企业多元化经营成果。营业利润用公式表达如下:

$$营业利润=营业收入-营业成本-税金及附加-销售费用\\-管理费用-财务费用-资产减值损失\\+公允价值变动净收益+投资净收益$$

(1)营业收入。营业收入是企业在日常经营活动中通过各种方式将商品、劳务提供给购买单位,并按一定销售价格收回所形成的货币收入。营业收入的取得是使企业所有者权益增加的重要因素,因此,营业收入与经营活动的组成相适应,包括主营业务收入和其他业务收入。

主营业务收入是构成企业收入的重要组成部分,是企业为完成其经营目标而从事的日常经营活动中的主要营业收入,具有经常性、集中性和稳定性等特点。其内容根据企业所在的行业决定,如:工业企业的产品销售收入,主要包括企业产成品、自制半成品、代制品等取得的收入;商品流通企业销售商品所取得的收入;服务性企业提供服务取得的收入,如旅游、运输、咨询、培训等。

其他业务收入是指企业从事除主营业务以外的其他经营活动所实现的收入,具有不经常发生、每笔业务金额一般较小、占企业营业收入的比重较低等特点。具体包括销售材料、固定资产出租、无形资产转赠、出租无形资产、出租包装物和商品、用材料进行非货币性交换或债务管理费用等实现的收入。

(2) 营业成本。营业成本是指企业在日常活动中销售商品或者提供劳务的成本,包括主营业务成本和其他业务成本。其中,主营业务成本是企业进行销售商品、提供劳务等经常性活动时应结转的成本。企业应通过主营业务成本科目,核算主营业务成本的确认和结转情况。其他业务成本是企业确认的除主营业务成本以外的其他销售或其他业务所发生的支出,包括销售材料的成本、出租固定资产的折旧额、出租无形资产的摊销额、出租包装物的成本或摊销等。企业应通过其他业务成本科目,核算其他业务成本的确认和结转情况。

(3) 税金及附加。税金及附加用来核算企业日常主要经营活动应负担的税金及附加,包括消费税、城市维护建设税、资源税、土地增值税和教育费附加等相关税费。这些税金及附加一般根据当月销售额和税额按照规定的税率计算,于下月初缴纳。

(4) 销售费用。销售费用是企业在销售产品、材料和提供劳务等过程中发生的费用,包括由企业负担的包装费、装卸费、运输费、保险费、代销手续费、广告费和展览费、租赁费和销售服务费、销售本企业商品而专设的销售机构的职工薪酬、职工福利费、差旅费、办公费、折旧费、修理费、物料消耗以及其他经费等。

(5) 管理费用。管理费用是企业行政管理部门为组织和管理企业生产经营所发生的管理费用,包括工会经费、职工教育经费、业务招待费、技术转让费、无形资产摊销、咨询费、诉讼费、企业在筹建期间内发生的开办费、上缴上级管理费、董事会和行政管理部门在企业的经营管理中发生或应由企业统一负担的公司经费、劳动保险费、待业保险费、房产税、车船使用税以及其他管理费用。

(6) 财务费用。财务费用是指企业为筹集资金而发生的各种费用,包括企业生产经营期间发生的利息支出(减利息收入)、汇兑损益、金融机构手续费、企业发生的现金折旧或收到的现金折扣,以及筹资发生的其他财务费用如债券印刷费等。

(7) 资产减值损失。资产减值损失是企业集体各项资产减值准备所形成的损失,如计提的坏账准备、存货跌价准备和固定资产减值准备等形成的损失。资产减值范围主要是固定资产、无形资产以及除特别规定外的其他资产减值的处理。

(8) 公允价值变动收益。公允价值变动收益是指资产、负债以及采用公允价值模式计量的投资性房地产、衍生工具等因公允价值变动所形成的收益。就证券公司而言,主要包括:交易性金融资产公允价值上升形成的利得,如自营证券的浮盈;所创设认股权证等交易性金融负债公允价值下降形成的利得。

(9) 投资净收益。投资净收益是对外投资所取得的利润、股利和债券利息等收入减去发生的投资损失后的净额。投资收益扣除投资损失后的净收益构成了企业利润总额的一部分。投资收益包括投资到期收回或中途转让取得款项高于账面价值的差额,以及按照权益法记账的股票投资、其他投资在被投资单位增加的净资产中所拥有的数额等。投资损失包括对外投资到期收回或者中途转让取得款项低于账面价值的差额,以及按照权益法记账的股票投资、其他投资在被投资单位减少的净资产中所分担的数额等。随着企业管理水平的不断上升和资本市场的逐步完善,在投资活动中获取收益或承担亏损,虽不是企业通过自身的生产或劳务供应活动所得,却是企业营业利润的主要来源。从财务管理角度来看,任何经营都应以相对较低风险取得相对较高收益,这就要求企业的对外投资应严格把握量和质两个内容。即对外投资总量要适度,应根据投资报酬、经营目标、市场规模、产品政策、筹资能力、自身素质等确定合理投资规模。对外投资应控制风险、提高收益,这就需要权衡投资的收益和风险,进行组合投资,并提高投资收益,分散和弱化投资风险。

2. 营业外收支净额

营业外收支净额是企业在非生产经营中取得的,即企业在一定会计期间内正常经营活动以外的各项收入与支出相抵后的金额。营业外收支与企业生产经营活动往往是彼此孤立的。但从企业主体的角度考虑,它们同样带来收入或形成企业的支出,也是增加或减少利润的因素,对企业的利润总额及净利润产生直接的影响。作为营业外收支,必然同时具备两个特征:一是意外发生,企业无力加以控制;二是偶然发生不重复出现,即不具备再生性。不同时具备这两个特征的项目应作为正常经营利润的组成部分。

营业外收入是指与企业生产经营活动没有直接关系的各种收入。营业外收入并不是由企业经营资金耗费所产生的,应当按照实际发生的数额进行核算,当发生营业外收入时,可直接增加企业利润总额。营业外收入主要包括固定资产盘盈、债务重组收益、非货币性交易收益、政府补助、罚款性收入等。

营业外支出是企业发生的与其生产经营活动没有直接关系的各项支出,不属于企业生产经营费用,包括固定资产盘亏、报废、损失和出售的净损失,非货币性资产交换损失,非季节性和非修理性期间的停工损失,公益救济性的捐赠,赔偿金,违约金等。

企业在具体进行营业外收支核算时,不得以营业外支出直接冲减营业外收入,也不得以营业外收入冲减营业外支出,即企业在会计核算时,应当区别营业外收入和营业外支出分别进行核算。

三、利润分配的一般原则

利润分配是根据企业所有权的归属及其比例关系,对企业生产经营成果进行划分的管理活动。利润分配是整个国民经济收入分配的重要组成部分,它涉及所有者、经营者和劳动者三者的利益关系,也关系到积累与消费的比例关系。这些关系处理得好,可以促进企业再生产的健康发展;处理不好,就会阻碍企业再生产的发展。企业的利润分配一般要遵循以下3个原则。

(1) 依法分配原则。企业利润分配必须遵守我国《公司法》《企业财务通则》等相关法律、法规的规定,依法分配。

(2) 兼顾各方利益原则。企业利润分配涉及所有者、经营者和劳动者三者利益关系,必须兼顾和保障各方利益,只有这样才能保护各方的积极性,有利于企业的长期、稳定和可持续发展。

(3) 积累与消费并重原则。利润分配是企业财务活动中承上启下的重要环节,必须处理好积累与消费的关系,两者并重,不可偏废。一方面,必须通过合理的积累,满足企业扩大再生产的资金需求,实现企业的可持续发展;另一方面,必须保障各方的收益分配,使相关各方分享企业发展的成果,和谐共荣。

四、利润分配的程序

利润分配的程序是指公司制企业根据适用法律、法规或规定,对企业一定期间实现的净利润进行分配的先后顺序。按照我国《公司法》和《企业财务通则》第49条、第50条、第51条的规定,我国公司的利润分配包括以下6个方面。

(1) 弥补以前年度亏损。我国税法规定,纳税人当年盈利,在缴纳所得税之前可以弥补以前年度经税务机关确认的亏损,但最长弥补年限为5年。缴纳所得税后的净利润可以用来弥补超过所得税前利润弥补期限,按规定用税后利润弥补的亏损。

(2) 提取法定盈余公积。公司当期实现的净利润,加上年初未分配利润(或减去年初未弥补亏损)和其他转入的余额后,应按规定提取法定公积金。法定盈余公积是国家统一规定必须提取的公积金,它的提取顺序在弥补亏损之后,按当年实现净利润的10%提取,当法定盈余公积达到注册资本的50%后可不再提取。

(3) 提取任意盈余公积。任意盈余公积在性质上与法定盈余公积是一样的,二者可以统筹使用。其主要用途有两个方面,即弥补亏损和按照国家规定转增资本金。所不同的是任意盈余公积的提取顺序在支付优先股股利之后,比例的大小受制于公司股利支付政策。

(4) 支付优先股股利。优先股股利是企业按照利润分配方案分配给优先股股东的现金股利。即公司利润分配的原则是,优先适用有限责任公司全体股东的约定和股份有限责任公司章程的规定,如果有限责任公司全体股东或股份有限公司章程对利润分配方法没有特别约定和规定,则必须按照出资比例或股份比例分配利润。

(5) 应付普通股股利。普通股股利是指企业按照利润分配方案分配给普通股股东的现金股利,其支付金额的多少完全由公司的股利政策所决定。按照利润分配程序,如果公司出现亏损,就不可能支付普通股股利。

(6) 转作资本(或股本)的普通股股利。转作资本(或股本)的普通股股利是指企业按照利润分配方案以分配股票股利的形式转作资本(或股本)。

五、影响利润分配分析的因素

在进行利润分配活动分析时,必须首先明确财务报表受到企业的会计体制、财务政策、契约、法律等多种因素的影响,因此,在进行利润分配分析前,需要对这些影响因素加以分析。

1. 会计政策变更

根据我国企业会计准则规定,当企业所处的经济环境和客观情况发生变化,继续采用原来的会计政策不能公允地反映该类业务实际情况时,就需要改变会计政策。例如,企业原来对固定资产采用直线法计提折旧,随着技术进步,采用加速折旧法更能反映企业财务状况和经营成果。又如，为了提供更可靠、更相关的信息，企业可以改变原有的应收账款的坏账准备计提方法、计提比例，改变原有的存货计价方法、存货跌价准备的计提方法等。会计政策的变更会影响变更当年的净利润和变更当年年初的未分配利润金额，进而影响当年可供分配的利润，对于这种情况，报表使用者在进行利润分配活动分析时一定要加以关注。

2．前期损益调整

前期损益调整主要是由于本期发现并更正以前年度财务报表的误差所引起的。"本期经营观"和"总括收益观"对前期损益调整项目的处理是不一样的。"本期经营观"认为只有那些由本期营业活动带来的收益及由管理当局可控的事项才包括在利润表中，非经营性项目不应包括在内，因而不将前期损益调整项目列入利润表，而直接调整未分配利润项目的期初余额；"总括收益观"认为除股利和企业与股东之间的其他经济业务，在报告期内影响股东权益净增或净减的经济业务都应列入利润表。可见，不同的会计观点对前期损益调整的处理不同，最终会影响利润分配表可供分配的利润。

3．资产的流动性

资产的流动性是指企业资产转化为现金的难易程度。企业的资产流动性越强，现金越充足，其支付现金股利的能力就越强；如果企业因扩充或偿债已消耗大量资金，资产的流动性较差，则其支付现金股利的能力就比较弱。由此可见，企业现金股利的支付能力在很大程度上受其资产流动性的限制。

4．盈利能力

企业利润分配所采用的股利政策在很大程度上受其盈利能力的限制。一般而言，盈利能力比较强的公司通常采取较高的股利政策，而盈利能力较弱或不稳定的公司通常采取较低的股利政策。

5．契约性约束

当企业以长期借款协议、债券契约以及租赁合约等形式向公司外部筹资时，通常应对方的要求，接受一些关于股利支付的限制性条款，如未来股利只能用协议签订以后的新的收益支付（即限制动用以前的留存收益）、流动资金低于一定标准时不得支付股利、利息保障倍数低于一定标准时不得支付股利等。其目的在于促使企业把利润的一部分按有关条款的要求以某种形式进行再投资，以保障借款如期归还，维护债权人的利益。这也是进行利润分配分析时需要考虑的一个重要因素。

六、分配活动分析的内容

分配活动分析的主要内容包括以下 3 个方面。

（1）分配活动全面分析。分配活动全面分析主要是对利润分配的规模、结构的变动情况和利润分配的变动趋势进行分析，通过分析，揭示利润分配规模、结构和趋势变动的原因，并对其变动情况及变动的合理性做出评价。

（2）利润分配项目分析。利润分配项目分析主要是对企业留用利润项目和股利分配项目进行分析，通过分析影响留用利润和股利分配的因素，研究企业股利与留存收益之间比例关系确定的合理性。

（3）利润分配政策分析。利润分配政策分析主要是对利润分配政策和股利支付方式的选择进行分析,通过了解股利分配政策、股利支付方式的类型及其优缺点,结合利润分配项目分析,评价企业选择股利政策的适当性与合理性。

第二节 分配活动全面分析

一、利润分配规模及变动分析

利润分配规模及变动分析就是要将企业本期净利润分配的各项实际数与前期的实际数进行对比,以揭示各主要分配渠道分配额的增减变动情况,通过会计因素分析和财务因素分析,确定其增减变动的原因及变动的合理性。利润分配规模及变动分析主要是应用水平分析法,即根据利润分配资料,确定各项分配项目的变动数量和变动率。利用水平分析法时,必须同时进行变动数量和变动率两种形式的对比,因为仅以某一种形式对比,可能得出错误的结论。

根据 JLQC 股份有限公司 2018 年度与 2017 年度的利润分配资料,分析其利润分配规模的变动情况,如表 7-1 所示。

表 7-1 JLQC 股份有限公司利润分配规模变动分析表

项 目	2018 年(万元)	2017 年(万元)	增减额(万元)	增减率
一、归属于股东净利润	9 183	69 094	−59 911	−86.71%
加:年初未分配利润	1 044 487	1 028 050	16 437	1.60%
其他转入	0	0		
二、可供分配的利润	1 053 670	1 097 144	−43 474	−3.96%
减:应付优先股股利	0	0		
提取任意盈余公积	0	0		
应付普通股股利	227 630	52 656	174 974	332.30%
转作股本的普通股股利				
三、未分配利润	826 040	1 044 488	−218 448	−20.91%

从表 7-1 的水平分析可以看出以下两点。

(1) JLQC 股份有限公司 2018 年可供分配的利润比 2017 年有所减少,减少额为 43 474 万元,下降幅度为 3.96%。可供分配的利润下降幅度较小,主要原因是公司净利润的下降,但可供分配利润的下降幅度小于归属于股东净利润的下降幅度。

(2) 从未分配利润的变动来看,2018 年的未分配利润比 2017 年减少了 218 448 万元,下降幅度为 20.91%。由此可见,该企业可供分配利润与未分配利润都有一定幅度的下降,说明该企业经营状况有所下降,收益较上年有大幅的减少。其中,未分配利润的增长幅度高于可供分配利润,这主要是企业支付的普通股股利较上一年度增加了 332.30% 所致。

二、利润分配结构及变动分析

利润分配结构是指各分配渠道的分配额占可供分配利润的比重,通过结构分析可以反映分配项目与总额的关系及其变动情况。利润分配结构分析可用垂直分析法进行。

根据 JLQC 股份有限公司 2018 年度与 2017 年度的利润分配资料,分析其利润分配结构的变动情况,如表 7-2 所示。

表 7-2　JLQC 股份有限公司利润分配结构变动分析表

项　目	金额(万元)		结构(%)		
	2018 年	2017 年	2018 年	2017 年	差　异
一、归属于股东净利润	9 183	69 094	0.87	6.30	−5.43
加:年初未分配利润	1 044 487	1 028 050	99.13	93.70	5.43
其他转入	0	0			
二、可供分配的利润	1 053 670	1 097 144	100.00	100.00	
减:应付优先股股利	0	0			
提取任意盈余公积					
应付普通股股利	227 630	52 656	21.60	4.80	16.80
转作股本的普通股股利	0	0			
三、未分配利润	826 040	1 044 488	78.40	95.20	−16.80

从表 7-2 的结构分析可以看出:JLQC 股份有限公司 2018 年可供分配的利润的构成情况是净利润占 0.87%,年初未分配利润占 99.13%;2017 年可供分配的利润中,净利润占 6.30%,年初未分配利润占 93.70%。可见,2018 年的可供分配利润中净利润占的比重减小,而年初未分配利润所占的比重有所增加,这也导致了 2018 年可供分配利润相较于 2017 年有所减少。在利润分配的项目中,普通股股利所占比例有所增加,在结构百分比上增加了 16.80 个百分点。这说明企业采取的是增加股票股利的分配,而不是现金股利分配,可以保留现金用于投资,因为该企业正处于致力于新产品开发以及开拓市场的阶段,这就需要大量的资金投入,而且该企业股票股利的发放有利于提升公司的股票价格,为在二级市场股权融资创造条件,这种股利政策对于有新项目投入需要资金的企业来说是较为合理的。

第三节　利润分配项目分析

一、企业留用利润分析

企业从事生产经营活动产生的净利润,按协议、合同、公司章程或有关规定,要留用一部分用于扩大再生产和集体福利,剩余的才能用于发放股利。留用的部分利润被称为留用利润,其内容包括法定盈余公积金、公益金、任意盈余公积金和未分配利润。留用利润直接关系到分配给投资者股利的多少,因此,投资者很重视对企业留用利润产生影响的各种因素的分析。

1. 法律

我国现行的会计制度规定,企业应对实现的年度净利润按比例提取法定盈余公积,一般按净利润的 10% 提取,当法定盈余公积金累计金额达到公司注册资本的 50% 以上时,可不再提取。企业按规定还要从净利润中提取 5%～10% 的法定公益金用于职工集体福利设施建设。除此以外,外商投资企业应当按照法律、行政法规的规定从净利润中提取储备基金、企业发展基金、职工奖励及福利基金,中外合作经营企业按规定在合作期内以利润归还投资者的投资以及国有工业企业按规定以利润补充的流动资本,也应从可供分配的利润中扣除,剩余部分可用于投资者分配。在可供投资者分配的利润中,企业可按规定提取一定比例的任意盈余公积留存企业用于再投资。也就是说,企业的股利分配从当期的利润和过去累积的留用利润中支付,支付数额的大小受有关法律规定的影响。由此可见,企业股利的支付不可能超过当期利润与过去的留用利润之和。

2. 资本成本

资本成本的高低是企业选择资金来源、拟订筹资方案的基本依据。采用留用利润筹集资金无须支付筹资费用,比发行新股和举债筹资成本低,隐蔽性好。同时,以留用利润进行筹资,还会增加股东权益资本的比重,降低财务风险,进而提高公司的借贷能力。所以,企业筹集大量资金时就会考虑选择较经济的筹资渠道,以降低资本成本,通常留用利润是企业首选的一种筹资方式。

3. 投资机会

当企业有良好的投资机会,而且预期的投资收益大于其机会成本时,企业往往会将大部分盈余用于投资,而少发放股利;如果企业暂时缺乏良好的投资机会,则倾向于向股东多支付股利,以防止保留大量现金造成资金浪费,这时,留用利润的比重则相对较低。

4. 偿债能力

偿债能力是指企业按时足额偿还各种到期债务的能力。如果企业支付现金股利后会影响企业偿还债务和正常经营,企业发放现金股利的数额就会受到限制,从而使留用利润的比重相对较高。

5. 资本结构

留用利润可以作为资本结构的一个调整量,在资金需求量和负债一定的情况下,如果要保持原有的资本结构,则按资本负债率可倒求出留用利润额以保持资金来源等于资金运用的平衡关系。如果企业认为目前的资本结构不合理,也可以通过调整留存利润的比重来达到预期的资本结构。

二、股利分配分析

股利是企业按股东所持股份的比例分配给股东的本期或累计盈余利润。股利分配是确定企业向投资者分配股利的方针和政策,是企业的一项重大决策,这一决策的正确与否对企业的远近期都会产生影响,因此,对企业利润分配的分析格外重要,具体分析包括以下3个方面。

1. 企业不同生命周期的股利分配分析

一个企业的成长过程我们可以用生命周期来描述,即初创期、成长期、成熟期和衰退期,一般来说,企业会采取与它们在生命周期中所处阶段最相适应的股利政策。

(1) 初创期:该阶段致力于新产品开发、生产并开始开拓市场,需要大量资金投入,一般采用不分配股利或者低股利政策。

(2) 成长期:该阶段,产品走向成熟,企业开始获利,企业发展速度快,但仍需要外界资金不断支持,一般采用一定比例的股利增长率政策。

(3) 成熟期:该阶段增长速度开始放慢,企业获利水平相对稳定,并且企业扩张潜力有限,产生多余现金流量,企业一般采用固定股利政策。

(4) 衰退期:该阶段企业主要是维持市场份额,企业获利能力开始下降,企业的再投资机会较少,企业一般采用特殊的股利政策,包括回购股票等。

2. 收益的稳定性分析

在进行利润分配分析时,要考虑的另一个重要因素就是企业收益的稳定性。一般来说,收益不稳定的企业,用于股利支付的比例较低,因为企业担心是否有能力维持股利的支付;而收益稳定且可以预期的公司则可支付比例较高的股利。如处于周期性行业的汽车和房地产公司以及收益变动很大的公司,其股利支付率一般来讲小于收益稳定的公用事业公司。例如,爱迪生国际公司历史上曾将50%以上利润用于支付股利,并且在较长时间内一直保持稳定的股利支付率,它向市场传递了收益稳定的信息,因此,投资者将爱迪生国际公司之类的公用事业股视为防御性股票。

3. 信号传递分析

在非完美市场中,由于企业的管理者与投资者存在着信息不对称,所以股利政策常被管理者用来传递有关公司未来前景的信息。我们通过对企业股利政策的分析就可以判断出企业提供的是积极的信号还是消极的信号。一般而言,股利增加被认为是一个积极的信号,代表管理当局对企业的未来前景看好,其结果将会导致股票价格的上涨和投资者对企业价值的重新评估;反之,股利削减通常被认为是一个消极的信号,代表企业未来的盈利水平下降,因为当某一企业采取这一行动时,投资者就会认为企业陷入了巨大的财务危机,其结果将导致股价下跌。

第四节 利润分配政策分析

一、利润分配政策选择分析

利润分配政策是指企业确定股利及与股利有关的事项所采取的方针与策略。利润分配政策制定得恰当与否会影响企业的市场价值(或股票价格)、筹资能力以及企业的未来发展。因此,企业应综合考虑各项因素的影响,从实际情况出发,制定适合本企业的股利政策。一般来说，企业经常采用的股利政策有以下4种类型。

1. 剩余股利政策

剩余股利政策就是在公司有着良好投资机会时，根据一定的目标资本结构，测算出投资所需的权益资本，先从盈余当中留用，然后将剩余的盈余作为股利予以分配。采用剩余股利政策时，应遵循4个步骤：① 设定目标资本结构；② 确定目标资本结构下投资所需的股东权益数额；③ 尽可能地使用保留盈余来融通投资方案中所需的权益资本；④ 投资方案所需权益资本已经满足后若有剩余盈余，再将其作为股利发给股东。

剩余政策的主要优点是将股利分配作为投资机会的因变量，从而降低筹资成本，优化资本结构。其主要缺点是用于股利分配的盈余随投资机会的增减呈反向变化，所以企业难以形成一个稳定、持久的股利政策。

2. 固定或持续增长的股利政策

这一股利政策是将每年发放的股利固定在某一固定的水平上并在较长的时期内不变，只有当公司认为未来盈余会显著地、不可逆转地增长时，才提高年度的股利发放额。不过，在通货膨胀的情况下，大多数公司的盈余会随之提高，而且大多数投资者也希望公司能提供足以抵消通货膨胀下不利影响的股利，因而在长期通货膨胀的年代里也会提高股利发放额。

固定股利政策的主要优点包括：① 稳定的股利额将传递给市场一个稳定的信息，有利于保持企业股票价格的稳定，增强投资者对企业的信心，树立良好的企业形象；② 固定的股利额有利于投资者有规律地安排股利收入和支出，尤其对那些期望每期有固定数额收入的投资者更是如此。因此，许多公司都努力谋求股利支付的稳定性。固定股利的主要缺点是股利支出与企业税后净利脱节，不能像剩余股利政策一样筹措成本较低的资本，而且净利降低时，股利仍照常支付，容易导致企业资金短缺，财务状况恶化。

3. 固定股利支付率政策

该政策是指企业每年按固定股利支付率从税后净利中支付股利的股利政策。这一政策的主要优点是保证企业的股利支付与企业的盈利状况之间的关系保持稳定，股利随盈利的变动而相应变动，能使股利支付与企业盈利得到很好的配合。该政策的主要缺点是由于每年股利随盈利状况而频繁变动，传递给股票市场的是企业经营不稳定的信息。盈利多而股利额高时，股票价格将提高；当出现相反的情况时，股价将出现波动或下降。这不利于稳定股票价格，树立良好的企业形象。因此，很少有企业采用这种政策。

4. 低正常股利加额外股利政策

这一政策是指企业一般每年向股东支付固定的、数额较低的股利，当企业盈利有较大幅度增加时，再根据实际情况向股东加付一部分额外股利的政策。这种股利政策灵活性较大，尤其是为那些利润水平在各年之间浮动较大的企业，提供了一种较为理想的股利分配政策。其灵活性在一定程度上对剩余股利政策、固定股利政策、固定股利支付率政策的缺点提供了补偿。当企业盈利较少或投资所需现金较多时，可维持较低的设定的正常股利，而当企业盈利有较大幅度增加时，则加付额外股利。这种股利政策既能保持股利的稳定性，又能实现股利与盈利之间较好的配合，因而被许多有限责任公司所采用。

以上各种股利政策各有所长，我们在分析企业的利润分配政策时，应结合企业的实际情况加以分析。

二、JLQC 股份有限公司股利政策选择分析

JLQC 股份有限公司 2017 年向全体股东派发现金股利,每股 0.61 元,按照已发行股份 863 214 000 计算,共计 526 560 540 元。2018 年向全体股东派发现金股利,每股 0.32 元,按照已发行股份 863 214 000 计算,共计 276 228 480 元。JLQC 股份有限公司连续两年支付现金股利政策的原因包括以下两个方面。

(1) 公司出于未来发展需要的考虑。面对越来越激烈的市场竞争,公司往往需要更多的资金用于开拓市场、产品创新等,因而往往会将大部分盈余用于投资,而少发放股利甚至不发放股利,以充分利用目前的投资机会和公司的资金,加速公司的发展,这是股利分配合理化的标志。JLQC 股份有限公司属于地方性的国有企业,以生产汽车为主,在行业中只属于中游水平。因此,公司需要更多的资金研发新产品,包括新能源汽车等。由此可见,公司需要大量的资金应对日益激烈的市场竞争。

(2) 盈利能力的限制。企业的股利政策在很大程度上受其盈利能力的限制。一般来说,盈利能力较强的企业通常采取较高的股利政策,而盈利能力较弱的企业通常采取较低的股利政策。从 JLQC 股份有限公司的净利润来看,与同行业相比,该公司的盈利能力并未达到行业领先水平,这也限制了该公司股利分配的能力。

三、股利支付方式选择分析

1. 常见的股利支付方式

股利支付方式主要分为两类,即现金股利与股票股利。国外还有财产股利,即以企业拥有的其他企业的实物、有价证券等替代现金发放股利的方式,以及以应付债券、应付票据等证券形式发放的负债股利。

(1) 现金股利。现金股利是以现金支付的股利,它是股利支付的主要方式。企业支付现金股利除了要有累计盈余(特殊情况下可用弥补亏损后的盈余公积支付)外,还必须有足够的现金支付能力。现金股利的优点是方式手段简化,几乎没有直接的财务费用。分配后,公司原有的控制权结构不会变动,更不会被稀释。其缺点主要有两个:一是导致现金流出量的增加,增加了公司的财务风险;二是股东需要缴纳个人所得税,减少了股东的既得利益。

(2) 股票股利。股票股利是公司将股利折成股票而向股东进行分配的形式。股票股利一般称为送红股,即将未分配利润转换成资本。股票股利主要优点包括 4 个方面。一是节约现金。股票股利使股东分享了企业的盈利,但又无须支付现金,由此企业可以将更多的现金留存下来,用于再投资,有利于企业的持续发展。二是降低股票市价。管理当局会通过分配股票股利,将股票价格调整到一个最佳范围,使企业的股票更富有流动性。三是当公司的现金不足时,发放股票股利在感觉上有助于维持公司的市场形象、市场价值。四是信号传递效应,在信息不对称的情况下,宣告股票股利可以向投资者传递管理当局对企业未来盈利的预期。其主要缺点是,如果企业未来收益的增长不能满足其资本扩张的速度,则会导致投资者收益的下降,而使股票市价下降。

A股份有限公司目前发行在外普通股股票20万股,每股面值1元,每股市价20元,资本公积40万元,未分配利润200万元。本年度宣布发放股票股利,规定现有股东每10股可分配1股股票股利,并且股票溢价部分转增资本公积。

公司发放股票股利将带来以下变化(见表7-3):

增加公司的总普通股:20×1/10=2(万股)
"未分配利润"减少:2×20=40(万元)
股票溢价转增"资本公积":40-2=38(万元)

表7-3 发放股票股利前后A股份有限公司的相关财务数据

发放股票股利前:	
普通股(20万股,每股面值1元)(万元)	20
资本公积(万元)	40
未分配利润(万元)	200
股东权益合计(万元)	260
每股净资产(元/股)	260/20=13
发放股票股利后:	
普通股(20万股,每股面值1元)(万元)	22
资本公积(万元)	78
未分配利润(万元)	160
股东权益合计(万元)	260
每股净资产(元/股)	260/22=11.82

通过对A公司股票股利政策的分析可以发现,发放股票股利扩大了股本,增加了公司发行在外的普通股股票数量,将导致每股普通股所拥有的净资产下降,因此,可能会引起股票价格相应下跌。股票价格下跌幅度的大小取决于市场的反应程度,可能与每股净资产账面价值下跌的幅度不同。如果发放股票股利后股票价格下跌幅度低于每股净资产账面价值下跌的幅度,但有时候发放股票股利后股票价格不仅不下跌,甚至上涨到发放股票股利前的价格,此时股东将因此受益;如果发放股票股利后股票价格下跌幅度高于每股净资产账面价值下跌的幅度,则股东将因此受损。

对于股东来说,虽然分得股票股利没有得到现金,但是如果发放股票股利之后,公司依然维持原有的固定股利水平,则股东以后将得到更多的股利收入,或者股票数量增加之后,股价并没有成比例下降而是走出了填权行情,此时股东的财富也会随之增加。

(3)实物股利。实物股利是指公司以现金以外的实物资产支付股利,如公司的实物产品等。由于这种股利发放形式不会导致公司的现金流出,所以当公司现金不足、资产变现能力较弱时可以采用。但实物股利存在明显的局限性:一是不容易为广大股东所接受;二是以实物支付股利可能严重影响公司形象,投资者会普遍认为公司财务状况不佳、变现能力下降、资金流转不畅,从而对公司发展失去信心,由此可能导致公司股票价格大跌。因此,一般情况下不采用实物股利方式。

(4) 负债股利。负债股利是指公司以负债形式发放股利,通常是以应付票据或公司债券抵付股利。这种股利支付方式虽然可以暂时缓解公司资金不足的矛盾,但一般不受股东的欢迎,甚至可能引起投资者的恐慌,导致股票价格大跌。另外,应付票据和公司债券都是带息的,会给公司带来较大的利息支付压力。

目前,在我国的公司股利分配实务中,企业通常都是以现金和股票作为股利的支付方式。此外,许多公司常常还会结合筹资以及调整资本结构的需要等采取增资配股、股票回购、股票分割、股票合并等多种类似股利支付或分配的方式。下面主要介绍股票回购与股票分割。

股票回购是指上市公司利用现金等方式,从股票市场上购回本公司发行在外的一定数额的股票的行为。公司在股票回购完成后可以将所回购的股票注销。但在绝大多数情况下,公司将回购的股票作为"库藏股"保留,不再属于发行在外的股票,而且不参与每股收益的计算和分配。库藏股日后可用于员工股权激励。

案例: B公司目前发行普通股股票400万股,每股市价为15元。公司本年度预计净收益1 000万元,决定用400万元发放现金股利或回购股票。如果发放现金股利,每股发放利1元;如果回购股票,每股回购价格为16元,可回购25万股,回购股票前后公司股票市盈率保持不变,而股票的市场价格却未上涨。

发放现金股利或回购股票后B公司的相关财务数据如表7-4所示。

表7-4 B公司的相关财务数据表

项 目	公 司 整 体	每股股票(元/股)
发放现金股利:		
现金股利	400万元	1.00
预计年净收益	1 000万元	1 000/4 000=2.5
市盈率	15/2.5=6	
发放现金股利后股票价格	6 000万元	15.00
股票回购:		
股票回购额	400万元	
预计年净收益	1 000万元	1 000/(400−25)=2.67
市盈率	6	
股票回购后股票价格	6 000万元	2.67×6=16.00

由表7-4可知,B公司股东有两种方法得到每股1元的收益:一是通过领取每股1元的现金股利;二是通过股票回购,使每股市价由15元上升为16元。在股票回购中,非常重要的一点是要保持股票回购前后公司股票市盈率不变。这样,在回购中使出售股票和保留股票的股东都得到一个公平的价格,无论出售股票还是保留股票的股东都不会因为公司行为而遭受财富的减少。当然,在股票回购的实际操作中,股票市场价格的反应不像理论计算那样准确,投资者对股票回购所含信息的判断和解释将导致股票价格的波动,并使之偏离理论价格。

股票回购减少了流通在外的股票数,从而引起每股收益增加,股票价格上涨,使股东从股价上涨中获得的收益替代了股利收入,并且避免了因发放现金股利的个人所得税。当公司经营状况良好,有较多闲置资金,却因受到各种限制不能发放更多的现金股利时,可采取该方式。

股票分割(stock split)又称拆股,是指股份公司按一定比例以一股以上的新股交换一股流通在外的旧股的行为,如两股新股换一股旧股。从会计的角度看,股票分割对公司的资本结构、资产的账面价值、股东权益各项目的构成均不产生影响,只是使公司发行在外的股票总数增加,每股股票代表的净资产降低。因此,股票分割与发放股票股利的作用非常相似,都是在不增加股东权益的情况下增加股票的数量。其作用主要表现在6个方面。其一,股票分割会在短时间内使公司股票每股净资产和市价降低,买卖该股票所必需的资金量减少,易于增加该股票在投资者之间的换手,并且可以使更多资金实力有限的潜在股东买入公司的股票。因此,股票分割可以促进股票的流通和交易。其二,股票分割可以向投资者传递公司发展前景良好的信息,有助于提高投资者对公司的信心。其三,股票分割可以为公司发行新股做准备。公司股票价格太高,会使许多潜在的投资者力不从心而不敢轻易对公司的股票进行投资。在新股发行之前,利用股票分割降低股票价格,可以促进新股的发行。其四,股票分割有助于公司并购政策的实施,增加对被并购方的吸引力。其五,股票分割带来的股票流通性的提高和股东数量的增加,会在一定程度上加大对公司股票恶意收购的难度。其六,股票分割在短期内不会给投资者带来太大的收益或亏损,即给投资者带来的不是现实的利益,而是今后可多分股息和更高收益的希望,是利好消息,因而往往对除权日后股价上涨有刺激作用。

案例:C公司目前发行在外的普通股股票有100万股,每股面值为2元,现决定以2股换1股进行股票分割。

股票分割前后C公司的相关财务数据如表7-5所示。

表7-5 股票分割前后C公司的相关财务数据 (单位:万元)

股票分割前:	
普通股(100万股,每股面值2元)	200
资本公积	100
盈余公积	500
股东权益合计	800
股票分割后:	
普通股(100万股,每股面值2元)	200
资本公积	100
盈余公积	500
股东权益合计	800

2. 股利支付方式对所有者权益变动影响的分析

现金股利和股票回购对企业的资产总值和所有者权益均有影响。现金股利的支付会导致现金流出,减少企业的资产和所有者权益并影响企业整体的投资与筹资决策,既影响所有者权益内部结构,也影响整体资本结构。股票回购是现金股利的一种替代形式,需要企业支付一定数量的现金用于股票回购,因而同样导致企业资产和所有者权益的减少。所不同的是:现金股利的支付使企业市场价值下降,导致股价下跌;股票回购则减少股东手中持有的股票数量,但股票市价却会上涨。

股票股利作为一种股利形式,既不影响公司的资产和负债,也不增加所有者权益总额,对股东财富没有任何改变,其所影响的是所有者权益内部各有关项目及其结构的变化,即将未分配利润转为股本(面值)或资本公积(超面值溢价),同时使公司的股份数量增加,并使公司的每股收益、每股净资产和每股市价降低。从财务意义上讲,股票分割不属于股票股利分配性质,即股票分割也不直接增加股东的财富,不影响公司的资产、负债及所有者权益的余额变化。它与股票股利的不同之处在于,股票股利使所有者权益各有关项目的结构发生变化,而股票分割则不会改变公司的所有者权益结构。

本章小结

企业的利润分配政策决定了流向投资者和留存在企业内部以图再投资的资金数量,利润分配政策制定得恰当与否直接影响企业的市场价值、筹资能力及企业未来的成长性。分配活动分析的目的就是要通过对利润分配表所揭示的企业股利分配政策的分析,判断企业所处的生产发展阶段与股利分配政策是否适应,从而预测企业未来的发展前景,以便对企业的价值进行评估。

企业的利润分配受到会计体制和财务政策等诸多因素的影响,如会计政策变更、前期损益调整、资产的流动性、盈利能力和契约性约束,因此,在进行利润分配分析前,须对这些影响因素加以分析。

利润分配分析是指对利润分配活动的全面分析、项目分析和政策分析。分配活动的全面分析,主要是对利润分配的规模、结构的变动情况和利润分配的变动趋势进行分析,通过分析,揭示利润分配规模、结构和趋势变动的原因,并对其变动情况及变动的合理性做出评价。

复习思考题

1. 董事会正式宣布公司未来的股利政策,这对上市公司会有怎样的利弊影响?
2. 影响利润分配分析的因素有哪些?
3. 企业的股利政策如何随其生命周期的变动而变动?
4. 现金股利和股票股利对公司的财务状况有何不同影响?
5. 股票分割是什么?它与股票股利有何区别?
6. 公司进行增资配股对公司会有何种影响?

案例分析

JZT 回购社会公众股的动因

JZT 股份有限公司成立于 1999 年 5 月 12 日,注册地位于长沙市高新区桐梓坡西路 339

号,法定代表人为李振国。经营范围包括:生产、销售(限自产)片剂、颗粒剂、丸剂(大蜜丸、小蜜丸、水蜜丸、水丸、浓缩丸)、茶剂(含中药提取)、颗粒剂、煎膏剂、糖浆剂、合剂、灌肠剂、酊剂、胶剂(含中药提取)、酒剂、中药饮片;生产、销售保健品、食品、乳制品、食品添加剂、饮料、日化用品及化妆品;销售一类医疗器械、化学试剂(不含危险品和监控品);提供制药技术咨询服务、健康咨询服务(不含医疗、诊疗);医药科技开发;医药产业投资(不得从事吸收存款、集资收款、受托贷款、发行票据、发放贷款等国家金融监管及财政信用业务);经营商品和技术的进出口业务;产品包装印刷(限分支机构凭有效许可证经营);货物运输。

由于发改委的降价规定以及医院挂网招标的"双降",原材料和生产工艺规范、质量检测等成本因素的影响,公司预计2019年销售收入将比2018年下降10%左右,这将影响公司的每股收益,进而影响公司的普标价格。怎样防止公司股票价格下跌呢?公司董事会想到了股票回购。

2019年7月,JZT股份有限公司发布公告,将以集中竞价的交易方式回购不超过3 600万股的改善社会公众股并依法予以注销,回购期限为公告公布之日起12个月。截至2019年年底,JZT累计已回购社会公众股13 845 471股。JZT预计回购数量为3 100万股,回购之前股票总数为261 489 861股,回购3 100万股之后股票数量将减少11.8%,而回购期限是12个月,也就是说,该公司应该在公告宣布之日起的12个月内保证盈利下降的程度控制在11.8%之内。或者,公司管理层预测销售盈利在未来一年内的下降幅度大约保持在11.8%内,故将股份回购的程度定在11.8%,以期公司的每股收益至少维持在不降低的水平。这也是公司回购数量定在3 100万股的原因之一。

思考:

1. 根据案例资料,用本章所学习的知识分析JZT股份有限公司回购本公司股票的原因。除了回购本公司股票,还有其他方法可以达到公司的目的吗?
2. JZT公司采用了怎样的股票回购方式?为什么采用这种方式呢?

第三篇　财务效率分析

- 第八章　盈利能力分析
- 第九章　营运能力分析
- 第十章　偿债能力分析
- 第十一章　发展能力分析
- 第十二章　财务效率综合分析

第八章 盈利能力分析

引导案例

北京时间2019年7月22日,全球同步发布了最新的《财富》世界500强排行榜。此次从数量上看,世界最大的500家企业中,有129家来自中国,历史上首次超过美国(121家)。与上年相比,上榜500家公司的总营业收入近32.7万亿美元,同比增加8.9%;总利润再创纪录,达到2.15万亿美元,同比增加14.5%;净利润率则达到6.6%,净资产收益率达到12.1%,都超过了去年。中国大公司数量首次与美国并驾齐驱,但是,与世界500强比较,中国企业盈利指标比较低。世界500强的平均利润为43亿美元,而中国上榜企业的平均利润是35亿美元。中国企业的盈利能力没有达到世界500强的平均水平。如果与美国企业相比,则存在的差距更加明显。其中,销售收益率和净资产收益率两个指标能够体现出企业经营状况的优劣。

除中国台湾地区企业外,2019年入榜的中国企业119家,平均销售收入665亿美元,平均净资产354亿美元,平均利润35亿美元。根据这3个数据计算,上榜中国企业的平均销售收益率为5.3%,低于美国企业的7.7%和全球平均的6.6%;平均净资产收益率是9.9%,低于美国企业的15%,也低于全球平均的12.1%。

那么,我们应该如何对公司的盈利能力进行全面、综合的分析?同行业的盈利状况对本公司的盈利能力判断有怎样的参考作用呢?

【教学目的与要求】

本章阐述了企业盈利能力分析的含义、内容,以及资本经营盈利能力、资产经营盈利能力、商品经营盈利能力的分析方法。通过本章的学习,学生可以了解企业盈利能力分析的意义、内容,深刻领会资本经营盈利能力、资产经营盈利能力和商品经营盈利能力的内涵及其相互关系,熟练掌握净资产收益率、总资产报酬率、收入利润率、成本利润率的分析,并能够结合上市公司的股票价格或市场价值,采用特定指标对上市公司的盈利能力进行分析。

第一节 盈利能力分析的意义和内容

一、盈利能力分析的意义

盈利能力是指企业获取利润的能力。利润是企业内外有关各方都关心的核心问题,利润是投资者取得投资收益、债权人收取本息的资金来源,是经营者经营业绩和管理效能的集中表现,也是职工集体福利设施不断完善的重要保障。因此,企业盈利能力分析具有十分重要的意义。

(一) 有助于保障投资者的权益

投资人的投资动机是获取较高的投资回报。一个不能盈利甚至赔本的经营项目对投资人的投资会构成严重威胁。特别是在企业所有权与经营权相分离的股份有限公司,企业经营者更要对广大的股东投资承担起管好用好资金、保障他们权益的责任。若企业经营得好,盈利能力就强,就能给企业带来较丰厚的利润,从而使权益性股份每股账面价值上升,每股所得利润增多,还能使每股分得较多的股利。而且,这样的业绩往往会引起公司股票市价的升值,给公司股东带来双重好处。总之,具有较强的盈利能力既能为企业进一步增资扩股创造有利条件,又能给更多的投资人带来新的投资机会。

(二) 有利于债权人衡量投入资金的安全性

向企业提供中长期贷款的债权人十分关心企业的资本结构和长期偿债能力,从而衡量他们收回本息的安全程度。从根本上看,企业是否具有较强的盈利能力以及盈利能力的发展趋势乃是能否保证中长期贷款人利益的关键所在。一般而言,金融机构向企业提供中长期贷款的目的是增加固定资产投资,扩大经营规模。当新建项目投入使用后,若不能给企业带来收益或只能带来较少的收益,不具备或者基本不具备盈利能力,就难以承担贷款利息及本金的偿付重担。若具有较强的盈利能力,往往说明企业管理者经营有方,管理得当,企业有发展前途,信贷资本的偿还也就有了可靠的保障。

(三) 有利于政府部门行使社会管理职能

政府行使其社会管理职能要有足够的财政收入做保证。税收是国家财政收入的主要来源,而税收的大部分又来自企业单位。企业盈利能力强,就意味着实现利润多,对政府税收贡献大。各级政府如能集聚较多的财政收入,就能更多地投入于基础设施建设、科技教育、环境保护以及其他各项公益事业,更好地行使社会管理职能,为国民经济的良性运转提供必要的保障,推动社会向前发展。

(四) 有利于保障企业职工的劳动者权益

企业盈利能力强弱、经济效益大小直接关系到企业员工自身利益,实际上也成为人们择业的一个比较主要的衡量条件。企业的竞争说到底是人才的竞争,企业经营得好,具有较强的盈利能力,就能为员工提供较稳定的就业岗位、较多的深造和发展机会、较丰厚的薪金及物质待遇,为员工工作、生活、健康等各方面创造良好的条件,同时也就能吸引人才,激励员工更加努力地为企业工作。

二、盈利能力分析的内容

盈利能力的大小是一个相对概念,即利润是相对于一定的资源投入、一定的收入而言的,对企业盈利能力的分析主要是指对利润率的分析。利润率越高,盈利能力越强;利润率越低,盈利能力越差。利润率指标从不同角度或从不同分析目的看,有多种形式。企业盈利能力分析一般可从以下 4 个方面进行。

(一)资本经营盈利能力分析

资本经营是指企业以资本为基础,通过优化配置来提高资本经营效益的经营活动,其活动领域包括资本流动、收购、重组、参股和控股等能实现资本增值的领域,从而使企业以一定的资本收入,取得尽可能多的资本收益。资本经营的盈利能力分析主要是对净资产收益率指标进行分析评价,并进一步探讨对净资产收益率产生影响的因素。

(二)资产经营的盈利能力分析

资产经营是指企业把资产作为资源投入,并围绕资产的配置、重组、使用等进行管理,追求资产的增值和资产盈利能力的最大化。与资本经营不同的是,资产经营从整个企业出发,强调全部资源的运营,而不考虑资源的产权问题,强调资产的合理配置、重组和有效使用。资产经营是资本经营的基础,资本经营是对资产经营的进一步发展。资产经营盈利能力分析主要是对总资产报酬率指标进行分析评价,并进一步探讨对总资产报酬率产生影响的因素。

(三)商品经营的盈利能力分析

商品经营是指企业以市场为导向,组织产供销活动,以一定的人力、物力消耗生产与销售尽可能多的社会需要的商品。商品经营是资产经营的基础,资产经营是对商品经营的进一步发展,它不仅考虑商品本身的消耗和收益,还要将资产的投入与产出及周转速度作为经营的核心。商品经营盈利能力主要是利用利润表资料进行利润率分析,包括收入利润率和成本利润率。

(四)上市公司盈利能力分析的特定指标

随着我国股份制企业的增多和资本市场的完善,上市公司也越来越多。根据上市公司自身特点,其盈利能力除了可以通过一般企业盈利能力指标进行分析外,还应进行一些特定指标分析。衡量上市公司盈利能力的特定指标主要是一些与公司股票价格或市场价值相关的指标,常见的指标有每股收益、每股股利、市盈率、股利报酬率、股利支付率、托宾 Q 等。

第二节 资本经营的盈利能力分析

一、资本经营的盈利能力指标

资本经营的盈利能力是指企业的投资者投入企业的权益资本获取利润的能力。反映资本经营盈利能力的基本指标是净资产收益率,它是企业一定时期内的净利润同平均净资产

的比率,其计算公式如下:

$$净资产收益率=\frac{净利润}{平均净资产}\times 100\%$$

净利润是指企业当期净利润,虽然净利润并不会全部支付给投资者,还会有一部分以盈余公积和未分配利润的形式留存于企业,但留存收益从归属上看仍归投资者,因而全部净利润都可以看作投资者的报酬,即权益资本的报酬。净资产是企业资产减负债后的余额,即所有者权益,平均净资产是企业期初净资产与期末净资产的平均数。

一般而言,企业净资产收益率越高,企业权益资本获取收益的能力越强,资本经营效益越好,对投资者、债权人的利益保障程度越高。评价指标通常包括社会平均利润率、行业平均利润率或资本成本等。

净资产收益率的影响因素有总资产报酬率、负债利息率、企业资本结构和所得税率,净资产收益率可以分解如下:

$$净资产收益率=\left[总资产报酬率+(总资产报酬率-负债利息率)\times\frac{负债}{净资产}\right]\times(1-所得税率)$$

总资产报酬率越高,净资产收益率就越高;负债利息率越高,净资产收益率就越低;在总资产报酬率高于负债利息率的时候,提高负债比率可以获得财务杠杆收益,使净资产收益率提高;所得税率越高,净资产收益率越低。

二、影响资本经营盈利能力的因素分析

将报告期的净资产收益率与基期相比较,可以揭示净资产收益率产生变动的差异;将连续期间的净资产收益率进行比较,可以了解其发生变化的趋势。为了进一步分析各因素变动对净资产收益率的影响,可采用因素分析法,具体确定相关因素变动对净资产收益率的影响程度。如表 8-1 所示为经过整理后的 JLQC 公司的相关信息。

表 8-1 JLQC 公司有关资本经营盈利能力资料 （单位:千元）

项　目	2018 年	2017 年
平均总资产	2 489 014	2 543 877.5
平均净资产	1 147 845	1 249 082
负债	1 341 169	1 294 795.5
负债/平均净资产	1.168	1.037
负债利息率	0.001 6%	0.001 7%
利息支出	21.73	22.46
利润总额	3 964	76 182
息税前利润	3 985.73	76 204.46

(续表)

项　　目	2018年	2017年
净利润	9 183	69 094
所得税税率	−131.66%	10.26%
总资产报酬率	0.16%	3%
净资产收益率	0.8%	5.53%

备注：负债利息率按利息支出/负债推算，所得税率按(利润总额−净利润)/利润总额推算。

根据表8-1中的资料，对JLQC公司的净资产收益率进行分析如下：

(1) 确定分析对象：0.8%−5.53%=−4.73%

(2) 连环替代分析：

2017年：[3%+(3%−0.001 7%)×1.037]×(1−10.26%)=5.53%

第一次替代(总资产报酬率)：[0.16%+(0.16%−0.001 7%)×1.037]×(1−10.26%)=0.029 1%

第二次替代(负债利息率)：[0.16%+(0.16%−0.001 6%)×1.037]×(1−10.26%)=0.029 1%

第三次替代(净资产负债率)：[0.16%+(0.16%−0.001 6%)×1.168]×(1−10.26%)=0.31%

第四次替代(所得税税率)：[0.16%+(0.16%−0.001 6%)×1.168]×(1+131.66%)=0.799%

总资产报酬率变动的影响：0.029 1%−5.53%=−5.501%

负债利息率变动的影响：0.029%−0.029 1%=0

净资产负债率变动的影响：0.31%−0.029%=0.281%

所得税税率变动的影响：0.799%−0.31%=0.489%

(3) 汇总各要素的影响结果：−5.501%+0+0.281%+0.489%=−4.73%

分析表明，JLQC公司净资产收益率2018年比2017年减少了4.73%，资本经营盈利能力减弱了，通过因素分析可以看出，导致净资产收益率下降的原因主要是总资产报酬率降低使其下降了5.501%，其他3个因素都使净资产收益率有所提高，但变动都比较小。负债利息率基本没有影响，资本结构变动使其提高了0.281%，所得税税率变动使其提高了0.489%。

对净资产收益率的另一种分解方法是著名的杜邦分析法，它是根据企业内相互影响的各种因素之间的内在联系，将若干反映企业盈利能力、偿债能力及资产管理效率的比率有机结合起来，形成一个以净资产收益率为核心指标来分析企业财务状况的方法，其分解公式如下：

$$净资产收益率 = \frac{净利润}{平均净资产}$$

$$= \frac{净利润}{营业收入} \times \frac{营业收入}{平均总资产} \times \frac{平均总资产}{平均净资产}$$

$$= 销售净利率 \times 总资产周转率 \times 权益乘数$$

这样,就将影响净资产收益率的因素分解为 3 个因素,即销售净利率、总资产周转率和权益乘数。销售净利率反映销售收入的收益水平,总资产周转率反映总资产的周转速度,权益乘数表示企业的负债程度。这样分解以后,就可以采用因素分析法以权益净利率来分析净资产收益率发生升降变化的原因。具体分析方法见本书第十章,在此不再赘述。

针对杜邦分析法中销售净利率分子、分母不配比,权益乘数未区分有息负债和无息负债等缺点,有学者提出将净资产收益率分解为净营业资产利润率、净利息率、净财务杠杆 3 个驱动因素,其分解公式如下:

$$净资产收益率 = \frac{净营业利润}{净经营资产} + \left(\frac{净营业利润}{净经营资产} - \frac{净金融费用}{净金融负债}\right) \times \frac{净金融负债}{净资产}$$

$$= 净营业资产利润率 + 净利息率 \times 净财务杠杆$$

这种分解方法考虑了企业具体的经营与财务结构,区分了经营和财务活动的影响,但这种分解方法的数据难以获取,涉及财务报表的重构,信息成本较高。这也说明,财务指标的分解取决于分析主体及分析目的,不能一概而论。

反映企业资本经营盈利能力的另一个常用指标是资本金收益率,它是指企业一定时期的净利润与所有者投入资本的对比关系,用以表明企业所有者投入资本赚取利润的能力,其计算公式如下:

$$资本金收益率 = \frac{净利润}{资本金平均总额} \times 100\%$$

资本金是指企业的注册资金的总额,数据取自资产负债表中的实收资本或股本项目,在实收资本发生较大变化的情况下,应取期初期末的平均值,否则可直接以期末数计算。这个比率是从企业所有者投入资本角度来考察企业的盈利能力,表明企业所有者每百元投入资本能够赚取的利润额。比值越高,说明投入企业资金的回报水平越高;反之,则说明资本金的利用效果不佳,企业资本金盈利能力越弱。

对资本金利润率的分析,可以与同期市场贷款利率、风险费用率以及企业前期、预算目标进行比较,以评价企业投入资本的盈利能力。应注意的是,资本金并非都是投资者的出资额:一方面,除投资者的直接投资外,还有公积金也可以转增资本;另一方面,投资者的实际出资额超出列入资本金部分的数额列入公积金而非资本金。同时,应用这个比率时,还应注意资本结构是否大致一致,否则不宜进行横向或纵向比较。

根据 JLQC 公司的财务报告资料,资本金收益率的计算如下:

2018 年资本金收益率 = 9 183/86 321 = 10.64%

2017 年资本金收益率 = 69 094/86 321 = 80.04%

JLQC 公司有如此高的资本金收益率,其原因包括两个方面。一是该公司股本规模扩张较慢。资料显示,JLQC 公司自 1993 年发行 A 股 8 820 万股,总股本为 49 400 万股,1994 年每 10 股送红股 2 股,1995 年首发 B 股 17 400 万股,1998 年增发 B 股 17 000 万股,此后股本一直未发生变动。二是该公司在连续多年的高增长后,2018 年净资产收益率与 2017 年相比出现较大幅度的下滑。这是因为全年实现整车销售 285 066 辆,同比下降 8.05%,实现收入 282.49 亿元,同比下降 9.88%。同时,为了顺应汽车智能化、网联化、电动化、共享化的发展趋势,公司在新产品、新技术、新业务等各方面保持密集投资,以提升产品竞争力,面对造车新势力的加入、传统竞争对手的价格竞争策略使得行业竞争日益激烈的局面,公司促销费用上升,销售结构也发生变化。该公司 2018 年实现净利润 0.92 亿元,同比下降 86.71%。

第三节 资产经营盈利能力分析

一、资产经营盈利能力指标

资产经营盈利能力是指企业运用全部资产产生利润的能力。反映资产经营盈利能力的基本指标是总资产报酬率,它是企业一定时期内的息税前利润同平均总资产的比率,其计算公式如下:

$$总资产报酬率 = \frac{息税前利润}{平均总资产} \times 100\%$$

企业全部资产的资金来源包括负债和使用者权益,因而在计算全部资产报酬时应在利润总额的基础上加上利息费用,以便正确评价企业资产的运营效率。采用息税前利润,可以避免由于资本结构不同、税收负担不同而导致不同时期、不同企业资产获利水平缺乏可比性的弊端,能够更好地体现企业资产的总增值情况,客观评价企业的资产经营盈利能力。平均总资产是企业期初资产总额与期末资产总额的平均数。

20 世纪 80 年代,伴随着杠杆收购浪潮,息税折旧摊销前利润(earnings before interests, taxes, depreciation and amortization, EBITDA)被资本市场上的投资者广泛使用。息税折旧摊销前利润是指息税前利润再加上固定资产折旧和无形资产摊销。其理由是:折旧、摊销包含的是以前会计期间取得资产时的支付而非当期支出,将它们加入利润中更有利于投资者对未来资本支出的估计,并将其与公司现金流进行比较。息税折旧摊销前利润非常适合用于评价前期资本支出巨大,需要在很长期间内对前期投入进行摊销的行业,如核电、酒店、租赁等。

总资产报酬率越高,说明企业资产的运用效果越好,企业资产经营效益越好。评价总资产报酬率时,需要与企业前期、同行业其他企业的这一指标进行比较,分析影响指标变动的因素,从而客观评价企业资产盈利能力的变动情况及其在行业中所处的地位。

由总资产报酬率的计算公式可知,影响总资产报酬率的因素包括息税前利润和平均总资产。对于息税前利润,应从收入、成本、费用和支出等方面分析各因素变动的影响,不但要分析其总量的变化,还要从质量角度分析其长期性、稳定性。对于资产的分析,不仅要注意资产占用水平,还要注意资产结构。

为了分析企业资产管理效率和产品的盈利性对总资产报酬率的影响,可将总资产报酬率分解如下:

$$总资产报酬率 = \frac{营业收入}{平均总资产} \times \frac{(利润总额 + 利息支出)}{营业收入}$$

$$= 总资产周转率 \times 销售息税前利润率$$

总资产周转率是反映企业全部资产运营效率的指标,企业运用资产获取营业收入的有效性越高,总资产报酬率就越高,资产盈利能力就越强。销售息税前利润率反映企业商品生产经营的盈利能力,产品盈利能力越强,该指标就越高。

二、资产经营盈利能力的因素分析

对总资产报酬率,可以进行横向和纵向比较。通过与同行业平均水平或竞争对手比较,可以了解企业的资产盈利能力在行业中是偏高还是偏低,与竞争对手相比是强还是弱。通过与企业以往各期的总资产报酬率进行比较,可以了解企业的资产盈利能力的发展变动情况及趋势。

为了进一步分析各因素变动对总资产报酬率的影响,可采用因素分析法,具体确定相关因素变动对总资产报酬率的影响程度。表 8-2 是经过整理后的 JLQC 公司的相关信息。

表 8-2　JLQC 公司有关资产经营盈利能力资料

项　　目	2018 年	2017 年
营业收入(万元)	2 824 934	3 134 575
利润总额(万元)	3 964	76 182
利息支出(万元)	21.73	22.46
息税前利润(万元)	3 985.73	76 204.46
平均总资产(万元)	2 489 014	2 543 877.5
总资产周转率	1.135 次	1.232 次
销售息税前利润率	0.14%	2.43%
总资产报酬率	0.16%	3%

根据表 8-2 资料,对 JLQC 公司的总资产报酬率进行分析如下:
(1) 确定分析对象:0.16%-3%=-2.84%
(2) 因素分析:
总资产周转率变动的影响:(1.135-1.232)×2.43%=-0.023 5%
销售息税前利润率变动的影响:1.232×(0.14%-2.43%)=-2.816 5%
(3) 汇总各要素的影响结果:-0.023 5%-2.816 5%=-2.84%

分析表明,JLQC 公司净资产收益率 2018 年比 2017 年减少了 2.84%,说明资产经营盈利能力减弱了。通过因素分析可以看出,导致总资产报酬率减少的原因有两方面:一是总资产周转率降低使其减少 0.023 5%;二是销售息税前利润率降低使其减少 2.816 5%。这说明企业同上年相比,产品的盈利性在下降,资产管理效率有待提高。对此,应结合企业的具体情况进一步分析。

基于对利润认识的不同,实务中总资产盈利能力的衡量指标还有另一种表现形式,即总资产净利率,它是将企业一定时期内实现的净利润与平均总资产相比,其计算公式如下：

$$总资产净利率 = \frac{净利润}{平均总资产} \times 100\%$$

该指标用来反映企业利用总资产获取净利润的能力，表示企业每百元资产所能创造的净利润额，该指标越高，说明企业资产的总体利用效果越好。但该指标分子使用净利润，净利润会受到指标结构的影响，会导致不同时期、不同企业的总资产净利率因指标结构等因素的不同而不具有可比性。这使得该指标的使用范围受到限制，它主要是在杜邦分析法中被作为影响净资产收益率的一个因素而运用。

在评价企业盈利能力时还广泛使用另一个指标，即长期资本利润率，其计算公式如下：

$$长期资本利润率 = \frac{利润总额 + 长期负债利息}{长期资本} \times 100\%$$

长期资本是指企业的长期负债与所有者权益之和。该指标表明企业运用每百元长期资金可以赚取的利润，强调长期融资的盈利能力。较高的长期资本利润率说明其盈利能力较强，企业未来具有较强的资金能力。

第四节 商品经营盈利能力分析

一、商品经营盈利能力内涵

如前所述，商品经营是以一定的人力、物力消耗提供尽可能多的社会需要的商品。所谓商品经营盈利能力分析，就是在不考虑筹资或投资的情况下，只研究利润与收入或者成本费用之间的关系，通过考察销售的获利水平、所得与所费之间的关系，来评价企业经营的效益。分析商品经营盈利能力一般从两个方面进行：一是以营业收入为基础计算各种收入利润率；二是以成本费用为基础计算各种成本利润率。

二、收入利润率分析

收入利润率是以营业收入为基础计算的反映商品经营盈利能力的指标。其基本表现形式如下：

$$收入利润率 = \frac{利润}{营业收入} \times 100\%$$

利润是一个非常笼统的概念，它是收入扣除费用后的余额。扣除的费用项目范围不同，会得出不同含义的利润。如果不在利润之前加上任何定语，就不知道它指的是什么。利润依扣除费用项目的范围不同，划分为毛利、营业利润、息税前利润、利润总额、净利润等。不同的收入利润率，其内涵不同，揭示的收入与利润的关系不同。

(一)毛利率

毛利是指企业的营业收入扣除营业成本后的余额。毛利率是企业一定时期的销售毛利与营业收入之间的比率,反映每百元收入中获取的毛利额。其计算公式如下:

$$毛利率 = \frac{营业收入 - 营业成本}{营业收入} \times 100\%$$

毛利率是企业获利的基础,毛利率越高,抵补各项期间费用的能力越强,企业商品经营的盈利能力也就越强。影响毛利率变动的因素可以分为外部因素和内部因素。外部因素主要是指市场供求关系导致的销售量和销售价格的变动:销售量和销售价格的上升会导致毛利额和毛利率的上升,但销售量与销售价格通常是此增彼减的关系,尤其是价格弹性大的产品。内部因素包括开拓市场的能力、成本管理水平、产品构成和企业战略。毛利率指标具有明显的行业特点,一般来说,营业周期短、固定费用低的行业的毛利率水平比较低;而营业周期长、固定费用高的行业则要求较高的毛利率,以弥补其巨大的固定成本。因此,在分析毛利率时,必须与企业的目标毛利率、同行业水平及先进水平企业的毛利率加以比较,以正确评价企业的获利能力。

(二)营业利润率

营业利润是企业一定时期的营业收入扣除营业成本、营业税金、期间费用、资产减值损失、公允价值变动损失、投资损失后的余额。营业利润是企业最基本经营活动的成果,也是企业一定时期获得利润中最主要、最稳定的来源。营业利润率是指企业的营业利润与营业收入的比率,其计算公式如下:

$$营业利润率 = \frac{营业利润}{营业收入} \times 100\%$$

营业利润率是衡量企业经营效率的指标,反映了在不考虑非营业成本的情况下,企业管理者通过经营获取利润的能力。营业利润率越高,说明企业商品销售额提供的营业利润越多,企业的盈利能力越强;反之,此比率越低,说明企业盈利能力越弱。

对于营业利润率而言,其影响因素包括两方面,即营业利润和营业收入。营业利润同方向影响营业利润率,即营业利润越大,营业利润率越高。营业收入则从反方向影响营业利润率,即当营业利润一定时,营业收入越大,营业利润率越低,企业经营活动的获利能力越差。这说明,企业欲提高营业利润率,必须用同等的营业收入实现更多的营业利润。因此,影响营业利润率的关键因素是营业利润的大小。营业利润的构成要素中,其他业务利润、资产减值损失、公允价值变动损失、投资损失与企业基本经营业务的关系相对较弱,因此,主营业务利润就成为营业利润的决定因素。对主营业务利润的分析,本节将单独阐述。

(三)销售净利率

企业一定时期的净利润是利润总额扣除所得税费用后的余额。销售净利率是指企业的净利润与营业收入之间的比率,其计算公式如下:

$$销售净利率 = \frac{净利润}{营业收入} \times 100\%$$

销售净利率用以衡量企业在一定时期的营业收入获取净利润的能力,反映每百元收入中带来的净利润额。它与净利润成正比关系,与营业收入成反比关系,企业在增加销售收入额的同时,必须相应地获得更多的净利润,才能使销售净利率保持不变或有所提高。

通过分析销售净利率的升降变动,可以促使企业在扩大销售的同时,注意改进经营管理,提高盈利水平。经营中往往发现,企业在扩大销售的同时,由于销售费用、财务费用、管理费用的大幅增加,企业净利润并不一定会同比例地增长,甚至会出现负增长。盲目扩大生产和销售规模未必会为企业带来正的收益。因此,分析者应关注在企业增加营业收入的同时,净利润的增减程度,由此来考察销售收入增长的效益。销售净利率还可以根据分析需要,进一步分解为销售毛利率、销售税金率、销售期间费用率等,以便具体分析其发生变动的原因。

(四) 销售息税前利润率

息税前利润是将企业一定时期的利润总额加上利息支出(包括财务费用中的利息和资本化利息)和所得税的金额。销售息税前利润率是指企业的息税前利润与营业收入之间的比率,其计算公式如下:

$$销售息税前利润率 = \frac{息税前利润}{营业收入} \times 100\%$$

销售息税前利润率越高,表明企业的获利能力越强,销售息税前利润率是财务会计中一个非常重要的指标,它剔除了负债利息率、所得税税率的影响,从而能较为客观地评价企业的盈利水平。现行财务报告并不披露利息支出,对于外部分析主体,只能使用利润表中的财务费用代替,但有时会产生较大差额,因为有些财务费用并不是利息(汇兑损失、金融机构手续费),也不是所有利息费用都计入财务费用(如资本化的利息费用)。

利润率是正指标,指标值越高越好。分析时应根据分析目的和要求,确定适当的标准值,如行业平均值、全国平均值、企业目标值等。

下面根据JLQC公司的利润表及附表资料,计算2018年的收入利润率及与2017年的对比情况,如表8-3所示。

表8-3 JLQC公司收入利润率分析表

项 目	2018年	2017年
营业收入(千元)	2 824 934	3 134 575
营业成本(千元)	2 440 955	2 504 509
营业利润(千元)	−19 827	12 858
利润总额(千元)	3 964	76 182
净利润(千元)	9 183	69 094
利息支出(千元)	21.73	22.46
毛利率	22.62%	24.79%
营业利润率	−0.7%	0.41%
销售净利率	0.33%	2.20%
销售息税前利润率	0.14%	2.43%

由表 8-3 可以看出，2018 年 JLQC 公司的毛利率、营业利润率、销售净利率和销售息税前利润率比 2017 年都有所降低，营业利润率为负数。这说明，该企业的盈利能力在下降。对此，应结合 JLQC 企业具体情况进一步分析，以便找出影响企业盈利能力的制约因素。

三、成本利润率分析

成本是企业一定时期内为取得收入而发生的各种耗费，成本利润率是以成本为基础计算的反映商品经营盈利能力的指标。其基本表现形式如下：

$$成本利润率 = \frac{利润}{成本} \times 100\%$$

成本也是一个非常笼统的概念，按包括的范围不同，可以划分为营业成本、营业成本费用、全部成本费用，因此，成本利润率也有不同表现形式。不同的成本利润率，其内涵不同，揭示的成本与利润的关系不同。

（一）营业成本利润率

营业成本是与营业收入直接相关的，已经确定了归属期和归属对象的各种费用，包括主营业务成本和其他业务成本。营业成本利润率指企业一定时期的营业利润与营业成本之间的比率，其计算公式如下：

$$营业成本利润率 = \frac{营业利润}{营业成本} \times 100\%$$

（二）营业成本费用利润率

营业成本费用是指企业正常生产经营活动过程中发生的全部耗费，包括营业成本、营业税金及附加、期间费用和资产减值损失。营业成本费用利润率是指营业利润与营业成本费用的比率，其计算公式如下：

$$营业成本费用利润率 = \frac{营业利润}{营业成本费用总额} \times 100\%$$

（三）全部成本费用利润率

全部成本费用是指企业生产经营活动过程中发生的所有耗费，包括正常经营活动发生的营业成本费用，也包括非正常经营活动发生的营业外支出。全部成本费用利润率是指利润总额与全部成本费用的比率，其计算公式如下：

$$全部成本费用利润率 = \frac{利润总额}{全部成本费用} \times 100\%$$

以上各种成本费用利润率反映了企业的投入产出水平，即所得与所费的比率，体现了增加利润是以降低成本费用为基础的。这些指标的数值越高，表明生产和销售产品的每一元成本费用取得的利润越多，劳动消耗的效益越高；反之，每消耗一元的成本费用实现的利润越少，劳动消耗的效益越低。所以，成本利润率是综合分析企业成本效益的重要指标。

成本利润率也是正指标，指标越高越好。分析评价时，可将各指标实际值与标准值进行比较，标准值的确定视分析目的而定。

根据JLQC公司的资料,可计算该公司成本利润率,如表8-4所示。

表8-4　JLQC公司成本费用利润率分析表　　　　　　　　　　　（单位：%）

项　目	2018年	2017年
营业成本利润率	−0.81	0.51
营业成本费用利润率	−0.69	0.41
全部成本费用利润率	0.14	2.44

从表8-4可以看出,JLQC公司2018年的营业成本利润率、营业成本费用利润率和全部成本费用利润率都比2017年有所下降,并且2018年营业成本利润率、营业成本费用利润率还为负数,说明该企业商品经营盈利能力在降低。对成本利润率的进一步分析,也可以从各成本利润率之间关系的角度进行。

四、主营业务利润分析

主营业务是指企业为完成其经营目标而从事的日常活动中的主要活动,主营业务利润是主营业务收入减去主营业务成本和主营业务税金及附加后的余额。企业的主营业务利润是营业利润的重要组成部分,主营业务利润的高低直接影响和决定着营业利润甚至利润总额的高低。影响主营业务利润的因素有很多,从不同的角度看,影响因素是不同的,但影响主营业务利润的基本因素可以从它的计算公式中找出：

$$主营业务利润 = \sum[产品销售量 \times (产品单价 - 产品单位成本)]$$

可见,影响主营业务利润的基本因素有销售量、产品单价、产品单位成本,在生产多种产品的企业还受产品品种构成的影响,在生产不同等级产品的企业又受产品等级的影响,另外,销售税金中的价内税(如消费税、营业税)税率或单位税额的变动也会对其产生影响。

(一) 销售量变动的影响

产品销售量是影响利润的一个重要因素。在产品单位利润一定的情况下,销售量的增减直接决定着利润的增减。销售量的变动对产品销售利润的影响可以下列公式计算：

$$产品销售量变动的影响额 = 基期产品销售利润 \times (产品销售量完成率 - 1)$$

其中：$产品销售量完成率 = \dfrac{\sum(报告期产品实际销售量 \times 基期单价)}{\sum(基期产品销售量 \times 基期单价)} \times 100\%$

产品销售量完成率用于检查销售量的完成情况。企业只生产一种产品时,可直接以报告期实物数量进行对比计算。但生产多种产品时,实物量不能简单相加,需要与产品价格相乘(各种产品比价不尽合理时也可采用产品单位成本),转化统一的货币单位,以便汇总。

(二) 销售价格变动的影响

价格也是影响利润的重要因素。价格与销售利润成正比,在其他因素不变的情况下,价格越高,利润越多。产品价格变动对利润的影响可按下式计算：

销售价格变动对利润的影响额 $= \sum$ 报告期产品销售量 $\times$ (报告期产品单位售价 $-$ 基期产品单位售价)

企业产品价格的制定受到多方面因素的影响,如国家价格政策、市场供求关系、产品质量等级,等等。综合来看,价格变动可归纳为政策原因(含国家价格政策和企业价格政策)和质量原因。政策原因的影响一般可按上述公式计算,但若属于等级品价格调整,则应按下列公式计算:

销售价格变动对利润的影响额 $= \sum$ 等级品销售数量 $\times$ (实际等级品的实际平均单价 $-$ 实际等级品的基期平均单价)

其中:实际等级品实际平均单价 $= \dfrac{\sum (各等级品销售数量 \times 该等级品实际单价)}{各等级品销售数量之和}$

实际等级品基期平均单价 $= \dfrac{\sum (各等级品销售数量 \times 该等级品基期单价)}{各等级品销售数量之和}$

质量原因的影响一般按照产品等级构成变动来进行分析。产品等级构成是指在等级产品的总产销量中各单价产品产销量所占的比重,它对销售利润的影响额可按下式计算:

等级构成变动对利润的影响额 $=$ 报告期单价品销售量 $\times$ (实际等级构成的基期平均单价 $-$ 基期等级构成的基期平均单价)

其中:基期等级品基期平均单价 $= \dfrac{\sum (各等级品基期销售数量 \times 该等级品基期单价)}{各等级品基期销售数量之和}$

(三)单位成本变动的影响

产品销售成本即已销产品的生产成本,其增减变动对销售利润也有着直接影响。如果其他因素未发生变化,则销售成本降低多少就会使销售利润增加多少,所以企业在扩大销售的同时还应注重成本管理。

单位成本变动的影响额 $= \sum \left[报告期产品销售数量 \times (基期产品单位生产成本 - 报告期产品单位生产成本) \right]$

(四)销售品种结构变动的影响

销售品种结构是指各种产品的销售量在总销售量中所占的比重。在企业生产多种产品的情况下,必然存在品种结构问题。由于不同产品的销售利润率是不同的,企业多销售高利润率的产品,必然导致综合利润率的提高,使得销售利润增加;反之,会使销售利润减少。销售结构变动是由各种产品的销售量变化引起的,实际上销售产品的结构变动和销售量变动结合在一起对销售利润产生影响,只是为了分析而将它们区分为两个因素。确定销售结构变动对利润的影响有多种方法,本书只介绍其中一种方法:

销售品种结构变动对利润的影响额 $= \sum (报告期产品销售量 \times 基期产品单位利润) - 基期产品销售利润 \times 销售量完成率$

该公式没能反映各产品品种构成变动对利润的具体影响额,只反映了销售结构变动的总影响额,但是比较简单,是分析中常用的方法。

(五)税率变动的影响

如果企业生产销售的是烟酒、化妆品、贵重首饰等属于应交消费税的产品,消费税率或单位税额的变动对销售利润的影响较大。如果企业实行从价定率办法计算消费税,则消费税税率变动的影响可按下式计算:

$$\begin{matrix}消费税税率变动\\对利润的影响额\end{matrix} = \sum [报告期产品销售收入 \times (基期消费税率 - 实际消费税率)]$$

如果企业实行从量定额办法计算消费税,单位消费税额变动的影响可按下式计算:

$$\begin{matrix}单位消费税额变动\\对利润的影响额\end{matrix} = \sum 报告期产品销售数量 \times \left(\begin{matrix}基期单位\\消费税额\end{matrix} - \begin{matrix}实际单位\\消费税额\end{matrix}\right)$$

【例 8-1】假设某公司 2017 年和 2018 年主营业务明细资料如表 8-5 和表 8-6 所示。

表 8-5　2017 年产品销售利润明细表

产品名称	销售量(件)	单价(元)	单位成本(元)	单位消费税额(元)	单位销售利润(元)	销售利润(元)
甲	5 000	105	67	10	28	140 000
乙	4 000	126	96	12	18	72 000
丙	1 500	212	138	—	74	111 000
合计						323 000

表 8-6　2018 年产品销售利润明细表

产品名称	销售量(件)	单价(元)	单位成本(元)	单位消费税额(元)	单位销售利润(元)	销售利润(元)
甲	5 600	105	69	9	27	151 200
乙	3 700	130	94	12	24	88 800
丙	1 800	210	140	—	70	126 000
合计						366 000

根据上述资料,对各因素变动对公司产品销售利润的影响分析如下:

分析对象:366 000－323 000＝43 000(元)

因素分析:

(1) 销售量变动对利润的影响:

$$产品销售量完成率 = \frac{5\,600 \times 105 + 3\,700 \times 126 + 1\,800 \times 212}{5\,000 \times 105 + 4\,000 \times 126 + 1\,500 \times 212} \times 100\% = 106.60\%$$

销售量变动对利润的影响额＝323 000×(106.60%－1)＝21 318(元)

(2) 单位价格变动对利润的影响:

$$\begin{matrix}单位价格变动对\\利润的影响额\end{matrix} = 3\,700 \times (130 - 126) + 1\,800 \times (210 - 212) = 11\,200(元)$$

(3) 单位成本变动对利润的影响：

$$\text{单位成本变动对利润的影响额} = 5\,600 \times (69 - 67) + 3\,700 \times (94 - 96) + 1\,800 \times (140 - 138)$$
$$= 7\,400(元)$$

(4) 销售品种结构变动对利润的影响：

$$\text{销售品种结构变动对利润的影响额} = (5\,600 \times 28 + 3\,700 \times 18 + 1\,800 \times 74) - 323\,000 \times 106.6\%$$
$$= 12\,282(元)$$

(5) 单位消费额变动对利润的影响：

$$\text{单位消费额变动对利润的影响} = 5\,600 \times (10 - 9) = 5\,600(元)$$

可见，该公司 2018 年产品销售利润比 2017 年增加 43 000 元，是各因素共同作用的结果。销售量增加、销售结构变动以及价格和税率的调整都是利润增加的因素，说明企业在改善品种结构和扩大销售等方面比上年做得好。但单位成本上升导致利润减少 7 400 元，3 种产品中有 2 种产品的单位成本增加，只有一种产品的单位成本减少，虽然数额不大，但应引起注意，需要进一步查明其原因。

第五节 上市公司盈利能力分析的特定指标

上市公司是所发行的股票经过国务院或者国务院授权的证券管理部门批准在证券交易所上市交易的股份有限公司。上市公司盈利能力分析除了可以通过一般企业盈利能力指标分析外，还应进行一些特定指标分析。上市公司盈利能力的特定指标分析，主要是一些与公司股票价格或市场价值相关的指标，常见的指标有每股收益、每股股利、股利支付率、市盈率、股利报酬率、托宾 Q。

一、每股收益分析

(一) 每股收益的计算

每股收益是指普通股股东每持有 1 股所能享有的企业利润或需要承担的企业亏损。每股收益通常被用来反映企业的经营成果，衡量普通股的获利水平及投资风险，是投资者、债权人等信息使用者据以评价企业盈利能力、预测企业成长潜力，进而做出相关经济决策的一项重要的财务指标。

每股收益包括基本每股收益和稀释每股收益两类。基本每股收益仅考虑当期实际发行在外的普通股股份，而稀释每股收益的计算和列报主要是为了避免每股收益虚增可能带来的信息误导。

1. 基本每股收益

基本每股收益只考虑当期实际发行在外的普通股股份，按照归属于普通股股东的当期

净利润除以当期实际发行在外普通股的加权平均数计算确定,其计算公式如下:

$$基本每股收益 = \frac{净利润 - 优先股股利}{发行在外普通股的加权平均数}$$

计算基本每股收益时,分子为归属于普通股股东的当期净利润,即企业当期实现的可供普通股股东分配的净利润或应由普通股股东分担的净亏损金额。发生亏损的企业,每股收益以负数列示。以合并财务报表为基础计算的每股收益,分子应当是归属于母公司普通股股东的当期合并净利润,即扣减少数股东损益后的余额。与合并财务报表一同提供的母公司财务报表中企业自行选择列报每股收益的,以母公司个别财务报表为基础计算的每股收益,分子应当是归属于母公司全部普通股股东的当期净利润。

分母为当期发行在外普通股的算术加权平均数,即期初发行在外普通股股数根据当期新发行或回购的普通股股数与相应时间权数的乘积进行调整后的股数。其中,作为权数的已发行时间、报告期时间和已回购时间通常按天数计算,在不影响计算结果合理性的前提下,也可以采用简化的计算方法,如按月数计算。公司库存股不属于发行在外的普通股,而且无权参与利润分配,应当在计算分母时扣除。

【例8-2】某公司按月数计算每股收益的时间权数。2017年期初发行在外的普通股为20 000万股,2月28日新发行普通股10 800万股,12月1日回购普通股4 800万股。该公司当年度实现净利润6 500万元。2017年度基本每股收益计算如下:

发行在外普通股加权平均数如下:

$20\ 000 \times 12/12 + 10\ 800 \times 10/12 - 4\ 800 \times 1/12 = 28\ 600(万股)$

或者 $20\ 000 \times 2/12 + 30\ 800 \times 9/12 + 26\ 000 \times 1/12 = 28\ 600(万股)$

基本每股收益 $= 6\ 500/28\ 600 = 0.23(元)$

新发行普通股股数应当根据发行合同的具体条款,从应收对价之日起计算确定。企业合并中作为对价发行的普通股计入发行在外普通股的加权平均数,应区分两种情况处理:① 非同一控制下企业合并,作为对价发行的普通股股数应当从购买日起计算;② 同一控制下的企业合并,作为对价发行的普通股,应视同列报最早期间期初就已发行在外,计入各列报期间普通股的加权平均数。

2. 稀释每股收益

所谓稀释每股收益,是假设公司所有发行在外的稀释性潜在普通股均已转换成普通股,分别调整归属于普通股股东的当期净利润和发行在外的普通股加权平均数而计算的每股收益。稀释性潜在普通股是指假设当期转换为普通股会减少每股收益的潜在普通股。对于亏损企业而言,潜在普通股将会增加企业每股亏损的金额。稀释每股收益的计算公式如下:

$$稀释每股收益 = \frac{调整后归属于普通股东的净利润}{发行在外普通股加权平均数 + 假设稀释性潜在普通股转换为普通股而增加的普通股加权平均数}$$

计算稀释每股收益时,应当根据下列事项对归属于普通股股东的当期净利润进行调整:① 当期已确认为费用的稀释性潜在普通股的利息;② 稀释性潜在普通股转换时将产生的收益或费用。上述调整应当考虑相关的所得税影响,即按照税后影响金额进行调整。

当期发行在外普通股的加权平均数,应当为计算基本每股收益时普通股的加权平均数与假定稀释性潜在普通股转换为已发行普通股而增加的普通股股数的加权平均数之和。假定稀释性潜在普通股转换为已发行普通股而增加的普通股股数应当按照其发行在外时间进行加权平均,以前期间发行的稀释性潜在普通股,应当假设在当期期初转换为普通股;当期发行的稀释性潜在普通股,应当假设在发行日转换为普通股;当期被注销或终止的稀释性潜在普通股,应当按照当期发行在外的时间加权平均计入稀释每股收益;当期被转换或行权的稀释性潜在普通股,应当从当期期初至转换日(或行权日)计入稀释每股收益中,从转换日(或行权日)起所转换的普通股则计入基本每股收益中。

对于可转换公司债券可转股数量的计算,先假设这部分可转换公司债券在当期期初(或发行日)即已转换成普通股。一方面,增加了发行在外的普通股股数;另一方面,节约了公司债券的利息费用,增加了归属于普通股股东的当期净利润。然后,以基本每股收益为基础,分子的调整项目为可转换公司债券当期已确认为费用的利息等的税后影响额,分母的调整项目为假定可转换公司债券当期期初(或发行日)转换为普通股的股数加权平均数。

对于盈利企业,认股权证、股票期权等的行权价格低于当期普通股平均市场价格时,具有稀释性。对于亏损企业,认股权证、股份期权的假设行权一般不影响净亏损,但会增加普通股股数,从而导致每股亏损金额的减少,实际上产生了反稀释的作用。因此,这种情况下,不应当计算稀释每股收益。对于稀释性认股权证、股份期权,计算稀释每股收益时,一般无须调整分子净利润金额,只需要按照下列步骤调整分母普通股加权平均数:① 假设这些认股权证、股票期权在当期期初(或发行日)已经行权,计算按约定行权价格发行普通股将取得的认购股票的价款金额;② 假设按照当期普通股平均市场价格发行股票,计算需要发行多少普通股能够带来上述相同的认购股票的金额;③ 比较行使股票期权、认股权证将发行的普通股股数与按照平均市场价格发行的普通股股数,差额部分相当于无对价发行的普通股,作为发行在外普通股股数的净增加;④ 将净增加的普通股股数乘以其假设发行在外的时间权数,据此调整稀释每股收益的计算分母。

【例8-3】某公司2017年度归属于普通股股东的净利润为500万元,发行在外普通股加权平均数为1 250万股,该普通股平均每股市场价格为4元。2017年1月1日,该公司对外发行250万份认股权证,行权日为2018年3月1日,每份认股权证可以在行权日以3.5元的价格认购本公司1股新发的股份。该公司2017年度每股收益计算如下:

$$基本每股收益 = 500/1\ 250 = 0.4(元)$$
$$调整增加的普通股股数 = 250 - 250 \times 3.5 \div 4 = 31.25(万股)$$
$$稀释每股收益 = 500/(1\ 250 + 31.25) = 0.39(元)$$

企业承诺当回购其发行在外股份的合同中规定的回购价格高于当期普通股平均市场价格时,应当考虑其稀释性。计算稀释每股收益时,与前面认股权证、股份期权的计算思路恰好相反。具体步骤如下:① 假设企业于期初按照当期普通股平均市场价格发行普通股,以募集足够的资金来履行回购合同;② 假设回购合同已于当期期初(或合同日)履行,按照约定的行权价格回购本企业股票;③ 比较假设发行的普通股股数与假设回购的普通股股数,差额部分作为净增加的发行在外普通股股数,再乘以相应的时间权数,据此调整稀释每股收益的计算分母数。

【例8-4】某公司2017年度归属于普通股股东的净利润为400万元,发行在外普通股加权平均数为 1 000 万股。2017 年 3 月 2 日，该公司与股东签订一份远期回购合同，承诺一年后以每股 5.5 元的价格回购其发行在外的 240 万股普通股。假设该普通股 2017 年 3—12 月平均每股市场价格为 5 元。2017 年度每股收益计算如下：

$$基本每股收益 = 400/1\,000 = 0.4(元)$$
$$调整增加的普通股股数 = 240 \times 5.5 \div 5 - 240 = 24(万股)$$
$$稀释每股收益 = 400/(1\,000 + 24 \times 10/12) = 0.39(元)$$

企业发行在外普通股或潜在普通股的数量因派发股票股利、公积金转增资本、拆股而增加或因并股而减少，但不影响所有者权益金额的，应按调整后的股数重新计算各期每股收益。上述变化发生在资产负债表日至财务报告批准报出日之间的，应以调整后的股数重新计算各期每股收益。按会计政策、会计估计变更和会计差错更正准则的规定对以前年度损益进行追溯调整或追溯重述的，应重新计算各列报期间每股收益。

（二）影响每股收益的因素分析

为了分析每股收益变动的原因，应确定每股收益的影响因素，并对各个因素进行分析，测算各因素变动对每股收益的影响程度。根据每股收益的基本公式，对每股收益指标进行如下分解：

$$每股收益 = \frac{净利润 - 优先股股息}{发行在外普通股的加权平均数}$$
$$= \frac{普通股权益}{发行在外普通股的加权平均数} \times \frac{净利润 - 优先股股息}{普通股权益}$$
$$= 每股账面价值 \times 普通股权益报酬率$$

可见，每股收益的影响因素有每股账面价值和普通股权益报酬率。每股账面价值可以帮助投资者了解每股的股东权益，有助于潜在的投资者进行投资分析；普通股权益报酬率从普通股股东的角度反映企业的盈利能力，该指标越大，说明盈利能力越强，普通股股东可以获得的收益越多。

根据 JLQC 公司的利润表及附表资料计算的 2018 年每股收益的相关指标及其与 2017 年的对比情况如表 8-7 所示。

表 8-7 JLQC 公司每股收益有关资料

项　目	2018 年	2017 年
净利润（万元）	9 183	69 094
优先股股息	0	0
普通股权益平均额（万元）	1 147 845	1 249 082
普通股权益报酬率	0.8%	5.53%
发行在外普通股平均数（万股）	86 321	86 321
每股账面价值（元）	13.30	14.47
每股收益（元）	0.11	0.8

可见,2018年的每股收益比2017年减少了0.69元,采用差额计算法对各因素变动对每股收益的影响分析如下:

(1) 每股账面价值变动对每股收益的影响:(13.30-14.47)×5.53%=-0.065(元)

(2) 普通股权益报酬率变动对每股收益的影响:(0.8%-5.53%)×13.30=-0.625(元)

计算结果表明,每股账面价值降低使每股收益减少了0.065元,普通股权益报酬率下降使每股收益减少了0.1625元,两因素共同影响使每股收益减少了0.69元。可见,与2017年相比,JLQC公司的盈利能力有所下降。

当然,也可以将每股收益分解为归属于普通股股东的净收益和发行在外普通股加权平均数两个因素,采用因素分析法测算各因素变动对每股收益的影响程度。这种分解的目的在于分析净利润和普通股股数变动的影响,分析的重点在于净利润变动的原因。

二、每股股利

每股股利是指普通股现金股利总额与发行在外普通股股数的比值,其计算公式如下:

$$每股股利 = \frac{普通股现金股利总额}{发行在外普通股股数} \times 100\%$$

每股股利反映在一定时期内每股普通股能够分享多少股利收益。该指标数值越高,不仅能够体现公司具有较强的获利能力,而且能引起股东的关注。分析这项指标应注意公司所采用的股利政策,若公司准备扩充,就有可能多留少分,势必会造成每股现金股利的减少;若公司采用股票股利政策,虽可减少公司现金压力,但经常如此则会增加流通在外股数,引起股价下跌,对公司和股东都不利。一般认为,每股股利如能逐年持续稳定地增长,就能提高该股票的质量。

年报显示,2017年和2018年JLQC公司派发的现金股利总额分别为27 622.72万元和3 452.84万元。因此,两年的每股股利如下:

2017年每股股利=27 622.72/86 321=0.32(元)

2018年每股股利=3 452.84/86 321=0.04(元)

三、股利支付率

股利支付率是普通股每股股利与每股收益的比率,反映普通股股东从每股收益中分得的数额,其计算公式如下:

$$股利支付率 = \frac{每股股利}{每股收益} \times 100\%$$

一方面,股利支付率反映了普通股股东的获利水平,股利支付率越高,反映普通股股东获得的收益越多;另一方面,它反映了企业的股利政策,企业往往综合考虑其盈利水平、成长性、未来投资机会、股东市场反应等因素制定股利政策。

为进一步分析股利支付率变动的原因,可按下式进行分解:

$$股利支付率 = \frac{每股股利}{每股收益}$$

$$= \frac{每股市价}{每股收益} \times \frac{每股股利}{每股市价}$$

$$= 市盈率 \times 股利报酬率$$

可见,股利支付率取决于市盈率和股利报酬率。一般来说,长期投资者比较注重市盈率,而短期投资者比较注重股利报酬率。在市盈率一定的情况下,股利报酬率越高,股利支付率也越高。市盈率将在下一部分进行分析。

JLQC 公司 2017 年、2018 年有关资料如表 8-8 所示。

表 8-8 JLQC 公司股利支付率有关资料

项 目	2018 年	2017 年
净利润(千元)	9 183	69 094
普通股股利实发数(千元)	3 452.84	27 622.72
流通在外普通股平均数(千股)	86 321	86 321
基本每股收益(元)	0.11	0.8
每股股利(元)	0.04	0.32
股利支付率(%)	36.36	40
每股市价(元)	12.76	16.12
市盈率(倍)	116	20.15
股利报酬率(%)	0.31	1.98

根据上述资料可知,2018 年股利支付率比 2017 年减少了 3.64%,略有下降,变动原因用因素分析法分析如下:

(1) 市盈率变动对股利支付率的影响:$(116-20.15) \times 1.98\% = 189.78\%$
(2) 股利报酬率变动对股利支付率的影响:$(0.31\% - 1.98\%) \times 116 = -193.42\%$

可见,2018 年与 2017 年相比较,由于市盈率上升使股利支付率上升了 189.78%,由于股利报酬率下降使股利支付率降低了 193.42%,两者的综合影响使股利支付率下降了 3.64%。

四、市盈率

市盈率是普通股的市场价值与当期每股收益之间的比率,可用来判断企业股票与其他股票相比潜在的价值,其计算公式如下:

$$市盈率 = \frac{每股市价}{每股收益} \times 100\%$$

公式的分子是每股当前市价,股票的市场价格是它作为商品在二级交易市场上供需平衡要求的具体体现,是市场交易这种短期行为的信息反映;公式的分母是当期每股税后利润,是公司业绩好坏的具体体现,是一个长期行为的信息刻画。所以,市盈率是一个综合性很强的指标,包括了股票的虚拟性和商品性两方面,集股票长期行为和短期行为的全部信息于一身。把多个企业的市盈率进行比较,并结合对其所属行业的经营前景的判断,可以作为选择投资目标的参考。

理论上说,市盈率越低越好。从指标的结构上看,若分子的市价不高而分母的盈利却较高,则市盈率较低,市盈率倍数越低越具投资价值。反之,若分母即公司的盈利一定而分子的市价高涨,则市盈率较高,市盈率倍数越高越说明市价远离"内在价值"具有泡沫嫌疑,不具投资价值。但同时,市盈率可以理解为投资者为了获得公司1元的收益愿意付出的价格,表明投资者和市场对公司的评价和长远发展的信心,较高的市盈率说明公司能够获得社会的信赖,具有良好的前景。所以,市盈率指标既可以用于衡量公司的投资价值,也可用于评估公司的投资风险。此外,市盈率也是动态变化的,在公司股票价格一定的情况下,公司盈利增加时市盈率将会向下调整。尽管一些公司股票的市盈率目前较高,但是由于公司未来的盈利会增加,则公司股票的市盈率会下降,这可以解释一些成长性公司高市盈率的现象。

运用市盈率指标时,还应注意下列问题:若公司业绩不佳,每股收益可能接近零或为负数,市盈率可能很大或为负数,此时市盈率无分析意义;该指标不适宜在不同行业的企业之间进行比较,资金对不同行业的青睐程度是不同的;影响股票价格的因素是多方面的,企业自身经营状况只是其中一个方面,分析时要对股票市场进行全面了解,找出真正影响市盈率的原因。

下面仍以表8-8的资料为基础分析各因素变动对市盈率的影响。

2018年的市盈率:12.76/0.11=116(倍)

2017年的市盈率:16.12/0.80=20.15(倍)

分析对象:116-20.15=95.85(倍)

每股市价变动对市盈率的影响:(12.76-16.12)/0.8=-4.2

每股收益变动对市盈率的影响:12.76/0.11-12.76/0.8=100.05

可见,与2017年相比,每股市价下降使市盈率降低了4.2倍,每股收益降低使市盈率增加了100.5倍,两个因素共同作用的结果,使市盈率增加了98.85倍。可见,JLQC公司市盈率变动主要是由于每股收益变动引起的。

五、股利报酬率

股利报酬率是用来衡量股价合理性的一个重要指标,它是每股股利与每股市价之间的比率,其计算公式如下:

$$股利报酬率 = \frac{每股股利}{每股市价} \times 100\%$$

股利报酬率并不是指发行公司的获利能力,而是指投资者用以评估投入的资金所能得到利益的比率,即按市价计算,投资人实际可获得的获利率。股票市价上涨,则获利率较低;而在股票市价较低时,其获利率则较高。获利率的计算也只能作为参考,因为衡量股价的方法很多,而且股价受各种内在及外在因素的影响。在正常的投资环境中,计算获利率作为投资的参考是很有必要的。但在不正常的投资环境下,如长期持续的通货膨胀等情况下,获利率的计算反而显得没有意义,因为在这种情况下,股价不断上涨是自然的趋势,计算的获利率并不能准确反映投资者获得的报酬。

根据表 8-8 的资料,JLQC 公司的股利报酬率计算如下:

2018 年股利报酬率 $=0.04/12.76=0.31\%$

2017 年股利报酬率 $=0.32/16.12=1.98\%$

可见,2017 年和 2018 年的每股股利及每股市价不同,使得两年的股利报酬率相差 1.67%。

六、托宾 Q

托宾 Q 是指公司的市场价值与其重置成本之比。若公司的托宾 Q 大于 1,表明市场上对该公司的估价水平高于其自身成本,公司的市场价值较高;若托宾 Q 小于 1,则表明市场上对该公司的估价水平低于其自身的重置成本,该公司的市场价值较低。

通常情况下,人们用总资产账面价值代替重置成本,用普通股的市场价值和债务的账面价值之和表示市场价值,其计算公式如下:

$$托宾 Q = \frac{股票市场价值 + 长短期债务账面价值}{总资产账面价值}$$

需要说明的是,债务之所以用账面价值而非市场价值,是因为一般而言债务的市场价值较难衡量,不过若可以衡量或估计其市场价值,则应使用市场价值,如公司发行的上市债券应采用市场价值。

JLQC 公司 2017 年与 2018 年有关资料:发行在外的股份数都为 86 321 万股,年末市价分别为 16.12 元、12.76 元,债务账面价值分别为 1 381 136 万元、1 301 203 万元。总资产账面价值分别为 2 638 376 万元、2 339 653 万元。2017 年与 2018 年该公司的托宾 Q 值计算如下:

2017 年的托宾 Q $=(16.12\times 86\ 321+1\ 381\ 136)/2\ 638\ 176=1.051$

2018 年的托宾 Q $=(12.76\times 86\ 321+1\ 301\ 203)/2\ 339\ 653=1.027$

可见,与 2017 年相比较,2018 年公司的托宾 Q 值在降低,公司的市场价值在下降。不过在运用托宾 Q 值判断公司盈利能力和市场价值时,由于股票价格受影响因素的多样性,有可能导致托宾 Q 值不能真实反映公司的价值,所以要根据市场的现实状况做出一定的判断与调整。

第六节 盈利能力分析应注意的问题

本章上述各节详细阐述了企业资本经营、资产经营、商品经营以及上市公司盈利能力的分析方法,使读者对企业盈利能力的评价有较为全面的认识。但是,影响企业盈利能力的因素是多方面的,在进行盈利能力分析时,既要分析企业利润数量的变动,还要关注企业盈利质量,既要分析财务报告内相关指标的变动,还应注意到表外因素;同时,企业的盈余管理政策也会对盈利能力产生一定的影响。本节主要阐述企业的获现能力、盈余管理以及财务报告的表外因素对盈利能力分析的影响。

一、企业获现能力

获现能力是指企业利用各种资源获取货币资金的能力。获现能力关系到企业的成败,已成为报表使用者评价企业收益质量的重要标准。获现能力分析可以揭示更多的现金流量信息,从多个角度对企业财务状况和经营业绩进行评价,也为盈利能力分析提供参考。获现能力分析可以通过现金流量与营业收入、净利润的关系进行,也可以通过现金流量与资产、普通股股数的比率进行,常用的指标有销售获现比率、净利润现金保证率、每股经营活动现金净流量、资产现金回收率等。

1. 销售获现比率

销售获现比率是指销售商品、提供劳务收到的现金与主营业务收入的比值,它反映企业通过销售商品获取现金的能力,其计算公式如下:

$$销售获现比率 = \frac{销售商品、提供劳务收到的现金}{主营业务收入}$$

如果该指标大于1,说明企业获现率较高,反映企业主营业务收入收到现金的比例较高,收益质量较高;反之,说明企业账面收入高,实际收到的现金少,主营业务收入没有创造相应的现金流入,此时应更加关注企业债权资产的质量。

2. 净利润现金保证率

净利润现金保证率是指企业一定时期经营活动现金净流量与净利润之间的比值,是用以评价净收益质量的重要比率,计算公式如下:

$$净利润现金保证率 = \frac{经营活动现金净流量}{净利润}$$

为了保证与经营活动现金净流量计算口径一致,净利润计算应剔除投资收益和筹资费用等项目。该比率越高,表明净利润中已收到现金的程度越高;反之,该指标过低,说明其利润不是来自经营活动,企业通过自身创造现金的能力差,经营活动存在较大风险。

3. 每股经营活动现金净流量

每股经营活动现金净流量是经营活动现金净流量与发行在外普通股股数的比率,反映每一普通股所能创造现金净流量的能力,其计算公式如下:

$$每股经营活动现金净流量 = \frac{经营活动现金净流量 - 优先股股利}{发行在外的普通股股数}$$

该指标从现金流量角度分析普通股每股的产出效率,该指标的计算不涉及会计政策的主观选择,因而具有很强的可比性;同时,在评价公司短期支出与支付股利能力方面,每股经营活动现金净流量也更为全面、真实。

4. 资产现金回收率

资产现金回收率是指经营活动现金净流量与资产平均余额之比,反映企业运用资产获取现金的能力。由于分析目的不同,该指标可分为净资产现金回收率和总资产现金回收率,计算公式如下:

$$净资产现金回收率 = \frac{经营活动现金净流量}{平均净资产}$$

$$总资产现金回收率 = \frac{经营活动现金净流量}{平均总资产}$$

净资产现金回收率是对净资产收益率的有效补充,总资产现金回收率可以作为总资产报酬率的补充,将它们进行对比,可以观察企业盈利质量。

二、企业的盈余管理

盈利能力分析的重点是净利润的识别,对信息使用者盈利识别有较大影响的主要是盈余管理。盈余管理是指企业管理当局在遵循会计准则的基础上,通过对企业对外报告的会计收益信息进行控制或调整,从而管理公司盈余的行为。很多研究表明,上市公司为了达到发行新股、债务融资、业绩考核等目标而进行盈余管理。盈余管理的方式有应计利润的盈余管理和真实的盈余管理两种方式。

1. 利用关联交易调节盈余

关联方交易并不为法律所禁止,也不是所有关联方交易都违背市场原则,关键看关联交易的价格是否公允,关联方交易的确为企业进行盈余管理提供了便利条件,利用关联交易调节盈余属于真实交易的盈余管理,该盈余管理方式一般不违背会计准则,并且比较隐蔽。通常有以下 6 种方式。

(1) 商品销售及劳务提供。关联方根据自身需要确定交易价格,达到调节利润的目的,而企业外部人员一般很难洞察其价格的公允性。

(2) 转移费用。关联方之间往往存在共同分担费用的支付与分摊问题,公司通过调节费用的分配标准为企业转移费用提供了空间。

(3) 资金往来。例如,母公司将资金拆借给子公司使用,而由子公司向母公司支付一定的资金占用费。

(4) 托管经营。例如,上市公司将不良资产委托给母公司或其他关联方经营,收取固定回报,以增加上市公司的利润;母公司或其他关联方将不良资产委托给上市公司,母公司向上市公司收取固定回报,以增加母公司的利润,这也是上市公司向母公司利益输送的常用手段。

(5) 高价或低价转让、置换和出售资产。例如,母公司将优质资产低价卖给上市公司,或与上市公司的不良资产进行不等价置换。

(6) 大股东侵占上市公司的货币资金。大股东或关联方通过往来款占用企业资金,其中隐瞒占资的方法多种多样,但结果都是直接或变相占用企业资金。

2. 利用会计政策选择和会计估计变更来调节盈余

会计政策本身所具有的可选择性和会计估计的不确定性为管理当局进行盈余管理提供

了可能,利用会计政策本身所具有的可选择性和会计估计的不确定性进行盈余管理属于应计利润的盈余管理,该盈余管理方式往往受到会计准确性的制约,已被审计师发现。具体手段包括以下 5 种。

(1) 折旧方法的变更。固定资产在企业资产中的比例越高,折旧率的杠杆作用就越大,通过固定资产折旧方法的选择和变更实施盈余管理就越容易达到目的,并且具有较强的隐蔽性。

(2) 存货计价方法的变更。存货价值的大小与销货成本的高低成反比,不同存货计价方法对结转当期销售成本的数额会有所不同,企业会根据需要对存货计价方法进行选择和变更。

(3) 长期股权投资核算方法的改变。例如,为了提高当年利润,通过出售或减持被投资企业的股份、委托关联方管理股份等方式,使其对被投资企业不具有重大影响,从而长期股权投资由权益法改为成本法核算,或相反。

(4) 准备金计提方法的选择与改变。资产减值准备的计提比例缺乏明确的标准,具有较大的主观随意性,因而已成为企业盈余管理的主要手段。

(5) 合并范围的确定与变更。纳入合并报表编制范围的子公司财务状况及经营成果会直接影响合并报表的结果,上市公司可以通过期中合并、持股比例变动等变更合并范围来进行盈余管理。

3. 利用地方政府援助

地方政府对上市公司提供财政支持的动机是十分明确的,即帮助上市公司取得再融资的资格或保留上市资格,该盈余管理的方式属于真实盈余管理行为,一般不违背会计准则的规定,而且比较隐蔽。目前,我国地方政府对上市公司的财政支持手段主要包括以下 3 种。

(1) 直接税收优惠。该手段主要集中对某些行业和地区使用,引导和鼓励有前景、有生命力的行业和企业发展。

(2) 税收返还。这是指增值税的退税收入,主要有出口退税、进口设备原材料退税、经济特区地产地销部分产品减免征收、外商投资企业改征增值税税负增加部分返还、增值税地方财政 25% 分成部分返还和个别企业所在行业的税收优惠。

(3) 财政补助。财政补助本是指政府为鼓励国民经济某些行业、部门、地区和企业的发展或弥补其因某些原因造成的损失而给予其必要的扶持,但现在各种各样的补贴已成为上市公司非经常性损益的一个重要来源。

4. 利用收入、费用提前入账或延期入账

收入确认的具体操作中仍然需要会计人员运用较多的职业判断,为盈余管理提供了可能。

(1) 提前确认收入。管理当局往往在收入按照会计准则要求不能确认时提前确认并记入会计账簿,如提前开具发票或在未来存在不确定性时仍确认收入。

(2) 推迟确认收入。其目的是隐瞒公司当前的收益,是一种负方向的盈余管理行为,以便在以后会计年度将隐瞒的收入释放出来。

(3) 不正确地运用完工百分比法。例如,通过歪曲成本估计和完工程度来影响确认的收入和利润。

利用费用确认进行盈余管理的主要手段包括以下 3 种。

(1) 提前确认费用。如把许多支出、费用和成本集中摊入某一期间,使其出现巨额亏损,为以后提高收益做好铺垫。

(2) 延迟确认费用。以费用效用的长期性为理由,将本应由本期负担的费用作为长期待摊费用,以达到平滑利润的目的。

(3) 利用收益性支出和资本性支出的划分。例如,虽然会计准则对借款费用资本化做了详细规定,但由于资本支出额、支出时间、资本化率的计算非常复杂,企业在实务中还是有较大的灵活性,利用资本支出额、支出时间、资本化率操纵公司盈余比较隐蔽。

5. 通过资产或债务重组

资产重组是企业为优化资产结构、完成产业调整、实现战略转移等目的而实施的资产置换或股权转让等行为。但在我国资本市场上,一些上市公司往往利用资产重组"扭亏为盈",其具体操纵方法主要有兼并收购、资产置换、资产转让、股权转让等。债务重组是由于债务人陷入债务危机,无力偿还到期债务,债权人给予的让步。然而,不少公司的重组只是为了创造账面利润,而非真正地将公司的主营业务进行整合。

三、盈利能力分析应考虑的表外因素

计算盈利能力比率的数据,通常可以从财务报表上直接获取。但有些影响企业盈利能力的因素并不能在报表中反映出来,而这些表外项目常常对企业有重大影响。正是因为这些表外因素的影响,财务比率的有用性受到一定限制。

(一) 影响资产价值的表外因素

资产负债表上的资产价值是以历史成本为基础确认计量的,这些资产的账面价值与实际价值往往有一定差距,使得资产的价值被高估或低估。例如,企业处于城市中心地段的厂房会发生大幅增值,而一些技术落后设备的市场价值又会大大低于账面价值。

一些入账的资产并不能给企业带来未来经济利益,这些递延性项目只是会计处理的结果。例如,长期待摊费用、递延所得税资产等本质上都是企业等待列支的费用,但却在资产负债表中列为资产,从而虚增了企业的资产金额,而人为制造的应收款项、存货多是"利润粉饰"的结果。

按照现行会计确认和计量的标准,企业的资产并非都在报表中得到反映,一些非常重要的项目未被列于资产入账。如自创的无形资产、人力资源、一些衍生金融工具,这些都会对使用者分析企业重大盈利机会或潜在风险产生影响。

(二) 影响收入费用的表外因素

影响收入费用的表外因素主要是指收入费用确认计量方法的可选择性对利润的影响,而这些费用在表内项目中是无法体现的。

(1) 存货计价。在物价持续上涨的情况下,采用先进先出法结转的销售成本较低,因而计算出的利润偏高;反之,利润则偏低。

(2) 计提的资产损失准备。出于会计信息相关性的考虑,现行会计准则允许企业计提多项资产减值准备,对减值准备的计提方法及比例准则没有统一规定,涉及较多的职业判断。

(3) 长期投资核算。成本法只在实际收到分得的股利时才确认收益,而权益法则是在会计年度末根据被投资单位实现的净利润和投资比例确认投资损益,两者确认投资收益的时间和金额存在差异。

(4) 固定资产折旧。加速折旧法在固定资产使用早期计提较多折旧,则企业账面利润会偏低;而在固定资产使用后期计提较少折旧,企业的账面利润会偏高。这是固定资产折旧方法选择导致的利润变化,并非真实经营管理引起的利润变化,从而使会计报表反映的利润不够真实。另外,折旧基数、折旧年限的确定也是影响折旧额的重要因素,这也会影响企业会计报表的利润。

(5) 或有事项的存在。或有负债有可能导致经济利益流出企业,未作记录的或有负债将可能减少企业的预期利润。

(三) 影响市价的表外因素

股票价格是国民经济的晴雨表。影响股票价格的因素错综复杂,既有企业自身经营业绩的因素,也有宏观政治经济、行业的因素,分析企业盈利能力时应加以区别。

1. 政治因素

政治形势的变化对股票价格的影响主要表现在以下3个方面。

(1) 国际形势的变化,如外交关系的改善会使有关跨国公司的股价上升,战争使各国政治经济不稳定,人心动荡,股价往往会下跌。

(2) 国内重大政治事件,如政治风波会对股票投资者的心理产生影响,从而影响股票价格。

(3) 国家重大经济政策,如产业政策、税收政策、货币政策等直接影响相关企业未来盈利的预期,从而影响股价。

2. 行业因素

企业成长受制于其所属产业和行业,企业所属行业的性质对股价影响极大。

(1) 从商品形态上看,企业生产的产品根据是属于生产资源还是消费资源,受经济环境的影响不同。一般情况下,生产资源受景气变动的影响较消费资源大,当经济好转时,生产资源的增加比消费资源的增长快;反之,生产资源的生产萎缩也快。因此,一些周期性行业受经济周期的影响较大,当经济处于高速增长期时,周期性行业公司的利润增长速度较快;而当经济处于萧条期时,周期性行业公司的利润下降的速度也较快。

(2) 从需求形态上看,企业产品是以内销为主还是外销为主会影响企业的利润。内销产品的企业受国内政治、经济因素的影响大,外销则易受国际经济、贸易气候的影响。

(3) 从生产形态上看,根据企业生产是劳动密集型、资本密集型还是知识技术密集型,不同类型企业的劳动生产率和竞争力不同,盈利相差较大。

因此,在分析、评价企业盈利能力时,除了通过表内有关项目之间的内在联系计算各项指标外,还应对表外因素予以充分重视。

本 章 小 结

盈利能力是指企业获取利润的能力。企业盈利能力分析对于投资者、债权人、政府部门及劳动者都具有十分重要的意义。企业盈利能力分析的内容包括资本经营盈利能力分析、资产经营盈利能力分析、商品经营盈利能力分析、上市公司盈利能力分析。

资本经营盈利能力是指企业的投资者投入企业的权益资本获取利润的能力。反映资本经营盈利能力的基本指标是净资产收益率,它是企业一定时期内的净利润同平均净资产的比率。净资产收益率的影响因素有总资产报酬率、负债利息率、企业资本结构和所得税率。

资产经营盈利能力是指企业运用全部资产产生利润的能力。反映资产经营盈利能力的基本指标是总资产报酬率,它是企业一定时期内的息税前利润同平均总资产的比率。资产报酬率的影响因素有总资产周转率和销售息税前利润率。

商品经营是以一定的人力、物力消耗提供尽可能多的社会需要的商品。商品经营盈利能力分析就是不考虑筹资或投资问题,只研究利润与收入或者成本费用之间的关系,通过考察销售的获利水平、所得与所费之间的关系,来评价企业经营的效益。分析商品经营盈利能力一般从两个方面进行:一是以营业收入为基础计算各种收入利润率,包括毛利率、销售净利率、息税前利润率;二是以成本费用为基础计算各种成本利润率,包括营业成本利润率、营业成本费用利润率、全部营业成本费用利润率。主营业务利润的高低直接影响和决定着营业利润甚至利润总额的高低。影响主营业务利润的因素有很多,从不同的角度看,影响因素是不同的,但影响主营业务利润的基本因素有销售量、产品单价、产品单位成本、产品品种构成、产品等级及销售税金。

上市公司盈利能力分析除了可以通过一般企业盈利能力指标分析外,还应进行一些特定指标分析。上市公司盈利能力特定指标分析,主要是一些与公司股票价格或市场价值相关的指标,常见的指标有每股收益、每股股利、股利支付率、市盈率和股利报酬率。

影响企业盈利能力的因素是多方面的,在进行盈利能力分析时:既要分析企业利润数量的变动,还要关注企业盈利质量;既要分析财务报告内相关指标的变动,还应注意到表外因素;同时,企业的盈余管理政策也会对盈利能力产生一定的影响。

复习思考题

1. 阐述资本经营、资产经营、商品经营的内涵及相互关系。
2. 主营业务利润的影响因素有哪些?怎样进行主营业务利润的影响因素分析?
3. 上市公司盈利能力分析有何特点?可采用哪些特定指标?
4. 什么叫稀释每股收益?为什么要计算稀释每股收益?

案 例 分 析

五粮液利润后门洞开

五粮液的利润究竟哪儿去了?这个问题不仅股民不知道,连资深的行业分析师也不知道。但是,在香港招股的银基控股却无意间透露了五粮液利润流向的后门。喜欢喝白酒的人,很清楚五粮液是浓香型的、茅台是酱香型的,精于喝酒的人更能根据颜色、香气以及挂杯的程度分辨不同年份的白酒。但是在2009年,这些"常识"就要被这两家中国最著名的白酒公司的新策略所打破。

2009年糖酒会上,五粮液股份公司董事长唐桥宣称将于2009年上半年推出酱香型白酒;而五粮液主要竞争对手茅台集团则于2009年3月26日在经销商大会上高调宣称要使茅台旗下的习酒成为浓香型白酒的拳头产品。

分不清浓香还是酱香没关系,最让个人投资者和机构投资者看不清的是A股上市公司五粮液的财务报表。有关信息披露：2008年，五粮液销售收入80亿元，纯利润18亿元；茅台销售收入82亿元，纯利润38亿元；泸州老窖销售收入38亿元，纯利润预计在11.5亿～15.4亿元。

在2009年4月1日召开的五粮液股东大会上，一位五粮液的股东情绪激动地向五粮液高管发难："2007年和2008年是酒类企业在近20年来利润增幅最快的两年，而且还有国家实施的减税政策，作为中国酒业的龙头企业之一，公司的报表上却并未反映出行业的高景气度，五粮液的利润究竟落到哪里去了？"对小股东的发难，五粮液集团公司董事长王国春的回答是："骂得好！骂吧！但骂解决不了问题。"他说："很多问题是一股独大造成的，很多问题我们想了也白想。我希望国资委能减持五粮液，但是你们投资者又怕国资委减持，这不是很矛盾吗？"王国春没有正面回答投资者的质疑，把利润不见了的问题归结于宜宾市国资委对五粮液公司的"一股独大"。

与此同时，一家名为银基控股集团(以下简称银基控股)的公司，正在香港做首次公开发行股票(initial public offering, IPO)路演。根据招股书介绍，银基控股是五粮液海外市场最大的经销商，而这个卖点吸引了超过40倍的认购。从银基控股招股书披露的财务数据看，销售五粮液是公司的主要业务收入来源。五粮液上市公司下面有生产子公司、销售公司，集团下面有进出口公司。产品从上市公司销售公司出去，五粮液主品牌产品全部给集团进出口公司，后者加价后外售。银基控股的出口酒部分从集团进出口公司拿，是唯一的出口酒代理商，只出口，所以拿货价格较低，量1 000～2 000吨，而国内其他经销商(用于国内销售)拿的价格就是出厂价格469元/瓶了；银基控股代理的其他五粮液系列酒从供销公司拿货。银基控股的拿货价格在招股书中并没有做详细披露，只是从招股书中可以得知，银基控股销售五粮液酒的毛利率高达60.38%，这一数字高于五粮液2008年年报中披露的公司平均毛利率54.69%，接近五粮液高价酒(含税价70元以上)66.73%的毛利率。银基控股只是个经销商，虽然从五粮液集团控股的进出口公司拿货的底价不得而知，但是进出口公司的销售价格是在五粮液上市公司给自己控股的供销公司协议价的基础上加价30%后的结果。同时，银基控股60%的毛利还是平均了国内销售毛利后的结果，而酒业各级经销商的毛利空间一般不会超过30%。据悉，在国内经销五粮液的毛利不会超过30%。倒推可知，银基控股在国际上销售五粮液所获毛利在100%左右。换言之，上市公司通过向集团控股的进口公司销售所获得的收益远远低于银基控股的收益。

既然国际销售有如此之高的毛利率，五粮液为什么不直接向国际销售，而要通过集团控股下的进出口公司再卖给银基控股来销售呢？把五粮液的年报和银基控股的招股书放在一起研究，便可得出结论。

一方面，进出口公司的存在是五粮液的历史遗留问题，2008年，上市公司约有52.1%的销售收入来自对进出口公司的销售，占上市公司与母公司关联交易总额的89.92%。进出口公司的存在是上市公司业绩无法真实反映五粮液销售业绩的重要原因，而短期内五粮液集团并无意解决此项重大关联交易。

另一方面，银基控股有一个神秘的大客户。这个大客户的采购额在2007年及2008年上半年占银基控股总收入的54.1%和50.7%，占银基控股国际销售收入的97.5%和76.6%。这就是说，这个大客户几乎采购了银基控股用于国际销售的所有五粮液酒，而且并不在意银基控股在自己和五粮液集团之间凭空赚走至少60%的利润。更为神秘的是，在银基控股的招股书中并没有披露这个大客户的情况,甚至连这家公司的名称都未曾提及,而银基控股也不是直接和这个大客户发生交易,而是通过公司的控股股东梁国兴与这个大客户取得联系。此外,银基控股与这个大客户之间的交易协议并没有在书面上起到保护银基控股利益的作用,因为这个大客户在从银基控股那里购买五粮液之后,完全可能并没有真的向国际市场销售,而是通过出售给再下一级的经销商最终回到国内销售。而且,五粮液集团似乎无意与这个具有强大销售能力的大客户取得直接联系,从五粮液2008年年报中可以得知,上市公司卖给进出口公司专门用于出口的五粮液酒总值为1.65亿元,还不及神秘大客户销售的四分之一。

与主要竞争对手茅台相比,五粮液年销售额约80亿元,茅台约82亿元,差距并不大,但是五粮液约18亿元的利润和茅台38亿元的利润相差了整整一倍。五粮液和茅台利润的差距主要是两家公司一贯的营销模式不同所导致。

五粮液的产品只有不到一半是由上市公司控股的供销公司进行销售,另一半是由集团控股的进出口公司销售,这个一半是指销售额而不是销售量,从银基控股能拿到较低进货价格的情况看,集团销售量可能远大于一半。茅台无论进出口公司还是销售公司都在上市公司的控股下,即使集团也需要从销售公司购买,这样保证了绝大部分的销售收入和利润能都被上市公司报表所合并。茅台2008年年报显示,公司毛利率高达82.03%,其中占公司81.21%收入的高度白酒毛利率为84.84%,而五粮液的毛利率仅为54.69%。

五粮液长期以来一直不十分重视自有销售渠道的开发与建设,而是以让利给经销商的形式来获得销售收入的支持;而茅台则始终把定价权牢牢抓在手里,经销商只是自身销售渠道上的一环,获利空间有限。五粮液前五名经销商的销售额是59.87亿元,占到总销售收入的75.47%,而茅台前五位经销商的销售收入仅为不足4.8亿元,占总销售收入的5.79%。高额销售收入却没能获得足够高的销售利润,五粮液利润的后门就在给经销商的让利中被打开。

五粮液打算向竞争对手学习,加强团购客户的开发,减少经销商的数量。但是进出口公司的存在仍然是五粮液提升利润的拦路虎,同时,被公司寄予厚望的五粮液酱香酒的中国总经销商仍然是银基控股。

资料来源:徐任重.五粮液利润后门洞开[J].证券市场周刊,2009(13).

要求: 运用所学知识对五粮液公司的盈利能力和盈利质量做出评价。

第九章 营运能力分析

引导案例

苏宁易购集团股份有限公司是国内一家大型零售商,2004年在深圳上市。由于电商冲击等因素,传统零售业受到了巨大影响,众多原因使得零售业原有盈利模式不适应行业发展,很多店面因为经营不善而被迫关闭。传统零售行业多数要求企业拥有大量库房来存放待售商品,这会占用大量资金,使得企业资产周转率降低,另外,这也加大了企业相关存货管理成本。为了更好地适应市场竞争,苏宁易购提出了苏宁线上和线下结合的"云模式",从"重资产"经营模式到"轻资产"模式进行转换。开始转型的苏宁构建了立体运营框架结构,包括网络商务平台和实体店营销系统,经营范围也从过去单一的实体货物扩展到货物+服务。为了转型,苏宁易购采取了一系列措施:首先,扩建物流云,特色精品门店逐步置换传统连锁店,调整店面布局,减少了对实体店和仓库的投资,提高了资金的利用效率。其次,开展多样性投资活动,整合优质资源。苏宁易购进行投资的项目多数能为企业实现轻资产转型提供助力。比如,苏宁与阿里巴巴互相参股,形成资源共享的战略联盟,有助于企业借助阿里巴巴线上优质的渠道资源,进一步实现线上线下协同发展。收购红孩子等优质日用类品牌,有助于企业扩大经营范围,把握高附加值环节。再次,加大研发投入,提升科研实力,重视科技研发,为企业打造核心竞争力提供了支持。最后,重视服务类项目,服务类项目收入增长显著。企业转型后,存货周转天数显著下降,企业营运能力大幅度上升。

任何一个企业的经营状况和经济效益,最终都取决于企业对资产的经营和利用,那么,如何分析企业的营运能力,这些财务指标的变化都意味着什么?学习本章后,你将对这些有更深刻的了解。

【教学目的与要求】

通过本章的学习,理解营运能力的内涵,掌握如何衡量一个企业的营运能力,并了解营运能力分析的目的和意义;理解应收账款周转率与应收账款周转期、存货周转率与存货周转期、营业周期、流动资产周转率与流动资产周转期、固定资产周转率与固定资产周转期以及总资产周转率与总资产周转期的含义;掌握相关计算与分析,并领会如何运用营运能力指标分析企业的财务状况和经营成果;掌握如何对企业的营运能力进行趋势分析。

第一节　营运能力分析的内涵及衡量

一、营运能力分析的内涵

企业进行正常运营和管理的物质保证是企业必须有一定的资产规模,这样才能实现相应的产出,而企业的资产主要由其占有的全部有形资产和无形资产构成,通过这些资产的有机组合实现一定的管理效率。尽管无形资产是企业的重要组成部分,并且随着从工业经济时代向知识经济时代转化,其在企业资产中所占比重越来越高,在提高企业经济效益方面发挥巨大的作用,但无形资产的作用必须通过或依赖于有形资产才能发挥出来。因此,企业营运资产的主体是流动资产和固定资产。从这个意义上说,企业资产管理的效率如何,从根本上决定了企业的经营状况和经济效益。

营运能力主要是指资产管理的效率和效益。资产管理的效率通常是指资产的周转速度,即资产的回收效率,通过资产的投入与其回收相比来体现:在企业各种投入资产一定时,回收(将来可再投入)越快,资产的管理效率越高;或者说,在企业的回收一定时,投入的各种资产规模越大,资产的管理效率越低。资产管理的效益则是指资产的使用效果,即通过资产的投入与其产出相比来体现:在企业各种投入资产一定时,产出越大,资产的管理效率越高;或者说,在企业的产出一定时,投入的各种资产规模越大,资产的管理效率越低。因此,营运能力的高低对于提高企业的偿债能力和获利能力有着极其重要的影响。

二、营运能力的衡量

一般情况下,营运能力的衡量应从资产管理的效率和效益两个方面进行。但通常和某一项资产直接关联的回收、投入和产出是比较难分辨与计量的,因此,衡量营运能力主要从资产管理的效率方面进行,所采用的财务指标为资产周转速度。

资产周转速度是衡量企业营运能力的一类财务比率,主要包括应收账款周转速度、存货周转速度、营业周期、流动资产周转速度、固定资产周转速度和总资产周转速度等。通常来讲,某一项经济资源的周转率越大或周转期越短,该项经济资源的周转速度就越快,进而表明企业的该项经济资源可供运用的机会越多,在资产管理或资本利用方面的效率也就越高;反之,则表明营运能力越差。因此,用某项资产的周转速度来衡量一个企业的营运能力是适宜的。

资产周转速度的快慢通常使用资产周转率和资产周转期两个指标。资产周转率是一定时期内资产周转额与资产平均占用额的比率,是由运用资产所完成的工作量与资产的占用量之间的关系来表示管理效率的指标。

资产周转速度的计算方法如下:

$$周转率 = \frac{资产周转额}{资产平均余额}$$

企业财务分析

$$周转期 = \frac{计算期天数}{周转率} = \frac{资产平均余额 \times 计算期天数}{资产周转额}$$

资产周转率和资产周转期从两个不同的方向表示资产的周转速度。资产周转率表示在一定期间内完成从资产投入到资产收回的循环,而资产周转期则表示完成从资产投入到资产收回的循环需要多长时间。资产周转率和资产周转期呈相反方向变动,在一定时期内,资产周转率越大,周转期越短,周转速度就越快,管理效率就越高;反之,则周转速度就越慢,管理效率越低。

虽然以上两种形式均可以表示资产周转速度,但在实务上更多地使用周转期这一形式。这是因为,当企业提高生产技术水平、改善生产组织等使资产周转速度加快时,明显地表现为资产占用时间的缩短。用周转期来表示,易于看出资产周转对生产技术和生产组织的依存关系。此外,如果采用周转率,不同时期(如年度、季度和月度)的周转速度不能直接加以比较。采用周转期则可以消除期限长短对周转速度的影响,可以对不同计算期间的周转速度直接进行比较。

现将以上计算公式中的有关数据说明如下:

(1)计算期天数,从理论上说应使用计算期间的实际天数,但为了计算方便,全年按360天计算,季度按90天计算,月度按30天计算。

(2)资产平均余额也称资产平均占用余额或平均运用额。它是反映企业一定时期资产占用的动态指标,从理论上说,应是计算期间内每日资产余额的平均数,但为了计算方便,通常按资产负债表上的资产余额平均数计算,具体计算公式如下:

$$资产平均余额 = \frac{期初资产 + 期末资产}{2}$$

(3)资产周转额是指计算期间内企业有多少资产完成了周转。以流动资产为例,其周转额是指从货币到商品再回到货币形态这一循环过程的数额。不同资产周转率的计算所使用的周转额是不同的。对此,将在具体分析时予以阐述。

三、营运能力分析的目的及意义

营运能力分析是指根据资产负债表、利润表等相关资料,通过计算企业各种经济资源(或资本)的周转速度,即计算各种经济来源(或资本)的周转率或周转期指标来对营运能力进行相关分析。

(一)营运能力分析的目的

进行营运能力分析的目的主要有以下4个方面。

1. 评价企业资产的流动性

企业资产状况的两大基本特征是收益性和流动性。企业经营的基本目的就是获取预期的收益。从一定意义上来说,流动性是比收益更重要的概念。当企业的资产处在静止状态时,根本谈不上什么收益,只有当企业运用、管理这些资产进行运营时,才可能有收益的产生。企业资产的管理效率越高,企业的管理能力越强,资产的流动性越高,企业获得预期收益的可能性就越大。流动性是企业资产管理能力的具体体现,通过对企业营运能力的分析,就可以对企业资产的流动性做出评价。

2. 评价企业资产的使用效果

提高企业资产流动性是企业利用资产进行经营活动的手段,其目的在于提高企业资产的使用效果即资产利用的效益。企业营运能力的实质就是以尽可能少的资产占用、尽可能短的时间周转,生产出尽可能多的产品,实现尽可能多的营业收入,创造出尽可能多的纯收入。通过产出额与资产占用额的对比分析,可以评价企业资产的使用效果,为提高企业经济效益指明方向。

3. 发现企业在资产管理中存在的问题并挖掘企业资产利用的潜力

企业营运能力高低(即资产管理能力的高低)取决于多种因素。对企业内部管理当局来说,通过企业营运能力分析,可以了解企业资金的运用是否合理、资金使用是节约还是浪费,从而促进企业不断挖掘内部资金潜力,改善内部管理,有效利用资金,不断提高企业资金管理效率,改善经营业绩。

4. 偿债能力和盈利能力分析的基础与补充

对企业外部信息使用者来说,企业营运能力的分析能有效地为他们提供企业在资产管理或资本利用方面的效率情况,以便于对企业财务状况和经营成果有一个整体的认识,从而有助于进行科学的信贷决策和投资决策。如果一个企业的营运能力不佳,那么很难想象该企业会有良好的偿债能力和盈利能力。

(二) 营运能力分析的意义

对于不同的主要报表使用者而言,衡量与分析营运能力有着不同的意义。

1. 投资者

投资者通过营运能力分析可以判断企业财务安全性及资产获取收益的能力,以进行相应的投资决策。这主要是因为财务安全性与营运能力密切相关,当营运能力高时,企业资产的变现能力会有所增强,由此提高资产的财务安全性。同样地,营运能力直接影响着企业的收益,资产的周转速度越快,企业获取收益的能力就越强。

2. 债权人

债权人通过营运能力分析可以判明其债权的物质保障程度或其安全性,从而进行相应的信用决策。如前文所述,营运能力分析是偿债能力和盈利能力分析的基础与补充,因此,当一个企业的营运能力很高时,债权人可初步断定企业的偿债能力和盈利能力是良好的。

3. 内部经营管理者

内部经营管理者通过营运能力分析,可以发现闲置资产的情况和利用不充分的资产情况,从而处理闲置资产以节约资金,或提高营运能力以改善经营业绩。

对于其他与企业有密切经济利益关系的部门和企业,营运能力分析同样具有重要意义,如政府及有关管理部门、业务关联企业等。总之,营运能力分析有助于评价一个企业的经营水平、管理水平和预测发展前景,对各个相关利益主体影响重大。

四、营运能力分析的内容

企业营运能力分析的主要内容包括以下 3 个方面。

(一) 流动资产营运能力分析

通过对应收账款周转速度、存货周转速度、营业周期、流动资产周转速度和流动资产垫支周转速度的分析,揭示流动资产周转速度变动的原因,评价流动资产的流动性及管理效率。其中,周转速度通常使用周转率和周转期两个指标(下文同)。

(二) 固定资产营运能力分析

通过对固定资产周转速度的分析,揭示固定资产周转速度变动的原因,评价固定资产的流动性及管理效率。

(三) 总资产营运能力分析

通过对总资产周转速度的分析,揭示总资产周转速度变动的原因,评价总资产的流动性及管理效率。

第二节 各资产项目的管理效率分析

营运能力分析主要从流动资产营运能力、固定资产营运能力、总资产营运能力3个方面展开,在本章第三节将对营运能力进行更为深入的趋势分析。

一、流动资产营运能力分析

企业的管理过程实质上是资产的转换过程,流动资产和固定资产的性质和特点不同,决定了它们在这一过程中的作用也不同。企业经营成果的取得主要依靠流动资产的形态转换。尽管固定资产的整体实物形态都处在企业的管理过程之中,但从价值形态上讲,只有相当于折旧的那部分资金参与了企业当期的管理,它的价值实现(或者说价值回收)依赖于流动资产的价值实现。一旦流动资产的价值实现(或者说形态转换)出现问题,不仅固定资产价值不能实现,企业所有的经营活动都会受到影响。因此可以说,流动资产营运能力分析是企业管理效率分析最重要的组成部分。

(一) 应收账款周转速度

1. 概念及公式

应收账款周转速度通常以企业一定时期内营业收入与应收账款平均余额的比率来表示,以反映企业应收账款的周转速度。其中:应收账款周转率反映一定时期内应收账款转为现金的平均次数,进而说明应收账款流动的速度,一般以周转次数来表示;应收账款周转期则反映应收账款转为现金所需的天数。由于应收账款在流动资产中具有举足轻重的地位,所以公司的应收账款如能及时收回,公司的资金使用效率便能大幅提高。

应收账款周转速度有两种表示方式,其计算公式分别如下:

$$应收账款周转率 = \frac{营业收入}{应收账款平均余额}$$

$$应收账款周转期 = \frac{360}{应收账款周转率}$$

其中:"营业收入"数据来自利润表,是指总销售收入减去销售折扣、折让后的净额;"应收账款平均余额"是指因销售商品、提供劳务等而应向购货单位或接受劳务的单位收取的款项,它是资产负债表中"应收账款"的期初余额和期末余额的平均数。应该注意,这里的应收账款是减去坏账准备之后的余额。

2. 指标意义及影响因素

一般来说,应收账款周转率越高越好。应收账款周转率高,表明公司收账速度快,平均收账期短,坏账损失少,资产流动快,偿债能力强。与之相对应,应收账款周转期则越短越好。如果公司实际收回账款的天数超过了公司规定的应收账款天数,则说明债务人拖欠时间长,资信度低,提高了发生坏账损失的风险;同时也说明公司催收账款不力,使资产形成了呆账甚至坏账,造成流动资产不流动,这对公司正常的生产经营是很不利的。但同时,如果公司的应收账款周转期太短,则表明公司奉行较紧的信用政策,付款条件过于苛刻,这样会限制企业销售量的扩大,特别是当这种限制的代价(机会收益)大于赊销成本时,会影响企业的盈利水平。

然而,有些因素会影响应收账款周转率和周转期,导致其无法有效衡量公司的管理效率。

(1) 由于公司生产经营的季节性原因,应收账款周转率不能正确反映公司销售的实际情况。

(2) 某些上市公司在产品销售过程中大量使用分期付款方式。

(3) 有些公司采取大量收取现金方式进行销售。

(4) 有些公司年末销售量大量增加或年末销售量大量下降。

这些因素都会对应收账款周转率或周转期造成很大的影响。投资者在分析这两个指标时应将公司本期指标和公司前期指标、行业平均水平或其他类似公司的指标相比较,判断该指标的高低。

3. 计算和使用应收账款周转速度时应注意的问题

(1) 营业收入的赊销比例问题。从理论上说,应收账款是赊销引起的,其对应的是赊销额,而非全部营业收入。因此,计算时应使用赊销额而非营业收入。但是,不仅财务报表的外部使用者无法取得这项数据,就算是财务报表的内部使用者也不一定能取得这项数据。因此,实务中直接使用营业收入进行计算,实际上相当于假设现销是收现时间等于零的应收账款。只要现销与赊销的比例保持稳定,不妨碍与上期数据的可比性,只是一贯高估了周转率,使用营业收入净额计算该指标一般不影响其分析和利用价值。但问题是与其他企业相比较时,不知道可比企业的赊销比例,也就无从知道应收账款周转率是否可比。

(2) 应收账款年末余额的可靠性问题。应收账款是特定时点的存量,容易受季节性、偶然性和人为因素影响。在应收账款周转率用于业绩评价时,最好使用多个时点的平均数,以减少这些因素的影响。

(3) 应收账款的减值准备问题。统一财务报表上列示的应收账款是已经提取坏账准备后的净额,而营业收入并没有相应减少。其结果是,提取的坏账准备越多,应收账款周转率越高,天数越少。这种周转率增加、天数减少不是业绩改善的结果,反而说明应收账款管理欠佳。如果坏账准备的数额较大,就应进行调整,使用未提取坏账准备的应收账款计算周转率与周转期。报表附注中应披露应收账款减值的信息,可作为调整的依据。

(4) 应收票据是否计入应收账款周转率。大部分应收票据是销售形成的,只不过是应收账款的另一种形式,应将其纳入应收账款周转期的计算,故又可称为"应收账款及应收票据周转率"。

(5) 应收账款周转期是否越短越好。应收账款是赊销引起的,如果赊销有可能比现金销售更有利,周转期就不是越短越好。收现时间的长短与企业的信用政策有关。例如:甲企业的应收账款周转期是 18 天,信用期是 20 天;乙企业的应收账款周转期是 15 天,信用期是 10 天。前者的收款业绩优于后者,尽管其周转期较长。改变信用政策,通常会引起企业应收账款周转期的变化。信用政策的评价涉及多种因素,不能仅仅考虑周转期的缩短。

(6) 应收账款分析应与销售额分析、现金分析联系起来。应收账款的起点是销售,终点是现金。正常的情况是销售增加引起应收账款增加,现金存量和经营活动现金流量也会随之增加。如果一个企业应收账款日益增加,而销售和现金日益减少,则可能是销售出了比较严重的问题,以至于放宽信用政策,甚至随意发货,但现金却收不回来。

总之,应当深入应收账款内部进行分析,并且要注意应收账款与其他问题的联系,才能正确评价应收账款周转率。

4. 对 JLQC 公司应收账款周转速度的分析

根据 JLQC 公司 2018 年的财务报表数据,应收账款周转速度计算如下:

$$应收账款周转率 = \frac{2\,824\,933.97}{(230\,711.84 + 267\,464.97)/2} = 11.34(次)$$

$$应收账款周转期 = \frac{360}{11.34} = 31.74(天)$$

这说明 2018 年 JLQC 公司的应收账款完成了 11.34 次的周转,完成一次周转大致需要 31.74 天。

(二) 存货周转速度

1. 概念及公式

存货周转速度通常以企业一定时期产品营业成本与平均存货余额的比率来表示,以反映企业存货规模是否合适、周转速度如何,同时也反映存货的流动性及存货资金占用量是否合理,促使企业在保证生产经营连续性的同时,提高资金的使用效率,增强企业的短期偿债能力。存货周转速度是企业营运能力分析的重要指标之一,在企业管理决策中被广泛地使用。存货周转率不仅可以用来衡量企业生产经营各环节中的存货管理效率,而且还被用来评价企业的经营业绩,反映企业的绩效。

存货周转速度有两种表示方式,其计算公式分别如下:

$$存货周转率 = \frac{营业成本}{存货平均余额}$$

$$存货周转期 = \frac{360}{存货周转率}$$

其中:

$$存货平均余额 = \frac{期初存货 + 期末存货}{2}$$

2. 指标意义

存货是流动资产乃至总资产中最重要的组成部分之一,它不仅金额比重大,而且增值能力强。因此,存货周转速度的快慢不仅反映出企业采购、存储、生产、销售各个环节管理工作情况的好坏,而且对企业的偿债能力和盈利能力产生着决定性的影响。存货周转率是对流动资产周转率的补充说明,通过存货周转率的计算与分析,可以测定企业一定时期内存货资产的周转速度,是反映企业购、产、销平衡效率的一种尺度。存货周转率越高,表明企业存货资产变现能力越强,存货及占用在存货上的资金周转速度越快。

存货周转速度的快慢反映企业存货管理水平的高低,它影响企业的短期偿债能力,是整个企业管理的一项重要内容。一般来讲,存货周转速度越快,存货的占用水平越低,流动性越强,存货转换为现金或应收账款的速度越快。因此,存货周转率的加快可以提高企业的变现能力。

同时,存货周转速度反映了企业的销售效率和存货使用效率。在一定时期内,如果企业经营顺利,企业存货的周转率越高或周转期越短,说明企业存货周转得越快,资产流动性越强,企业的销售能力越强,营运资金占用在存货上的金额就越少,企业的利润率也就越高。反之,则表明企业存货的管理效率低,存货周转较慢,存货占用资金较多,企业的利润率较低。因此,存货周转速度分析有利于企业从不同的角度、环节找出存货管理存在的问题,使存货管理在保证生产经营连续性的同时,尽可能降低资金占用水平,提高存货的投资变现能力和盈利能力。

3. 存货周转速度指标分析的注意事项

(1) 计算存货周转速度时,使用"营业收入"还是"营业成本"作为周转额,要看分析的目的。在短期偿债能力分析中,为了评估资产的变现能力需要计量存货转换为现金的金额和时间,应采用"营业收入"。在分解总资产周转率时,为系统分析各项资产的周转情况并识别主要的影响因素,应统一使用"营业收入"计算周转率。如果是为了评估存货管理的业绩,应当使用"营业成本"计算存货周转率,使其分子和分母保持口径一致。在本节中使用的公式,分子采用的是"营业成本"而不是"营业收入",主要是为了剔除毛利对周转速度的虚假影响。因为存货是按成本计价的,分子分母应当保持口径一致。

(2) 存货周转期不是越短越好。存货过多会浪费资金,存货过少不能满足流转需要,在特定的生产经营条件下存在一个最佳的存货水平,所以存货不是越少越好。即存货周转速度偏高也不一定代表企业的经营出色,当企业为了扩大销路而降价销售或大量赊销时,营业利润会受到影响或产生大量的应收账款。一个适度的存货周转速度除参考企业的历史水平之外,还应参考同行业的平均水平。

(3) 应注意应付账款、存货和应收账款(或营业收入)之间的关系。一般来说,销售增加会引起应收账款、存货和应付账款增加,不会引起周转率的明显变化。但是,当企业接受一个大订单时,通常要先增加存货,然后引起应付账款增加,最后才引起应收账款(营业收入)增加。因此,在该订单没有实现销售以前,先表现为存货等周转期增加。这种周转期增加没有什么不好。与此相反,预见到销售会萎缩时,通常会先减少存货,进而引起存货周转期等下降。这种周转期下降不是什么好事,并非资产管理改善。因此,任何财务分析都以认识经营活动本质为目的,不可根据数据高低就简单地得出结论。

(4) 应关注构成存货的原材料、在产品、半成品、产成品和低值易耗品之间的比例关系。

各类存货的明细资料以及存货重大变动的解释应在报表附注中披露。正常情况下,它们之间存在某种比例关系。如果产成品大量增加,其他项目减少,很可能是因为销售不畅,放慢了生产节奏。此时,总的存货金额可能并没有显著变动,甚至尚未引起存货周转率的显著变化。因此,在财务分析时既要重点关注变化大的项目,也不能完全忽视变化不大的项目,其内部可能隐藏着重要问题。故一般还需要进一步计算原材料、在产品和产成品的周转率,注意分析各个构成部分对整个存货周转率的影响。这3个主要项目指标的计算公式分别如下:

$$原材料周转率 = \frac{当期耗用原材料成本}{原材料平均余额}$$

$$在产品周转率 = \frac{生产成本}{在产品平均余额}$$

$$产成品周转率 = \frac{营业成本}{产成品平均余额}$$

其中:营业成本较好地反映了产成品存货的周转额;生产成本较好地反映了在产品存货的周转额;所耗用的原材料成本则较好地反映了原材料存货的周转额。

4. 对JLQC公司存货周转速度的分析

根据JLQC公司2018年的财务报表数据,存货周转速度计算如下:

$$存货周转率 = \frac{2\,440\,954.68}{(233\,930.43 + 252\,235.41)/2} = 10.04(次)$$

$$存货周转期 = \frac{360}{10.04} = 35.85(天)$$

这说明2018年JLQC公司的存货完成了10.04次周转,完成一次周转需要35.85天。

(三) 营业周期

1. 概念及公式

营业周期是指企业从支付货币购买商品或劳务开始,到这些商品或劳务重新转化为货币为止的时期,即企业的生产经营周期。对大多数企业而言,如商业企业、批量生产的工业企业、服务业等,其营业周期通常小于一年;但仍有一些行业的企业,其营业周期通常长于一年,如造船企业、工程建筑企业等。营业周期的长短主要取决于应收账款周转期和存货周转期,不仅体现了企业的资产管理水平,还会影响企业的偿债能力和盈利能力。故分析企业的营业周期,并想方设法缩短营业周期,对于增强资产的管理效率具有重要意义。

其计算公式如下:

$$营业周期 = 应收账款周转期 + 存货周转期$$

将应收账款周转期和存货周转期加在一起所计算的营业周期,指的是需要多长时间能够把存货变为现金。

2. 指标意义

营业周期长短对企业的生产经营具有重要影响。营业周期每增加一天,就需要相应的资金来负担额外的流动资产,因而营业周期的延长与企业借款规模扩大往往并存。一般情况下,营业周期短,说明资金周转速度快,流动性强,资产使用效率高,其收益能力也相应增强;营业周期长,说明资金周转速度慢,流动性弱,资产使用效率低,其收益能力在减弱。

营业周期的长短还影响着企业的资产规模和资产结构:营业周期短,流动资产的占用相对越少;反之,营业周期长,流动资产的占用相对越多。所以,研究分析企业的营业周期,目的是寻找缩短营业周期的途径,提高营运能力。

3. 营业周期分析应注意的问题

在运用营业周期分析企业营运能力时,还应当注意以下3个问题。

(1) 由于资产负债表中应收账款余额是应收账款账面余额减去坏账准备后的余额,而各企业对坏账准备的计提方法、计提比例又有所不同,因此,不同企业间应收账款周转期的计算是存在差异的。

(2) 不同企业可能采用不同的存货计价方法,会导致不同的期末存货价值,从而人为地缩短或延长营业周期。

(3) 一般情况下,外部报表使用者只能根据销售净额计算应收账款的周转期,而不能根据赊销净额计算应收账款的周转期。在存在大量现金销售的情况下,由于应收账款周转期被低估,可能导致营业周期缩短。

4. 对JLQC公司营业周期的分析

$$营业周期 = 31.74 + 35.85 = 67.59(天)$$

根据JLQC公司2018年的财务报表数据,JLQC公司2018年应收账款周转为31.74天,存货周转期为35.85天。由此,计算的营业周期为67.59天,即需要67.59天,才能将期末存货全部转化为现金。

(四) 流动资产周转速度

1. 概念及公式

企业流动资产营运能力的大小主要体现为流动资产周转速度。流动资产完成从货币到商品再到货币这一循环过程,表明流动资产周转了一次,以产品实现销售为标志。表示销售实现的指标有两个,即营业收入和营业成本。一般来说,使用营业成本这一指标作为周转额是为了说明垫支的流动资产的周转速度,反映出流动资产纯粹周转速度。如果使用营业收入这一指标,由于营业收入中包含了垫支资金以外的部分,如税金和利润等,所以计算出来的流动资产周转率是一种扩大形式的周转速度,既反映了流动资产纯粹的周转速度,又反映了流动资产利用的效益。实务中,计算流动资产周转率指标时,究竟是用营业成本还是营业收入,应视分析的具体目的而定。流动资产周转速度指标的计算是否准确,关系到能否准确地反映流动资产周转速度和正确评价企业流动资产利用效果。

流动资产周转速度指标的具体计算公式如下:

$$流动资产周转率 = \frac{营业收入}{流动资产平均余额}$$

$$流动资产周转期 = \frac{360}{流动资产周转率}$$

$$流动资产垫支周转率 = \frac{营业成本}{流动资产平均余额}$$

$$流动资产垫支周转期 = \frac{360}{流动资产垫支周转率}$$

其中：流动资产平均余额是指企业流动资产总额的年初数与年末数的平均值,数值取自资产负债表。

2. 指标意义

流动资产周转速度是企业一定时期内营业收入与流动资产平均余额的比率,反映了企业流动资产的周转速度如何,从企业全部资产中流动性最强的流动资产角度对企业资产的利用效率进行分析,以进一步揭示影响企业资产质量的主要因素。通过该指标的对比分析,可以促进企业加强内部管理,充分有效地利用流动资产,如降低成本、调动暂时闲置的货币资金用于短期投资创造收益等,还可以促进企业采取措施扩大销售,提高流动资产的综合使用效率。

一般情况下,该指标值越高,表明企业流动资产周转速度越快,周转次数越多,企业流动资产的管理利用效果越好,企业的管理效率越高。在较快的周转速度下,流动资产会相对节约,相当于流动资产投入的增加,在一定程度上增强了企业的盈利能力；而周转速度慢,则需要补充流动资金参加周转,这会形成资金浪费,降低企业盈利能力。流动资产直接反映企业短期偿债能力的强弱,企业需要较稳定的流动资产数额,并在此基础上提高流动资产的管理效率。通常,流动资产中应收账款和存货占绝大部分,因此,它们的周转状况对流动资产周转具有绝对性影响。

3. 驱动因素分析

为了分析流动资产周转速度变动的原因,找出加速流动资产周转的途径,根据流动资产周转速度指标的经济内容和内在联系,可将流动资产周转速度指标分解如下：

$$流动资产周转率 = \frac{营业收入}{流动资产平均余额}$$

$$= \frac{营业成本}{流动资产平均余额} \times \frac{营业收入}{营业成本}$$

$$= 流动资产垫支周转率 \times 成本收入率$$

以上分解式表明,影响流动资产周转率的因素有两个：一是流动资产垫支周转率；二是成本收入率。流动资产垫支周转率反映了流动资产的真正周转速度,成本收入率说明了所费与所得之间的关系,反映出流动资产的利用效益。流动资产周转率不仅反映流动资产周转速度,而且反映企业经营过程中新创造收入的情况,它不仅受流动资产周转速度的影响,也受成本收入率的影响。加速流动资产垫支周转速度是手段,提高流动资产利用效益才是目的,因而加速流动资产垫支周转速度必须以提高成本收入率为前提。当成本收入率大于1时,说明企业有经济效益,此时流动资产垫支周转速度越快,流动资产营运能力越高；反之,当成本收入率小于1时,说明企业获得的收益不能弥补耗费,此时流动资产垫支周转速度越快,企业亏损越多。

4. 对JLQC公司流动资产周转速度的分析

根据JLQC公司2018年的财务报表数据,流动资产周转速度计算如下：

$$流动资产周转率 = \frac{2\,824\,933.97}{(1\,812\,637.38 + 1\,482\,474.36)/2} = 1.71(次)$$

$$流动资产周转期 = \frac{360}{1.71} = 209.96(天)$$

$$流动资产垫支周转率 = \frac{2\,440\,954.68}{(1\,812\,637.38 + 1\,482\,474.36)/2} = 1.48(次)$$

$$流动资产垫支周转期 = \frac{360}{1.48} = 242.99(天)$$

同时：$成本收入率 = \frac{2\,824\,933.97}{2\,440\,954.68} = 115.73\%$

流动资产周转率 = 流动资产垫支率 × 成本收入率 = 1.48 × 115.73% = 1.71(次)

这说明 2018 年 JLQC 公司的流动资产完成了 1.71 次的周转，完成一次周转需要 209.96 天；而垫支的流动资产则完成了 1.48 次的周转，完成一次周转需要 242.99 天。通过计算流动资产垫支周转率和成本收入率，同样可以计算出正确的流动资产周转率。

二、固定资产营运能力分析

企业的非流动资产主要包括固定资产、无形资产、长期股权投资、投资性房地产、持有至到期投资和其他资产等。固定资产在非流动资产中所占比重较大，因而在分析非流动资产的管理效率时，一般以固定营运能力分析为基础对非流动资产营运能力进行分析，其主要衡量方式为固定资产周转速度指标。

(一) 概念及公式

固定资产周转速度是指企业在一定时期内实现的产品营业收入与固定资产平均余额的比率，主要用于分析对厂房、设备等固定资产的利用效率。比率越高，说明利用率越高，管理水平越好。如果固定资产周转速度与同行业平均水平相比偏慢，则说明企业对固定资产的利用率偏低，可能会影响企业的获利能力。

固定资产周转速度有两种表示方式，其计算公式分别如下：

$$固定资产周转率 = \frac{营业收入}{固定资产平均余额}$$

$$固定资产周转期 = \frac{360}{固定资产周转率}$$

其中：固定资产平均余额是指企业固定资产总额的年初数与年末数的平均值，数值取自资产负债表。

一般来说，固定资产周转率总是越高越好，因为该指标越高，固定资产的利用率就越高，固定资产利用越充分，其所带来的收益就越多，说明企业对固定资产的投资得当，固定资产结构分布合理。反之，则说明企业固定资产使用效率不高，固定资产所带来的收益少，企业对固定资产的管理效率较差。

(二) 固定资产周转速度分析应注意的问题

在运用和分析固定资产周转速度时应该注意以下 3 个问题。

1. 固定资产平均余额的计算

公式中，分母所代表的固定资产平均余额既可按固定资产原值，也可按固定资产净值计算。对此，目前有两种观点。一种观点主张使用固定资产原值计算，理由如下：固定资产生产能力并非随着其价值的逐步转移而相应有所降低,如一种生产设备在其全新时期和半全新时期往往具有相同的生产能力;此外,使用原值便于与企业不同时期或与不同的企业进行比较,而如果采用净值,则会失去可比性。另外一种观点主张采用固定资产净值计算,理由如下:固定资产原值并不是一直都被企业全部占有着,其价值中的磨损部分已逐步通过折旧收回,只有采用净值计算才能真正反映一定时期内企业实际占用的固定资产。一般来说,计算时应该采用固定资产原值的平均余额进行计算,否则可能会因为所采用的折旧方法或折旧年限的不同而产生人为的差异,导致该指标缺乏可比性。

2. 固定资产周转率并非越高越好

固定资产平均占用额会随着折旧的增加而减少,也会随着固定资产的更新而增加,如果企业的经营管理者一味追求高固定资产周转率,就很有可能忽视对固定资产的更新和改造,这样下去,将不利于企业的长远发展。此外,企业的固定资产一般采用历史成本记账,因而在企业的固定资产销售情况并未发生变化的条件下,可能会由于通货膨胀导致物价上涨等因素使得企业营业收入增加,这样就会导致固定资产周转率提高。但是,事实上,企业的固定资产营运能力并未增加。

3. 需要关注流动资产的周转速度

严格意义上来说,企业的营业收入并不直接取决于固定资产的周转,而是直接来自流动资产的周转。固定资产完成一次周转必须经过整个折旧期间,因此,用固定资产平均占用额来反映固定资产的周转速度具有很大的缺陷,即它并非固定资产的实际周转速度。但如果从固定资产对推动流动资产周转速度和周转额的作用来看,固定资产又与企业的营业收入有着必然的联系,即流动资产的投资规模、周转额的大小及周转速度的快慢在很大程度上取决于固定资产的生产经营能力及利用效率。所以,在对固定资产营运能力进行分析时,充分结合流动资产的投资规模、周转额的大小及周转速度将会有更大的价值。

(三)对 JLQC 公司固定资产周转速度的分析

根据 JLQC 公司 2018 年的财务报表数据,固定资产周转速度计算如下:

$$固定资产周转率 = \frac{2\,824\,933.97}{(581\,243.73 + 585\,772.93)/2} = 4.84(次)$$

$$固定资产周转期 = \frac{360}{4.84} = 74.36(天)$$

这说明 2018 年 JLQC 公司的固定资产完成了 4.84 次周转,完成一次周转大致需要 74.36 天。

三、总资产营运能力分析

(一)概念及公式

总资产周转速度是企业营业收入与总资产平均余额的比率。它可以反映企业的总资产在一定时期内创造了多少营业收入,反映总资产的管理效率。其中:总资产周转率表明 1 年中总资产周转的次数,或者说明每 1 元总资产支持的营业收入,主要从资产流动性方面反映总资产的利用效率;总资产周转期表明总资产周转 1 次需要的时间,也就是总资产转换成现金平均需要的时间。

总资产周转速度有两种表示方式,其计算公式分别如下:

$$总资产周转率 = \frac{营业收入}{总资产平均余额}$$

$$总资产周转期 = \frac{360}{总资产周转率}$$

该比率可用来分析企业全部资产的使用效率。如果这个比率较低,则说明企业利用全部资产进行经营的效率较差,最终会影响企业的获利能力。因此,企业应该采取措施提高各项资产的利用程度从而提高营业收入或处理多余资产。

(二) 驱动因素分析

为了更加深入地分析总资产的周转情况及其快慢的影响因素,企业应当在此基础上,进一步对总资产各个构成要素进行分析,以便查明总资产周转率升降的原因所在以及各个要素对总资产周转率形成的不同作用。其中最重要的是流动资产营运能力以及其在总资产中的比率,下面就对此具体分析。

企业资金循环包括短期资金循环和长期资金循环,长期资金循环必须依赖短期资金循环,因此,流动资产周转速度的快慢是决定企业总资产周转速度的关键性因素。从下面的分解式中能看出这种关系,也为进行总资产周转率分析、提高总资产周转速度指明了方向。将总资产周转率公式分解如下:

$$总资产周转率 = \frac{营业收入}{总资产平均余额}$$

$$= \frac{营业收入}{流动资产平均余额} \times \frac{流动资产平均余额}{总资产平均余额}$$

$$= 流动资产周转率 \times 流动资产占总资产的比重$$

以上分解式表明,总资产周转速度的快慢主要取决于两大驱动要素。一是流动资产周转率。流动资产周转速度比其他类资产的周转速度要快,故加速流动资产的周转就会加速总资产的周转;反之,则会使总资产周转速度减慢。二是流动资产占总资产的比重。由于流动资产周转速度比其他类资产的周转速度要快,所以企业流动资产占总资产的比重越大,总资产周转速度则越快;反之,则越慢。

(三) 对 JLQC 公司总资产周转速度的分析

根据 JLQC 公司 2018 年的财务报表数据,总资产周转速度计算如下:

$$总资产周转率 = \frac{2\,824\,933.97}{(2\,638\,376.08 + 2\,339\,652.95)/2} = 1.13(次)$$

$$总资产周转期 = \frac{360}{1.13} = 317.19(天)$$

同时:$$流动资产周转率 = \frac{2\,824\,933.97}{(1\,812\,637.38 + 1\,482\,474.36)/2} = 1.71(次)$$

$$\text{流动资产占总资产的比重} = \frac{(1\,812\,637.38 + 1\,482\,474.36)/2}{(2\,638\,376.08 + 2\,339\,652.95)/2} \times 100\% = 66.19\%$$

$$\begin{aligned}\text{总资产周转率} &= \text{流动资产周转率} \times \text{流动资产占总资产的比重} \\ &= 1.71 \times 66.19\% = 1.13(\text{次})\end{aligned}$$

这说明 2018 年 JLQC 公司的总资产完成了 1.13 次周转,完成一次周转需要 317.19 天。通过计算流动资产周转率和流动资产占总资产的比重,同样可以计算出正确的总资产周转率。

第三节 营运能力趋势分析

由于资产周转速度指标中的资产数据是一个时点数,极易受偶然因素的干扰甚至人为的修饰。因此,要弄清企业资产周转速度的真实状况,首先应对其进行趋势分析,即对同一企业各个时期资产周转速度的变化进行对比分析,以掌握其发展规律和发展趋势。

一、流动资产营运能力趋势分析

(一) 应收账款管理效率趋势分析

1. 应收账款周转速度趋势分析的意义

对应收账款周转率和应收账款周转期进行分析时,通过与企业前一年的应收账款周转率和应收账款周转期的比较,可以看出企业的应收账款周转速度的变动态势:应收账款周转速度是越来越快、越来越慢,还是基本保持稳定,等等。如果在某一期间应收账款周转速度突然恶化,内部分析则应进一步查找原因,看看它是由产品销售下降引起的,还是由赊销政策过宽导致的,等等,并及时找出改善的对策,以防止应收账款周转情况进一步恶化。

2. 对 JLQC 公司应收账款周转速度的趋势分析

以 JLQC 公司为例,根据 JLQC 公司的财务报表数据,计算该公司应收账款周转速度有关指标,如表 9-1 所示。

表 9-1 JLQC 公司应收账款周转速度计算分析表

项 目	2017 年	2018 年	差 异
营业收入(万元)	3 134 574.68	2 824 933.97	−309 640.71
应收账款平均余额(万元)	173 963.30	249 088.41	75 125.11
应收账款周转率(次)	18.02	11.34	−6.68
应收账款周转期(天)	19.98	31.74	11.76

根据表 9-1 可知,JLQC 公司 2018 年的应收账款周转率比 2017 年下降 6.68 次,应收账款平均收账天数由 2017 年的 19.98 天延长为 2018 年的 31.74 天。这不仅降低了应收账款投资的变现能力,而且增加了坏账损失和收账费用。

应收账款周转率说明年度内应收账款转化为现金的平均次数,体现了应收账款的变现速度和企业的收账效率,一般认为周转率高点好,因为它表明:① 收款迅速,可节约营运资本;② 可减少坏账损失;③ 可减少收账费用;④ 资产流动性高。但是应收账款周转率也不是越高越好,因为应收账款周转率也体现了企业的信用政策,如果应收账款周转率较低,企业销售量可能会减少,导致企业利润下降。

(二)存货管理效率趋势分析

1. 存货周转速度趋势分析的意义

对存货周转率和存货周转期进行分析时,通过与企业前一年的存货周转率和存货周转期的比较,可以看出企业的存货周转速度的变动态势:存货周转速度是越来越快,越来越慢,还是基本保持稳定,等等。如果在某一期间存货周转速度突然恶化,内部分析则应进一步查找原因,看看是由于产品滞销导致,还是由材料库存过大引起等,并及时找出改善的对策,以防止存货周转情况进一步恶化。

2. 对JLQC公司存货周转速度的趋势分析

以JLQC公司为例,根据JLQC公司的财务报表数据,计算该公司存货周转速度有关指标,如表9-2所示。

表9-2 JLQC公司存货周转速度计算分析表

项 目	2017年	2018年	差 异
营业成本(万元)	2 504 509.00	2 440 954.68	−63 554.32
存货平均余额(万元)	213 669.82	243 082.92	29 413.10
存货周转率(次)	11.72	10.04	−1.68
存货周转期(天)	30.71	35.85	5.14

根据表9-2可知,JLQC公司2018年的存货周转率比2017年下降了1.68次,周转期也由2017年的30.17天增加到2018年的35.85天,增加了5.14天,表明该公司在存货的变现能力、实现周转额的能力上都有所下降。JLQC公司2018年的存货周转率相对2017年来说偏低,可能是由以下原因引起的:

① 销售量受到内外部环境的影响,产品产生一定程度上的滞销;

② 预测存货将升值而故意囤积居奇,以等待时机获取重利;

③ 企业采购政策或销售政策发生变化。

(三)营业周期

1. 营业周期趋势分析的意义

营业周期是应收账款周转情况和存货周转情况的综合。对营业周期进行分析时,通过与企业前一年营业周期的比较,可以看出企业营业周期的变动态势:营业周期是越来越短,越来越长,还是基本保持稳定,等等。如果在某一期间营业周期突然恶化,内部分析则应进一步查找原因,看看是由于产品滞销导致,还是由账款回收过慢引起等,并及时找出改善的对策,以防止营业周期情况进一步恶化。

2. 对JLQC公司营业周期的趋势分析

以JLQC公司为例,根据JLQC公司的财务报表数据,计算该公司的营业周期,如表9-3

所示。

表 9-3 JLQC 公司营业周期计算分析表

项 目	2017 年	2018 年	差 异
应收账款周转期(天)	19.98	31.74	11.76
存货周转期(天)	30.71	35.85	5.14
营业周期(天)	50.69	67.59	16.9

根据表 9-3 可知，JLQC 公司 2018 年的营业周期较 2017 年相比有所延长，增加了 16.9 天。营业周期延长的原因是应收账款周转期和存货周转期同时增加，其中应收账款周转期增加得更多，是营业周期延长的主要驱动因素。营业周期的延长说明该公司流动资产营运能力相比上年度有所下降，资产的流动性有所减弱。

(四) 流动资产营运能力趋势分析

1. 流动资产周转速度趋势分析的意义

对流动资产周转率和流动资产周转期进行分析时，通过与企业前一年的流动资产周转率和流动资产周转期的比较，可以看出企业流动资产周转速度的变动态势：流动资产周转速度是越来越快、越来越慢，还是基本保持稳定，等等。如果在某一期间流动资产周转速度突然恶化，内部分析则应进一步查找原因，并及时找出改善的对策，以防止流动资产周转情况进一步恶化。

2. 对 JLQC 公司流动资产周转速度的趋势分析

根据流动资产周转率的分解式，采用差额计算法，可以分别确定这两个因素变动对流动资产周转率的影响程度。以 JLQC 公司为例，根据 JLQC 公司的财务报表数据，计算该公司的流动资产周转率，如表 9-4 所示。

表 9-4 JLQC 公司流动资产周转率计算分析表

	2017 年	2018 年	差 异
营业收入(万元)	3 134 574.68	2 824 933.97	−309 640.71
流动资产平均余额(万元)	1 722 456.74	1 647 555.87	−74 900.87
营业成本(万元)	2 504 509.00	2 440 954.68	−63 554.32
流动资产周转率(次)	1.82	1.71	−0.11
流动资产垫支周转率(次)	1.45	1.48	0.03
成本收入率(%)	125.16	115.73	−9.43

根据表 9-4，对流动资产周转率分析如下：

$$流动资产周转率变动 = 1.71 - 1.82 = -0.11(次)$$

对资产周转率变动因素分析如下：

$$\text{流动资产垫支周转率对流动资产周转率的变动影响} = (1.48 - 1.45) \times 125.16\% = 0.03(次)$$

$$\begin{matrix}成本收入率对流动资产\\周转率的变动影响\end{matrix} = 1.48 \times (115.73\% - 125.16\%) = -0.14(次)$$

根据上面的计算可知,流动资产垫支周转率的上升使流动资产周转率上升 0.03 次,而成本收入率的下降使流动资产周转率下降 0.14 次,整体水平流动资产周转率下降 0.11 次。

二、固定资产营运能力趋势分析

(一) 固定资产周转速度趋势分析的意义

对固定资产周转率和固定资产周转期进行分析时,通过与企业前一年的固定资产周转率和固定资产周转期的比较,可以看出企业固定资产周转速度的变动态势:固定资产周转速度是越来越快、越来越慢,还是基本保持稳定,等等。如果在某一期间固定资产周转速度突然恶化,内部分析则应进一步查找原因,并及时找出改善的对策,以防止固定资产周转情况进一步恶化。

(二) 对 JLQC 公司固定资产周转速度的趋势分析

以 JLQC 公司为例,根据 JLQC 公司的财务报表数据,计算该公司的固定资产周转速度,如表 9-5 所示。

表 9-5 JLQC 公司固定资产周转速度计算分析表

项　　目	2017 年	2018 年	差　　异
营业收入(万元)	3 134 574.68	2 824 933.97	−309 640.71
固定资产平均余额(万元)	581 243.73	585 772.93	4 529.20
固定资产周转率(次)	5.39	4.82	−0.57
固定资产周转期(天)	66.75	74.65	7.89

根据表 9-5 可知,JLQC 公司 2018 年的固定资产周转率比 2017 年下降了 0.57 次,周转期也由 2017 年的 66.75 天增加为 2018 年的 74.65 天,增加了 7.89 天,表明该公司固定资产周转率变慢。可见 JLQC 公司 2018 年的固定资产周转率相对 2017 年来说偏低,可能是由于公司大量增加对固定资产的投资,而营业收入增长速度跟不上固定资产增长速度而导致的。

三、总资产营运能力趋势分析

(一) 总资产周转速度趋势分析的意义

对总资产周转率和总资产周转期进行分析时,通过与企业前一年的总资产周转率和总资产周转期的比较,可以看出企业的总资产周转速度的变动态势:总资产周转速度是越来越快、越来越慢,还是基本保持稳定,等等。如果在某一期间总资产周转速度突然恶化,内部分析则应进一步查找原因,并及时找出改善的对策,以防止总资产周转情况进一步恶化。

(二) 对 JLQC 公司总资产周转速度的趋势分析

以 JLQC 公司为例,根据 JLQC 公司的财务报表数据,计算该公司的总资产周转速度,如表 9-6 所示。

表 9-6　JLQC 公司总资产周转率计算分析表

项　　目	2017 年	2018 年	差　　异
营业收入(万元)	3 134 574.68	2 824 933.97	−309 640.71
总资产平均余额(万元)	2 543 877.48	2 489 014.52	−54 862.96
流动资产平均余额(万元)	1 722 456.74	1 647 555.87	−74 900.87
总资产周转率(次)	1.23	1.13	−0.10
流动资产周转率(次)	1.82	1.71	−0.11
流动资产占总资产比重(%)	67.71	66.19	−1.52

根据表 9-6 可知，JLQC 公司 2018 年总资产周转率比上年下降了 0.10 次，其原因包括以下两个方面。

一是流动资产周转率降低，使得总资产周转率降低 0.071 次：

$$\text{流动资产周转率对总资产周转率的变动影响} = (1.71 - 1.82) \times 67.71\% = -0.071(\text{次})$$

二是流动资产占总资产比重下降，使得总资产周转率减慢 0.26 次：

$$\text{流动资产占总资产比重对总资产周转率的变动影响} = 1.71 \times (66.19\% - 67.71\%) = -0.26(\text{次})$$

上述计算结果表明，JLQC 公司 2018 年总资产周转速度减慢，主要是由于流动资产周转率的降低使资产流动性减弱，而流动资产占总资产比重的下降使得总资产周转速度降低幅度增大。

本 章 小 结

营运能力主要是指资产管理的效率和效益。资产管理的效率通常是指资产的周转速度即资产的回收效率，通过资产的投入与其回收相比来体现：在企业各种投入资产一定时，回收(将来可再投入)越快，资产的管理效率越高；或者说，在企业的回收一定时，投入的各种资产规模越大，资产的管理效率越低。资产管理的效益则是指资产的使用效果，即通过资产的投入与其产出相比来体现：在企业各种投入资产一定时，产出越大，资产的管理效率越高；或者说，在企业的产出一定时，投入的各种资产规模越大，资产的管理效率越低。

资产周转速度是衡量企业营运能力的一类财务比率，主要包括应收账款周转速度、存货周转速度、营业周期、流动资产周转速度、固定资产周转速度和总资产周转速度等。通常来讲，某一项经济资源的周转率越大或周转期越短，该项经济资源的周转速度就越快，进而表明企业的该项经济资源可供运用的机会越多，在资产管理或资本利用方面的效率也就越高；反之，则表明营运能力越差。

营运能力分析的目的有：评价企业资产的流动性；评价企业资产的使用效果；发现企业在资产管理中存在的问题，挖掘企业资产利用的潜力；作为偿债能力和盈利能力分析的基础与补充。营运能力分析可分为流动资产营运能力分析、固定资产营运能力分析和总资产营运能力分析,其中流动资产营运能力分析又分为应收账款周转速度、存货周转速度、营业周期和流动资产周转速度指标分析。

资产周转速度指标中的资产数据是一个时点数,极易受偶然因素的干扰甚至人为的修饰。因此,要弄清企业资产周转速度的真实状况,就要对其进行趋势分析,即对同一企业各个时期资产周转速度的变化进行对比分析,以掌握其发展规律和发展趋势。

复习思考题

1. 说说营运能力分析的目的。
2. 总结一下反映总资产营运能力的指标有哪些。
3. 分析总资产周转率与流动资产周转率之间的关系。
4. 阐述如何进行存货营运能力分析。
5. 阐述应收账款营运能力分析。
6. 谈一谈如何做好一家上市公司的营运能力分析。

案 例 分 析

万科A(股票代码:000002),成立于1984年5月,1988年进入房地产行业,1993年将大众住宅开发确定为公司核心业务,目前是中国最大的专业住宅开发公司。2011年,受房地产行业的影响,时任万科总裁郁亮提出了"过冬论"。郁亮表示,2011年房地产行业的关键词是"调控",2012年整个行业将进入冬天。他透露,万科已经进入"冬天模式",保持充足的现金将比利润率更为重要,在发展策略上,万科也将采取"过冬术"。具体的措施有:第一,现金为王,郁亮表示,在冬天环境下现金流比利润率更重要;第二,房地产销售应该更积极一些,尽量减少存货压力;第三,应该采取更谨慎的拿地策略,不能囤地;第四,在管理上要开源节流,减少不必要的开支,更加精打细算。2018年国庆节前,万科内部开会打出"活下去"的口号;节后,部分项目降价回笼资金。万科的"冬天模式",一方面要求企业"身体好"——盈利能力、营运能力好,另一方面要求"棉衣厚"——现金储备多。同时值得注意的是,高喊"活下去"的同时,万科开启了一轮迅猛的收购、拿地动作。10月9日,华夏幸福公告显示,北京万科拟收购华夏幸福5家项目公司的部分股权,暂定交易价款约为32.34亿元。东方财富网数据显示,按照权益金额计算,万科三季度合计拿地金额接近500亿元,达到458.7亿元,超过保利、碧桂园、融创、恒大4家房企的244.1亿元、137.9亿元、69.1亿元、62.4亿元拿地权益金额之和。

思考:

1. 下载万科历年来的财务报表,计算相关营运能力指标,看一看"过冬模式"对财务报表的影响。

2. 有人说一个楼盘的开发周期往往超过1年,根据当年数据计算的存货周转率会失真,此外,房地产开发存货周转率低,未必都是开发速度慢,还有可能是因为公司看好后市,储备了过多土地。所以,存货周转率应根据行业特点进行修正(营运成本/两年前存货)。分别按照当年存货和两年前存货计算存货周转率,看看这个指标反映了哪些变化。你认为哪个指标更合理一些?

第十章　偿债能力分析

引导案例

揭开蓝田之谜

沈阳蓝田股份有限公司于1996年在上海证券交易所上市,1996—2000年5年时间,股本从9 696万股扩张到4.46亿股,营业收入从4.68亿元大幅增长到18.4亿元,净利润从0.593亿元增长到4.32亿元,总资产从6.22亿元增长到28.38亿元。然而,这"中国农业第一股"所取得的骄人神话,在2001年10月,被刘姝威以一篇600字左右的短文《应立即停止对蓝田股份发放贷款》直接刺破了,2002年1月,蓝田股份被强制停牌,刘姝威也由此获得了中央电视台评选的"2002中国经济年度人物"称号。

刘姝威其后发布的《蓝田之谜》从偿债能力、销售收入、现金流量、资产结构4个方面对蓝田股份进行财务分析,其中偿债能力的分析结果如下:2000年,蓝田股份的流动比率是0.77,速动比率是0.35,净营运资金是-1.3亿元,固定资产周转率和流动比率逐年下降,这些都说明蓝田股份流动资产不足以偿还到期流动负债,偿还短期债务能力弱。由于蓝田股份的主营产品是农副水产品和饮料,刘姝威又将其偿债能力指标与"渔业"和"食品、饮料"两个行业的上市公司同类指标进行了对比,发现2000年蓝田股份"货币资金"和"现金及现金等价物净增加额",以及流动比率、速动比率、净营运资金和现金流动负债比率均位于"渔业"行业上市公司的最低水平,流动比率和速动比率大大低于同行业平均值。同时,还发现2000年蓝田股份的流动比率、速动比率和现金流动负债比率均处于"食品、饮料"行业上市公司的最低水平,这反映上市公司蓝田股份在"渔业"行业、"食品、饮料"行业的现金流量是最短缺的,短期偿债能力是最低的。最后,刘姝威结合其他财务指标的分析得出结论,蓝田股份存在严重的财务造假,无法偿还到期债务。

可见,在企业的发展、成长过程中,把握企业的资本结构、控制企业的负债规模是非常重要的。那么,怎样对企业的短期偿债能力和长期偿债能力进行全面分析呢?就让我们来学习这一章的内容吧。

【学习目的与要求】

本章主要从偿债能力的内涵、短期偿债能力分析、长期偿债能力分析3个方面对企业的偿债能力问题进行阐述。本章的学习目的是掌握企业的偿债能力分析方法,熟练运用各种偿债能力分析方法,综合考虑多项因素,对企业偿债能力做出较为准确的判断。通过本章的学习,重点掌握短期偿债能力和长期偿债能力的概念、常用指标及方法等内容,特别要能够熟练运用各种偿债能力指标对企业偿债能力进行比较准确的计算和分析。

第一节 偿债能力的内涵

一、企业负债的概念

企业负债是指企业过去的交易或者事项形成的、预期会导致经济利益流出企业的现时义务,它是企业资金来源的重要组成部分。现时义务是指企业在现行条件下已承担的义务,未来发生的交易或者事项形成的义务,不属于现时义务,不应当确认为负债。要确认为一项负债,除符合负债定义的义务外,还应同时符合以下两项条件。

第一,与该义务有关的经济利益很可能流出企业。预期会导致经济利益流出企业是负债的一个本质特征。在实务中,履行义务所需流出的经济利益带有不确定性,尤其是与推定义务相关的经济利益通常需要依赖大量的估计。因此,负债的确认应当与经济利益流出的不确定性程度的判断结合起来,如果有确凿证据表明,与现时义务有关的经济利益很可能流出企业,就应当将其作为负债予以确认;反之,如果企业承担了现时义务,但是会导致企业经济利益流出的可能性很小就不符合负债的确认条件,不应将其作为负债予以确认。

第二,未来流出的经济利益的金额能够可靠地计量。负债的确认在考虑经济利益流出企业的同时,对于未来流出的经济利益的金额应当能够可靠计量。对于与法定义务有关的经济利益流出金额,通常可以根据合同或者法律规定的金额予以确定,考虑到经济利益流出的金额通常在未来期间,有时未来期间较长,有关金额的计量需要考虑货币时间价值等因素的影响。对于与推定义务有关的经济利益流出金额,企业应当根据履行相关义务所需支出的最佳估计数进行估计,并综合考虑货币时间价值、风险等因素的影响。

符合负债定义和负债确认条件的项目,应当列入资产负债表;符合负债定义,但不符合负债确认条件的项目,不应当列入资产负债表。

二、偿债能力的概念及其衡量

(一) 偿债能力的概念

偿债能力是指企业用资产偿还自身负债的能力。静态的偿债能力是指企业用资产清偿企业长、短期负债的能力,而动态的偿债能力是指企业用资产和经营收益偿还长、短期负债的能力。

企业偿还各种到期债务的能力大小,是决定企业财务状况优劣的基本要素之一,反映了企业财务状况的稳定性与企业生产经营的发展趋势,是衡量企业财务状况和经营能力的重要标志。对企业的偿债能力科学、合理地评价,既关系到企业财务风险乃至经营风险能否得到有效的控制,又关系到与企业有利害关系的投资者、债权人及社会公众等利益相关者的经济利益。

(二) 偿债能力的衡量

企业的负债按照偿还期的长短可以分为流动负债和非流动负债(长期负债),企业的资产按照变现期或耗用期的长短可以分为流动资产和非流动资产(长期资产)。不同负债的偿还所需要的资产不同,不同的资产可用于偿还的债务种类也不同。偿债能力通常以变现性作为衡量的标准,分为短期偿债能力和长期偿债能力。

1. 短期偿债能力

短期偿债能力是指企业以流动资产偿还流动负债的保障程度。一个企业短期偿债能力的大小取决于流动资产和流动负债的金额、流动性与变现能力。资产的流动性越强,转换为现金所需的时间就越短;资产的变现能力越强,企业就越能较为便捷地将流动资产转换为现金,就能越快地为债务偿还提供资金。企业短期偿债能力对于企业的经营、发展乃至生存至关重要。企业短期偿债能力越弱,意味着企业对其流动负债的偿还保障能力也越弱,这将导致企业的信用受损,进而影响企业的短期筹资能力,也会增加企业的筹资成本,对企业短期获利能力也会产生消极影响。进行短期偿债能力分析时,要结合影响短期偿债能力的因素,通过对一系列反映短期偿债能力的指标进行计算和分析,说明企业短期偿债能力的状况及其原因。

2. 长期偿债能力

长期偿债能力是指企业偿还长期债务的能力。由于长期债务的期限较长,衡量企业偿还长期债务的能力,短期主要观察其偿还长期债务利息的能力,而长期主要观察企业偿还长期债务本金的能力。衡量企业偿还长期债务本金的能力主要靠企业经营产生的利润的长期积累和到期时可以变现的资产,因而企业的长期偿债能力主要取决于企业的获利能力和资本结构。分析企业长期偿债能力时,一般应在明确长期偿债能力影响因素的基础上,从企业的盈利能力和资产规模两方面进行分析和评价,通过计算、分析反映企业长期偿债能力的指标,说明企业长期偿债能力的基本状况及其原因,为企业的举债经营指明方向。

三、偿债能力分析的作用与意义

(一) 偿债能力分析的作用

企业有无偿债能力是企业能否健康成长和发展的关键,因而企业偿债能力分析是企业财务经济分析的重要组成部分。企业偿债能力分析的作用主要集中表现在以下 4 个方面。

(1) 评价企业财务状况。能否及时偿还到期债务或者企业偿债能力的强弱,是反映企业财务状况的重要指标。通过对企业偿债能力的客观分析,可以准确评价企业财务状况及其变动原因,帮助企业所有者、经营者、债权人及其他利益相关者了解企业经营状况,做出正确的投资、融资等经营管理决策。

(2) 控制企业财务风险。尽管企业负债经营具有抵税效应、财务杠杆效应等优点,举债必须以能偿还债务为前提,如果企业不能按时偿还所负债务的本息,势必影响企业筹措资金的信誉,从而影响企业正常的生产经营,甚至危及企业的生存。即使盈利不错的企业,也存在着由于资金调度不灵,不能及时偿还债务而破产的风险,俗话说得好,"企业不怕没有利润,就怕没有现金"。因此,企业负债经营的基本原则是适度举债,并充分权衡收益与风险的关系等,其基本原则是将负债的规模控制在一定限度内,并保证企业能够以足够的现金或随时可以变现的资产及时额偿还所欠债务。

(3) 预测企业筹资前景。企业通过各种渠道筹集资金是维持正常经营活动的必要前提。正确评价企业偿债能力,是企业准确预测筹资前景的前提和基础性工作,也是债权人做出正确信贷决策的基础。企业偿债能力越强,则企业财务状况也就越好,企业信誉越高,企业筹措资金的能力也越强,同时债权人的本金与利息的保障程度也越高。因此,分析企业偿债能力,对企业准确预测未来的筹资前景,乃至债权人、潜在债权人进行信贷决策都至关重要。

(4) 合理安排企业的财务活动。筹资、投资与收益的分配是企业财务活动的基本环节。企业筹集资金的实际数量既取决于生产经营情况,也受制于债务偿还能力的大小。到期债务既可以用企业自有资金偿还,也可以通过借新债还旧债形式偿,如果企业的偿债能力强,企业筹措资金的能力也会提高,这有利于企业生产经营活动的开展。因此,通过对企业偿债能力的分析,可以准确了解企业当前的现金与可变现资产状况,以及企业未来的筹资能力,有利于企业合理安排企业的筹资、投资与收益分配等财务活动。

(二) 偿债能力分析的意义

偿债能力的高低是企业利益相关者普遍关心的问题。对于债权人而言,企业偿债能力关系到其对企业的债务能否按时收回本金和利息;对投资者而言,企业的偿债能力会影响企业正常的生产经营和财务风险,从而影响其投资本金的安全和获得的报酬,当企业不能及时偿还债务时,将使企业面临破产重组的威胁,导致投资者遭受损失;对于企业经营者而言,企业的偿债能力不仅关系到企业的资金循环与周转,而且涉及企业的财务风险,如果企业不能及时偿还到期的债务,可能影响企业未来的资金筹集,甚至导致企业破产重组等财务风险,这势必影响企业的持续经营。

第二节 短期偿债能力分析

一、短期偿债能力分析的含义

短期偿债能力是指企业偿还短期负债的能力,它反映了企业流动资金对流动负债的保障程度。一个企业短期偿债能力的大小主要取决于两方面:一是流动资产的数量和质量;二是流动负债的数量和特征。其实,分析短期偿债能力的大小,就是比较流动资产和流动负债两者金额数的大小,而流动资产与流动负债金额的大小很大程度上取决于流动资产与流动负债的特征。因此,企业短期偿债能力的分析就是分析不同特征的流动负债到期时,不同特征的流动资产转化为可以用于偿还短期债务的现金的能力。

二、短期偿债能力分析的指标

进行短期偿债能力的分析时,主要根据企业的财务报表,尤其是资产负债表,同时结合其他的一些资料,对企业的短期债务与可用于偿还这些债务的短期资金来源进行比较,通过计算相关指标来判断企业当前的偿付能力。常用的短期偿债能力指标主要包括以下 5 个方面。

(一) 营运资本

营运资本是指流动资产减去流动负债后的差额,也称净营运资本,它意味着企业的流动资产在偿还全部流动负债后还有多少剩余。其计算公式如下:

$$营运资本 = 流动资产 - 流动负债$$

如果流动资产高于流动负债,则营运资本大于零,表示企业具有一定的短期偿付能力,而且该指标越高,说明企业可用于偿还流动负债的资金越充足,企业的短期偿付能力越强,企业所面临的短期流动性风险越小,债权人的保障程度越高。反之,如果流动资产小于流动负债,则营运资本小于零,表明该企业的短期偿债能力不足,企业可能面临短期财务风险,此时债权人的保障程度较低。但是,营运资本仅是衡量企业短期偿债能力的绝对数指标,要判断企业的短期偿债能力还必须结合其他指标进行分析。

在运用营运资本分析企业的短期偿债能力时要注意以下3个方面。

(1) 虽然营运资本指标越高,短期偿债能力越强,但营运资金也不是越多越好。营运资金过多,说明企业有部分资金闲置,没有充分发挥其效益,会影响其获利能力。

(2) 营运资本不能作为评价不同规模企业短期偿债能力的指标。营运资本是绝对量指标,受企业规模的影响较大,不同规模的企业其营运资本的差异较大,因而用该指标来比较不同规模企业的偿债能力不够科学。

(3) 营运资本受行业特点的影响较大。不同的行业其流动资产和流动负债项目的构成情况不一样,因此,用营运资本指标去比较不同行业的企业短期偿债能力往往会得出错误的结论。例如,零售企业的资产项目主要表现为流动资产,非流动资产较少,因而该行业的营运资本相对较高;而对于传统的制造行业,由于该行业固定资产投资规模普遍较大,其营运资本相对较低。

下面以JLQC公司为例,根据公司2017年、2018年的资产负债表数据,计算其营运资本指标,如表10-1所示。

表10-1 JLQC公司营运资金计算分析表 (单位:万元)

项 目	2017年	2018年
流动资产	1 812 637	1 482 474
流动负债	1 354 108	1 266 895
营运资本	458 529	215 579

从表10-1看,JLQC公司2018年的营运资本呈下降趋势,从2017年的458 529万元降为2018年的215 579万元,下降幅度达到53%,其主要原因是流动资产的下降幅度要远高于流动负债的下降幅度。虽然2018年公司的营运资本大于零,但与2017年相比,其营运资本在2018年减少了242 950万元,说明该企业2018年的短期偿债能力比2017年有所下降。

(二) 流动比率

流动比率是企业一定时期流动资产与流动负债的比值。它是衡量企业短期偿债能力强弱的一项重要指标。该指标表明企业每单位的流动负债有多少能作为支付的流动资产与之相对应,反映了企业在短期债务到期时用流动资产变现来偿还流动负债的能力。其计算公

式如下:

$$流动比率 = \frac{流动资产}{流动负债}$$

其中:流动资产、流动负债分别对应企业资产负债表中年末流动资产和流动负债项目的金额。

流动比率是一个相对数指标,它能够直观地说明流动资产对流动负债的保障程度,更适合不同企业之间以及同一企业不同历史时期的比较。该比率越高,一般短期偿债能力越强。一般经验表明,流动比率为2时比较合适,此时企业的短期偿债能力一般比较强。流动比率低于2的企业往往短期偿债能力可能存在问题,易发生偿债困难,甚至出现短期财务风险。但是,该指标仅仅是一个经验值,在运用流动比率指标分析企业短期偿债能力时,还需要注意以下4点。

(1) 不同主体对流动比率的要求不同。对债权人而言,他们希望该指标越高越好。因为流动比率越高,就越说明债务人拥有足够的流动资产来偿还短期债务,债务人到期偿还短期债务本息的可能性也就越大,因而债权人借出的资金越安全,债权人获得保障的程度越高;而对于企业经营管理者,他们未必希望流动比率越高越好,因为过高的流动比率很可能是企业流动资产没能得到充分利用的标志之一,流动资产没有充分得到利用就会降低企业的盈利能力。适当的流动比率既保证了企业短期的支付能力,又不至于因过高的流动比率导致企业的资金报酬率下降。因此,企业经营管理者往往将企业的流动比率控制在适当水平,这有利于提高企业资产的利用效率和配置效率,从而提高企业的盈利水平。

(2) 不能机械地、孤立地看待流动比率指标。尽管流动比率为2这个"经验值"是目前普遍认同的标准,但也不能绝对化,该经验值只是人们长期实践中形成的一种经验数据,不能作为唯一的判断标准,在具体应用时要针对不同企业的特点加以具体分析。在使用流动比率对企业的短期偿债能力进行分析时,应将计算的流动比率结果与同行业的平均流动比率指标数据进行横向比较,还应该与该企业不同历史时期的流动比率指标数据进行纵向比较,这样才能更恰当地确定流动比率的高低,更好地评价企业的短期偿债能力,而不能仅凭该指标是高于2还是低于2来评判企业的短期偿债能力。此外,还要分析流动比率高与低的深层次原因,根据企业的经营特点、所在行业的特性等因素,综合分析企业的流动资产和流动负债的具体情况,以此评判企业的短期偿债能力。例如:对于营业周期较短的企业,其资金周转速度较快,即使流动比率较低一般也不会出现短期偿债风险;反之,对于营业周期较长的企业,其资金周转速度较慢,即使其流动比率高,短期偿债也未必很强。在采用流动比率指标对企业的短期偿债能力进行分析时,还要对企业流动资产的质量加以分析,如果企业的存货、应收账款在流动资产中所占的比例较大,而且应收账款的赊销期较长,即使该企业的流动比率大于2,它也未必具有很强的短期偿债能力。因此,在使用流动比率对企业的短期偿债能力进行分析时要根据企业的具体情况进行判断,而不能仅根据该指标的经验值一个指标来判断企业短期偿债能力。

(3) 流动比率指标无法从动态上反映企业的短期偿债能力。计算流动比率的各项指标均来源于资产负债表,而资产负债表的各项目均属于静态指标,仅凭这些静态数据计算的流动比率只能反映资产负债表日的短期偿债能力,未必能衡量企业未来的短期偿债能力。企业的经营活动是一个周而复始的运动过程,流动资产和流动负债随着企业经营活动的开展而不断发生变化,用资产负债表数据计算出来的静态流动比率指标去衡量动态的偿债能力不够科学,甚至会得出错误的结论。

(4) 流动比率指标容易受到人为因素的影响。计算流动比率的基础资料来自资产负债表,而资产负债表各项目的填列是会计人员根据会计准则进行职业判断的结果,因而资产负债表各项目的数据受会计准则和人为因素的影响较大。例如,对于存货在资产负债表的填列数据,采用先进先出法和加权平均法进行会计核算得出的存货期末价值截然不同,这势必影响根据资产负债表期末数计算得出的流动比率。又如,企业还可以在期末先偿还短期借款,下期初再借短期借款来降低期末流动负债金额,这样也可以提高期末的流动比率,此时计算出来的流动比率并没有反映企业实际的短期偿债能力。总之,通过人为的操纵或报表粉饰等行为可以影响期末的流动比率,使根据资产负债表计算得出流动比率判断的企业短期偿债能力与企业实际的偿债能力存在较大差异,这样会误导信息使用者。

下面以JLQC公司为例,根据公司2017年、2018年的资产负债表数据,计算其流动比率指标,如表10-2所示。

表10-2 JLQC公司流动比率计算分析表

项　　目	2017年	2018年
流动资产(万元)	1 812 637	1 482 474
流动负债(万元)	1 354 108	1 266 895
流动比率	1.34	1.17

由表10-2可以看到,2017年年末,JLQC公司的流动比率为1.34,说明公司每1元的流动负债仅有1.34元的流动资产用以偿还,仅从此比值可以认为该公司的短期偿债能力较差。进一步分析发现,2018年年末该公司的流动比率下降为1.17,比2017年下降了0.17,短期偿债能力呈下降趋势。该公司2017年、2018年的流动比率均低于理想值2,说明公司的偿债能力偏弱,但还不能仅凭该公司的流动比率低于2就判断该公司的短期偿债能力一定存在问题,还需要结合公司的生产经营规模、流动资产的结构和质量、行业整体情况及其他因素进行综合分析才能准确判断公司的短期偿债能力。

通过进一步分析JLQC公司流动比率变动的原因可以发现,公司2018年的流动资产和流动负债较2017年均有所减少,但流动资产减少了18.2%,流动负债只减少了6.4%,流动资产的下降幅度大于流动负债的下降幅度,这是导致流动比率在2018年进一步下降的主要原因。

(三) 速动比率

速动比率也称酸性测试比率,是企业一定时期速动资产与流动负债的比值。流动比率只反映了流动资产与流动负债之间的关系,没有揭示流动资产的构成与质量。如果流动比率较高,而企业流动资产的流动性却较低,企业的短期偿债能力仍然较低。速动比率用变现能力较强的速动资产与流动负债的比例来衡量企业的短期偿债能力,在一定程度上有效弥补了流动比率的缺陷。其计算公式如下:

$$速动比率 = \frac{速动资产}{流动负债}$$

其中:速动资产是指能够迅速变现为货币资金的流动资产,包括库存现金、有价证券、金融性资产、应收票据、应收账款及其他应收款等项目,即用企业资产负债表中年末流动资产金额扣除存货等变现能力差的项目后的金额来衡量速动资产。流动负债对应企业资产负债表中年末流动负债项目的金额。

从速动比率的定义和计算公式中可以看出,速动比率和流动比率的一个很大区别就体现在公式的分子上面。速动比率计算公式的分子是从流动资产里扣除存货后的部分。之所以计算速动比率时要把存货扣除,其原因有下面5点:一是在流动资产中存货往往是流动性较差、变现速度较慢的项目,它需要经过产品的出售和账款的收回两个阶段才能转换为现金;二是部分存货可能因为某些原因已经损失报废但却未进行会计处理;三是部分存货可能已经抵押给债权人;四是较其他流动资产项目而言,存货的期末余额更容易被人为操纵;五是存货估价还存在着成本和合理市价相差悬殊等问题。因此,速动资产的一般计算公式如下:

$$速动资产 = 流动资产 - 存货$$

此外,速动资产还应该扣除待摊费用,因为待摊费用是已经支付而未摊销的费用,其不能变为现金用于偿还债务。还有一些项目,如预付款项等,它们本质上已经将资产消耗殆尽,但按权责发生制的要求,又具有资产的性质,因而也不应计入速动资产。有时,为了使速动资产计算的结果更准确,在计算速动资产时,会采用另一种计算方法,直接将变现能力较强的货币资金、金融资产、应收票据、应收款项等加总,得到速动资产:

$$速动资产 = 货币资金 + 金融资产(包括以公允价值计量且其变动计入当期损益的金融\\资产和衍生金融资产) + 应收票据 + 应收账款 + 其他应收款$$

一般而言,速动比率指标越高,说明流动性越好,企业的现时偿债能力越强,债权人的利益越有保障。速动比率指标可视为流动比率指标的一种延伸和补充,两者在分析企业资产的流动性和短期偿债能力方面有着异曲同工的作用。有时,企业虽然拥有较高的流动比率指标,但可能因为流动资产中存货占的比重较大,真正能立即变现并用于偿付短期债务的流动资产实际上却很少,这样企业的速动比率指标就会较低,因而短期偿债能力依然较弱。所以,速动比率指标更能准确反映出企业短期的偿债能力。一般经验认为,速动比率为1时比较适宜,如果速动比率低于1,则企业偿债能力可能存在问题。

在运用速动比率指标分析企业短期偿债能力时,需要注意以下5点。

(1) 与流动比率指标相似,不同的利益相关者对该指标看法不相同。从债权人角度看,速动比率越高越好,因为企业速动比率越高说明企业偿还流动负债的能力越强;而从企业经营管理者的角度看,不仅要考虑速动资产的偿债能力,也要考虑速动资产的获利能力,过高的速动比率说明企业在日常经营中没有充分利用好速动资产,降低了速动资产的盈利率,因而速动比率并非越高越好。

(2) 不能机械、孤立地看待该指标。实际经验证明,速动比率为1是一个比较适宜的值,但并不是唯一的标准。在进行短期偿债能力分析时,不可一概而论地认为企业的速动比率小于1时其短期偿债能力就一定不强,而应根据企业的性质、行业的特征、企业所处的发展阶段等情况进行综合判断。比如,采用大量现金销售的商品零售业一般应收账款占比较低,速动比率即使低于1企业仍然具有较强的短期偿债能力。反之,对于应收账款较多的企业,即使其速动比率大于1,其短期偿债能力也有可能较差。

(3) 与流动比率指标相似,速动比率指标也是一个静态指标,没有反映出企业未来的现金流入量和流出量的情况,不能很好地衡量未来偿还短期负债的能力。该指标只是反映了企业在报表结算日时点偿还短期负债的能力,因此,采用该指标来衡量企业偿还短期负债的能力仍然存在一定的缺陷。

(4) 速动资产的计算方法不同,分析得出的结果也可能不一致,从而影响该指标的可比性。例如,如果用流动资产的总额减去存货来计算速动资产,尽管这种计算方法比直接将变现能力较强的货币资金、金融资产、应收票据、应收款项等加总得到速动资产要简单快捷,但采用流动资产总额减去存货计算得到的速动资产没有剔除预付账款、待摊费用等变现能力较差的资产,用这种方法计算得出的速动比率来衡量短期偿债能力未必科学。因此,采用不同的速动资产计算方法,可能导致速动比率的计算结果存在差异。

(5) 速动比率中还可能存在某些流动资产不能及时变现的情况。如速动资产中的应收票据和应收账款不能保证一定按期收回,有些应收账款回收期可能超过一年,甚至需要几年才能收回,即使应收票据可随时贴现,但如果对方到期不承付,实际上相当于增加了企业的负债额,因此,将全部应收票据和应收账款都作为速动资产来计算速动比率并不科学,不能反映企业速动资产的真实情况,这就需要收集更多关于企业的详细资料以进一步分析判断。

下面以JLQC公司为例,根据公司2017年、2018年的资产负债表数据,计算其速动比率指标,如表10-3所示。

表10-3 JLQC公司速动比率计算分析表

项 目	2017年	2018年
流动资产(万元)	1 812 637	1 482 474
存货(万元)	233 930	252 235
预付款项(万元)	57 100	52 578
速动资产(流动资产－存货－预付款项)(万元)	1 521 607	1 177 661
流动负债(万元)	1 354 108	1 266 895
流动比率	1.12	0.93

由表10-3可以看出,2017年年末,JLQC公司的速动比率为1.12,2018年年末的速动比率则下降为0.93,说明公司的短期偿债能力有所下降。但是,2017年年末的速动比率大于1,而2018年年末的速动比率略小于1,说明公司的短期偿债能力相对稳定。进一步分析,发现2018年年末的速动比率之所以比2017年年末的要低,是因为2018年年末的流动资产(1 482 474万元)小于2017年年末的流动资产(1 812 637万元),而2018年年末变现能力差的存货额(252 235万元)却大于2017年年末的存货额(233 930万元),导致2018年年末的速动资产与2017年年末相比下降了22.6%。因此,2018年年末的速动比率比2017年年末要低。当然,若想对公司的速动比率做出更准确的分析,还应进一步对应收账款的账龄

等项目加以分析。

(四) 现金比率

现金比率是企业一定时期的现金类资产与流动负债的比值。它表明每一单位的流动负债有多少现金可以用来偿还,反映了企业即时的偿债能力,因而特别适用于分析债务即将到期或者即将破产企业的偿债能力,通常也是期限极短的债权人最关心的一个指标。在进行分析时,可将这一指标看作流动比率和速动比率的补充与延伸,它关注的重点是流动性最好、变现力最强的现金和现金等价物这部分流动资产对企业流动负债的保障程度,因而它比前两种指标更加强调即时偿还债务的能力。其计算公式如下:

$$现金比率 = \frac{现金类资产}{流动负债}$$

其中:现金类资产包括了企业拥有的货币资金和持有的有价证券,也可以看作速动资产扣除应收账款(含应收票据)后的余额。流动负债是指企业资产负债表中年末流动负债项目的金额。

在运用现金比率指标分析企业短期偿债能力时,需要注意以下3点。

(1) 现金比率并非越高越好。尽管从定义上看,现金比率越高,说明企业可用来偿还流动负债的现金越多,短期偿债能力也就越强。但由于现金的盈利性最差,如果现金比率过高,就说明企业通过流动负债所筹集的资金没有得到合理运用,现金类资产持有过多,会降低企业的资产利用效率,从而影响企业盈利能力。所以,如果企业的现金比率过高,应当及时调整资产结构,提高资产的利用效率。

(2) 现金可用于即时支付,是一个静态指标,而流动负债指企业将在一年(含一年)或者一个营业周期内偿还的债务,是一个动态指标,用一个静态指标去衡量偿还一个动态的负债指标的能力不够科学。

(3) 需要特别注意的是,有价证券也属于现金类资产,但在金融市场不发达,或金融市场发达但有价证券的市价波动较大的情况下,作为现金等价物和替代品的有价证券往往难以转换为确定金额的现金,或者说用有价证券的价格衡量现金等价物可能不够准确,因而不能简单地把现金资产等同于直接的支付能力,否则就有可能夸大企业的短期变现能力及偿债能力。在衡量企业短期偿债能力时,最好将现金比率和流动比率相结合,这样才能使现金比率指标在分析短期偿债能力时更加科学。

下面以JLQC公司为例,根据公司2017年、2018年的资产负债表数据,计算其现金比率指标,如表10-4所示。

表10-4 JLQC公司现金比率计算分析表

项目	2017年	2018年
速动资产(万元)	1 521 607	1 177 661
应收账款(含应收票据)(万元)	296 145	330 116
现金类资产(速动资产－应收账款－应收票据)(万元)	1 225 462	847 545
流动负债(万元)	1 354 108	1 266 895
现金比率	0.90	0.67

由表 10-4 可以看到,JLQC 公司 2017 年、2018 两年的现金比率都小于 1,尤其是 2018 年的现金比率只有 0.67,说明公司缺乏充足的现金类资产偿付流动负债。

(五) 现金流量比率

现金流量比率是企业一定时期的经营现金净流量与流动负债的比值。该方法以收付实现制为基础,充分体现了企业经营活动所产生的净现金流对偿还当期流动负债的保证程度,直观地反映了企业偿还流动负债的实际能力。与前面几个比率指标相比,该指标反映了企业盈利创造的现金对负债的保障程度,更有利于分析企业动态偿还短期负债的能力,因而该指标更具有实际运用价值,是常用来分析企业短期偿债能力的一个指标。其计算公式如下:

$$现金流量比率 = \frac{经营现金净流量}{流动负债}$$

其中:企业经营现金净流量可从当期的现金流量表中获得,是企业经营活动所产生的现金及其等价物的流入量与流出量的差额;流动负债是对应企业资产负债表中年末流动负债项目的金额。

在运用现金流量比率指标分析企业短期偿债能力时,需要注意以下两点。

(1) 现金流量比率指标越大,说明企业经营活动产生的现金净流入越多,能够为企业按时偿还到期债务提供保障,但该指标不是越大越好。如果该指标太大,就表明该企业对流动资金的利用还不够充分,一定程度上降低了企业的盈利能力。

(2) 在运用该指标进行具体的财务分析时,还要注意一些限制条件对该指标的影响。比如,企业借款合同存在分期偿还等附加条款时,会导致企业实际要偿还的负债高于资产负债表中的流动负债金额,从而使得按以上公式计算出的结果与实际的偿债能力出现偏差。

下面以 JLQC 公司为例,根据公司 2017 年、2018 年的资产负债表和现金流量表数据,计算其现金流量比率指标,如表 10-5 所示。

表 10-5 JLQC 公司现金流量比率计算分析表

项 目	2017 年	2018 年
经营现金净流量(万元)	67 481	-10 159
流动负债(万元)	1 354 108	1 266 895
现金流量比率	0.05	-0.01

由表 10-5 可以看到,JLQC 公司 2018 年的现金流量比率为-0.01,2017 年的现金流量比率为 0.05,说明在公司 2017 年经营活动产生的现金净流量本来就不高的情况下,2018 年由于种种原因,企业的经营现金净流量变成了负数,即出现了经营活动的现金流入小于现金流出的情况,说明该企业 2018 年经营活动产生的现金流量无法偿还短期负债,公司必须以其他方式取得现金,才能保证到期债务得到清偿。

在分析企业短期偿债能力时,无论上述各指标的分子如何变化,流动负债都是资产负债表的期末金额,但流动负债的结构、规模不同,对企业用来偿还负债的流动资产的要求也不相同。例如,若企业的短期借款和应付账款在负债结构中占比较高,说明要偿还的短期负债比例较高,此时只有速动比率和现金比率较高的企业才能偿还短期负债。所以,在评价企业短期偿债能力时,还要结合流动负债的规模和结构进行具体分析。此外,在采用比率分析法对企业的短期偿债能力进行分析时,还要结合定性分析的方法进行分析,例如,在分析企业的短期偿债能力时要结合企业的权益融资能力、可出售资产的情况、筹集资金的情况等具体分析,只有这样才能科学、合理地评价一个企业的短期偿债能力。

三、影响企业短期偿债能力的因素

影响企业短期偿债能力的因素主要是流动负债和流动资产的规模与结构,但也受企业的现金流量和其他一些特定项目的影响。

(一)流动负债规模与结构

企业流动负债的规模越大,说明企业在短期内需要偿还债务的负担越重,因此,流动负债规模大小在很大程度上会影响企业的短期偿债能力。另外,流动负债的项目结构、期限结构、质量结构以及偿还方式等也会影响企业的短期偿债能力。比如,现金偿还方式一般比劳务或货物偿还方式的压力要大,偿还期限集中一般比偿还期限分散的压力要大,偿还时间较短的流动负债比偿还时间较长的流动负债的压力要大。因此,流动负债的结构是影响企业短期偿债能力的重要因素。

(二)流动资产的规模与结构

流动负债的还款来源主要是流动资产,因而流动资产规模越大,短期偿债能力越强。除了流动资产规模之外,流动资产的结构也会影响其短期偿债能力,流动资产主要包括货币资金、交易性金融资产、应收票据、应收账款、存货、其他应收款等项目,这些流动资产的质量存在一定的差异。在流动资产的结构中,变现能力越强、变现速度越快的流动资产属于质量越好的资产,该部分资产在流动资产中的占比越高,其短期偿债能力就越强;否则,偿债能力就越弱。一般而言,存货的变现能力和变现速度相对较弱、较慢,若其所占规模较大,则企业的短期偿债能力较差。

(三)企业的经营现金流量水平

企业到期的短期债务一般以货币资金方式偿还,因此,短期偿债能力的大小在很大程度上取决于企业现金流量的水平,而企业现金流量的情况主要与企业的经营状况和融资能力有关。其中,企业的经营状况是影响企业现金流量的主要因素,如果企业的经营状况良好,就会持续产生稳定的经营活动现金流量,此时企业的短期偿债能力也越强,债权人的权益也能够得到保障;而当企业经营状况较差时,企业产生的经营活动净现金流量较少,企业的短期偿债能力可能较差。

(四)表外特别项目

除了企业的财务报表项目影响短期偿债能力之外,企业财务报表之外的一些项目也会影响企业的短期偿债能力。在进行偿债能力分析时,应将财务报表的表内与表外项目结合起来综合分析,才能对企业的短期偿债能力做出更为准确的判断。

1. 增强变现能力的因素

(1)可动用的银行贷款数额。对于银行已同意、企业未办理贷款手续的银行贷款限额,可以随时向银行借款用于偿还短期负债,从而提高企业支付能力。但这一数据并没有在财务报表中得到反映,必要时应在财务报表附注中予以说明。

(2) 可以随时变现的长期资产。如果企业拥有较多的长期资产且随时可以出售变现，则会增加其短期偿债能力，但随时可以出售变现的长期资产并没有在资产负债表中列示。

(3) 企业的信誉情况。如果企业偿还债务的情况一直较好，说明企业的信誉良好。当企业因某些原因暂时不能偿还短期债务时，容易获得债权人的谅解，如债权人可能会允许债务人延期偿还负债；此外，信誉一贯较好的企业往往具有较强的融资能力，信誉好的企业可以通过借新债还旧债的方法来缓解偿还短期债务的压力。

2. 降低变现能力的因素

(1) 或有负债。企业对于有可能发生的、不符合确认条件的义务，即或有负债，并不作为负债登记入账，也不在报表中直接反映，如售出产品可能发生的质量事故赔偿、经济纠纷案败诉后可能支付的赔偿、尚未解决的争议可能出现的不利后果等，都属于或有负债。或有负债一旦成为事实上的负债，企业的短期偿债负担将会加重。

(2) 为其他单位提供债务担保形成的或有负债。企业有可能以自己的流动资产为他人提供担保，如为他人向金融机构借款提供担保、为他人购货提供担保或为他人履行有关经济责任提供担保等，这种担保可能加重企业的短期偿债负担。此外，还有其他表外项目，如经营租赁、重大投资及资本性支出、重大改组、并购和资产出售、重大败诉和仲裁、特殊项目等，这些都可能降低企业的变现能力，增加短期偿债负担。

此外，企业的财务管理水平、关联企业之间的资金调拨等也会影响企业的短期偿债能力，同时，企业的外部因素也影响其短期偿债能力，如宏观经济形势、证券市场的发育与完善程度、银行的信贷政策等。

第三节　长期偿债能力分析

一、长期偿债能力分析的含义

长期偿债能力是企业偿还长期债务的现金保障程度。所谓长期债务（也称为"非流动负债"），一般是指偿还期在一年或者超过一年的一个营业周期以上的负债，它是指除企业投资者投入企业资本以外，企业向债权人筹集、可供企业长期使用的资金，包括长期借款、应付债券、长期应付款等。与流动负债相比，长期负债具有数额较大、偿还期限较长、利息负担较重等特点。企业对债务一般要承担两个责任：一是偿还债务本金的责任；二是支付债务利息的责任。所以，对企业的长期偿债能力进行分析的主要目的是判断该企业偿还债务的本金和利息的能力。企业长期偿债能力的大小主要取决于两方面：一是非流动资产和长期负债（非流动负债）的规模与结构，也就是企业资本结构情况；二是企业的获利能力，长期债务的偿还期限较长，因此，偿还长期负债的资金来源实质上取决于企业未来的盈利能力。

所以，分析与评价企业的长期偿债能力，就是要从长远观点出发，动态地考察和判断企业是否可以按照先前约定的条件还本付息。偿债的物质保证是企业的资产及其增值，而偿债的资金来源是企业经营与理财的利润或收益。分析企业的长期偿债能力，对经营者、投资者、债权人和其他与企业有密切利益关系的部门都具有重要意义，有助于他们了解企业经营活动的安全性、稳定性和盈利性,对经营和投资决策及相应政策的制定都有很大帮助。

二、长期偿债能力分析的指标

与短期偿债能力分析类似,对企业进行长期偿债能力的分析和评价主要也是依据财务报表,如资产负债表、利润表等,以及其他相关资料,将长期负债与用于偿还这些负债的长期资金来源相比较,通过一些比率指标来判断企业未来的偿付能力。

(一) 资产负债率

资产负债率又称负债比率,是企业一定时期负债总额和资产总额的比值。它表明企业总资产中有多少是通过负债的筹资方式获得的,揭示了资产对债权人的保障程度,既可以用来衡量企业利用债权人资金进行经营活动的情况,又可以反映债权人发放贷款的风险和安全程度。其计算公式如下:

$$资产负债率 = \frac{负债总额}{资产总额} \times 100\%$$

其中:负债总额是指企业在本期末所承担的债务总额,也就是资产负债表中负债的总计数,包括了流动负债和非流动负债;资产总额是指企业在本期末所拥有的资产总额,也就是资产负债表中资产的总计数,一般是资产价值扣除了累计折旧、累计摊销、资产减值准备后的净值。一般地说,资产负债率指标不高于50%为宜,如果超过了100%,说明企业资不抵债,陷入财务危机。

在运用资产负债率指标分析企业长期偿债能力时,需要注意以下3点。

(1) 不同的利益相关者对资产负债率的要求也不尽相同。对于债权人来说,该指标越低越好,意味着企业资产中由债权人提供的比例越低,债权人负担的风险越小,债权人利益受保障程度越高;对于企业所有者而言,由于企业通过负债方式筹集的资金和从股东处筹集的资金在企业经营中共同发挥着作用,所以股东或所有者关心的是全部资本的利润率是否超过借款的利息率。如果利润率大于利息率,则企业举债给股东带来了正的财务杠杆效应;而当全部资本利润率低于负债资金的利息率时,企业要用股东投入资金获得的报酬来偿还部分负债利息费用,此时,负债给股东带来了负的财务杠杆效应。因此,当全部资本利润率高于借入款项的利息率时,资产负债率越高越好;反之,则越低越好。对于企业经营者来说,当企业的获利能力强时,他们会更多利用债权人的资金获取更多的利润,此时企业的资产负债率往往偏高;反之,如果企业的获利能力不强,他们会减少企业债务资本,此时企业的资产负债率往往偏低。

(2) 资产负债率没有统一的标准,一般认为,企业的资产负债率小于50%时不存在偿债风险。但不同行业、不同类型和企业的不同阶段会有较大差异,例如:交通、运输、电力等基础性行业的资产负债率一般平均为50%;而加工业的资产负债率要高一些,约为65%;商贸业则更高,在80%左右。又如,处于高速成长期的企业,所有者出于更多利益的考虑,资产负债率可能会高些,而成熟稳定期企业的资产负债率会逐渐下降。企业如何确定资产负债率,还与管理层对资产报酬率和未来财务风险承受能力的预测有关,在实践中不能简单地以资产负债率高低来判断企业的负债比例是否合理。

(3) 资产的构成和质量会影响该指标的应用。即使资产负债率相同,但若资产的构成和质量不一样,也可能会导致其偿债能力相差较大。因为资产总额中会存在一些长期待摊费用、预付账款、递延资产等项目,这些资产项目一般不能用于偿还企业债务。此外,即使是相同的资产项目,所包含的不良资产金额可能也不相同,这都会在一定程度上影响企业的偿债能力。

下面以 JLQC 公司为例,根据公司 2017 年、2018 年的资产负债表数据,计算其资产负债率指标,如表 10-6 所示。

表 10-6 JLQC 公司资产负债率计算分析表

项 目	2017 年	2018 年
资产合计(万元)	2 638 376	2 339 653
负债合计(万元)	1 381 136	1 301 203
资产负债率	52%	56%

由表 10-6 可以看到,JLQC 公司 2018 年的资产负债率较 2017 年相比略有上升,但变化不大。两年都高于 50% 的经验值,但两年的资产负债率均未超过 60%,说明企业的财务风险开始上升,但幅度不大,总体而言,该企业的长期偿债能力没有太大问题。

(二) 产权比率

产权比率又称净资产负债率或债务股权比率,是指企业一定时期的负债总额与股东权益的比值。该指标揭示了股东的权益对债权人保障程度,既能说明正常情况下及企业清算时,企业的股东权益(所有者权益)对债权人利益的保障程度,也能说明企业基本的财务结构或资本结构及其稳固程度。其计算公式如下:

$$产权比率 = \frac{负债总额}{所有者权益总额} \times 100\%$$

其中:负债总额为资产负债表中的负债总额,包括了流动负债和非流动负债,有时也会把优先股考虑在内(因为优先股股东与普通股股东不同,拥有优先求偿权,并且其收益和股利一般是固定的,所以将优先股视同负债计入负债总额中);所有者权益总额也就是股东权益总额,为资产负债表中所有者权益的总计数。对于编制合并报表的企业,少数股东权益也会包含在所有者权益总额中。另外,若将优先股视同负债计入了负债总额,则所有者权益总额中不再包括优先股权益。债权人一般更倾向于使用产权比率指标的倒数,将之理解为企业每单位负债有多少股东权益作为保障。

由于资产=负债+所有者权益,在资产不变时,负债和所有者权益是此消彼长的关系。一般认为,产权比率指标为 100% 比较合适。如果该指标大于 100%,说明负债总额大于所有者权益总额,在企业清算时,所有者权益不能完全保证债权人利益;如果该指标小于 100%,说明负债总额小于所有者权益总额,企业债权人投入的资金有足够的安全保障,即使企业陷入清算,债权人一般也不会有太大损失。

在运用产权比率指标分析企业长期偿债能力时,需要注意以下 4 点。

(1) 一般而言,产权比率指标高,说明企业的基本财务结构和资本结构具有高风险、高收益的特性;而产权比率指标低,则说明企业的基本财务结构和资本结构具有低风险、低收益的特性。从债权人角度看,该指标越低越好,因为这说明所有者权益对负债偿还的保证程度高;从企业所有者和经营者的角度看,该指标并非越低越好,因为负债具有财务杠杆效应,适当的负债经营可给股东带来更高的收益。

(2)产权比率往往随企业的类型和现金流量的变化而变化,因而在分析时,要结合企业的具体情况进行判断。例如,现金流量较为稳定的企业,可以比现金流量不够稳定的企业产权比率高些。对企业产权比率的横向比较和纵向比较,可以揭示企业长期偿债能力及变化趋势。

(3)判断企业产权比率是否合理,还应结合经济周期和物价变动等因素进行判断。例如:当宏观经济处于萎缩或低迷时期,企业降低产权比率可以减轻利息负担,从而保障股东的利益;而当宏观经济处于繁荣或成长时期,则应该提高产权比率,发挥举债经营的积极作用,使股东获得超额收益。

(4)尽管产权比率和资产负债率都是反映企业长期偿债能力的指标,但产权比率侧重反映债务资本与权益资本的比例关系,揭示的是股东的权益对债权人权益的保障程度;而资产负债率则侧重反映总资产中有多少是靠负债取得的,它揭示的是负债在总资产中所占的比例。在进行长期偿债能力分析时,应该将产权比率和资产负债率结合起来加以判断。

下面以JLQC公司为例,根据公司2017年、2018年的资产负债表数据,计算其产权比率指标,如表10-7所示。

表10-7 JLQC公司产权比率计算分析表

项 目	2017年	2018年
负债合计(万元)	1 381 136	1 301 203
股东权益(万元)	1 257 240	1 038 450
产权比率	110%	125%

由表10-7可见,JLQC公司2017年和2018年的产权比率均超过100%,而且2018年比2017年有所增长,达到了125%,说明公司2017年和2018年分别有10%和25%的负债无法用股东权益来偿还,该企业举债程度较高,公司应增强风险意识,降低负债总额来调整资本结构,将产权比率控制在合理范围内。

(三)有形资产净值债务率

有形资产净值债务率是企业负债总额与有形资产净值的百分比。该指标以净资产扣除无形资产后的金额与负债金额来衡量企业的长期偿债能力。有形净值是所有者权益减去无形资产净值后的净值,即有形资产的净值。无形资产包括商标、专利、非专有技术等项目。有形资产净值债务率用于揭示企业的长期偿债能力,表明债权人在企业破产时的被保护程度。其计算公式如下:

有形资产净值债务率=[负债总额/(股东权益-无形资产净值)]×100%

其中:负债总额、股东权益和无形资产净值均指资产负债表的期末数;无形资产净值指资产负债表中的无形资产和商誉等项目加总后扣除累计摊销或计提减值后的净值。该指标主要用于衡量企业的风险程度和对债务的偿还能力。该指标越大,表明风险越大;反之,则风险越小。

在运用有形资产净值债务率对企业的长期偿债能力进行分析时,应注意以下 4 方面。

（1）有形资产净值债务率揭示负债总额与有形资产净值之间的关系,与资产负债率指标相比,该指标侧重于衡量债权人在企业处于破产清算的时候能获得多少有形财产保障。对长期偿债能力来说,该指标越低越好。

（2）有形资产净值债务率指标最大的特点是用可以偿还债务的净资产扣除无形资产后的有形资产来衡量企业偿还长期债务的能力。之所以要用净资产扣除无形资产后的有形资产来衡量企业偿还长期债务的能力,是因为在企业破产时,企业专利、商标等无形资产往往失去其原有的价值或者大幅贬值,用剔除无形资产后的有形资产来衡量企业偿还长期债务的能力更能够反映企业破产时对债权人的保障程度。

（3）通常认为有形资产净值债务率指标为 1∶1 时最为理想,但具体应用时要考虑所处的行业及生命周期等情况。

（4）在使用产权比率时,应结合有形资产净值债务率的资产指标综合判断企业的长期偿债能力。若企业的有形资产净值债务率为 100% 是合理的,则产权比率应小于 100% 才合适。

下面以 JLQC 公司为例,计算 2017 年、2018 年有形资产净值债务率指标,如表 10-8 所示。

表 10-8　JLQC 公司有形资产净值债务率计算分析表

项　目	2017 年	2018 年
负债合计(万元)	1 381 136	1 301 203
股东权益(万元)	1 257 240	1 038 450
无形资产(含商誉)(万元)	81 150	84 176
扣除无形资产后的股东权益(万元)	1 176 090	954 274
有形资产净值债务率	117%	136%

由表 10-8 可以看出,JLQC 公司 2018 年的有形资产净值债务比率较 2017 年上升了将近 20 个百分点,其变化的原因主要有两方面：是 2018 年的股东权益减少了 218 790 万元;二是无形资产上升了 2 036 万元,从而导致有形资产净值减少了 221 816 万元,而企业 2018 年负债却只减少 79 933 万元。仅从有形资产净值债务比率分析,该公司 2018 年与 2017 年相比,其长期偿债能力有所下降。

（四）权益乘数

权益乘数又称股本乘数,是指资产总额相当于股东权益的倍数。其计算公式如下：

$$权益乘数 = 资产总额 / 股东权益总额 = 1/(1-资产负债率) = 1 + 产权比率$$

其中：资产总额与股东权益总额都来自资产负债表的期末数。权益乘数越大表明所有者投入企业的资本占全部资产的比重越小,企业负债的程度越高,偿债能力越差;反之,该比率越小,表明所有者投入企业的资本占全部资产的比重越大,企业的负债程度越低,债权人权益受保护的程度越高,偿债能力越强。一般认为权益乘数为 2 比较适宜,高于 2 则认为所有者投入企业资产的资本不到一半,债权人的权益难以得到保障;该指标低于 2 则认为所有者投入企业资产的资本超过了一半,债权人的权益可以得到较好的保障。

由于权益乘数与资产负债率和产权比率之间存在密切的关系,因此,在使用这个指标时应该注意的地方与它们相似。

下面以 JLQC 公司为例,计算 2017—2018 年的权益乘数,如表 10-9 所示。

表 10-9　JLQC 公司权益乘数计算分析表

项　目	2017 年	2018 年
资产合计(万元)	2 638 376	2 339 653
股东权益(万元)	1 257 240	1 038 450
权益乘数	2.10	2.25

表 10-9 表明,JLQC 公司 2018 年的权益乘数与 2017 年相比,从 2.10 上升为 2.25,该比值有一定幅度的上升,说明该公司 2018 年的偿债能力较 2017 年有所下降,并且 2018 年权益乘数大于 2,说明所有者投入企业资产的资本不到一半,与此前产权比率、资产负债率的分析结果是一致的。

(五) 利息保障倍数

利息保障倍数也称已获利息倍数,是企业一定时期息税前利润与利息支出的比值。该指标主要考察企业当期经营收益与当期所需支付的债务利息的倍数关系,衡量企业在一定期间创造的利润用于支付债权人利息的能力。一般来说,该指标越高,也就说明企业的长期偿债能力越强,通常认为该指标≥3 时企业具有偿还债权人利息的能力。其计算公式如下:

$$\text{利息保障倍数} = \frac{\text{息税前利润}}{\text{利息费用总额}} = \frac{\text{税后利润} + \text{所得税} + \text{利息}}{\text{利息费用}}$$

其中:息税前利润是指利润表中未扣除利息费用和所得税之前的利润。可以将其表示如下:

$$\text{息税前利润} = \text{税前利润} + \text{利息费用} = \text{税后利润} + \text{所得税} + \text{利息费用}$$

之所以使用息税前利润而非税后净利润,主要原因有 3 点。第一,如果使用税后净利润,不把利息费用包括在内,会低估企业偿付利息的能力。因为利息在企业缴纳所得税之前支付,所以应将利息费用加回到净利润中。第二,如果使用税后净利润,不将所得税包含进去,也会低估企业偿付利息的能力。因为所得税是在支付利息后才计算的,所以也应将所得税加回去。第三,利息费用总额,指当期发生的全部应付利息总额,包括计入财务费用的利息费用以及计入固定资产成本的资本化利息两个项目的总和。所谓资本化利息,是企业为购建某项固定资产而借入的负债所发生的利息。利息资本化的结果是将利息作为固定资产的增加额而非费用来处理,虽然资本化利息不在利润表中作为财务费用扣除,但也是企业将来要偿还的一项负债,而利息保障倍数衡量的是企业支付全部利息的能力,因而利息费用不仅包括利润表中的财务费用,还包括资本化的利息费用。必须明确,利息费用指的是企业的应付利息而不是已付利息,若无法从资本化利息中计算利息支出,也可以把已付利息作为利息费用的替代物和近似值。

在运用利息保障倍数指标分析企业长期偿债能力时,需要注意以下4点。

(1) 在实际财务分析工作中,企业往往需要计算连续几个会计年度的利息保障倍数,这是因为无论企业所处会计年度经营状况好坏,都需要偿付利息,如果某个年度利润很高,则利息保障倍数也会很高,但并不是每个年度的情况都相同,所以,从稳健性角度考虑,一般应该以企业连续5个会计年度中最低年份的利息保障倍数比率来衡量其偿付利息的能力。

(2) 一般认为,利息保障倍数为3时企业偿还债权人的利息有保障。通常,若该指标大于1,表明企业负债经营能够赚取比资金成本更高的利润;若该指标小于1,则表明企业无力赚取比资金成本更高的利润。在应用利息保障倍数衡量企业的长期偿债能力时,还应该结合该企业所处行业等相关因素综合判断。

(3) 利息保障倍数只是衡量企业偿还债权人利息的能力,即使从利息保障倍数分析得出企业具有偿还债权人利息能力,并不表示债权人的全部权益一定能够得到保障,因为利息保障倍数不能反映企业偿还债权人本金的能力,所以在分析企业的长期偿债能力时还应该结合资产负债率、产权比率、有形资产负债率等指标进行综合分析。

(4) 使用利息保障倍数指标来分析企业的偿债能力时,还要考虑非付现费用等项目。企业的折旧费、递延资产、无形资产摊销等非付现费用在会计核算时都已计入本期费用,并在本期的收入中予以扣除,而这些非付现费用是不需要用现金来支付的,但却减少了企业的当期利润。因此,有些企业虽然利息保障倍数小于1,但未必不能偿付债权人的利息。为了更加科学地衡量企业偿还债权人利息的能力,分析时可以将非付现费用加回到息税前利润中作为公式的分子。

下面以JLQC公司为例,根据公司2017年、2018年的利润表数据,计算其利息保障倍数指标,如表10-10所示。

表10-10 JLQC公司利息保障倍数计算分析表

项 目	2017年	2018年
息税前利润总额(利润总额+利息)(万元)	76 204	3 986
利息支出(万元)	22	22
利息保障倍数	3 463.82	181.18

由表10-10可以看出,JLQC公司2017年与2018年的利息保障倍数分别为3 463.82、181.18,说明该企业偿还债权人利息的能力很强,尽管该企业2018年利息保障倍数相较于2017年下降幅度较大,但其绝对值仍然很大。所以,该企业利息保障倍数特别大,原因是该企业的利息支出每年只有22万,而该企业2017年、2018年的息税前利润总额却较大。该企业2018年的利息保障倍数比2017年下降了近95%,其原因是2018年的息税前利润总额比2017年下降了95%。

(六) 固定费用保障倍数

固定费用保障倍数是企业一定时期的经营业务收益与固定支出的比值。它表明企业经营业务收益与固定支出的倍数关系,衡量了企业用经营业务收益偿付固定费用的能力。该指标是对利息保障倍数的扩展,是从利润表出发评价企业长期偿债能力的又一指标。该指标不仅将需要偿付的债权人利息纳入企业需要支付的范围,还将企业需要支付的租赁费用等固定费用也计入企业需要支付的范围。企业在日常经营活动中,除了要按期还本付息外,有些固定费用也要及时、定期兑现,该指标用企业经营收益与企业需要支付的全部固定费用之比来衡量其长期偿债能力更为稳健,比利息保障倍数更能够体现对企业债权人的保障程度。其计算公式如下:

$$固定费用保障倍数 = \frac{税前利润 + 固定费用}{固定费用}$$

其中:固定费用一般是指利息费用和企业发生的类似利息费用的固定性费用之和。固定费用主要包括:一是计入财务费用的利息支出,其构成固定费用的主要部分;二是资本化利息,即计入固定资产价值的资本化利息费用;三是经营活动中的长期性租赁费用,租赁费用也是企业的一项固定支出。

一般而言,固定费用保障倍数≥1时,企业的长期偿债能力有保障。该指标越高,企业的长期偿债能力越强;反之,则越弱。

在运用固定费用保障倍数指标分析企业长期偿债能力时,需要注意以下3点。

(1) 在使用固定费用保障倍数指标进行财务分析时,不同的分析者在固定费用项目的选择上不完全相同。例如,有人可能将折旧也计入固定费用,而使得结果有所差别。企业可以根据具体情况选择适合自身实际情况的固定费用计算方法,并尽可能在不同的会计期间保持一致性。

(2) 在使用固定费用保障倍数指标进行长期偿债能力分析时,还要结合企业所处行业和经营情况综合判断企业的长期偿债能力。

(3) 尽管利息保障倍数和固定费用保障倍数指标都是反映企业偿还债权人利息的指标,但这两个指标都存在一定的局限性。这两个指标均是用企业创造的利润来衡量要支付的利息或者固定费用,但企业的利润不等于现金,而偿还利息费用或者固定费用却要支付现金。有一些利润高的企业没有现金,这样的企业并不能偿还利息费用或者固定费用,因而在使用该指标时还应当结合现金流量表进行综合分析。

【例 10-1】东风公司 2017 年的税前利润总额为 82 693 万元,利息费用为 2 600 万元,长期经营性租赁费用为 210 万元;2018 年的税前利润总额为 84 456 万元,利息费用为 1 820 万元,长期经营性租赁费用为 300 万元。该企业固定费用保障倍数的计算如下:

2017 年固定费用保障倍数 = (82 693 + 2 600 + 210)/(2 600 + 210) = 30.43
2018 年固定费用保障倍数 = (84 456 + 1 820 + 300)/(1 820 + 300) = 40.84

东风公司 2017 年和 2018 年的固定费用保障倍数都远远大于1,说明公司具备了偿还固定费用的能力。并且 2018 年与 2017 年相比,固定费用保障倍数上升幅度较大,其原因主要是公司的利润总额的增长和利息费用的降低。

除了上述衡量企业长期偿债能力的指标外,长期资产适合率、固定资产长期适合率、现金全部债务比率、有形资产负债比率、股东权益比率(1-资产负债率)、销售利息比率等也可以用来衡量企业长期偿债能力,受篇幅的限制在此不具体介绍。

三、影响长期偿债能力的因素

企业长期偿债能力的大小主要取决于企业的资本结构和盈利能力,另外,还要结合企业现金流量等项目进行分析。

（一）企业资本结构

资本结构是指企业各种资本构成及其比例关系。通常将企业的债务资本与权益资本的比例关系称为资本结构。企业的债务资本可以分为流动负债与长期负债，就偿还债务的资金来源而言，流动负债主要依靠流动资产偿还，而长期负债尽管既可以用流动资产偿还也可以用长期资产偿还，但主要还是依靠长期资产来偿还。所谓的长期资产，就是除了流动资产之外企业拥有的其他资产，包括固定资产、长期股权投资、无形资产、递延资产等。企业的长期资产是长期负债的重要保证。一般而言，在企业长期负债一定的情况下，企业拥有的长期资产越多，其长期偿债能力越强，债权人的保障程度也越高，即企业资本结构中负债与股东权益的比例越小，企业的长期偿债能力越强。

（二）盈利能力

企业的盈利能力是影响企业长期偿债能力的另一个重要因素。企业长期负债的偿还包括长期负债到期时偿还本金和按期支付的利息费用，一般而言，无论长期负债的本金还是利息费用的偿还依靠的都主要是企业经营活动产生的利润，准确地说，主要是靠企业经营现金流量。如果依靠固定资产的变现来偿还长期负债，那就会导致企业资产规模的减少，这有违企业通过举借长期负债扩大生产规模的初衷。企业能否有充足的现金来偿还长期负债的本金和利息，很大程度上取决于企业的盈利能力。如果企业长期亏损，不仅不能偿还企业长期负债，而且可能导致权益资本不断减少。因此，企业的盈利能力是影响企业偿还长期负债的重要因素。一般而言，当企业资产报酬率高于长期借款利息率时，负债经营不仅可以为投资者带来正的财务杠杆效应，而且债权人的本金和利息的偿还也有保障，因而在分析企业的长期偿债能力时要关注企业的盈利能力。

（三）现金流量

企业的现金流量情况是影响企业长期偿债能力的另一个重要因素。无论长期负债的本金还是利息最终都要靠现金来偿还，因此，企业现金流量的情况是衡量企业偿还长期负债能力的重要指标，而企业的现金流量情况不仅与企业盈利能力有关，还与经营活动创造的现金流量有关。经营活动创造的现金流量与企业项目投资的现金回收速度、应收账款周期、存货周转期等资产周转速度有关。一般而言，企业的投资回收期越短、资产的周转速度越快，其偿债能力也越强。此外，企业的资金调度能力、融资能力也会影响偿债能力，当企业的长期负债到期时，如果企业没有足额的现金偿还到期负债，但企业具有较强的资金调度能力、融资能力，企业可以通过各种方式调度资金或者借新债还旧债。

（四）其他因素

除了企业的资本结构、盈利能力和现金流量外，企业的长期经营性租赁、或有事项、承诺、金融工具也是影响企业长期偿债能力的重要因素。

（1）长期经营性租赁。当企业急需某项设备而又缺乏足够资金购买时，可以通过租赁方式加以解决。固定资产租赁有经营租赁和融资租赁两种方式，融资租赁的设备视为企业自有资产，其租赁费作为长期负债处理；而经营租赁的设备则不在固定资产总额当中，如果该设备被长期占用，所形成的长期固定租赁费用实际上是一种长期筹资行为，该费用在利润表中被列为费用项目，但不包含在资产负债表的长期负债项目中，因为这些费用没有计入负债项目。因此，在计算长期偿债能力指标时，应当予以考虑。

（2）或有事项。或有事项是由过去的交易或事项形成的,其结果须通过未来不确定事项的发生与否来证实。或有事项分为或有资产和或有负债,企业的或有资产可能会提高企业的偿债能力,而企业的或有负债可能会降低企业的偿债能力。因此,在分析企业长期偿债能力时,应该关注企业财务报告附注披露或有事项的情况。

（3）承诺。承诺是企业对外发出的某种经济责任和义务。企业为了经营的需要,常常要做出某些承诺,企业一旦对某项事项做出了承诺就形成了应该履行的义务,而未来承担的义务可能需要资产或者劳务来偿还,但企业的对外承诺却没有在资产负债表中反映。因此,在分析企业的长期偿债能力时,应根据企业财务报告附注及其他相关资料来判断承诺是否可能变成真实需要承担的责任或者义务。

（4）金融工具。金融工具是指引起一方获得金融资产并引起另一方承担金融负债或享有所有者权益的契约。与偿债能力有关的金融工具主要是股票、债券和金融衍生工具。金融工具的公允价值一般应该在企业财务报告或报表附注中披露,如果企业的金融工具的账面价格高于其应计的公允价值,则会造成企业财务报告列示的资产虚增。因此,在分析企业长期偿债能力时,要关注企业表外金融工具情况。

本 章 小 结

偿债能力是指企业用资产偿还企业负债的能力。分析企业的偿债能力对于企业投资者、经营者和债权人等都有着非常重要的意义。对于投资者而言,分析企业的偿债能力有利于帮助其做出正确的投资决策;对于企业经营者而言,分析企业的偿债能力有利于其做出正确的经营决策;对于债权人而言,分析企业的偿债能力有利于其做出正确的借贷决策;此外,分析企业的偿债能力还有利于其他利益相关者正确评价企业的财务状况。

企业偿债能力的分析包括短期偿债能力分析和长期偿债能力分析。

短期偿债能力是指企业用流动资产偿还流动负债的能力。在流动负债一定的情况下,企业偿还短期负债的能力主要取决于企业资产的流动性和变现能力。短期偿债能力分析主要根据企业的财务报告的相关资料,通过相关资产与流动负债的比例关系进行判断。常用的指标主要有流动比率、速动比率、现金比率、现金流量比率等。

长期偿债能力是指企业偿还长期债务的能力。企业偿还长期负债的能力主要取决于企业的资本结构和获利能力。长期偿债能力的分析主要是根据企业的财务报告的相关资料,通过将相关资产与长期负债的比例关系以及反映企业盈利情况的相关指标与需要偿还的利息费用进行比较来加以判断。常用的长期偿债能力分析指标主要有资产负债率、产权比率、有形资产净值债务率、权益乘数、利息保障倍数、固定费用保障倍数等。

另外,在进行短期和长期偿债能力分析时,除了使用财务报告提供的表内资料,还要考虑影响偿债能力的表外项目,这样才能全面、准确地对企业的偿债能力做出判断。

复习思考题

1. 简述偿债能力分析的目的。
2. 简述长期偿债能力的主要影响因素。
3. 流动比率和速动比率有何区别?各自的优点和缺点有哪些?
4. 资产负债率的高低对企业的债权人、投资者和经营者有何影响?

5. 衡量短期偿债能力、长期偿债能力的主要分析指标有哪些？

案 例 分 析

M公司为钢铁制品公司，具有40多年的生产历史，产品远销国内外市场。但是，国外同类进口产品不断冲击国内市场，由于进口产品价格较低，国内市场对它们的消费持续增长；国外制造商凭借较低的劳动力成本和技术上先进的设备，其产品的成本也较低。同时，市场上越来越多的日用制品都采用了铝、塑料等替代性材料，M公司前景并不乐观。

对此，公司想通过一项更新设备计划来增强自身的竞争力，拟投资400万元的新设备。投产后，产量将提高，产品质量将得到进一步的改善，并降低产品单位成本。公司2018年有关财务资料如表10-11、表10-12和表10-13所示。

表10-11 利润表

编制单位：M公司　　　　　　　　　2018年　　　　　　　　　　（单位：万元）

项　　　目	金　　额
营业总收入	5 075 000
减：营业总成本	5 015 000
其中：营业成本	3 704 000
销售费用	650 000
管理费用	568 000
利息费用	93 000
营业利润	60 000
利润总额	60 000
减：所得税费用(25%)	15 000
净利润	45 000

表10-12 资产负债表

编制单位：M公司　　　　　　　2018年12月31日　　　　　　　（单位：万元）

项　　　目	年初数	年末数
流动资产：		
货币资金	24 100	25 000
应收账款	763 900	805 556
存货	763 445	700 625
流动资产合计	1 551 445	1 531 381
非流动资产：		
固定资产原价	1 691 707	2 093 819
减：累计折旧	348 000	500 000

(续表)

项 目	年初数	年末数
固定资产净值	1 343 707	1 593 819
非流动资产合计	1 343 707	1 593 819
资产总计	2 895 152	3 125 000
流动负债：		
应付票据	370 000	311 000
应付账款	400 500	230 000
其他应付款	100 902	75 000
流动负债合计	871 402	616 000
非流动负债	700 000	1 165 250
非流动负债合计	700 000	1 165 250
负债合计	1 571 402	1 781 250
所有者权益：		
股本	150 000	150 000
资本公积	193 750	193 750
盈余公积	380 000	390 000
未分配利润	600 000	610 000
所有者权益合计	1 323 750	1 343 750
负债和所有者权益总计	2 895 152	3 125 000

表 10-13　M公司历史财务比率

财务比率	年　份			行业平均值
	2016 年	2017 年	2018 年	
流动比率	1.7	1.8		1.5
速动比率	1.0	0.9		1.2
存货周转次数	5.2	5.0		10.2
平均收账期	50	55		46
资产负债率	45.8%	54.3%		24.5%
利息保障倍数	2.2	1.9		2.5
净利率	1.1%	1.0%		1.2%
投资报酬率	1.7%	1.5%		2.4%
权益报酬率	3.1%	3.3%		3.2%

思考：

1. 计算2018年公司各种财务比率(见表10-13)。

2. 通过横向与纵向对比分析公司的总体财务状况，对公司的负债状况、流动性、偿债能力分别进行分析、评价。

3. 对公司更新设备的决策做出评价，它会给公司财务带来哪些影响？你认为应采用何种筹资方式？

第十一章 发展能力分析

> **引导案例**
>
> 美国《财富》杂志发布2019年世界500强榜单,小米首次登榜,世界排名468位,是最年轻的世界500强企业。小米公司成立于2010年4月。2010年年底,小米全年累计融资4100万美元,公司估值2.5亿美元;仅1年之后的2011年12月,小米获得9000万美元融资,估值10亿美元;半年后的2012年6月份,获得2.16亿美元融资,估值40亿美元;1年多后的2013年8月,小米在新一轮融资中估值100亿美元;2014年又获得11亿美元融资,估值450亿美元,是2010年创办时期的180倍,从2010年成立到2019年登榜世界500强,小米只用了9年时间。
>
> 创始人雷军提出的"专注、极致、口碑、快"著名的互联网七字口诀和小米模式是小米公司在短时间内快速成长的秘诀,让小米成立之初就锋芒毕露,一举成为行业标杆。小米公司创立4个月后就发布MIUI手机操作系统,当时团队成员只有20多人,用户也只有100个人。但是小米却只用了短短4年的时间,就推动了国产智能手机行业的变革。小米的整个商业逻辑是"铁人三项",即硬件、软件和互联网服务相结合。小米并不是靠卖手机赚多少,而是依靠手机去获得客户,这样才有机会产生更多的衍生收入。2013年年底,雷军决定以生态链的形式对其他硬件企业投资,把"高性价比和低价线上销售"的小米模式大量复制,小米旗下的生态链企业迅速以接近成本价的价格杀入各自市场,让行业内的其他竞争者在利润上受到巨大打击。如今,雷军又把目光投向了智能电动汽车这一新兴产业,继续引领小米公司快速发展。

【学习目的与要求】

本章从发展能力分析的内涵出发,介绍了单项发展能力分析和整体发展能力分析的方法。通过本章的学习,应能了解发展能力分析的重要性,并能够计算单项发展能力和整体发展能力分析的指标。

第一节 发展能力分析的内涵

企业的发展能力又称企业的成长性评价,是指企业通过自身的生产经营活动,不断扩大积累而形成的发展潜能,也可以称为增长能力。企业的发展能力主要是通过自身的生产经营活动,不断增加积累而形成的,其主要依赖不断的资金投入、增长的销售收入以及创造的利润等方面。传统的财务分析仅从静态的角度分析企业的财务状况和经营状况，强调企业的盈利能力、营运能力和偿债能力，但这些能力仅能代表企业过去的经营状况，并不能完全反映企业未来的持续发展能力。然而，企业的利益相关者关注的不仅仅是企业当前、短期的经营盈利能力，更重要的是企业未来、长期的持续增长能力。前面章节所学到的盈利能力、偿债能力和营运能力仅能片面地反映企业未来持续经营的情况，要全面地反映企业持续发展能力，需要综合地对以上指标进行分析。换句话说，单纯地分析盈利能力、偿债能力以及营运能力不能够完全满足利益相关者的需求。例如，长期投资者关注公司的价值增值，而企业价值在很大程度上取决于企业未来的获利能力，而不是企业过去或者目前所取得的收益情况，对于上市公司而言，股票价格虽然受到多种因素的影响，但是从长远来看，公司未来增长趋势是决定公司股票价格上升的根本因素。发展能力反映了企业财务目标，是企业盈利能力、营运能力、偿债能力的综合体现。无论是增强企业的盈利水平或风险控制能力，还是提高企业资产运营效率，都是为了企业未来的生存和发展，都是为了提高企业的发展能力，因而要着眼于从动态的角度出发分析和预测企业的发展能力。

企业能否持续增长对企业的利益相关者来说至关重要。对于长期投资者而言，企业是否能够持续稳定地增长关系到投资者是否能够持续地获取企业派发的现金红利，关系到其所投资的股票是否能够持续稳定地增值。对企业的经营者而言，要使企业长久持续地发展成为"百年老店"，就不能仅仅注重短期、眼前的经营能力，更应该注意企业未来、长期和持续的发展能力。有时为了企业长远的发展，甚至要暂时牺牲短期的业绩表现。对债权人而言，发展能力同样至关重要，因为债权人的目的是要求企业按时还本付息。债权人，尤其是提供长期借款的债权人，需要企业在整个还本付息的周期内具有良好的发展能力以偿付本息。正因为发展能力如此重要，所以有必要对企业的实际发展能力进行深入分析。

从整体和局部的层面来看，发展能力分析包括两方面的内容，即企业单项发展能力分析和企业整体发展能力分析。

所谓单项发展能力分析，即通过计算和分析股东权益增长率、收益增长率、销售增长率、资产增长率等指标，分别衡量企业在股东权益、利润、营业收入、资产等方面的发展能力，并对其在股东权益、利润、营业收入、资产等方面的发展趋势进行评估。

所谓整体发展能力分析，即企业若要取得可持续性的发展，就必须在上述各单项指标之间进行协调发展。企业整体发展能力分析就是通过股东权益增长率、利润增长率、销售增长率和资产增长率等指标进行相互比较与全面分析，综合判断企业的整体发展能力。

第二节 单项发展能力分析

本节着重介绍几个单项发展能力的分析指标。

一、股东权益增长率

股东权益增加是驱动剩余收益增长的因素之一，指本期股东权益增加占期初股东权益的比率，该指标反映了股东权益期末余额与期初余额的变化情况，也称资本积累率，其计算

公式如下:

$$股东权益增长率 = \frac{本期股东权益增加额}{股东权益期初余额} \times 100\%$$

股东权益增长率越高,表明企业本期股东权益增加得越多;反之,股东权益增长率越低,表明企业本期股东权益增加得越少。股东权益的增长主要来源于企业经营生产活动所获得的净利润以及企业筹资活动中对股东方的净支付。于是,上述公式还可以表述如下:

$$股东权益增长率 = \frac{净利润 + 对股东的净支付}{股东权益期初余额} \times 100\%$$

$$= 净资产收益率 + 股东净投资率$$

其中:净资产收益率和股东净投资率都是以股东权益初期余额作为分母计算的。从中可以看出,股东权益增长率是受净资产收益率和股东净投资率两个因素驱动的。净资产收益率反映了企业运用股东投入资本创造收益的能力,而股东净投资率反映了企业利用股东新投资的程度,这两个比率的高低都反映了对股东权益增长的贡献程度。从根本上看,一个企业的股东权益增长应该主要依赖企业运用股东投入的资本所创造的收益。一个企业的价值在短期内可以通过筹集和投入尽可能多的资本来获得提升,并且这种行为在扩大企业规模的同时也有利于经营者,但是这种策略不符合股东的最佳利益,因为这样做忽视了权益资本存在机会成本并获得合理投资报酬的事实。

为正确判断和预测企业股东权益规模的增长趋势和增长水平,应将企业不同时期的股东权益增长率加以比较。这是因为一个持续增长型企业,其股东权益应该是不断增长的,如果时增时减,则反映出企业发展不稳定,同时也说明企业不具备良好的增长能力。因此,仅仅计算和分析某个时期的股东权益增长是不全面的,应利用趋势分析法将一个企业不同时期的股东权益增长率加以比较,才能正确评价企业的增长能力。

下面举例说明股东权益增长率的计算方法。

例题1:已知M公司2015—2018年的股东权益总额分别为572 644万元、586 022万元、606 511万元以及697 300万元,净利润分别为13 378万元、35 289万元和42 200万元。请分别计算出该公司2016—2018年的股东权益增长率、净资产收益率以及股东净投资率。计算结果如表11-1所示。

表11-1 M公司股东权益增长率指标计算表

项目	2015年	2016年	2017年	2018年
股东权益总额(万元)	572 644	586 022	606 511	697 300
本年股东权益增加额(万元)		13 378	20 489	90 789
股东权益增长率(%)		2.34	6.02	6.96
净资产收益率(%)		2.34	3.50	14.79
股东净投资率(%)		0	2.53	−8.01

由表11-1可以看到,M公司从2015年以来,其股东权益总额不断增加,从2015年的

572 644 万元增加到 2018 年的 697 300 万元,该公司 2015 年以来的股东权益增长率也在不断增加,尤其 2018 年增长最大,这说明该公司近几年的净资产规模不断增长,而且增长的幅度也不断扩大。

进一步分析该公司股东权益增长的原因可以发现,2015—2018 年净资产收益率不断增加,而且在股东权益增长率中占有较大的比重,这说明该公司股东权益的增长主要来源于净利润的增加,而不是来源于股东的新增投资。净资产收益率反映企业运用股东投入资本创造收益的能力,这表明 M 公司股东权益的增长主要依靠企业自身创造收益的能力,而不是依靠股东新投入的资本。据此可以判断该公司在股东权益方面具有较强的发展能力。

二、利润增长率

由于一个企业的价值主要取决于其盈利能力的增长,所以企业的利润增长是反映企业增长能力的重要方面。虽然利润的增长可以用多种指标来反映,但在实际中通常使用的是净利润增长率、主营业务利润增长率这两种比率,因而本书主要介绍这两个指标的分析方法。

因为净利润是企业生产经营活动的最终结果,所以净利润的增长反映了企业的成长性。净利润增长率定义为本期净利润增长额与基期净利润之比。其计算公式如下:

$$净利润增长率 = \frac{本期净利润增长额}{基期净利润} \times 100\%$$

净利润增长率若仅对两年之内的净利润进行分析计算,可能会受到某些非正常因素的影响,所以要全面地判断一个企业的发展潜力,应该对企业多个时期的净利润增长率进行分析,以便全面客观地评价企业的发展能力。此外,如果一个企业利润增长了但销售收入并未增长,也就是说利润的增长不是来自其营业收入,这样的增长是不能持续的,随着时间的推移将会消失。因此,利用营业利润增长率可以较好地考察企业的成长性。营业利润增长率是本期营业利润增长额与基期营业利润之比。其计算公式如下:

$$主营业务利润增长率 = \frac{本期主营业务利润增长额}{基期主营业务利润} \times 100\%$$

营业利润增长额越大,说明企业营业利润增长得越快,企业主营业务越突出,业务扩张能力越强;营业利润增长额越小,说明企业营业利润增长得越慢,企业扩张能力越弱。

在进行企业利润增长分析时,需要将净利润增长率和营业利润增长率结合起来分析。如果企业的净利润主要来源于主营业务净利润,则表明企业产品的竞争能力较强,具有较强的盈利增长潜力。如果净利润主要来源于投资收益、政府补贴、税收返还等非正常项目,则表明企业的持续增长能力不强。为了能够准确科学地反映企业的利润增长能力,应将企业连续多期的净利润增长率和营业利润指标进行对比分析,这样可以排除偶然性或特殊因素的影响。

在分析营业利润增长率时,企业的销售增长率也是不可忽视的因素。如果企业营业利润增长率低于销售增长率,则说明企业的营业成本以及期间费用的增长速度过快,没有得到有效控制,这对企业的盈利能力具有负面的影响,降低企业的发展潜力;反之则说明企业盈利能力较强,发展潜力较大。

下面举例说明利润增长率的计算方法:

例题2:已知M公司2015—2018年的营业利润分别是-14 208万元、-200万元、4 237万元、8 752万元,净利润分别为-8 765万元、355万元、2 874万元以及5 273万元。请分别计算营业利润增长率和净利润增长率并进行分析。

表 11-2 M公司利润增长率指标计算表

项　　目	2015年	2016年	2017年	2018年
营业利润(万元)	-14 208	-200	4 237	8 752
本年营业利润增加额(万元)		14 008	4 437	4 515
营业利润增长率(%)		98.59	2 218.5	106.56
净利润(万元)	-8 765	355	2 874	5 273
本年净利润增加额(万元)		9 120	2 519	3 599
净利润增长率(%)		104.5	709.57	125.52

如表11-2所示,M公司2016—2018年的营业利润增长率分别为98.59%、2 218.5%以及106.56%。净利润增长率分别为104.5%、709.57%以及83.47%。这反映该公司这3年的营业收入和投资净收益的增长超过了营业成本、营业税费以及期间费用等成本费用的增加,表明公司的盈利能力较强。需要说明的是,2017年营业利润较2016年有了较大的增长,增长率达到了2 218.5%,主要原因是2016年的营业利润为负值,而该公司在2017年不但实现了扭亏为盈,并且绝对额较大。从这3年营业利润增加额的情况来看,2016年的营业利润增加额较大(表格为负),2017年增加额有所下降,2018年的增加额与2017年持平。

进一步对净利润的增长率进行分析,从公司营业利润增长率可见,2016年和2018年的营业利润增长率略低于净利润增长率,2017营业利润增长率则远高于净利润的增长率。2018年和2019年净利润的增长幅度都超过营业利润的增长幅度,说明这两年净利润的高增长并不是主要来源于营业利润的增长,还受到其他项目的显著影响。再进一步分析,2016年的营业利润为负值,这说明本年度的净利润大于零与营业利润本身关系不大。对比3年的净利润增长率,也可以发现该公司3年的净利润增长率并不稳定,尤其是2017年的净利润增长率相当高,达709.57%,这不排除是一些偶然因素或非正常因素的影响,需要利用相关资料进一步分析其增长的真实原因。综合以上分析,该公司在营业利润和净利润方面具有较强的增长能力以及较好的增长趋势,但是其未来增长的稳定性有待于进一步观察。

三、销售增长率

产品销售增长是企业增长的源泉,一个企业的销售情况越好,说明其市场所占份额越大,企业生存和发展的市场空间也就越大,因此,可以用销售增长率反映企业在销售方面的成长能力。销售增长率就是本期主营业务收入增长额与基期主营业务收入净额之比,其计算公式如下:

$$销售增长率 = \frac{本期主营业务收入增长额}{基期主营业务收入净额} \times 100\%$$

一般来说，销售增长率反映了企业的成长性，销售增长率越高代表公司的发展机会和发展空间越大。但是在具体分析时还要注意两个方面。一方面，要通过销售增长率判断企业是否具有高成长性，还要分析销售的增长是否具有效益性。所以在分析销售增长率的同时，还应该将其与总资产增长率比较，如果销售增长率低于总资产增长率，则说明企业销售业绩的提高源于资产投入的增加，而非经营效率的提高。如果销售收入的增加主要依赖资产的相应增加，则说明这种销售增长不具有效益性，同时也反映企业在销售方面可持续增长能力不强。一个企业的销售增长率应高于其资产增长率才说明企业在销售方面具有较好的成长性。另一方面，要全面、正确地分析和判断一个企业销售收入的增长趋势和增长水平，必须将企业不同时期的销售增长率加以比较和分析。因为销售增长率仅仅指某个年度的销售情况，而某个年度的销售增长率可能会受到一些偶然和非正常因素的影响，无法反映出企业实际的销售增长能力。

除了计算企业整体的销售增长率之外，还可以利用企业某种产品的销售增长率指标来观察企业的产品结构状况，进而也可以分析企业的成长性。其计算公式如下：

$$某种产品的销售增长率 = \frac{某种产品本期销售收入增加额}{上期销售收入净额} \times 100\%$$

利用产品销售增长率可以判断出产品处于生命周期的哪个阶段。根据产品生命周期理论，产品生命周期是指产品从准备进入市场开始到被淘汰退出市场为止的全部运动过程，是产品或商品在市场运动中的经济寿命，也即在市场流通过程中，消费者的需求变化以及影响市场的其他因素所造成的商品由盛转衰的周期。产品和人的生命一样，要经历形成、成长、成熟、衰退这样的周期。就产品而言，也就是要经历一个导入、成长、成熟、衰退的阶段。导入期指产品从设计投产直到投入市场进入测试的阶段。新产品投入市场时，产品品种少，顾客对产品还不了解，除少数追求新奇的顾客外，几乎无人购买该产品。生产者为了扩大销路，不得不投入大量的促销费用，对产品进行宣传推广。该阶段由于生产技术方面的限制，产品生产批量小，制造成本高，广告费用大，产品销售价格偏高，销售量极为有限，企业通常不能获利，反而可能亏损。当过了导入期，销售额稳定增加之后，产品便进入了成长期。成长期是指通过试销，产品市场反应较好，购买者逐渐接受该产品，产品在市场逐渐打开了销路，需求量和销售额迅速上升，生产成本大幅度下降，利润迅速增长。与此同时，竞争者看到有利可图，将纷纷进入市场参与竞争，使同类产品供给量大幅增加。成熟期指产品步入大批量生产并稳定地进入市场销售，经过成长期之后，随着购买产品的人数增多，市场需求趋于饱和。此时，产品普及并日趋标准化，成本低而产量大，销售增长速度缓慢直至转而下降，由于竞争的加剧，同类产品生产企业之间不得不在产品质量、花色、规格、包装服务等方面加大投入，这在一定程度上增加了成本。衰退期是指产品进入了淘汰阶段。随着科技的发展以及消费习惯的改变，产品的销售量和利润持续下降，产品在市场上已经老化，不能适应市场需求，市场上已经有其他性能更好、价格更低的新产品，足以满足消费者的需求。此时成本较高的企业就会由于无利可图而陆续停止生产，于是该类产品的生命周期也就陆续结束，直至最后完全撤出市场。如图 11-1 所示，如果一个企业的大部分产品都处于成熟期或者衰退期，那么情况就不容乐观。

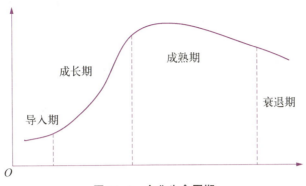

图 11-1 企业生命周期

下面举例说明销售增长率的计算方法。

例题3：已知 X 公司 2015—2018 年的营业收入分别为 708 876 万元、1 080 765 万元、1 387 656 万元以及 1 668 987 万元。请分别计算各年度的销售增长率并进行分析。

表 11-3 X公司销售增长率指标计算表

项　目	2015 年	2016 年	2017 年	2018 年
营业收入(万元)	708 876	1 080 765	1 387 656	1 668 987
本年营业收入增加额(万元)		371 899	306 891	281 331
销售增长率(%)		52.46	28.39	20.27

由表 11-3 可以看到，X 公司 2016—2018 年营业收入增加额分别为 371 899 万元、306 891 万元以及 281 331 万元，对应的销售增长率分别为 52.46%、28.39% 以及 20.27%。可以看到，虽然自 2015 年以来销售规模不断扩大，营业收入自 2015 年的 708 876 万元增加至 2018 年的 1 668 987 万元，但是从增长幅度来看，这 3 年的销售增长率却一直呈下降趋势，尤其是 2017 年的下降幅度最大，这说明 X 公司的销售增长速度已经放慢，逐渐趋于稳定水平。那么销售收入增长的质量如何呢？实际上，应该将销售增长率和资产增长率结合起来看。如果销售增长率远高于资产增长率，则表明这 3 年的销售增长主要不是依靠资产的追加投入取得，因而具有较高的效益性。综合以上分析，可以得出结论，即 X 公司具有良好的销售增长能力，但未来增长开始出现下降的趋势。

四、资产增长率

企业往往需要通过增加资产投入的方式增加销售收入。于是，资产增长率成为另一个值得关注的指标。资产增长率可以反映企业在资产投入方面的增长情况，其计算公式如下：

$$资产增长率 = \frac{本期资产增长额}{资产期初余额} \times 100\%$$

资产增长率是用来考核企业资产投入增长幅度的财务比率。资产增长率为正，说明企业本年度资产相比上一年有所增加,并且资产增长率越大,说明资产规模增加幅度越大;资产增长率为负,则说明本年度企业资产缩水。

在对资产增长率进行具体分析时,需要考虑3个方面。第一,评价一个企业的资产规模增长是否适当,必须结合销售增长、利润增长等情况进行分析。只有在企业的销售增长、利润增长超出资产规模增长的情况下,这种资产规模的增长才是有效益的。第二,企业的资产一般来源于负债和股东权益,在其他条件不变的情况下,无论增加负债还是股东权益都会提高资产增长率。负债规模的增加说明企业进行了负债筹资,而股东权益规模的增加则可能是因为吸收了新的股东权益投资或者实现了盈利。第三,一个健康且处于成长期的企业,其资产规模一定是不断增长的,如果时增时减,则反映出企业的经营业务不稳定,同时也说明企业不具备良好的增长能力。因此,只有对企业在不同时期的资产增长率进行比较才能正确地评价企业资产规模的增长能力。

下面通过一个例题熟悉资产增长率的方法。

例题4:已知Y公司2015—2018年的资产总额分别为2 280 882万元、2 401 998万元、2 611 300万元以及3 039 984万元。

表11-4　Y公司资产增长率指标计算表

项　　目	2015年	2016年	2017年	2018年
资产总额(万元)	2 280 882	2 401 998	2 611 300	3 039 984
本年资产增加额(万元)		121 116	209 302	428 684
资产增加率(%)		5.04	8.02	14.10
股东权益增加额(万元)		20 012	50 239	185 200
股东权益增加额占资产增加额的比重(%)		16.52%	24.00%	43.42%

由表11-4可以看到,Y公司的资产规模不断增加,从2015年的2 280 882万元增长到2018年的3 039 984万元。资产增长率从2016年的16.52%提高到2018年的43.42%,这说明Y公司资产规模呈现出快速增长的趋势。但仅根据这一点,我们还无法得出Y公司具有较强的资产增长能力的结论。我们还必须分析该公司资产增长的效益性和资产增长的来源。同样,从表11-4可以看出,2016—2018年这3年股东权益额增加占资产增加额的比重分别为16.52%、24.00%和43.42%。该公司2016年和2017年股东权益增加额占资产增加额的比重还比较低,说明资产的增长绝大部分来自负债的增加,这两年资产增长的质量不高,而2018年股东权益的增加额在资产增加额中的占比有了大幅度的提高,达到了43.42%,说明该年度的资产增长质量有了较大的提高。综合上述分析,可以得出Y公司的资产增长能力较强,并且具有良好的增长趋势。

例题5:JLQC股份有限公司单项发展能力分析。了解了以上几项发展能力指标之后,我们利用JLQC股份有限公司的案例采用上述指标分析该公司的单项发展能力。

首先,计算其股东权益增长率。从该公司的年报可以看出,2017年股东权益合计为1 257 240万元,2018年股东权益合计为1 038 450万元,本期股东权益增加额为-218 790万元。进而得出股东权益增长率为-17.40%。

其次,计算利润增长率。该公司 2017 年的净利润为 69 094 万元,2018 年的净利润为 9 183 万元,增加额为 −59 911 万元。于是,可以得出净利润增长率为 −86.71%。

再次,计算营业利润增长额度。计算得出 2017—2018 年营业利润增长额为 −32 685 万元,2017 年营业利润为 12 858 万元。那么,主营业务利润增长率为 −254.19%。

接下来,计算销售增长率。2017 年 JLQC 股份有限公司的主营业务收入为 3 134 575 万元,2018 年该公司的主营业务收入为 2 824 934 万元,增长额为 −309 641 万元,增长率为 −9.88%。

最后,计算资产增长率。2017 年 JLQC 股份有限公司的总资产为 2 638 376 万元,2018 年的总资产为 2 339 653 万元,总资产增加 −298 723 万元,可以计算出资产增长率为 −11.32%。

根据以上分析可以看出,JLQC 的销售业绩比较疲软,进而导致营业利润出现大幅负增长。可能是由于该公司大幅削减期间费用,净利润也出现了一定程度的负增长,但是幅度相对较小。因为净利润为负,所以股东权益和总资产也出现了负增长。

第三节 整体发展能力分析

一、整体发展能力的内涵

除了对企业的发展能力进行单项分析,还需要分析企业的整体发展能力。原因在于前述的股东权益增长率、收益增长率、销售增长率和资产增长率等指标只是从 4 个不同的侧面考察企业的发展能力,不足以涵盖企业发展能力的全部。此外,上述 4 个指标相互作用、相互影响,不能截然分开。因此,在实际运用中,只有把 4 种类型的增长率指标相互联系起来进行综合分析,才能正确地评价企业的整体发展实力。

那么如何分析企业的整体发展能力呢?具体的思路是分别计算股东权益增长率、收益增长率、销售增长率和资产增长率等指标的实际值,将上述增长率指标的实际值与以前不同时期的增长率数值、同行业平均水平进行比较,分析企业在股东权益、收益、销售收入和资产方面的发展能力。比较股东权益增长率、收益增长率、销售增长率和资产增长率等指标之间的关系,判断不同方面增长的效益性以及它们之间的协调性。根据上述分析思路形成企业整体发展能力分析框架。运用这一框架能够全面地分析企业发展的影响因素,从而较为全面地评价企业的发展能力,但各因素的增长与企业发展的关系无法量化。

运用企业整体发展能力分析企业整体发展能力时,要注意以下 4 个方面。

第一,股东权益的增长一方面来源于净利润,净利润又取决于营业收入,而营业收入的增长部分依赖于资产投入的增加,另一方面取决于本期股东资本的增加以及现金红利的发放。

第二,收益的增长主要表现为净利润的增长,而对于一个持续增长的企业而言,其净利润的增长应该源于营业收入的增加。

第三,销售增长是企业营业收入的主要来源,企业只有不断开拓市场、稳定市场份额,才能够不断扩大营业收入,使得股东权益增加。

第四,企业资产是取得营业收入的保障,要实现营业收入的增长,需要企业具有更加强大的实力和资产规模,要扩大资产规模,一方面可以通过负债融资实现,另一方面可以依赖股东权益的增长。

总之,在运用这一框架时,需要注意这4种类型的增长率之间的相互关系,否则无法对企业的整体发展能力做出正确的判断。

二、整体发展能力分析的应用

例题6:下面根据JLQC股份有限公司2016—2018年的股东权益增长率、利润增长率、主营业务利润增长率、销售增长率以及资产增长率对该公司的整体发展能力进行分析。

表 11-5 　JLQC公司2016—2018年单项增长率一览表　　　　　　(单位:%)

项　　目	2016年	2017年	2018年
股东权益增长率	3.50	1.30	-17.40
净利润增长率	-40.68	-47.57	-86.71
营业利润增长率	-46.99	-86.53	-254.19
销售增长率	8.58	17.69	-9.88
资产增长率	16.35	7.71	-11.32

观察表11-5可以发现,JLQC公司2016年和2017年的股东权益增长率、销售增长率和资产增长率都为正值,表明公司这两年的股东权益、销售收入以及总资产都在增加,然而营业利润增长率和净利润增长率都为负值,表明主营业务利润和净利润在这两个年度都有所降低。这说明营业收入的增长低于营业成本、营业税费和期间费用的增加,该公司在营业利润方面的增长并未体现出良好的效益性。2018年,由于行业不景气,所有的指标都为负值。

除了纵向比较,我们还将增长率与行业平均水平进行比较,发现JLQC所在的行业平均销售增长率在2016年、2017年、2018年分别为15.11%、30.15%、4.25%。营业利润行业平均增长率在2016年、2017年、2018年分别为10.21%、13.15%、1.58%。净利润行业平均增长率在2016年、2017年、2018年分别为12.13%、11.15%、2.02%。可以看出,JLQC公司的各种指标都弱于行业平均水平。因此,JLQC公司绩效变差并非完全取决于行业问题,更重要的是企业自身出现了问题。

然后,比较营业利润增长率和净利润增长率。2016年,两个利润增长率步调比较一致。但2017年和2018年差距明显拉大,营业利润增长率相较于净利润增长率越来越低,表明净利润的增长包含非正常项目,如果剔除这些非正常项目,净利润还会更低。

通过上述分析可以看出,JLQC股份有限公司的整体发展能力堪忧,具体表现在两个方面:一方面,行业发展处于整体下行的区间;另一方面,企业的销售业绩和成本控制方面出现了问题。

接下来,根据 ABC 股份有限公司 2016 年、2017 年、2018 年的股东权益增长率、利润增长率、主营业务利润增长率、销售增长率以及资产增长率对该公司的整体发展能力进行分析。

表 11-6　ABC 公司 2016—2018 年单项增长率一览表　　　　（单位：%）

项　　目	2016 年	2017 年	2018 年
股东权益增长率	0.32	2.57	32.08
净利润增长率	132.11	922.50	301.09
营业利润增长率	95.22	3 256.28	77.06
销售增长率	70.22	57.09	25.22
资产增长率	2.02	9.09	15.09

根据表 11-6,ABC 公司 2016—2018 年的各增长率都为正值,说明该公司这 3 年的股东权益、净利润、营业利润、销售收入和资产规模一直在增加,但还要将其增长水平与行业平均水平进行比较才能得出定论。由表 11-6 可知:公司的销售增长率一直处于下降趋势,股东权益增长率和资产增长率一直处于上升趋势;净利润增长率、营业利润增长率都呈现先升后降的趋势,那么 2019 年会反弹上升还是继续下降需要进一步深入分析。2017 年比较特殊,该公司的净利润增长率和营业增长率明显高于其他年份,而其他增长指标与其他年份的差别不大,所以应关注 2017 年净利润和营业利润增长的原因,可能存在偶然性因素或非正常因素的影响。

接下来,比较各种类型增长率之间的关系。首先,看销售增长率和资产增长率的关系。ABC 公司在这 3 年的销售增长率分别是 70.22%、57.09% 和 25.22%,资产增长率分别为 2.02%、9.09% 和 15.09%。可以看出,ABC 公司这 3 年的销售增长率均高于资产增长率,而且幅度较大,说明公司的销售增长并非主要依赖于资产收入的增加,具有较好的效益性。其次,比较股东权益增长率与净利润增长率。ABC 公司 3 年的股东权益增长率分别为 0.32%、2.57% 和 32.08%,净利润增长率分别为 132.11%、922.50% 和 301.09%。可以看出,该公司这 3 年的股东权益增长率均大幅低于净利润增长率。一方面,这说明该公司这 3 年的股东权益增长主要来自生产经营活动创造的净利润,是一个比较好的现象;另一方面,股东权益增长率与净利润增长率之间出现了较大差异,所以应进一步分析二者出现差异的原因。再次,比较净利润增长率与营业利润增长率。ABC 公司 3 年的净利润增长率分别为 132.11%、922.50% 和 301.09%,营业利润增长率分别为 95.22%、3 256.28% 和 77.06%。可以发现,2016 年和 2018 年的净利润增长率高于营业利润增长率,反映该公司净利润的高增长并非主要来自营业利润的增长,其净利润的增长包含其他非正常的项目,企业在净利润方面的持续发展能力有待进一步观察。最后,比较营业利润增长率和销售增长率。ABC 公司 3 年营业利润增长率均高于销售增长率,表明营业收入的增长超出营业成本、营业税费和期间费用的增加,该公司在营业利润方面的增长具有良好的效益性。通过上述分析可以看出,ABC 公司除了利润增长的稳定性有待于进一步观察,其他方面都具有良好的增长能力。

第四节 可持续发展能力分析

一、可持续发展能力的内涵

投资者在分析一家公司是否具有投资价值时,并非仅仅关注企业现阶段的资产状况、销售收入、盈利能力等。更需要关注企业未来的发展前景,即企业是否具有持续的盈利能力和发展能力。因此,对于企业来说,保持可持续的增长是其在制定长期经营与财务战略时必须考虑的关键因素。可持续发展能力分析的实质是对企业长期经营发展战略和财务成长策略的分析。同时,对可持续增长能力进行分析也是为企业长期经营与财务战略决策提供依据的重要保证和基本条件之一。经营战略主要是指企业的业务销售政策和资产运营政策;财务策略主要是指企业的融资政策和股利政策。因此,可持续增长能力分析也就是对企业业务销售政策、资产运营政策以及融资政策和股利政策的分析。

二、可持续增长率分析

可持续增长率是分析可持续增长能力的核心指标,是企业在保持目前经营政策和财务策略的情况下能够实现的增长速度。由于企业的留存收益是连接并反映企业的业务销售政策、资产运营政策以及融资政策和股利政策及其实施效果的中心指标,也就是说留存收益既能反映销售及资产运营政策及其实施效果,又能反映企业融资政策和股利政策的实施效果,所以以留存收益为基础计算的净资产增长率(即扣除实收资本及资本公积融资影响的净资产增长率)较为贴切地反映了可持续增长效果。可持续增长率的计算公式如下:

$$\begin{aligned}可持续增长率 &= 净资产增长率 = 留存收益 / 所有者权益 \\ &= 净收益 / 所有者权益 \times 留存收益 / 净收益 \\ &= 净资产收益率 \times 收益留存率 \\ &= 净资产收益率 \times (1 - 股利支付率)\end{aligned}$$

可以看出,企业可持续增长率的高低取决于企业净资产收益率和股利支付率两个指标,即在净资产收益率最高而股利支付率最低时,可持续增长率达到最高。其中,股利支付率通常指现金股利支付率。

接下来,用一个例子来熟悉上面的计算公式。

例题7:JLQC 股份有限公司 2017 年净资产收益率为 5.5%,股利支付率为 60%,2018 年的净资产收益率为 7%,股利支付率为 15%。分别计算出该企业在 2017 年和 2018 年的可持续增长率。

$$2017 年可持续增长率 = 5.5\% \times (1 - 60\%) = 2.2\%$$
$$2018 年可持续增长率 = 7\% \times (1 - 15\%) = 5.95\%$$

从计算结果可以看出,JLQC 股份有限公司 2018 年可持续增长能力较 2017 年增长了

3.75%，说明该企业 2018 年的可持续增长力有所增强。

将上述可持续增长率计算公式进行分解，有助于深入分析影响可持续增长的因素。可持续增长率的分解公式如下：

$$可持续增长率 = 净利润/销售额 \times 销售额/平均资产额 \\ \times 平均资产额/平均净资产 \times (1-股利支付率) \\ = 销售净利率 \times 资产周转率 \times 权益乘数 \times (1-股利支付率)$$

由此可见，企业的业务销售政策、资产运营政策、融资政策和股利政策是影响企业增长率的 4 个分指标。也就是说，企业的销售净利率越高，资产周转率越快，权益乘数越高，股利支付率越低，其可持续增长率越高。

本 章 小 结

企业的发展能力又称企业的成长性评价，是指企业通过自身的生产经营活动，不断扩大积累而形成的发展潜能，也可以称为增长能力，主要是通过企业自身的生产经营活动，不断扩大积累而形成的，主要依赖不断增长的销售收入、资金投入以及创造的利润。企业能否持续增长对于企业的利益相关者至关重要。对于长期投资者而言，企业能否持续稳定地增长关系到投资者能否持续地收取企业派发的现金红利，关系到其所投资的股票能否持续稳定地增值。

所谓单项发展能力分析，是指通过计算和分析股东权益增长率、收益增长率、销售增长率和资产增长率等指标，分别衡量企业在股东权益、利润、营业收入和资产等方面的发展能力，并对其在股东权益、利润、营业收入和资产等方面的发展趋势进行评估。企业若要取得可持续发展，就必须协调发展上述各单项指标，而企业整体发展能力分析就是通过对股东权益增长率、利润增长率、销售增长率和资产增长率等指标进行相互比较与全面分析，综合判断企业的整体发展能力。

单项发展能力的指标包括股东权益增长率、利润增长率、销售增长率以及资产增长率。在分析整体发展能力时，不仅要分别计算单项发展能力指标，而且要将上述增长率指标的实际值与以前不同时期的增长率数值、同行业平均水平进行比较，分析企业在股东权益、收益、销售收入和资产方面的发展能力。运用企业整体发展能力指标分析企业整体发展能力时，需要注意 4 个方面。第一，股东权益的增长一方面来源于净利润，而净利润又取决于营业收入，营业收入的增长部分依赖于资产投入的增加，另一方面取决于本期股东资本的增加以及现金红利的发放。第二，收益的增长主要表现为净利润的增长，而对于持续增长的企业而言，其净利润的增长应该源于营业收入的增加。第三，销售增长是企业营业收入的主要来源，只有不断开拓市场、稳定市场份额，企业才能不断扩大其营业收入，从而使股东权益增加。第四，企业资产是取得营业收入的保障，要实现营业收入的增长，需要企业具有强大的实力和资产规模。要扩大资产规模，既可以通过负债融资实现，又可以通过股东权益的增长实现。

复 习 思 考 题

1. 如何利用产品的销售增长率指标分析企业的成长性？

2. 企业可以采取哪些措施提高股东权益增长率?
3. 分析整体发展能力需要注意哪几个方面?

案例分析

A 公司是国内一家知名互联网公司,该公司从一个小"作坊"发展到营业额上亿的企业仅用了几年的时间,其增长速度不得不说是一个奇迹。然而,A 公司也面临种种质疑。某投资公司总监想对 A 公司的增长能力做出进一步分析,现将 A 公司 2014—2018 年主要财务指标汇总如表 11-7 所示。

表 11-7　A 公司主要财务指标　　　　　　　　　　　　　　　　（单位:万元）

项　目	2014 年	2015 年	2016 年	2017 年	2018 年
股东权益	361 539	392 127	508 321	621 343	649 876
净利润	41 211	53 045	72 389	41 234	47 289
营业利润	92 300	98 765	198 709	152 346	180 987
营业收入	410 911	496 578	1 190 877	1 203 441	1 254 322
资产	40 289	41 325	78 040	835 667	837 667

另外,投资分析师根据国务院国资委财务监督与考核评价局制定的《企业绩效评价标准值》和 A 公司的资产规模及主营业务,明确了该公司所从事业务为互联网行业。投资分析师通过查阅 2015 年企业绩效评价标准值,了解了互联网企业的收入增长率的平均标准值为 15.5%。

思考:

1. 假如你是咨询公司的财务分析师,请你应用企业整体发展能力分析框架分析 A 公司增长能力。
2. 请你根据分析数据为投资总监就投资 A 公司提出相关建议。

第十二章 财务效率综合分析

引导案例

ABC公司创建于1992年。1994年6月17日,ABC公司在深圳证券交易所上市交易。上市后的5年间,该股一直在低股价的行列中徘徊。直到1999年9月24日,它的股价才上升到9.24元。此后不到一年的时间里,ABC公司的股价竟上升到37.89元,涨幅高达440%。到2001年1月15日,该股已填满权,股价再次高达37.99元。若复一下权,则该股的价位已高达76元,累计涨幅达880%。公司上市6年来,股本从7 400万元扩张至50 526万元,资产总额从1.97亿元增至24.3亿元,上涨了1 200%,由此创造了上市公司的神话。

2001年8月由《财经》杂志载文介绍"ABC陷阱"而撩开ABC公司神秘的面纱,神话也随之灰飞烟灭。ABC公司的神话离不开传统财务分析指标的推波助澜。事后许多人认为,造成ABC公司事件发生的一个根本原因是传统的财务分析体系存在着缺陷。

那么,应如何准确而全面地分析企业财务状况,从而撩开公司神秘的面纱?

【教学目的与要求】

在了解企业某一特定方面的财务状况及其绩效的基础上,本章阐述了企业财务综合分析的主要方法,把企业财务活动中相互作用的各因素、各指标纳入一个统一的有机整体之中去分析,让企业的各利益相关者了解到真实而全面的企业财务状况信息,由此把握企业整体的财务状况以弥补单项财务分析的不足。通过本章的学习,了解财务分析的功能演进、财务综合分析的特点与一般功能,在沃尔评分法的基础上理解综合评分法的基本原理与操作流程,掌握杜邦财务分析体系的内涵与构成机制,学会熟练运用杜邦财务分析体系分析企业财务状况,并进一步理解杜邦财务分析体系的应用改进。

随着市场环境的不断变化,人们在进行财务分析的过程中渐渐发觉了单项分析的不足,开始向综合分析体系靠近。最早开始研究企业财务状况综合分析评价的是沃尔。历经一段时间的发展之后,形成了综合评分法。在此基础上,杜邦公司提出了杜邦财务分析体系。杜邦财务分析体系是经典的财务综合分析体系。它是利用各财务指标之间的内在关系,对企业综合经营管理及其经济效益进行系统分析评价的方法,能有效反映企业获利能力的各指标间的相互联系,对企业的财务状况做出合理的评价。这一财务综合分析体系在国内外得到了广泛的应用。然而,随着现代财务管理理论和实践的发展,现行杜邦财务分析体系面临巨大的挑战,其缺陷也日渐暴露出来。当前财务学者主要从增加现金流量指标、考虑企业的增长以及企业的价值3个方面改进与发展了杜邦财务分析体系。

第一节 财务综合分析概述

一、财务分析的功能演进

财务综合分析是将企业的营运能力、偿债能力和获利能力等诸方面的分析纳入一个有机体中,分析其相互关系,全方位地把握企业财务状况和经营成果。

财务综合分析和一般而言的财务分析是整体和部分的关系。整体由部分构成,但部分也受整体的影响。要进行综合财务分析的功能分析首先要了解作为整体的财务分析的功能演进。

财务分析的功能自财务分析产生之后就处在一个不断演变的过程之中,主要指财务分析能够满足财务分析主体某种需求的属性。财务分析的主要依据是财务报表,但仅仅分析报表是不够的。企业的经营活动是在一定时期内企业与企业外部环境之间所进行的资金、物质、人员和信息的交流活动,因而财务分析不能脱离企业的各项经营活动和企业的外部环境。当企业自身处于不同的发展阶段或不同的外部环境时,企业对财务分析功能的要求就产生了相应的变化。

企业财务分析的功能演进呈现出明显的阶段性。财务分析开始阶段只是用于外部分析,即企业外部利益相关者根据各自的要求进行分析。20世纪初,各发达资本主义国家出现了生产过剩现象,破产企业数目急剧增加,经营理财能力成了决定企业生存能力的关键因素。银行的地位和作用在这种情况下也大大增强,银行当时成了总结理财经验、探讨理财方略的主要力量。银行首先研究了如何了解企业财务状况和掌握企业偿债能力的问题。起初,银行只是根据企业资产和负债的数量对比,来判断企业对借款的偿还能力和还款保障程度。随后银行将分析范围扩展到对企业资产结构、负债结构等的分析,初步形成了一系列分析方法和分析指标。后来,企业在接受银行的分析与咨询过程中,逐渐认识到了财务分析的重要性,开始由被动地接受分析逐步转变为主动地进行自我分析。这一阶段,财务分析开始表现为企业内部管理服务的内部分析。公司组织发展起来以后,尤其是20世纪第二次世界大战以后,市场竞争日趋激烈,企业为了立于不败之地,追求企业价值最大化,需要讲求管理的有效性,为了实现有效的管理,必须借助财务分析所提供的资料。这说明,进行财务分析已经成为企业内部经营管理的迫切需要。因此,财务分析开始由外部分析向内部分析拓展。但开始阶段的内部分析只是企业按照银行分析的要求和方法,从偿债能力(资金的流动性)和盈利能力(资金的增值性)两方面对自身的财务状况进行分析与评价。其目的是掌握情况、发现问题、找出原因、指导经营。随着股份有限公司取得惊人的发展,企业的组织结构发生了质的变化,通过财务分析掌握企业的经营状况已成为现代企业及社会的一大要求。以外部分析为重心的传统财务分析不能满足日益深化的内部经营管理的需要;仅局限于解析财务资料的事后分析也不能满足企业经营决策的要求。

内部分析的扩大和深化成为现代财务分析的重心,财务分析越来越注重对财务以外指标的分析评价。

二、财务综合分析的特点与一般功能

财务综合分析的功能有其特定性,一方面受到作为整体的财务分析功能演进的影响,另一方面与财务综合分析的特点相关。

(一)财务综合分析的特点

财务综合分析是整个财务分析体系的重要内容,与单项分析相比,具有以下两个特点。

1. 分析方法不同

单项分析通常采用由一般到个别的方法,把企业财务活动的总体分解为各个具体的部分,然后逐一加以考查分析;而财务综合分析则是通过归纳综合,对个别财务现象从财务活动总体的角度做出总结。单项分析能够真切地认识每一个具体的财务现象,可以对财务状况和经营成果的某一方面做出判断,并为综合分析提供良好的基础,但若不在此基础上抽象概括,则会"只见树木,不见森林",难以得出全面、完整和综合的评价。

2. 分析的重点和基准不同

单项分析的重点和比较基准是财务计划、财务理论标准,而综合分析的重点和基准是企业整体的发展。财务综合分析强调各种指标有主辅之分,只有抓住主要指标才能抓住影响企业财务状况的主要矛盾。在主要财务指标体系的基础上再对辅助指标进行分析,才能分析透彻,把握准确、详尽,各主辅指标功能应相互协调匹配。在利用主辅指标时,还应该特别注意主辅指标间的本质联系和层次关系。

(二)财务综合分析的一般功能

根据财务分析的功能演进与财务综合分析的特点,可以归纳出财务综合分析的一般功能。

(1)由于整体的财务分析功能已经演进到以扩大和深化的内部分析为重心,相应地,财务综合分析的功能也应更侧重于为企业内部经营管理服务。但这绝不意味着财务综合分析只能运用于企业内部分析,投资者、债权人、政府等企业的其他利益关系人也能够运用财务综合分析更全面地了解企业的财务状况和经营成果。所以,财务综合分析具有满足其他利益关系人需求的属性,即财务综合分析的功能也包括进行外部分析,只不过侧重点在内部分析上。

(2)财务综合分析可以明确企业财务活动与经营活动的相互关系,找出制约企业发展的"瓶颈"所在,加以改善,并对未来的经营做出预测与指导。企业的发展是由诸多因素共同推动的,只有全面考虑这些因素以及它们之间的关系才能促进企业的发展。财务综合分析对企业进行了较全面的考查并能通过主要指标发掘主要问题,适当考虑了各因素之间存在的关系,满足了内部经营者对企业经营管理的要求。该功能是从财务综合分析相对于单项分析的特点中推导出来的,是单项分析所不具备的。

第二节 沃尔评分法

一、沃尔评分法的内涵与基本内容

(一) 沃尔评分法的内涵

沃尔评分法是对上市公司财务报告进行分析的常用方法，是财务状况综合评价的先驱者沃尔提出的。他在20世纪20年代出版的《信用晴雨表研究》和《财务报表比率分析》中提出了信用能力指数的概念，把若干个财务比率用线性关系结合起来，以此评价企业的信用水平。沃尔评分法主要是对反映上市公司财务状况的有代表性的若干比率进行权重评定，并将实际比率与标准比率相比较，评出每项指标的得分，从而得出财务状况的总评分。

(二) 沃尔评分法的基本内容

沃尔评分法最开始使用的指标有7个，分别是流动比率、净资产/负债、资产/固定资产、销售成本/存货、销售额/应收账款、销售额/固定资产、销售额/净资产。其权重分别为25%、25%、15%、10%、10%、10%、5%，按标准比率和实际比率计算相对比率，相对比率＝实际比率/标准比率，如果实际值/标准值＜1，相对比率＝实际值/标准值。如果实际值/标准值＞1，相对比率＝1。再用相对比率乘以各指标比重，求得各项比率指标的综合指数及全部比率指数合计值，企业综合评分就是综合系数乘以100。公式列示如下：

各项比率的综合系数＝各项指标的相对比率×权重系数综合系数的合计数

$$= \sum 各项比率的综合系数$$

企业综合评分＝综合系数合计×100

综合评价结果按A，B，C，D，E(或优、良、中、低、差)5档划分如下：

优(A)：综合评价得分达到85分以上(含85分)；
良(B)：综合评价得分达到70～85分(含70分)；
中(C)：综合评价得分达到50～70分(含50分)；
低(D)：综合评价得分达到40～50分(含40分)；
差(E)：综合评价得分在40分以下。

二、沃尔评分法的缺陷

虽然这7项指标提供了企业信用能力方面的丰富信息，但是由于这些指标之间存在一定的相关关系，所反映的信息会有重叠。而且沃尔评分法不能证明为什么要选择这7个指标而不是更多一些或者更少一些，或者选择别的财务比率对一个企业进行综合分析，到底应选取哪些指标成了一大难题。它也不能够说明每一个指标权重的合理性，并且标准比率的选取不一。一般标准比率选行业平均数，但以行业平均数为标准，超过了就取满分，很难判断平均水平以上的企业中的优秀企业。另外，当某一个指标发生严重异常，会对整个指标产生不合逻辑的重大影响。这主要是由于得分是由相对比率与权重相乘而造成的。财务比率提高一倍则其评分增加一倍,缩小一半则其评分降低一半。

因此,可以说沃尔评分法没有很好地将各项财务指标组成一个有机整体,没有对企业的营运能力、盈利能力、偿债能力等进行综合分析,以便从整体上发现问题,找出协调解决的办法。

第三节 综合评分法

一、综合评分法的内涵

综合评分法属于财务比率综合评分法,它是先分别按不同指标的评价标准对各评价指标进行评分,然后把若干个财务比率加权相加起来求得总分的方法。财务综合评分指标是各种财务指标的线性组合关系,以此评价企业的综合财务表现,为企业决策提供分析工具。

综合评分法需要根据使用者的经验、评分目的和评价对象的具体特点选定合适的评价指标,逐个指标定出评价等级,每个等级的标准用分值表示,同时可将指标根据一定的逻辑进行分类,逐个指标赋予相应的权重。之后,利用已确定的标准比率和最优比率、标准评分和最高评分计算每分比率的差,并与实际比率相比较,通过标准分值加减差额分值,运算评出每项指标的得分。最后,以 100 为标准分数,根据综合评分值的高低判定企业财务状况好坏,得分高于 100 的属于高于行业标准水平,得分低于 100 的属于低于行业标准水平。在用于评价财务风险大小的综合评分法模型中,得分越低,企业发生财务危机的可能性越大,得分越高,企业的财务安全状况越好。此外,综合评分法对单指标的评分设定了上下限,缩小了异常指标存在的可能性给综合评价结果带来的误差。

综合评分法是对沃尔评分法的发展。与沃尔评分法相比,综合评分法运用的指标更加全面,现代社会与沃尔的时代相比已有很大变化。一般认为企业财务评价的内容主要是盈利能力,其次是偿债能力,最后还有发展能力。综合评分法选取合适的指标,将行业标准与行业最优值纳入考量范围,在指标分值分布和设定上下限评分以排除异常指标等方面都进行了细致的考虑,适合企业日常运用,具有全面且操作性强的特点。

二、综合评分法的应用步骤

(一) 评价指标选择

综合评分法认为企业财务评价的主要内容是盈利能力,其次是偿债能力,最后是成长能力。盈利能力的主要指标是资产净利率、销售净利率和净值报酬率;偿债能力常用指标分别是自有资本比率、流动比率、应收账款周转率及存货周转率;成长能力有 3 个常用指标,分别是销售增长率、净利增长率和人均净利增长率。

(1) 销售净利率＝净利润÷产品销售净额

(2) 总资产报酬率＝(利润总额＋利息支出)÷平均资产总额

(3) 净资产报酬率＝净利润÷净资产×100%

(4) 资产净利率＝净利润÷资产平均总额×100%

(5) 资产负债率＝负债总额÷资产总额

(6) 流动比率(或速动比率)＝流动资产(或速动资产)÷流动负债

(7) 应收账款周转率＝赊销净额÷平均应收账款余额

(8) 存货周转率＝产品销售成本÷平均存货成本

其中：平均存货成本＝(期初存货成本＋期末存货成本)÷2

(9) 销售增长率＝本年销售增长额÷上年销售总额＝(本年销售额－上年销售额)÷上年销售总额

(10) 净利润增长率＝(当期净利润－上期净利润)÷上期净利润×100%

(二) 单项指标的分值确定

综合评分法认为对企业财务风险影响最大的是其盈利能力,因而在指标分值方面盈利能力被赋予了较高的分值,企业财务评价内容的盈利能力、偿债能力、成长能力分值之间大致可按 5：3：2 来分配比重。盈利能力的资产净利率、销售净利率和净值报酬率 3 个指标按 2：2：1 安排权重；偿债能力指标自有资本比率、流动比率、应收账款周转率及存货周转率 4 个比率权重相同；成长能力指标销售增长率、净利增长率、人均净利增长率权重相同。总分按 100 分计分。

(三) 综合评分计算及评价标准

在综合评分法下,使用的标准比率以企业所在行业平均数为基础,并且在计算时对指标数据适当进行理论修正,在给每个指标评分时应规定上限和下限,以减少个别指标异常对总分造成的不合理影响：上限可定为正常评分值的 1.5 倍,下限可定为正常评分值的 1/2。此外,给分时不采用"乘"的关系,而采用"加"或"减"的关系来处理。例如,销售净利率的标准值为 33%,标准评分为 20 分,行业最高比例为 47%,最高评分为 30 分,则每分的财务比率如下：(47%－33%)÷(30－10)×100＝0.7。

销售净利率每提高 1%,多给 0.7 分,但该项得分不超过 30 分,反之,不低于 10 分。

采用综合评分法,达到 100 分说明该企业面对的财务风险达到了同行业的平均风险大小；高于 100 分,说明企业的财务风险较小；而低于 100 分,说明企业面对的财务风险较大。

表 12-1　综合评分法模型

项目 指标	评分值	标准比率(%)	行业最高比率(%)	最高评分	最低评分	每分比率的差(%)
盈利能力						
总资产利润率	20	10	20	30	10	1
销售净利率	20	4	20	30	10	1.6
净值报酬率	10	16	20	15	5	0.8
偿债能力						
自有资本比率	8	40	100	12	4	15
流动比率	8	150	450	12	4	75

(续表)

项目指标	评分值	标准比率（%）	行业最高比率（%）	最高评分	最低评分	每分比率的差（%）
应收账款周转率	8	600	1 200	12	4	150
存货周转率	8	800	1 200	12	4	100
成长能力						
销售增长率	6	15	30	9	3	5
净利增长率	6	10	20	9	3	3.3
人均净利增长率	6	10	20	9	3	3.3
合　计	100			150	50	

三、传统综合评分法在应用中存在的局限

（一）财务指标的选择局限于静态报表

财务指标的计算数据来源于静态的财务报表，而一直以来，静态财务报表作为企业反映财务状况的工具，采用权责发生制核算会计信息，存在相应缺陷。

一方面，静态财务报表的核算采用的是面向过去的会计确认基础，难以提供未来的会计信息。因此，基于静态报表的财务指标就只能评价历史和实时的财务风险，而无法对未来的财务风险进行一定的预测。

另一方面，可靠性要求会计尽可能减少不同会计人员对会计计量方法和程序的主观偏好，以避免会计信息不实，但是静态财务报表采用的是权责发生制核算，为企业为了达到某种目的而人为地调整费用、利润提供了可能。这就导致综合评分法的核算基础方面缺乏可靠性。

（二）财务指标不能够全面反映盈利质量

综合评分法将关注点放在了盈利能力，选取了资产净利率、销售净利率和净值报酬率3个指标作为评价标准，集中在资产负债表与利润表的会计收益财务分析方面，然而跨级收益是在权责发生制下企业经营成果的衡量，权责发生制本身存在着会计信息的主观可操作性大、不利于投资者和债权人的决策、收益真实性难以确定的缺陷，企业可通过虚假销售、有意扩大赊销范围、提前确认销售等方式对利润进行调节，单纯的会计收益分析是无法全面反映企业真实的盈利能力的。盈利质量也是盈利能力中至关重要的一部分——应将关注点分散到企业的获现能力、成长能力方面，如企业是否能够通过经营活动产生足够的现金流量以归还贷款、分配盈余和投资，企业的盈利是否是稳定的、持久的、具有成长性的，提出对应的指标补充到原有的综合评分法指标体系中，以建立一个较为完整的盈利能力评价体系。

（三）指标权重设置不尽合理

评价财务风险的综合评分法认为盈利能力是影响财务风险最重要的一个因素，因而在权重设置方面，盈利能力指标的总权重占到了所有指标的1/2，剩下的偿债能力与成长能力的权重为3∶2。

债务风险是财务风险中影响力较大的一块,盈利能力的优劣、盈利质量的高低,从财务风险评价的角度看,也必须与偿债能力具有良好的配比才能够对财务风险进行有效的规避。因此,传统综合评分法在总体权重分块方面有一定的缺陷。由于各指标的特性不同,加上盈利能力指标设置的不完善,现有权重的分配不尽合理,不能够反映财务风险影响因素排序的优先顺序。

(四)指标评分的下限设置过高

传统的综合评分法中,为了减少个别指标异常对总分造成不合理的影响,将单项指标评分的上限设为标准分值的1.5倍,单项指标评分的下限设为标准分值的1/2,综合总评分在50~150浮动。但是在实际的操作中,由于下限分值设定得过高,在企业的某指标得分低于下限得分时,分数不再会随着财务风险的变化而变化,该指标所评价的相应能力的变化也无法准确识别,失去评价意义。比如,当财务风险继续增大时,分数不发生变动,会给企业造成一定的误解,认为财务风险其实并没有继续增大,而是控制在了稳定的水平,在其未觉察之时,企业已深陷严重财务危机。

四、传统综合评分法应用中的改进

(一)将现金流量等指标引入指标体系

盈利质量是盈利能力考核中非常重要的一块,而获现能力又是盈利质量的一个方面,现金流量指标的引入可以克服传统综合评分法中会计利润指标的不足,和传统会计利润指标相结合,增强盈利能力指标的评价效果。在谨慎的财务基础上,现金流量的创造力体现着企业创造价值的能力,充足的现金流量意味着利润的稳定性、收益的高质量,协调企业运营,控制风险,更好地实现企业财务管理目标,吸引新的投资者。

一家财务风险较小、能够持续经营的企业应当具有创造稳定现金流量的能力,企业需要现金用以偿还负债,拥有稳定和充足的现金流量可以降低负债率、调整财务杠杆、协调企业的负债压力,获现能力的缺失是破产危机的先兆,可支配现金流量的高低波动与企业财务风险的变化是一致的,相较于传统静态报表中的其他指标,现金流量指标具有更好的预测效果。

综上所述,传统综合评分法在应用中应补充现金流量指标以提高模型的评价效果,可考虑引入现金流量(负债)比率、盈余现金保障倍数、资产现金回收率等指标。

(二)重分类指标并分类别核算得分值

传统的综合评分法将代表营运能力的应收账款周转率及存货周转率指标放在偿债能力的分类下,这种归类方式使其无法直接核算考察目标企业营运能力水平,而营运能力其实是对企业财务安全状况影响较大的一个方面,所以在改进的综合评分法中,营运能力的指标应独立成类,并且补充进新的评价指标,让偿债能力与营运能力的评价更加完整全面。

传统的综合评分法中只有对财务安全状况总分的计算,而没有对一级指标所反映的基本能力得分进行统计和评价,这样无法通过纵向对比来判断是哪方面能力的缺失造成财务风险发生变化。因此,传统综合评分法在应用中应弥补这一缺陷,对一级指标分类下的各项能力进行单独核算分析,帮助企业进行相应的风险应对。

(三)采用层次分析法确定指标权重

传统综合评分法规定了各指标的权重,但是设置得不尽合理,并且无法根据不同企业的特殊情况进行相应的调整。

层次分析法是一种简明实用,具有层次分解性、定量与定性相结合等特点的分析方法。它可以将复杂的问题条理化,分解为简单的要素,并通过将这些要素按一定的逻辑分层次,形成一个多层次的分析结构模型。

一般来说,层次分析法下的分析结构模型由目标层、准则层、方案层所构成。层次分析法通过分析复杂问题所包含的因素及其相互关系进行归类并分层,目标层只有一个元素,一般为所需要分析的最终目标,如财务风险大小的衡量值。准则层又称中间层,涵盖目标层元素的影响因素,它可以由若干层组成。方案层包括了对应每个影响因素的各项指标和各种措施,是实现最终目标的最详方案。在每一层,对各要素按照一定的评判标准(如对目标层问题影响力的大小)进行逐一对比,构造判断矩阵,进行层次单排序和组合排序,确定相对重要性,计算权向量和组合权向量,并进行一致性检验,最终得出不同方案的权值。

总体来说,层次分析法既结合了德尔菲法中专家定性分析的优点,又综合了定量分析的数学模型的缜密性与逻辑性,操作原理简单,易于掌握,可以较为准确地确定每个评价指标在财务风险评价中的权重,并且各要素逐一对比中专家建议的引进丰富了模型的变化性,让综合评分法能够适应同一企业不同时期的特点和不同企业的特点,实现评价的灵活性。

(四)调整评分下限

根据一定的测试,发现当将综合评分的下限调整为标准分值的四分之一时,能够在扩大财务风险评价范围、较灵敏地反映出财务风险的大小与避免综合评分受到异常指标影响之间实现平衡。

因此,在传统综合评分法的应用中应采用新的最低评分,当核算得出的指标评分值低于下限评分时,以新的评分下限核算,评分上限则不做改动。

第四节 杜邦财务分析体系

一、杜邦财务分析体系的内涵与构成

(一)杜邦财务分析体系的内涵

企业的各项财务活动以及各项财务指标都是相互联系的,因而要得出企业总体财务状况的评价,就必须将企业财务活动看作一个系统,对系统内相互依存、相互作用的各种因素进行综合分析。1910年,美国杜邦公司就由此设立了一个财务综合分析与评价体系,即杜邦财务分析体系。杜邦财务分析体系亦称杜邦分析法(Du Pont Analysis Method),是指根据企业内相互影响的各种因素之间的内在联系,将若干反映企业盈利能力、偿债能力及资产管理效率的比率有机结合起来,形成一个完整的分析企业财务状况的体系,并最终通过净资产收益率(或权益净利率)这一核心指标来综合反映。

(二)杜邦财务分析体系的构成

在杜邦财务分析体系中,包含以下主要比率关系:

$$权益净利率(净资产收益率) = \frac{净利润}{所有者权益}$$

$$= \frac{净利润}{资产总额} \times \frac{资产总额}{所有者权益}$$

$$= 资产净利率 \times 权益乘数$$

$$资产净利率 = \frac{净利润}{资产总额}$$

$$= \frac{净利润}{销售收入} \times \frac{销售收入}{资产总额或平均资产总额}$$

$$= 销售净利率 \times 总资产周转率$$

$$权益乘数 = \frac{资产总额}{所有者权益} = \frac{资产总额}{资产总额 - 负债总额}$$

$$= \frac{1}{(资产总额 - 负债总额)/资产总额}$$

$$= \frac{1}{1 - 负债总额/资产总额} = \frac{1}{1 - 资产负债率}$$

所以,可知：

$$权益净利率(即净资产收益率) = \frac{净利润}{所有者权益}$$

$$= \frac{净利润}{销售收入} \times \frac{销售收入}{资产总额} \times \frac{资产总额}{所有者权益}$$

$$= 销售净利率 \times 总资产周转率 \times 权益乘数$$

那么决定权益净利率的因素有3个,即销售净利率、总资产周转率和权益乘数。这样分析以后,可以把权益净利率这一项综合性指标发生升降变化的原因具体化。

销售净利率和总资产周转率可以进行进一步分解。

(1) 销售净利率的分解：

$$税后净利润 = 销售收入 - 成本总额$$

$$成本总额 = 销售成本 + 期间成本 + 税金 + 其他支出$$

其中：税金＝销售税金＋所得税

其他支出＝营业外收支净额－投资收益－其他业务利润

(2) 总资产周转率的分解：

$$总资产 = 流动资产 + 非流动资产$$

其中：流动资产＝货币资金＋交易性金融资产＋应收及预付款＋存货＋其他流动资产

非流动资产＝长期投资＋固定资产＋无形资产＋递延及其他资产

通过以上指标的层层分解,就可找出企业财务问题症结之所在。

由此,杜邦财务分析体系就可用"杜邦图"来直观地列示:

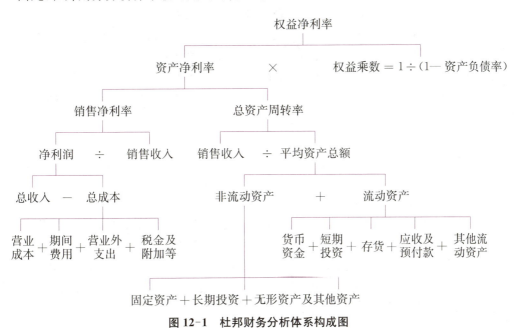

图 12-1 杜邦财务分析体系构成图

二、杜邦财务分析体系的构成机制

通过杜邦财务分析体系构成图可以考察该体系基本指标的构成机制。

(1) 权益净利率(即净资产收益率)是所有比率中综合性最强、最具代表性的一个指标。它是杜邦分析法的核心,其他各项指标都围绕这一核心,通过研究彼此的相互依存和制约关系,揭示企业的获利能力及其前因后果。财务管理的目标是使所有者财富最大化,权益净利率反映所有者投入资金的获利能力,反映企业筹资、投资、资产运营等活动的效率,提高权益净利率是实现财务管理目标的基本保证。该指标的高低取决于经营效率、资产管理效率和财务杠杆度。如果公司的权益净利率不理想,财务管理人员可通过销售净利率、总资产周转率和权益乘数对这 3 个财务比率进行纵向和横向比较,找出其中原因,并制定和采取改进措施。

(2) 销售净利率反映了企业税后净利润与企业销售收入的关系,就此意义而言,提高销售净利率是提高企业盈利能力的关键所在。销售利润的提高,一要靠扩大销售收入,二要靠降低成本费用。降低各项成本开支也是企业财务管理的一项重要内容。各项成本的列示有利于进行成本、费用的结构分析,加强成本控制。

(3) 资产周转率是反映企业运用资产以产生销售收入能力的指标。资产周转率分析需要对影响资产周转的各因素进行分析。除了对资产的各构成部分在占用量上是否合理进行分析外,还可以通过对流动资产周转率、存货周转率、应收账款周转率等各资产组成部分管理效率的分析,判明影响资产周转的主要问题出在哪里。

(4) 权益乘数主要受资产负债比率的影响。负债比例大,权益乘数就高,说明企业有较高的负债程度,给企业带来了较多的杠杆利益,同时也给企业带来了较多的风险。

(5) 资产净利率也是一个重要的财务比率指标,综合性较强。它是销售净利率和资产周转率两者的乘积,因此,要进一步从销售成果和资产运营两方面来分析。要提高销售净利率,不仅要千方百计扩大销售,不断增加销售收入,而且应努力降低各项成本。要提高总资产周转率,则一方面要增加销售收入,另一方面应降低资金占用。

通过杜邦财务分析体系,不仅可从企业销售规模、成本水平、资产营运、资本结构方面分析权益净利率增减变动的原因,而且可协调企业资本经营、资产经营和商品经营的关系,促使权益净利率达到最大化,实现财务管理目标。

三、杜邦财务分析体系的功能

(一)综合反映企业的财务状况和经营成果

局部不能代替整体,某项指标的好坏不能说明整个企业经济效益的高低。只有将一系列有着内在联系的财务指标有机地结合在一起,相互配合使用,才能从总体上把握企业的财务状况和经营成果。杜邦财务分析体系就是一个财务分析的综合模型,它以净资产收益率为核心,将企业盈利能力、偿债能力和营运能力等各项指标有机地联系起来。企业的盈利能力、营运能力和偿债能力共同决定了企业财务状况及经营成果的好坏,而且三者之间相互制约、相互影响,如图12-2所示。

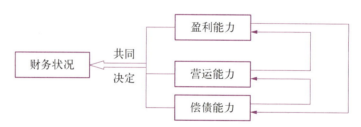

图 12-2 企业财务状况与盈利能力、营运能力、偿债能力之间的关系图

在杜邦财务分析体系结构图的最顶层是净资产收益率,该指标从所有者的角度来反映企业股权资本的盈利能力,这也符合现代企业的根本目标——所有者权益最大化。虽然净资产收益率在一定程度上反映了企业资本的盈利能力,但是毋庸置疑,企业的利润总额并非全部由股权资本带来,企业的债务资本对利润总额的形成也有贡献。在股权资本不足的情况下,人们容易产生净资产收益率过高的错觉。因此,净资产收益率不能真实地反映企业投入资本的盈利能力和企业经营管理的有效性。

为了解决这一问题,在杜邦财务分析体系结构图的第二层中,将净资产收益率分解为资产净利率和权益乘数。资产净利率反映了企业全部资产在运营过程中的盈利能力,更切实际地反映了企业的盈利能力及经营管理水平,成为衡量企业业绩的首选指标。权益乘数反映的是所有者权益同资产总额的关系。它虽然对企业的盈利能力不能产生直接的影响,但会产生间接作用。在资产总额不变的情况下,如果企业开展负债经营,所有者权益就相对减少,从而提高了权益乘数,给企业带来了较大的财务杠杆效应。至于这种财务杠杆效应带来的是利益还是风险,取决于资产净利率的大小。企业的资产净利率越高,说明企业的盈利能力越强,此时的财务杠杆效应给企业带来的将会是收益。同时,权益乘数也反映了企业的偿债能力。权益乘数越小,说明企业的负债越少,企业的偿债能力就越强。但是,企业不能仅依靠权益乘数这一指标来评价其偿债能力,还要结合分析企业的盈利能力和营运能力,因为它们三者之间有着紧密的内在联系,由图12-2就可以看出。企业的营运能力强,意味着企业的盈利能力水平较高;企业的盈利能力水平高,企业的偿债能力也会相应地增强。依据各个财务指标之间的内在联系,在杜邦财务分析体系中引入营运能力分析也成为必然。

为了能较好地反映企业的营运能力水平,在杜邦财务分析体系结构图的第三层中,将资产净利率进一步分解为销售净利率和资产周转率。销售净利率是杜邦财务分析体系中第三个反映企业盈利能力的指标。资产周转率则反映了企业的营运能力。资产周转率越高,企业的营运能力就越强。

可见,杜邦财务分析体系虽然没有反映企业的所有财务指标,但它抓住了企业各个财务指标之间相互联系、相互影响、相互制约的关系,以净资产收益率为核心指标,综合反映了企业的盈利能力、营运能力和偿债能力。企业的盈利能力、营运能力和偿债能力相互影响、相互制约,共同决定了企业财务状况及经营成果的好坏。与单项财务指标比率分析相比,杜邦财务分析体系具有更大的优势。单项财务指标比率分析仅仅针对单独的财务指标进行分析,虽然它能够对企业的盈利能力、营运能力和偿债能力逐一进行评价,但它将每个分析的财务指标都放在同等重要的地位来处理,很少或者几乎没有考虑到各种指标之间可能存在着内在联系。杜邦财务分析体系则能够运用全局的观点,抓住影响企业财务状况的主要矛盾,即抓住主要指标,层层分解,逐步深入。它强调,各种财务指标是有主辅之分的,在对企业财务状况进行分析时,一定要抓住主要指标,在此基础上再对其辅助指标进行分析,主辅指标相互协调匹配,才能透彻分析、准确把握企业的财务状况。杜邦财务分析体系正是通过净资产收益率、销售净利率、资产周转率和权益乘数这几个主要指标,把企业的资产、负债、所有者权益以及收入、成本费用、利润等有机地结合在一起,通过分析,对企业的销售能力、获利能力、资金运作和资本结构进行综合评价,综合反映了企业的财务状况和经营成果。

(二)揭示指标变动的原因和趋势

杜邦财务分析体系不仅可以综合反映公司的财务状况和经营成果,还可以通过对该体系进一步的深入分析揭示净资产收益率这一综合指标升降变动的原因及趋势。它通过自上而下、从总体到局部的分析,全面、直观地反映了净资产收益率的影响因素。

1. 净资产收益率的高低与销售净利率有关

销售净利率的高低主要取决于销售收入和成本费用的大小,从而这个指标可以进一步分解为销售毛利率、销售成本率、销售期间费用率和销售税金率。深层次的指标分解可以定量地揭示出销售净利率变动原因(如售价、销售数量、成本费用的高低等),进而分析投入付出与产出回报的关系,从而为企业的决策提供服务。

2. 净资产收益率的高低与资产管理的好坏密切相关

企业资产管理的好坏既影响到企业的获利能力,又影响企业的偿债能力,进而综合体现为影响企业的净资产收益率。一般而言,企业的流动资产直接体现了其偿债能力和变现能力,企业的非流动资产体现了其经营规模和发展潜力。两者之间应该保持一个合理的结构比例,如果企业持有的现金超过其业务需要,那么就有可能影响企业的获利能力;如果企占用过多的存货和应收账款,那么既会影响其获利能力,又会影响其偿债能力。因此,财务管理人员除了对资产的各构成部分在占用量上是否合理进行分析外,还要进一步通过对流动资产周转率、应收账款周转率、存货周转率、固定资产周转率等资产组成部分的使用效率进行分析,判明影响资产周转的问题出在哪里。

3. 净资产收益率的高低与企业的资本结构有关

这揭示了适度合理的负债经营对企业盈利的重要性。合理、稳定的资本结构是企业健康、稳妥发展的基本要求,但在资产总额不变的情况下,适度有效地增加举债额度,能使企业获得财务杠杆利益。

通过以上分解剖析,可以在了解企业整体表现的基础上,深究指标变化的深层次原因。

(三) 引导管理者强化企业管理

企业内部会计信息是企业管理者进行企业管理的基本要素。随着投资主体的多元化以及筹资渠道和投资方向的多样化,企业内部管理者对会计信息的需求已不仅仅表现在财务报表中的已有信息,还要透过财务报表的信息,分析出企业财务状况的优势,从各个角度评价企业的财务状况和经营成果。更准确地说,企业内部的经营管理者所关心的不仅是企业的财务状况和经营成果,更是这种状况和成果形成的原因及过程,以便及时发现企业在生产经营过程中存在的问题与不足,并采取有效措施进行解决与改善。一个企业财务状况和经营成果的好坏,只有通过从量到质的财务综合分析,才能透过现象看本质,提出正确的结论,找出规律、总结经验,真正起到指导经营和强化管理的作用。鉴于此,杜邦财务分析体系受到了越来越多企业管理者的重视。

依据前文所述可知,企业管理者(或企业内部的信息需求者)通过杜邦财务分析体系的综合分析,可以获得方方面面的企业内部会计信息,不再停留于财务报表中的已有信息,而是把企业的盈利能力、营运能力和偿债能力等方面的会计信息有机地联系起来,进行全面、细致的分析评价,全方位地揭示企业的财务状况和经营成果,进而评价企业的经济效益。换句话说,企业管理者通过杜邦财务分析体系的综合分析,能够更加清晰地看到权益净利率的决定因素,以及销售净利率与总资产周转率、权益乘数之间的相互关联关系,给管理层提供了一张明晰的考察企业资产管理效率和是否最大化股东投资回报的路线图。

此外,企业内部的信息需求者可以对杜邦财务分析体系进行层层剖析,找出指标体系中的异常点,从而及时发现企业在经营管理活动中存在问题的地方,对于这些存在问题的地方可以重点进行具体专项分析。财务分析实际上是一个研究的过程,分析的核心在于解释原因,分析得越具体、越深入,也就越能为企业管理者提供有效的决策依据。企业在杜邦财务分析体系的运用过程中,通过综合分析与专项分析的巧妙结合,可以使财务分析深入企业经营管理的细节,找出制约企业发展的"瓶颈"并加以改善,对未来的经营做出预测与指导。

运用杜邦财务分析体系来统领各种专项分析,使综合分析和专项分析更好地衔接起来,有利于企业管理者更好地发现企业经营活动中存在的问题,并针对这些问题强化企业管理。也就是说,杜邦财务分析体系可以引导管理者强化企业管理。

在此基础上,还可以建立一个更具体和全面的杜邦财务分析模式,如图12-3所示。

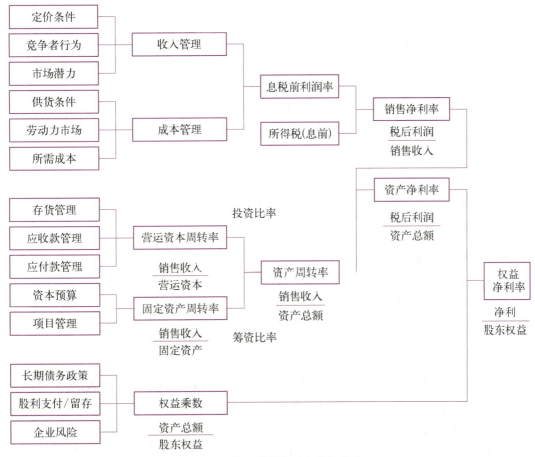

图 12-3　全面的杜邦财务分析模式

由图 12-3 可以发现,企业的 3 种经营方式(资本经营、资产经营与商品经营)都会影响权益净利率,这 3 个方面也反映了企业管理的主要内容。图 12-3 的最左栏是影响权益净利率的基本驱动因素,如影响企业盈利能力(销售净利率)的要素为销售收入、成本费用及所得税,而定价条件、竞争者行为、市场潜力以及供货条件、劳动力市场、所需成本又是其基本影响因素,对这些指标追根溯源可以发现影响企业财务状况的根本原因,并在此基础上进一步加强"业财融合"的管理。

四、杜邦财务分析体系的应用

下面以 JLQC 公司为例,根据该公司资产负债表及 2018 年度利润表,具体分析杜邦财务分析体系的应用。

(1) 分解并计算 JLQC 公司的权益净利率。

年初数:权益净利率＝资产净利率×权益乘数

$$=\frac{69\,094}{2\,638\,376}\times\frac{2\,638\,376}{1\,257\,240}=5.50\%$$

年末数：权益净利率 $=\dfrac{9\,183}{2\,339\,653}\times\dfrac{2\,339\,653}{1\,038\,450}=0.88\%$

（2）分解并计算资产净利率。

年初数：资产净利率＝销售净利率×总资产周转率

$$=\dfrac{69\,094}{3\,134\,575}\times\dfrac{3\,134\,575}{2\,638\,376}=2.62\%$$

年末数：资产净利率 $=\dfrac{9\,183}{2\,824\,934}\times\dfrac{2\,824\,934}{2\,339\,653}=0.39\%$

（3）分解净利润及总资产。

年初数：营业利润＝营业收入－营业成本－营业税金及附加－销售费用－管理费用－财务费用－资产减值损失＋公允价值变动收益＋投资收益

利润总额＝营业利润＋营业外收入－营业外支出

净利润＝利润总额－所得税费用＝69 094（万元）

再对总资产进行分解：

总资产＝流动资产＋长期资产

＝18 126 370＋8 257 390＝2 638 376（万元）

其中：流动资产＝货币资金＋应收票据＋应收账款＋预付账款＋其他应收款＋存货

＝1 812 637（万元）

长期资产＝长期投资＋固定资产＋在建工程＋无形资产及其他资产

＝825 739（万元）

年末数：净利润＝9 183（万元）

总资产＝14 824 740＋8 571 790＝2 339 653（万元）

其中：流动资产＝货币资金＋应收票据＋应收账款＋预付账款＋其他应收款＋存货＋其他流动资产

＝1 482 474（万元）

长期资产＝长期投资＋固定资产＋在建工程＋无形资产及其他资产

＝857 179（万元）

（4）分解权益乘数。

年初数：权益乘数 $=\dfrac{1}{1-资产负债率}$

$$=\dfrac{2\,638\,376}{1\,257\,240}$$

$$=2.10$$

年末数：权益乘数 $=\dfrac{2\,339\,653}{1\,038\,450}$

$$=2.25$$

经过各指标分解计算后，把它们代入杜邦财务分析体系，我们就可以得到JLQC公司总的财务状况信息，如图12-4所示。

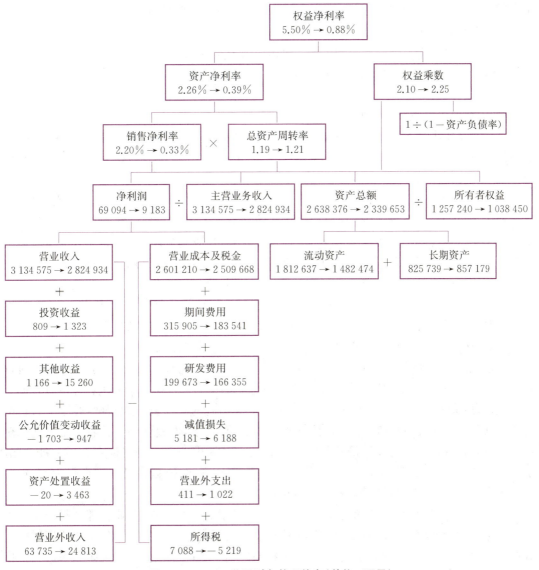

图 12-4　JLQC 公司财务状况信息（单位：万元）

从图 12-4 可以看出，JLQC 公司当年权益净利率的下降，其关键在于资产净利率的下降，而资产净利率的下降又源于销售净利率的下降，销售净利率下降的主要原因在于净利润的下降（从年初的 69 094 万元下降到年末的 9 183 万元）。一方面，该公司净利润的变化降低了盈利能力，净利润下降的幅度远高于营业收入下降的幅度；另一方面，营业外收入也有所下降，而营业外支出则大幅上升。以上种种因素相结合导致 2018 年权益净利率与上年相比降幅较大。

五、传统杜邦财务分析体系应用中的局限

杜邦财务分析体系不仅反映企业各项财务指标间的结构关系，深入揭示各项主要指标变动的影响因素，为进一步采取具体措施指明了方向，还为决策者优化经营结构和理财结构、提高企业偿债能力和经营效益提供了基本思路。但是由于社会经济的不断发展，信息使

用者对信息质量的要求也不断提高,杜邦财务分析体系也渐渐显出了许多不足。

(1) 传统企业财务综合分析体系基本上是就财务论财务,没有提供一套财务与业务互动的财务分析体系架构,没有建立财务指标和非财务指标之间的联系。传统的财务分析评价只局限于财务角度,容易受到限制。它以净资产报酬率的提高为目标,这在杜邦财务分析体系中表现得最为典型。尽管分解的各项指标与企业价值最大化的财务目标存在一定的逻辑关系,但是其分解的程度不够。

(2) 传统杜邦财务分析体系不能评价企业盈利能力的"质量"。盈利能力"质量"是指企业会计信息在满足会计信息质量特征的前提下,反映企业盈利能力的相关信息能够为财务分析主体放心使用,并有利于其准确决策的程度。

从契约理论的角度来分析企业的利润质量。契约理论认为,企业是一系列契约的联结。在企业所联结的这一系列契约中,都具有独立的利益关系个体。会计利润是诸多会计信息中最为重要的信息之一。企业的许多契约,如债务契约、股利分配契约、管理人员报酬契约等,不仅以会计利润为签约的基础,而且还以会计利润作为评估契约情况的依据。但是,企业不同契约之间本身就不可避免地存在利益冲突;即使在同一契约里,各契约关系人之间也存在着利益冲突;再加上契约本身的不完备性,使得企业管理层(在诸多契约关系人中,能够影响和改变会计信息的人)会采取一定的利润操纵行为,通过人为操纵利润数字来影响利益分配,从而使契约的签订、履行都朝着有利于自己或企业的方向发展。

从信息经济学的角度来分析企业的利润质量。从本质上看,信息经济学是信息不对称理论在经济学中的应用。信息不对称指的是在企业的所有参与人中,仅有某些参与人拥有了某些信息,而另一些参与人不拥有这些信息。投资者在对企业进行投资前,并不了解目前企业的财务状况和经营成果,也不了解企业未来的发展前景,而企业的经营者清楚这些。企业的经营者在经济利益与非经济利益的驱使下,会产生趋利行为。还可能存在另一种情况,即企业经营者在给投资者造成损失之后,为了逃避管理责任,掩盖自己的不良行为,会对会计信息进行美化、加工,以欺瞒投资者。

可见,无论是从契约理论的角度还是从信息经济学的角度分析,企业管理者都会通过适当调整会计利润向信息使用者传递一种虚假信息。由于会计利润容易受到企业管理层的人为操纵,就会影响企业的利润质量,从而使得权益净利率、资产净利率、销售净利率这三个指标只能从数量上反映企业的盈利能力,无法真实地反映企业的盈利能力"质量"。

(3) 传统杜邦财务分析体系不能真实地反映企业实际的偿债能力。杜邦财务分析体系强调了权益乘数的重要性。它是企业进行长期偿债能力分析的指标之一,该指标越大,说明企业所有者投入的一定量资本在生产经营中所运营的资产越多。这种分析看起来似乎挺有道理,但是并不能真实地反映企业偿债能力。这主要表现在以下3个方面。

① 不符合企业将来的实际运行状况。企业的发展实际上是一个持续发展的过程。企业想要生存下去,就不能完全依赖资产变现来偿还债务,而应该以持续经营为基础,依赖企业稳定的现金流入来偿还债务。

② 资金来源渠道过于单一。企业偿还债务的资金来源可有多种渠道,包括资产变现、经营过程中产生的现金或是新的短期融资资金。企业在正常经营情况下,往往采用后两种偿还渠道。若仅以资产变现作为企业偿还债务的主要资金来源渠道,显然不能正确衡量企业的实际偿债能力,必然会使企业的视线狭窄,影响管理层决策的正确性。

③ 没有充分考虑企业全部资产中不良资产和虚拟资产的影响。不良资产是指不能参与企业正常资金周转的资产,如债务单位长期拖欠的应收款项,企业购进或生产的呆滞积压物资以及不良投资等。虚拟资产是指已经发生的费用或损失,但由于企业缺乏承受能力而暂时挂列为递延资产和待处理固定资产损失等资产项目。利用虚拟资产作为"蓄水池",不及时确认或不摊销已经发生的费用和损失,也是上市公司粉饰会计报表的惯用手法。不良资产和虚资产的存在实际上将会扩大企业的偿债能力。现行的杜邦财务分析体系中,单凭权益乘数指标的分析来反映企业的偿债能力是不够的,也是不科学的。偿债能力的分析除了必须与营运能力和盈利能力相结合外,还必须与现金流量指标相结合,才能全面反映企业实际的偿债能力。这在后文会具体阐述。

(4) 传统杜邦财务分析体系不能准确反映企业的营运能力。资产周转率是一项考察企业资产运营效率的重要指标,体现了企业在生产经营过程中全部资产从投入到产出的流转速度,反映了企业全部资产的管理质量和利用效率。一般情况下,该指标值越高,意味着企业总资产周转速度越快,销售能力越强,资产利用效率越高。但在现行杜邦财务分析体系的运用过程中,这一指标仍存在一定的不足与缺陷。一方面,资产周转率这一指标的分子、分母口径不一致。资产周转率这一指标的分子是扣除折旧、折让后的销售净额,是企业在从事经营活动过程中所取得的收入净额;而分母是企业全部资产的总和,包括流动资产、长期股权投资、固定资产、无形资产等。众所周知,企业总资产中的对外投资给其带来的是投资损益,并不能形成销售收入。也就是说,企业对外投资的周转并不以产品的销售为标志,与产品销售无关。可见,由于分子、分母口径的不一致,这一指标前后各期及不同企业之间会因资产结构不同而失去可比性。另一方面,应收账款的存在将会夸大企业资产的周转速度。资产的周转是以从货币形态开始,最终再回到货币形态为完成一次周转,即资产周转一次是以回归至货币形态为标志。销售收入的确认建立在权责发生制原则的基础之上,销售收入的实现并不代表货款收回,有可能相当一部分销售收入还停留在应收账款的形态,即企业已经销售出去的产品并未完全转化为货币形态。资产周转率的计算方法是以企业产品的销售收入为资产周转额进行计算的,这显然不合适。企业当期的销售收入额并不等于企业当期收回的货币资金额,销售收入的实现并不意味着资产周转的结束,资产周转的完成以回归至货币形态为标志。可见,资产周转率并不能准确地反映企业资产的周转速度,对于应收账款拖欠严重的企业,将会严重地夸大企业资产的周转速度。

(5) 缺少反映风险状况的指标。杜邦分析体系重视权益乘数对权益报酬率的贡献,在其他指标不变的情况下,权益乘数越大,资产负债率越高,带来的财务杠杆效应越大,对净资产收益的贡献越大。但是,过高的资产负债率同时也意味着较高的财务风险,尤其当经营现金流量不足,无法归还当期利息及到期债务时,企业往往会因此而陷入财务危机。在当今现金为王的时代,仅仅使用传统指标无法预见企业的财务风险。

第五节 杜邦财务分析体系应用中的改进

尽管杜邦财务分析体系通过层层分解财务比率指标,能更清晰地反映影响权益净利率的各种因素及其内在联系,揭示企业生产运营、投资、筹资等方面的经营效率,但在应用中仍存在诸多不足。因此，为了让杜邦财务分析体系更好地帮助企业进行财务综合分析，必须对传统的杜邦财务分析体系加以改进。当前财务学者主要从增加现金流量指标、考虑企业的增长以及企业的价值3个方面改进与发展了杜邦财务分析体系。

一、增加现金流量指标的杜邦财务分析体系

现金流量是企业在一定会计期间按照现金收付实现制，通过一定经济活动（包括经营活动、投资活动、筹资活动和非经常性项目）而产生的现金流入、现金流出及其总量情况的总称。我国1998年起才开始实行现金流量表会计准则，对现金流量财务分析指标的研究还很零散，没有形成体系。企业财务分析的基本方法有3种，即比较分析法、比率分析法及因素分析法，然而绝大多数的会计信息使用者都运用比较直观的比例指标进行分析。杜邦财务分析体系是以企业的净利润及净资产收益率为核心指标，摆脱不了应计制的局限性，不利于真实反映企业的盈利水平及盈余质量。因此，在企业传统财务分析指标体系中引入现金流量指标，构建新的财务指标体系（见图12-5），可以让更多的经济工作者了解现金流量指标的实用性、真实性，更注重及推广现金流量的分析，帮助企业投资者正确评价企业，做出正确的购买、持有、抛售公司股票的投资决策，帮助企业债权人获得企业真实的财务状况，做出正确的信贷决策。

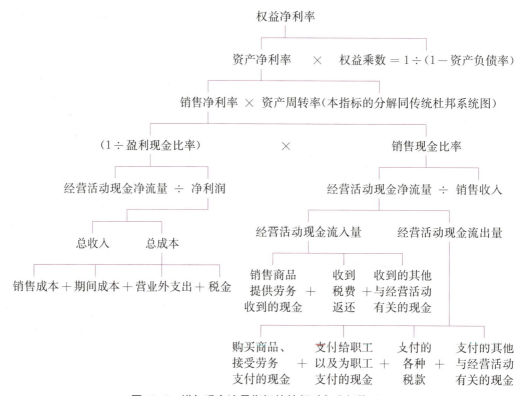

图12-5 增加现金流量指标的杜邦财务分析体系

主要财务指标计算公式如下：

每股收益＝净利润／年度末普通股股份总数

净资产收益率＝净利润／年度末股东权益

每股净资产＝年度末股东权益／年度末普通股股份总数

资产利润率＝净利润／[（年度初总资产＋年度末总资产）／2]

二、可持续增长的杜邦财务分析体系

企业财务目标是资本增值最大化。资本增值最大化离不开企业的持续增长；而持续增长必须以盈利能力为基础；盈利能力又受到营运能力和财务杠杆等的影响。因此，对企业的增长能力、盈利能力、营运能力和偿债能力进行综合分析是十分必要的。

美国哈佛大学教授帕利普等在其所著的《企业分析》一书中，将财务分析体系（或称为帕利普财务分析体系[①]）界定为以下几种关系式：

$$可持续增长比率 = 净资产收益率 \times \left(1 - \frac{支付现金股利}{净利润}\right)$$

$$净资产收益率 = \frac{净利润}{净资产} \times \frac{净利润}{销售收入} \times \frac{销售收入}{总资产} \times \frac{总资产}{净资产}$$

$$= 销售利润率 \times 总资产周转率 \times 财务杠杆作用$$

（1）与销售利润率相关的指标有销售收入成本率、销售毛利率、销售收入期间费用率、销售收入研发费用率、销售净利润率、销售收入非营业损失率、销售息税前利润率、销售税费率等。

（2）与总资产周转率相关的指标有流动资产周转率、营运资金周转率、固定资产周转率、应收账款周转率、应付账款周转率、存货周转率等。

（3）与财务杠杆作用相关的指标有流动比率、速动比率、现金比率、负债对权益比率、负债与资本比率、负债与资产比率、以收入为基础的利息保障倍数、以现金流量为基础的利息保障倍数等。

帕利普财务分析体系如图 12-6 所示。

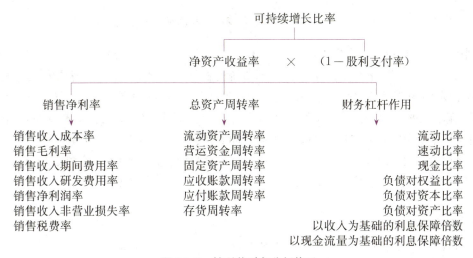

图 12-6　帕利普财务分析体系

---

① 张先治.财务分析[M].东北财经大学出版社,2001：286.

三、市场价值的杜邦财务分析体系

汉密尔顿(F. S. B. Hamilton)等在其《会计学》一书中认为,一个营利性企业的财务业绩受4个方面影响:① 财务性的经营业绩,即盈利能力;② 资产利用,即资产管理效率;③ 资金管理,即现金流量状况和偿债能力;④ 市场期望,这决定与其他企业比较业绩时如何对财务市场进行评价。因此,在杜邦财务分析体系上,形成了以市场价值为核心指标的财务综合分析与评价体系(本书将其称为汉密尔顿财务分析体系)。

汉密尔顿财务分析体系及其关系如图12-7所示①。

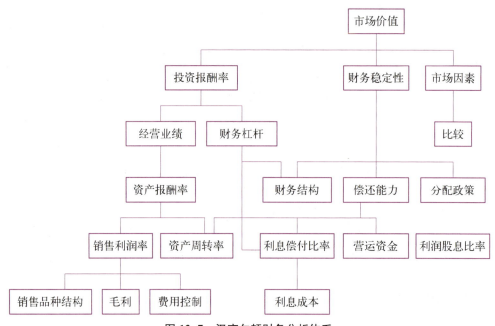

图12-7 汉密尔顿财务分析体系

由图12-7可以看出,市场价值取决于投资报酬率(即净资产收益率)、财务稳定性和市场因素。其中图表左栏(净资产收益率体系)即传统的杜邦财务分析体系。图表中栏财务稳定性子系统由财务结构(负债比率)、偿还能力和分配政策所决定;偿还能力又由资产变现能力、营运资本、流动比率、速去比率、应收账款周转率、存货周转率及债务保障比率(利息保障倍数、利息成本)所组成;分配政策主要体现股利保障率(净利减去优先股股利后除以普通股股利)。图表左栏市场因素又由市盈率(每股市价除以每股收益)与股利收益率(每股股利除以每股市场价格)所组成,而每股收益、每股股利以及市场风险、市场标准共同组成每股市价的决定因素。

本 章 小 结

本章主要讲述了如何把企业所有财务活动中相互作用的各因素、各指标纳入一个统一

---

① Hamilton F S B, Garner R M, Black C G, Jackon B C C.会计学——面向使用者、面向决策[M].夏冬林,译.清华大学出版社,1999:548.

的有机整体去分析,如何更好地评价企业财务的综合状况,让企业的各利益相关者了解到真实而全面的企业财务状况信息。

本章首先介绍了综合评分法。综合评分法属于财务比率综合评分法,它是先分别按不同指标的评价标准对各评价指标进行评分,然后把若干个财务比率加权相加起来求得总分的方法。财务综合评分指标是各种财务指标的线性组合关系,以此评价企业的综合财务表现,为企业决策提供分析工具。与沃尔评分法相比,综合评分法运用的指标更加全面,适合企业日常运用,具有更强的操作性。

杜邦财务分析法是依据企业各种财务比率之间的关系,以目标管理的方法对其加以连接,即财务比率之间有层次关系,上一层次的财务比率成为下一层次财务比率的管理目标,下一层次的财务比率则是上一层次财务比率实现的手段,形成一个完整的企业财务分析体系。杜邦财务分析体系的核心方法是净资产收益率的计算,即权益净利率(即净资产收益率)＝销售净利率×总资产周转率×权益乘数。杜邦财务分析体系的最终目标(核心目标)为权益净利率,因而还存在诸多不足。为了让杜邦财务分析体系更好地帮助企业进行财务综合分析,必须对传统的杜邦财务分析体系加以改进。当前财务学者主要从增加现金流量指标、考虑企业的增长以及企业的价值3个方面改进与发展了杜邦财务分析体系。

复习思考题

1. 试述综合评分法的基本要点。
2. 你认为应如何改进综合评分法?
3. 试述杜邦分析体系的构成及功能。
4. 传统杜邦分析体系还存在哪些不足?应如何改进?

案 例 分 析

我国特大型钢铁企业M股份企业,该企业所处地理位置交通便利。以下为M股份公司的发展简史。

(1) 1953年2月,M铁矿厂成立。

(2) 1958年8月,M钢铁公司成立。

(3) 1964年7月,中国第一个半径为420毫米的整体车轮诞生,标志着我国车轮轮箍长期依赖进口的历史结束。

(4) 1987年5月,我国第一条具有国际先进水平的高速线材轧机正式建成投产,轧制速度达到每分钟666米,年总产量可达40万吨;1992年7月,M被国家批准为全国特大型钢铁企业。

(5) 1993年,M成功地进行了股份制改制,企业法人营业执照注册号为企股皖总字第000970号。

(6) 2016年M股份公司生产的成品矿、铁、钢及钢材分别约为3 235 000吨、8 930 000吨、10 260 000吨、9 560 000吨,分别比2015年增长了1.7%、6.6%、6.2%和7.4%;其中,钢材的生产销售率和销售货款的收回率达到98%以上,当年的产品销售收入达到341亿元人民币,净利润也达到20亿元人民币。

(7) 截至2017年12月31日,M公司累计发行股本总数675 855万股,其中,国有发起

企业财务分析

人持有 383 056 万股,社会公众持有人民币普通股 A 股 119 506 万股,境外上市外资股 H 股 173 293 万股,每股面值人民币 1 元。

M 股份公司紧紧围绕"做强钢铁主业,发展非钢产业,建立现代企业制度"三大发展战略,狠抓内部管理,积极开拓外部市场,企业经济运行的质量和效益逐年提高,已形成铁、钢材 10 000 000 吨的现代化配套生产规模,企业总资产接近 380 亿元人民币。M 股份公司拥有全国最先进的柔性活套大回环高速线材生产线、薄板坯连铸连轧生产线、大型和中小型 H 型钢生产线、车轮轮箍生产线和连续式酸洗冷连轧生产线。2017 年,新区扩建完成后,M 股份公司的生产能力又上一个新台阶,生产能力达 1 500 万吨,逐渐成为具备国际竞争力的现代化钢铁企业集团公司。

如表 12-2、12-3、12-4 所示为 M 公司的财务报表。

表 12-2 2016 年和 2017 年末资产负债表 （单位：万元）

项　目	2017-12-31	2016-12-31
流动资产：		
货币资金	629 195.75	416 070.47
交易性金融资产	146.28	
短期投资		
应收票据	419 429.75	68 113.77
应收股利		
应收利息		
应收账款		
坏账准备		
应收账款净额	101 537.62	58 242.10
预付账款	167 205.70	60 871.63
其他应收款	25 643.84	16 063.71
一年内到期的非流动资产		
存货净额	962 616.89	654 013.19
待处理流动资产损失		
一年内到期的长期债券投资		
其他流动资产		
流动资产合计	2 305 775.81	1 273 374.87
持有至到期投资	559.89	825.89
长期股权投资	78 594.88	58 033.14

(续表)

项　目	2017-12-31	2016-12-31
投资性房地产	124.03	355.93
工程物资	351 064.51	1 873 292.11
在建工程	51 085.30	233 405.59
无形资产	163 697.74	157 097.50
递延所得税资产	25 876.22	13 456.50
非流动资产合计	4 802 538.31	4 211 726.17
资产总计	7 108 314.12	5 485 101.05
短期借款	126 449.52	39 901.85
应付账款	768 170.59	465 084.14
应付票据	179 084.52	134 688.10
应付职工薪酬	34 184.50	29 788.23
预收账款	662 964.04	392 458.44
其他应付款	92 990.93	76 693.77
一年内到期的非流动负债	281 734.63	40 975.25
应交税费	60 968.85	29 962.32
未付股利	130 375.71	40 865.49
流动负债合计	2 544 975.61	1 257 096.11
其他非流动负债	1 248.50	42 204.47
非流动负债合计	2 217 789.99	2 150 778.07
长期负债	1 657 795.16	1 571 314.00
应付债券	482 876.16	467 237.64
负债合计	4 762 765.60	3 407 874.18
少数股东权益	44 651.47	31 049.72
实收资本(或股本)	675 855.17	645 530.00
资本公积	605 669.29	545 043.88
盈余公积	290 156.28	263 716.02
未分配利润	728 253.34	591 887.25
外币汇兑差额	962.97	
股东权益合计	2 345 548.52	2 077 226.87
负债与股东权益合计	7 108 314.12	5 485 101.05

表 12-3　2016 年和 2017 年度利润表　　　　　　　　　　　　　　　（单位：万元）

项　目	2017-12-31	2016-12-31
一、营业收入	5 064 539.46	3 541 006.07
减：折扣与折让		
主营业务收入净额	5 064 539.46	3 541 006.07
减：营业成本	4 490 702.02	3 096 530.05
营业税金及附加	62 824.62	24 411.33
销售费用	29 083.28	22 899.68
研发费用		
管理费用	103 409.39	99 971.57
财务费用	108 348.73	34 277.02
资产减值损失	3 528.12	−7 270.74
加：公允价值变动收益（损失以"−"号填列）	71.99	
投资收益（损失以"−"号填列）	16 463.81	5 956.44
其中：对联营企业和合营企业的投资收益	13 134.40	4 028.65
加：其他收益		
二、营业利润	283 179.10	276 143.60
营业外收入	10 564.35	5 910.20
减：营业外支出	14 072.98	1 405.99
其中：非流动资产处置损失	13 664.99	1 119.61
三、利润总额	279 670.47	280 647.82
减：所得税	22 059.14	34 737.84
减：少数股东损益	10 073.11	5 790.06
四、净利润	247 538.22	240 119.91
加：年初未分配利润		
盈余公积转入		
（一）归属于母公司所有者的净利润	247 538.22	240 119.91
（二）少数股东损益	10 073.11	5 790.06
五、每股收益		
六、可分配利润		
减：提取法定盈余公积金		

(续表)

项 目	2017-12-31	2016-12-31
提取法定公益金		
七、可供股东分配的利润		
减：应付优先股股利		
提取任意公积		
应付普通股股利		
八、未分配利润		

表 12-4　2016 年和 2017 年度现金流量表　　　　　　　　　　　　（单位：万元）

项 目	2017-12-31	2016-12-31
销售商品、提供劳务收到的现金	6 047 995.25	4 407 772.15
收到的其他与经营活动有关的现金	2 665.66	7 369.98
经营活动现金流入小计	6 053 280.12	4 415 705.38
购买商品、接受劳务支付的现金	4 948 093.74	3 268 182.95
经营租赁所支付的现金		
支付给职工以及为职工支付的现金	320 864.12	283 339.91
支付的各项税费	390 441.34	294 212.99
支付的其他与经营活动有关的现金	31 385.82	41 689.16
经营活动现金流出小计	5 690 785.01	3 887 425.00
经营活动产生的现金净额	362 495.11	528 280.39
收回投资所收到的现金	3 325.02	3 022.23
分得股利或利润所收到的现金		
取得债券利息收入所收到的现金		
取得投资收益所收到的现金	7 758.83	3 954.30
处置固定资产、无形资产和其他长期资产所收回的现金净额	5 074.76	6 200.02
收到的其他与投资活动有关的现金	7 832.00	11 656.65
投资活动现金流入小计	23 990.61	25 196.41
购建固定资产、无形资产和其他长期资产所支付的现金	706 152.70	1 423 037.90
投资所支付的现金	9 710.25	1 350.00
取得子公司及其他营业单位支付的现金净额		4 491.72

(续表)

项　　目	2017-12-31	2016-12-31
支付的其他与投资活动有关的现金	23 747.73	38 930.00
投资活动现金流出小计	739 610.69	1 467 809.62
投资活动产生的现金流量净额	−715 620.08	−1 442 613.21
吸收投资收到的现金		
投资活动产生的现金流量净额		
取得借款收到的现金	1 651 624.12	1 401 901.85
收到的其他与筹资活动有关的现金		535 565.00
筹资活动现金流入小计	1 758 157.34	1 969 265.13
偿还债务所支付的现金	1 035 833.12	853 852.61
发生筹资费用所支付的现金		
分配股利、利润或偿付利息所支付的现金	179 064.80	143 229.58
支付的其他与筹资活动有关的现金		
筹资活动现金流出小计	1 214 897.92	997 082.19
筹资活动产生的现金流量净额	543 259.42	972 182.94
汇率变动对现金的影响额	−703.63	−5 820.24
现金及现金等价物净增加额		
加：期初现金及现金等价物余额	362 956.81	310 926.93
以存货偿还债务	247 538.22	240 119.91
少数股东权益	10 073.11	5 790.06
计提的坏账准备或转销的坏账	−505.23	−923.01
固定资产折旧	325 626.66	232 362.87
无形资产摊销	4 359.14	3 355.12
期末现金及现金等价物余额	552 387.63	362 956.81

思考：

请运用杜邦财务分析方法对 M 公司财务状况进行分析。

第四篇　财务分析的应用

- 第十三章　财务分析在业绩评价中的应用
- 第十四章　财务分析在财务预警中的应用

第十三章 财务分析在业绩评价中的应用

> **引导案例**
>
> 2019年4月30日,XYZ公司发布其2018年年报,其中一份差错更正说明指出,其在公司账户上的299亿元货币资金并不存在,并虚增了89亿元收入和77亿元成本等。一时间,昔日的"医药白马"引发资本市场一片哗然,其股价在随后的5天内均封死在跌停板,公司发言人辩解称消失的近300亿资金大部分转为了人参、在建工程等存货。2019年5月17日,经证监会查明,XYZ公司通过虚假银行单据虚增存款、伪造业务凭证进行收入造假、部分资金转入关联方账户买卖该公司股票等手段,在2016年年度报告中虚增货币资金225.8亿元,占公司披露总资产的41.13%和净资产的76.74%;其2017年年度报告虚增货币资金299.4亿元,占公司披露总资产的43.57%和净资产的93.18%;其2018年半年度报告虚增货币资金361.9亿元,占公司披露总资产的45.96%和净资产的108.24%。早在2018年10月就有媒体质疑XYZ公司存在财务造假的嫌疑,XYZ公司中出现了货币现金过高、大股东股票质押比例过高以及存贷余额双高等问题。
>
> XYZ公司重大财务造假事件迟迟未被发现反映了企业业绩评价的问题,那么,应采用哪些方法准确评价企业的业绩,以防止此类事件再次发生呢?

【教学目的与要求】

本章的教学目的主要是了解企业业绩评价体系、经济增加值(economic value added, EVA)与平衡计分卡(balanced score card, BSC)的内涵,以及基于EVA与BSC的企业业绩评价体系;通过本章的学习,掌握基于EVA与BSC的企业业绩评价体系的具体应用,熟悉EVA指标的计算和企业平衡计分卡体系的建立。

业绩评价是指按企业目标设计相应的评价指标体系,根据特定的评分标准,采用特定的评价方法,对企业一定经营期间的经营业绩做出客观、公正和准确的综合判断。

第一节 企业业绩评价概述

一、业绩评价的类型

业绩评价按不同的分类标准可有以下5种分类类型。

(一)按评价内容,将业绩评价分为综合评价与单项评价

综合评价是相对于单项评价而言的。单项评价是指对某一具体经济现象,如生产效率的高低、企业利润的升降等进行的评价。综合评价是对某些复杂现象或综合现象的评价,如企业的经营业绩评价、地区的产业结构评价等。这些现象往往是复杂的对各个子系统状况的综合反映。

(二)按评价层次,将业绩评价分为整体评价、部门评价与个人评价

整体评价就是对企业进行评价。部门评价就是对企业中的各个部门进行评价,包括业务部门和管理部门的评价。个人评价就是对个体进行评价,这里的个体包括经营者、部门经理、员工等。

(三)按评价指标,将业绩评价分为财务评价和非财务评价

财务评价是以财务指标为主进行的评价,评价内容包括企业的财务效益状况、偿债能力状况、营运能力状况和发展能力状况。企业的非财务评价主要是对客户、内部业务流程、创新、人力资源等方面进行的评价。

(四)按评价主体,将业绩评价分为外部评价和内部评价

外部评价就是由企业外部的相关评价主体对企业做出的评价,这里的外部相关评价主体包括政府有关部门、投资者、债权人、社会公众和消费者等。内部评价就是企业内部包括经营者、部门经理、部门主管、员工等在内的有关评价主体对企业做出的评价。

(五)按评价时点,将业绩评价分为定期评价和不定期评价

定期评价是按年、季度、月份进行的评价,是较为系统全面的评价。不定期评价主要就专门事项进行评价,如经营者任期的经营业绩评价。

科学地评价企业业绩,可以为出资人行使经营者的选择权提供重要依据,可以有效地加强对企业经营者的监管和约束,可以为有效激励企业经营者提供可靠依据,还可以为政府有关部门、债权人、企业职工等利益相关方提供有效的信息支持。

二、企业业绩评价体系的构成

企业业绩评价体系是指由一系列与业绩评价相关的评价制度、评价指标体系、评价方法、评价标准以及评价机构等形成的有机整体。业绩评价体系作为企业管理控制系统中一个相对独立的子系统,一般由以下8个基本要素构成①。

(1)评价目标。目标是一切行动的指南,任何企业业绩评价体系的建立都必须服从和服务于企业目标。评价目标是可以随着时间和社会经济环境的变化而改变的,经济体制的变革和企业制度的演变都影响着目标的确定。

(2)评价主体。从业绩评价的产生和发展来看,它是为了解决经济活动过程中存在的委托-代理矛盾而建立的,这些矛盾包括资产所有者和经营管理者之间的矛盾,也包括政府部门以及利益相关者和企业之间的矛盾,这些矛盾双方构成了评价体系的主客体。对企业业绩评价的主体包括资产所有者、经营管理者、政府部门以及利益相关者。

(3)评价客体。企业业绩评价的客体即评价对象,简单说就是对什么进行评价。客体

---

① 王化成.企业业绩评价[M].中国人民大学出版社,2004:45—47.

由评价主体根据需要确定。由主体需求可以看出，评价客体包括了整个企业、部门、经营管理者和员工等。评价客体的确定是非常重要的。评价的结果对业绩评价对象必然会产生一定影响，并涉及评价对象今后的发展，如：对企业的评价关系到企业的扩张、保持、重组、收缩、转让或退出行为活动；对经营管理者的评价关系其奖惩、升降及聘用等问题。

（4）评价内容。评价内容一般是指对企业的哪些方面进行评价，具体来说是对能够反映企业业绩的各个层面进行评价。企业业绩是企业生产经营中各要素共同作用而产生的综合结果，主要包括财务层面的盈利能力、营运能力、成长能力、资本结构以及偿债能力，客户层面的市场占有份额大小、顾客对企业的满意程度及从客户获得利润的能力，内部业务流程方面的技术创新能力、产品生产效率以及售后服务能力，还有员工层面的员工素质、员工满意度以及员工参与管理等方面。

（5）评价指标。业绩评价指标是指对评价客体的哪些方面进行评价。业绩评价体系关心的是评价客体与企业目标的相关方面，即所谓的关键成功因素。关键成功因素既有财务方面的，如投资报酬率、营业利润率、每股收益等，也有非财务方面的，如与客户的关系、售后服务水平、产品质量、创新能力等。因此，用来衡量业绩的指标也分为财务指标和非财务指标。如何将关键成功因素准确地体现在各具体指标上，是业绩评价体系设计的重要问题。

（6）业绩评价标准。业绩评价标准为业绩评价的标杆，它取决于评价的目的。在企业业绩评价体系中常用的3类标准分别为年度预算标准、历史标准及行业标准。为了全面发挥业绩评价体系的功能，同一个系统中应综合应用不同的标准。在具体选用标准时，应与评价客体密切联系，一般来讲，评价客体为经营者时，采用年度预算标准较为恰当；而评价客体为企业时，通常采用历史水平标准和行业标准。

（7）评价方法。评价方法是企业业绩评价的具体手段。有了评价指标和评价标准，还要采用一定的评价方法对评价指标和评价标准进行实际运用，以取得公平的评价结果。

（8）评价报告。业绩评价分析报告是业绩评价体系的输出信息，也是业绩评价体系的结论性文件。业绩评价人员以业绩评价对象为单位，通过会计信息系统及其他信息系统，获取与评价对象有关的信息，经过加工整理后得出业绩评价对象的评价指标数值或状况，将该评价对象的评价指数的数值状况与预先确定的评价标准进行对比，通过差异分析，找出产生差异的原因、责任及影响，得出评价对象业绩优劣的结论，形成业绩评价报告。

上述8项评价要素的逻辑关系如图13-1所示。

由图13-1可以看出，企业业绩评价是指评价主体根据自身的评价目标确定其所需要评价的内容，选择能充分反映评价内容的评价指标，按照所要实现的评价目标选择恰当的评价标准，并采取与之相适应的评价方法对评价客体进行价值判断，得出评价结论，最后形成评价报告。

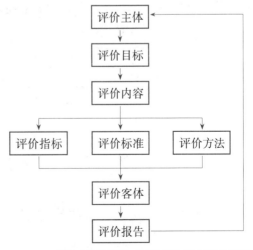

图13-1 企业业绩评价体系各要素间的逻辑关系图

三、企业业绩评价程序

一般来说,业绩评价应包括确定评价的目标、选取评价的参考系统、获取评价所需信息以及形成价值判断等主要环节。具体来说,业绩评价程序包括以下6个步骤。

(一)确立评价目标

评价目标作为业绩评价活动的指南引导着整个评价活动的运行。若企业确定的业绩评价体系的评价目标与企业的经营战略目标相一致,那么企业经营业绩评价就协调处理好了业绩评价体系子目标与企业经营管理总目标之间的关系。

(二)设计评价指标

确定评价目标之后就要选取适合企业情况的指标构建指标体系,指标体系的合理性将直接影响业绩评价结果公正性和有效性。选择的指标一般要满足认同感、可比性以及适应性这3个要求。要确保采用的评价指标与企业的目标相一致,能反映企业的真实情况并能得到企业上下一致的认同。

(三)获取评价信息

企业的信息通常非常丰富,获取信息将直接关系到评价结论是否符合客观实际,在搜集的过程中既要做到全面搜集有关信息,又要做到善于筛选信息以减少获取信息的成本。这项工作也可由企业内部的信息管理系统借助日常报告来完成。

(四)选择评价标准

不同的评价标准将会得出不同的评价结果,科学的评价标准要具有前瞻性、可比性以及适应性,评价标准要适合企业所处的行业。

(五)得出评价结论

其方法是先按照评价指标体系分解评价客体,再用业绩评价指标考察评价客体的各方面表现,并根据表现给出各单项得分,然后采用合理的方法计算出评价客体的综合价值,最后将评价的综合价值与预先设定的标准价值进行对比以得出评价结论并形成评价报告。

(六)指明努力方向

业绩评价的目的不仅是衡量企业当期的业绩,更重要的是找出企业的优势与不足并缩小与同行优秀企业的差距,指引企业未来的发展,使评价得出的结果起到提高企业的经营业绩的作用。

这6个步骤可以用图13-2简单表示。

图13-2 企业业绩评价程序图

第二节 企业业绩评价的历史演进

一、国外企业业绩评价的历史演进

企业业绩评价起源于现代企业制度的确定,它起源于两权分立。在国外,企业业绩评价大致经历了以下 3 个阶段。

(一) 成本业绩评价时期

成本业绩评价时期初期,业绩评价指标就是成本,即每磅成本、每公里成本、每码成本等,后期随着经济不断的发展,随着标准成本和差异分析制度的建立,人们的成本观念发生了改变。1903 年,美国工程师泰勒(Frederick Taylor)创造了科学的管理理论,他所倡导的"一切工作标准制度"为后来标准成本制度的建立奠定了理论基础。标准成本制度的建立标志着人们观念的转变,由被动的事后系统反映分析转变为积极、主动的事前预算和事中控制,达到了对成本进行管理的目的。成本控制的状况即标准成本的执行情况和差异分析结果成为该时期评价企业经营业绩的主要依据。

(二) 财务业绩评价时期

财务业绩评价主要包括两个阶段,一个是以销售利润为中心的业绩评价阶段,另一个是以投资报酬率为核心的财务指标体系。20 世纪 70 年代,麦尔尼斯(Melnnes)对 30 家美国跨国公司 1971 年的业绩评价分析后,发现最常用的业绩评价指标为投资报酬率,评价的标准主要是预算比较和历史比较。佩尔森和莱兹格(Persen & Lezzing)1979 年对 400 家跨国公司的调查表明,常用的业绩评价指标还有销售利润率、每股收益率、现金流量和内部报酬率等。20 世纪 80 年代后期,企业业绩评价出现了财务指标为主、非财务指标为辅的趋势。

(三) 企业战略业绩评价时期

20 世纪 90 年代以后,企业的经营环境发生了巨大的变化,企业的生存和发展必须有战略支持。为了实现战略目标,企业需要形成和保持自己的核心竞争优势,管理价值驱动因素,管理会计也逐渐演变为更加具有战略性的方法体系。这时期,企业的业绩评价进入了以衡量战略和增值为目的的创新时期,业绩评价系统出现了两大分支,一个为价值管理(value based management,VBM),一个为战略业绩评价系统(strategic performance management,SPM)。以价值为基础的业绩评价保留了业绩评价的财务特性,指在 VBM 的框架内使用价值指标,如经济附加值(economic value added,EVA)、市场增加值(market value added,MVA)等,衡量企业业绩。运用这些价值指标可以帮助企业经营者从众多指标中脱离出来,避免出现多重指标造成选择迷茫症。这一方法中存在不同的衡量指标,但不可否认的是众多学者都认同价值管理的重要性。

二、我国企业业绩评价的历史演进

我国企业业绩评价指标体系在随着市场经济环境不断演进的过程中,大致产生了 3 种主要的业绩评价指标体系。

(一) 工业企业经济效益评价指标体系

20 世纪 90 年代以来,我国开始意识到片面追求产值最大化和发展速度的弊病,开始将经济方面的工作重心向产业结构调整和提升效益方面转移,在考核上重视效益指标淡化产值评价指标。为适应这一转变,国家计划委员会、国家统计局联合国家生产办公室在 1992 年制定了资金利税率、成本费用利润率以及净资产率等 6 项考核工业企业经济效益的指标,这时期的评价指标满足了当时国家管理的需要,但是仍没有摆脱计划经济的影响。

为了使业绩评价指标体系更加科学规范,财政部于 1993 年出台了《企业财务通则》(已于 2006 年修订），形成了一套由资产负债率、速动比率、销售利税率等 8 项财务评价指标组成的评价指标体系，并首次尝试分别从盈利能力、营运能力以及偿债能力 3 个方面来综合评价企业的经营成果。为进一步满足市场经济体制发展的需要，财政部于 1995 年颁布了《财政部企业经济效益评价指标体系（试行）》（现已失效），这套指标体系包括销售利润率、总资产报酬率、资本保值增值率以及资本收益率等 10 项指标，并以行业平均值为标准确定了每项指标的权重。

为满足市场经济新的要求，国家统计局在 1997 年联合国家计划委员会、国家经济贸易委员会调整了 1992 年颁布的工业企业经济效益评价体系，将原来的 6 项指标调整为总资产贡献率、资本保值增值率、资产负债率、流动资产周转率、成本费用利润率、全员劳动生产率和产品销售率等 7 项指标，指标权数也重新进行了分配。

（二）国有资本金效绩评价指标体系

1999 年，财政部等四部委联合颁布了《国有资本金效绩评价规则操作细则》（现已失效）。新的国有资本金效绩评价指标体系借助 8 项基本指标、16 项修正指标和 8 项评议指标 3 个层次对企业的资本效益状况、资产经营状况、偿债能力状况和发展能力状况 4 项内容进行评价，初步实现了财务指标和非财务指标相结合。

2002 年，财政部五部委又出台了《企业效绩评价操作细则（修订）》（现已失效）。修订后的指标体系与之前的差别主要表现在指标权数的变化、数量的变化以及评议指标内容的变化。修正后的评价指标体系更为完善，也更具可操作性。

（三）中央企业综合绩效评价指标体系

2006 年 4 月，国务院国有资产监督管理委员会正式公布《中央企业综合绩效评价管理暂行办法》以及实施细则，并自 2006 年 5 月起施行。细则规定中央企业业绩评价指标体系由 22 个财务绩效定量评价指标和 8 个管理绩效定性评价指标组成。其中，财务业绩定量指标由净资产收益率、总资产报酬率等 8 个基本指标和资本收益率等 14 个修正指标构成，用于综合评价企业财务会计报表所反映的经营业绩状况。企业管理业绩定性指标则包括战略管理、发展创新、经营决策、风险控制、基础管理、人力资源、行业影响、社会贡献等 8 个方面的指标，主要反映企业在一定经营期间所采取的各项管理措施及其管理成效。细则中，企业综合业绩评价指标权重实行百分制，财务业绩定量评价指标权重确定为 70%，管理业绩定性评价指标权重确定为 30%。

另外，国资委 2006 年修订版《中央企业负责人经营业绩考核暂行办法》将 EVA 纳入负责人的考核体系，并支持中央企业尝试使用 EVA 作为管理者的业绩考核指标，2009 年修订版（该暂行办法现已失效）要求中央企业自 2010 年 1 月 1 日起全面实施 EVA 考核体系。

第三节　基于经济增加值的企业业绩评价

一直以来，财务指标是企业业绩评价中的主要指标，然而对它的批评也从未间断过：一方面，企业外部资本市场和股东认为财务指标无法真实反映企业的现实状况和未来价值创造；另一方面，企业内部管理者认为财务指标无法全面评价企业业绩。之后的业绩评价模式都只是针对财务指标的缺陷从不同角度进行了修正。1929—1933 年的世界经济大危机之后,以财务报表信息为基础的财务评价指标无法有效满足资本市场和股东对于资本配置有效性的强烈要求,带来了两个方面的变化:一方面是资本市场监管和会计信息披露的改进;另一方面是基于股东价值对财务指标进行的"调整",如贴现现金流量指标、经济增加值指标等。

以股东价值最大化为导向而进行的业绩评价指标改进最终产生了业绩评价的价值模式。在价值模式的形成和演进过程中,主要有两种思路:一种是基于未来现金流量的贴现现金流量法;另一种是经过调整的财务指标。前者由于要对未来现金流量进行估计和对折现率进行选择,在实际操作中有很大的不确定性。后者主要是对当期会计利润指标进行若干因素调整,这大大减少了需要估计的项目,增加了可操作性,这就是我们要了解的基于经济增加值(EVA)的业绩评价模式。

一、EVA 的内涵与计算

企业的经营目标决定了企业财务管理活动的出发点和归宿,也是评价财务管理活动的最高尺度。使用 EVA 的业绩评价模式的一个基本假设就是:企业经营目标是使股东财富最大化,即从股东角度定义企业盈利。

对投资者来说,企业业绩的最终表现应该是投资者投入资本价值的增加。因此,衡量企业业绩的关键之一是正确衡量投资者投入对企业价值的贡献。以往的利润指标,如收入增长、净利和净资产收益率(return on equity,ROE),其共同缺陷是没有考虑股东投入资本的机会成本。EVA 优于这些传统财务指标的地方就在于它充分考虑了股权资本的成本。

EVA 是由思腾思特(Stern Stewart)公司于 1991 年提出的用于评价企业财务经营业绩的指标,它是指企业创造的高于所有资本成本的净经营利润,即企业净经营利润减去所有资本(权益资本和债权资本)机会成本的差额,其计算公式如下:

$$EVA = 税后净经营利润 - 资本 \times 资本成本 \\ = NOPAT - K_w \times (NA)$$

其中:K_w 为企业的加权平均资本成本;NA 为企业资产期初的经济价值,会计账面值与未来剩余收益的现值之和。$NOPAT$ 是以报告期营业净利润为基础,经过下述调整得到的:① 加上坏账准备的增加;② 加上后进先出法(last in first out,LIFO)计价方法下存货的增加;③ 加上商誉的摊销;④ 加上净资本化研究开发费用的增加;⑤ 加上其他营业收入(包括投资收益);⑥ 减去现金营业税。

企业的加权平均资本成本($WACC = K_w$)通过如下公式得出:

$$K_W = \frac{D_M}{D_M + E_M}(1-T)K_D + \frac{E_M}{D_M + E_M}K_E$$

其中:D_M 为企业负债总额的市场价值;E_M 为企业所有者权益的市场价值;K_D 为负债的税前成本;T 为企业的边际税率;K_E 为所有者权益的成本。

以 JLQC 公司为例,计算 EVA 具体过程如表 13-1 所示。

表 13-1　JLQC 公司 2018 年 EVA 的具体计算过程

项　　目	数据来源及计算方法	调 整 理 由
EVA	EVA＝税后净营业利润－资本成本	
一、税后净营业利润	净利润±调整项	
净利润	按照利润表"净利润"填列	
＋财务费用	财务费用×(1－所得税税率)	债务的成本统一在计算资本成本时考虑,避免重复扣除
±公允价值变动损益	公允价值变动损益×(1－所得税税率),若是收益,则扣除;如为损失,则加回	非制造业企业的主业,不反映价值创造能力
＋营业外支出	营业外支出×(1－所得税税率)	该事项的发生具有偶发性,不反映经营业绩
－营业外收入	营业外收入×(1－所得税税率)	
＋资产减值损失	资产减值损失×(1－所得税税率),根据报表附注"资产减值损失"明细表填列	避免管理层的利润操纵行为,真实反映业绩
＋计入损益的研发费用差异	(计入利润表的研发费用－按照 EVA 方法应予摊销的研发支出)×(1－所得税税率),其中,按照 EVA 方法应予摊销的研发支出为 2016 年、2017 年、2018 年 3 年费用化的研发支出之和×20%,根据报表附注"研发支出""管理费用"等项目分析填列	鼓励有利于企业长远发展的资金投入,避免短视行为
二、资本成本	债务资本成本＋权益资本成本	
1. 债务资本成本	有息负债的利息支出×(1－所得税税率),根据报表附注"财务费用"和"在建工程"分析填列	
2. 权益资本成本	调整后的资本占用×(1－资产负债率)×权益资本成本率	
(1) 调整后的资本占用额	负债和所有者权益合计±调整项	
负债和所有者权益合计	按照资产负债表"负债和所有者权益年初合计数"填列	
－无息流动负债	流动负债－短期借款－1 年内到期的长期负债,各项目按照资产负债表对应科目年初数填列	这部分负债不产生资本成本,鼓励利用企业间结算资金
－在建工程	按照资产负债表"在建工程"年初数填列	鼓励长期投入的积极性
＋各项资产减值准备合计	根据 2017 年报表附注"资产减值准备明细表"合计数填列	反映投入资产的真实价值
＋2016 年、2017 年费用化的研发支出摊余额	2017 年费用化的研发支出×(1－20%)＋2016 年费用化的研发支出×(1－40%),根据报表附注"研发支出""管理费用"等项目分析填列	将所有的研发支出资本化

(续表)

项 目	数据来源及计算方法	调 整 理 由
＋2016年、2017年营业外支出合计数	根据利润表"营业外收入"和"营业外支出"填列	警示管理者对偶发事项的控制，促使其更关注主业
－2016年、2017年营业外收入合计数		
(2) 资产负债率	负债年初数/资产年初数	
(3) 权益资本成本率	三年期同期银行贷款利率4.90％＋2％＝6.90％	

资料来源：中国财政杂志社网站。

计算结果如表13-2所示。

表13-2　JLQC公司2018年EVA值的计算结果　　　　　　　　（单位：万元）

净利润	利润调整项目	税后净营业利润	债务资本成本	权益资本成本	EVA
9 183	－4 426.3	4 756.7	－7.0	67 347.9	－62 584.2

从计算结果可以看出，JLQC公司的EVA为负数，尽管公司税后净营业利润为正，但是权益资本成本过高，导致EVA的最终计算结果为负数。税后净营业利润是指扣除了所得税并经调整的"营业利润"，是企业主营业务创造的利润，如果企业的净利润主要来源于非连续性或偶发性的非正常经营利润，而主营业务的"造血功能"较差，那么无论其净利润多大，都无法形成企业创造价值的核心能力。

二、运用EVA对企业财务经营业绩的评价

运用EVA评价企业的财务经营业绩的基本思路如下：企业的投资者可以自由地通过投资于企业的资本变现，并将其投资于其他资产，因此，投资者从企业至少应获得其投资机会成本，这意味着，从经营利润中扣除按权益的经济价值计算的资本机会成本后，才是股东从经营活动中得到的增值收益。由此可见，经济增加值是立足于股东角度定义的企业利润。如果投资回报率为10％，那么只有当税后净经营利润超出10％，才有经济增加值，股东的投资才得到增值。这一评价指标与股东财富最大化联系较紧密，较好地体现了企业的财务目标。

例如，JLQC公司在充分考虑资本成本的前提下进行投资方案分析，比较当资本成本率不同时，两个方案的投资结果。

表13-3　JLQC公司投资方案一　　　　　　　　（单位：万元）

	现有业务①	新业务②	投资结果①＋②
收益	23	17	40
资本	100	100	200

(续表)

	现有业务①	新业务②	投资结果①+②
投资回报率	23%	17%	20%
资本成本率	15%	15%	15%
资本成本	15	15	30
EVA	8	2	10

表13-4　JLQC公司投资方案二　　　　　　　　　　（单位：万元）

	现有业务①	新业务②	投资结果①+②
收益	23	17	40
资本	100	100	200
投资回报率	23%	17%	20%
资本成本率	20%	20%	20%
资本成本	20	20	40
EVA	3	-3	0

由上述两个方案可以看出，方案一无论现有业务还是新业务的投资回报率都大于资本成本率，进行新投资最后得出的EVA为正值，这说明新业务投资为股东创造了财富，股东从中获得了收益。在方案二的情况下，新业务的资本成本率高于投资回报率，对新业务的投资结果使EVA为负，说明此时的新投资毁灭了价值。

三、EVA的"4M"功能

基于EVA的业绩评价还具有全面财务管理的作用，思腾思特公司将EVA的作用阐述为以业绩评价为基础而彼此相联系的评价指标（measurement）、管理体系（management）、激励制度（motivation）、理念体系（mindset）等4个方面的功能，即EVA的"4M"功能。

（一）评价指标

EVA是衡量业绩最准确的尺度，对无论处于何种时间段的公司业绩，都可以做出恰当的评价。在计算EVA的过程中，首先对传统收入概念进行一系列调整，从而消除会计运作产生的异常状况，并使其尽量与经济真实状况相吻合。例如，一般公认会计原则（generally accepted accounting principles，GAAP）要求公司把研发费用计入当年的成本，即使这些研发费用是对未来产品或业务的投资。为了反映研发的长期经济效益，把在利润表上作为当期一次性成本的研发费用剔除。在资产负债表上，也做出相应的调整，把研发费用资本化，并在适当的时期内分期摊销，而资本化后的研发费用还要支付相应的资本费用。思腾思特公司已经确认了160多种对GAAP所得收入及收支平衡表可能做的调整措施。这些措施涉及诸多方面，包括存货成本、货币贬值、坏账储备金、重组收费，以及商誉的摊销等。尽管如此，在保证精确性的前提下，也要顾及简单易行，所以通常建议客户公司采取5~15种调整措施。针对每个客户公司的具体情况,确认那些真正确实能够改善公司业绩的调整措施。基本的评判标准包括:调整能产生重大变化;有确切的可得数据;这些变化可为非财务主管理解;还有最重要的一条,就是这些变化能够对公司决策起到良好的影响作用,并且节省开支。

(二) 管理体系

EVA 是衡量企业所有决策的单一指标。公司可以把 EVA 作为全面财务管理体系的基础,这套体系涵盖了所有指导营运、制定战略的政策方针、方法过程以及衡量指标。在 EVA 体系下,管理决策的所有方面全都囊括在内,包括战略企划、资本分配、并购或撤资的估价、制定年度计划,甚至包括每天的运作计划。总之,增加 EVA 是公司超越一切的最重要的目标。

更重要的是,运用 EVA 的过程是一个扬弃的过程。在这个过程中,公司将扬弃所有其他的财务衡量指标,否则这些指标会误导管理人员做出错误的决定。举例来说,如果公司的既定目标是最大限度地提高净资产的回报率,那么一些高利润的部门不会太积极地进行投资,即使对一些有吸引力的项目也不愿意,因为他们害怕会损害回报率。相反,业绩并不突出的部门会十分积极地对几乎任何事情投资,即使这些投资得到的回报低于公司的资本成本。所有这些行为都会损害股东利益。与之大相径庭的是,统一着重于改善 EVA 将会确保所有的管理人员为股东的利益做出正确决策。

运用 EVA 的公司的管理人员明白增加价值只有 3 条基本途径:一是通过更有效地经营现有的业务和资本,提高经营收入;二是投资预期回报率超出公司资本成本的项目;三是通过出售对别人更有价值的资产或通过提高资本运用效率,如加快流动资金的运转,加速资本回流,而达到把资本沉淀从现存营运中解放出来的目的。

(三) 激励制度

如今许多针对管理人员的激励报偿计划过多强调报偿,而对激励不够重视。无论奖金量是高还是低,都是通过每年讨价还价的预算计划确定的。在这种体制下,管理人员最强的动机是制定一个易于完成的预算任务,并且因为奖金是有上限的,他们不会超出预算太多,否则会使来年的期望值太高,甚至使其信誉受损。

EVA 使经理人为企业所有者着想,使他们从股东角度长远地看待问题,并得到像企业所有者一样的报偿。思腾思特公司提出现金奖励计划和内部杠杆收购计划。现金奖励计划能够让员工像企业主一样得到报酬,而内部杠杆收购计划则可以使员工对企业的所有者关系真实化。我们坚定不移地相信,人们按照所得报酬干相应的事情。以 EVA 增加作为激励报偿的基础,正是 EVA 体系蓬勃生命力的源泉。使得 EVA 的增加最大化,就是使股东价值最大化。在 EVA 奖励制度之下,管理人员为自身谋取更多利益的唯一途径就是为股东创造更大的财富。

这种奖励没有上限,管理人员创造 EVA 越多,就可得到越多的奖励。事实上,EVA 制度下,管理人员得到的奖励越多,股东所得的财富也越多。如果 EVA 值提高,那么下一年度的奖金将建立在当前更高的 EVA 水平的基础之上。不仅如此,我们还推荐"蓄存"一定量的额外奖金,并分几年偿付。蓄存奖金可以在 EVA 下降的时候产生一种拓展的战略方针,而不是被保守预算限制的战略方针。

(四) 理念体系

如果 EVA 制度全面贯彻实施,EVA 财务管理制度和激励报偿制度将使公司的企业文化发生深远变化。在 EVA 制度下,所有财务营运功能都从同一基础出发,为公司各部门员工提供了一条相互交流的渠道。EVA 为各分支部门的交流合作提供了有利条件,为决策部门和营运部门建立了联系通道,并且根除了部门之间互有成见、互不信任的情况,这种互不信任特别会存在于运营部门与财务部门之间。

四、基于 EVA 业绩评价的缺陷

虽然基于 EVA 的业绩评价具有诸多优点,但是这种业绩评价方法也存在以下 3 个方面的缺陷。

(1) 一个企业在按照 EVA 指标评价财务经营业绩时,似乎已为股东创造了财富,但如果按交易价格来计算,则企业并未创造股东预期的收益。

例如,某企业是一个完全以股票融资的无负债企业,期初共有股票 100 股,该股票的市场交易价格为 25 元,每股的经济价值为 20 元。因此,该企业的期初市场价值为 2 500 元,期初经济价值为 2 000 元。假定市场上的投资者预期该股票在本期应获得 10% 的回报,则该企业的加权平均资本成本(weighted average cost of capital,WACC)为 10%。由于投资者预期获得的回报是以该股票的市场价值 25 元为基础,而不是以经济价值 20 元为基础的,所以投资者预期的每股回报是 2.5 元,而不是 2 元。如果该年度企业创造的税后净经营利润(net operating profit after tax,NOPAT)为 225 元,则该企业当期创造的 EVA 如下:

$$EVA = NOPAT - (2\,000 \times 10\%)$$
$$= 225 - 200 = 25(元)$$

如果按市场价值来计算,则:

$$EVA = NOPAT - (2\,500 \times 10\%)$$
$$= 225 - 250 = -25(元)$$

因此,从 EVA 指标的角度看,该企业在当期为其股东创造了 25 元的财富,而若从市场交易价格来计量,则该企业的股东财富在本期减少了 25 元。

(2) 计算 EVA 指标存在一定的困难。

在计算 EVA 指标时,无论我们用 NOPAT 和 WACC 计算,还是用经过调整后的净收入(net income,NI)和权益资本的成本 K_E 计算,结果应当是一样的。然而,当企业资产的市场价值与其经济价值不相等时,按上述两种方法计算出来的结果并不一致。

把以所有者权益为基础计算的 EVA 定义如下:

$$EVA_t(\text{Equity flow}) = NI - K_E(E)$$

其中:NI 为企业的营业净利润 $NOPAT$ 减去企业的税后利息费用;E 为所有者权益的经济价值。

即 $NI = NOPAT_t - K_D(1-T)D$,其中 D 为负债的经济价值。

因此,我们应当有:

$$EVA_t(NOPAT) = EVA_t(\text{Equity flow})$$

将上式左右同时展开,得到:
$$NOPAT_t - K_w(NA_{t-1}) = NI - K_E(E)$$

展开,有:
$$NOPAT - K_D\left\{(1-T)\left[\frac{D_M}{D_M+E_M}\right](D+E)\right\} - K_E\left[\frac{E_M}{D_M+E_M}(D+E)\right]$$
$$= NOPAT - K_D(1-T)D - K_E(E)$$

其中:D_M为负债的市场价值;D为负债的经济价值;E_M为所有者权益的市场价值;E为所有者权益的经济价值。

因此,要使上述公式两端相等,D_M必须等于D,E_M必须等于E。这意味着负债与所有者权益的市场价值应当分别等于其经济价值,而这种情况是很少见的。

(3) EVA指标仅仅关注企业当期的经营情况,没有反映出市场对企业整个未来经营收益的预测。如果股票市场是有效率的,并且从一个较长的时间跨度来检验,那么经营评价法和交易评价法是吻合的。

经营评价法是一种着重企业当期经营情况评价的方法,如利润指标和EVA指标采用的均为经营评价法。这种评价方法不能体现市场对企业未来收益预测的调整。交易评价法是通过企业股价变化对企业的经营情况进行评价的一种方法。这种方法通过在期初买入股票然后在期末卖出并获得收益,同时通过领取现金股利和股票价格上涨决定股东的财富到底增加了多少。然而,由于通常我们都是从一个较短的时间跨度(如一年,一个季度,或者一个月)来评价企业的经营状况,所以任何经营评价法的结果都会与交易评价法的结果有一定的偏离。

这时,就需要有另一项指标对EVA指标进行修正和调整,以克服上述缺陷,修正的经济增加值(refined economic value added,REVA)这一概念应运而生。

五、修正的经济增加值

(一) REVA的概念

REVA是由杰弗里(Jeffrey Bacidore)等人于1997年提出的以资产市场价值为基础的企业经营业绩评价指标,其计算公式如下:
$$REVA_t = NOPAT_t - K_w \times MV_{t-1}$$

其中:$NOPAT_t$为t期末企业调整后的营业净利润;MV_{t-1}为$t-1$期末企业资产的市场总价值。

(二) 运用REVA指标对企业财务经营业绩的评价

企业用于创造利润的资本价值总额既不是企业资产的账面价值,也不是企业资产的经济价值,而是其市场价值。这是因为:在任何一个会计年度的开始,投资者作为一个整体都可将企业按照当时的市场价值出售,然后将获得的收入投资到与原来企业风险水平相同的资产上,从而得到相当于企业加权平均资本成本的回报。如果投资者没有将其拥有的资产变现,这些投资者就放弃了获得其投资的加权资本成本的机会。在任何一个给定的时期内,如果一个企业真正为其投资者创造了利润,那么该企业的期末利润必须超过以期初资本的市场价值计算的资本成本,而不是仅仅超过以企业期初资产的经济价值为基础计算的资本成本。投资者投资到该企业的资本的实际价值(可变现价值)是当时的市场价值,而不是经济价值。

REVA克服了EVA指标的缺陷:运用交易评价法反映了市场对企业整个未来经营收益预测的修正,无论何时,只有REVA指标为正值,该企业的股东财富才会增加。此时企业创造的财富大于其按照市场价值计算的资本的机会成本,而在EVA指标下,即使EVA计算结果为正值,投资者得到的回报仍然有可能小于资本的机会成本;REVA既可以以负债和所有者权益为基础进行计算,也可单独以所有者权益为基础进行计算。

第四节　基于平衡计分卡的企业业绩评价

20世纪80年代末和90年代初,欧美很多学者和大企业发现,传统的以财务为单一衡量指标考核企业业绩评价的方法是妨碍企业进步的主要原因之一。这主要体现在两个方面。

一方面,由于受多种因素的影响,传统的单一财务评价体系只提供了关于企业的有限财务信息,而越来越多地得出一些歪曲实际经营能力和管理能力的考核报告,从而影响企业股东和投资者的决策。例如,各企业经营管理者为了达到预算利润或投资报酬率指标,有意地减少研究发展经费、设备更新费、员工培训费等必要支出。尽管存在上述问题,从传统的财务经营绩效指标考核来看,企业当期仍会表现出较好的经营业绩,导致信息的使用者很容易被"达标"的假象迷惑。这些问题对企业的长期利益和长期竞争能力也是极其不利的。

另一方面,传统的单一业绩评价体系偏重有形资产的考核和管理,对无形资产和智力资产的考核与管理显得比较薄弱,导致传统的单一业绩评价体系已难以适应信息时代下快速变化的、不确定性和风险日益增加的竞争环境。信息时代提高了无形资产管理对企业未来价值创造的地位与作用,因此,对企业业绩的反映不仅体现在有形资产管理的财务结果方面,还应包括企业无形资产的管理等多方面内容。这一时期,在利用原有单一财务指标体系的同时,越来越多的呼声要求重视和利用非财务指标进行企业业绩评价。

平衡计分卡(balanced score card,BSC)就在这一背景下应运而生。平衡计分卡是在1990年美国诺顿研究所进行的一项题为"衡量组织的未来业绩"的课题研究成果基础上,由美国著名管理会计学家、现任哈佛大学教授卡普兰(Robert S. Kaplan)和美国诺顿研究院的执行长诺顿(David P. Norton)提出的一整套用于评价企业战略经营业绩的财务与非财务指标体系。卡普兰和诺顿于1992年、1993年和1996年先后在《哈佛工商评论》杂志上发表了题为《平衡计分卡:提高效绩的衡量方法》("The Balanced Scorecard—Measures That Drive Performance")、《平衡计分卡的应用》("Putting the Balanced Scorecard to Work")和《将平衡计分卡用于战略管理系统》("Using the Balanced Scorecard as a Strategic Management System")3篇论文,并在此基础上结合美国一些企业应用计分卡的实施经验,于1996年出版了题为《平衡计分卡:一种革命性的评估和管理系统》的专著,平衡计分卡在美国的会计理论与实务界均得到了广泛的重视与研究。

一、平衡计分卡的基本思想

卡普兰和诺顿将平衡计分卡比作"飞机驾驶舱"中的标度盘和指示器,就如同驾驶员可以从中获得燃料、飞行速度、高度、方向和目的地等详细信息,平衡计分卡为经营者同时从几个方面来考察企业业绩提供了可能。平衡计分卡的出现克服了传统业绩评价方法单纯利用财务指标进行业绩评价的局限。就财务指标而言,它传达的是已经呈现的结果、滞后于现实的指标,并没有向企业管理层传达未来业绩的推动要素是什么,以及如何通过对客户、供货商、员工、技术革新等方面投资来创造新的价值。

平衡计分卡在传统的财务评价指标的基础上,还兼顾了其他 3 个重要方面的绩效反映,即客户角度、内部流程角度和学习与发展角度。它使企业的各层经理们能从 4 个重要方面来观察企业,并为 4 个基本问题提供了答案[①]。

(一) 顾客角度——顾客如何看待我们

企业为了获得长远的财务业绩,就必须创造出让客户满意的产品和服务。平衡计分卡要求经理们把自己为顾客服务的承诺转化为具体的测评指标,这些指标应能真正反映与顾客有关的因素。典型指标包括市场占有率、客户保持率、客户取得率、客户满意程度、客户盈利率等。

(二) 内部经营流程角度——我们必须擅长什么

这是平衡计分卡突破传统业绩评价考核的显著特征之一。战略管理以顾客为导向,优异的顾客绩效与组织的研发、生产、售后服务密不可分,经理们必须从内部价值链分析入手,对企业内部进行考察。持续不断地开发新产品,为顾客提供更多的价值并提高经营效率,企业才能增加收入和利润,壮大发展,从而增加股东价值。典型指标包括新产品开发能力、产品周转期和生产率等。

(三) 学习与成长角度——我们能否继续提高并创造价值

平衡计分卡实施的目的和特点之一就是避免短期行为,强调未来投资的重要性,注重员工系统和业务流程的投资。注意分析满足需求的能力和现有能力的差距,将注意力集中在内部技能和能力上。典型指标有职员满意程度、职员保持率、职员的工作效率等。

(四) 财务角度——我们怎样满足企业的所有者

作为市场主体,企业必须把赢利作为生存和发展的基础。企业各方面的改善只是实现目标的手段,而不是目标本身。企业所有的改善都应该最终归于财务目标的达成。典型的财务指标有净资产收益率、资产负债率、投资报酬率和经济增加值等。

平衡计分卡把战略置于中心地位,它根据企业的总体战略目标,具体分解为不同方面的目标,并建立具体的考核指标,通过将员工报酬与测评指标联系起来促使员工采取一切必要的行动去达成这些目标。这就使企业把长期战略目标和短期行动有机地联系在一起,同时还有助于使企业各个单位的战略与整个管理体系相吻合。因此,平衡计分卡不仅是一种业绩评价体系,还是一种有利于企业取得突破性竞争业绩的战略管理工具。

---

① 付亚和,许玉林.绩效管理[M].复旦大学出版社,2005:283—284.

二、平衡计分卡业绩评价指标体系

如图13-2所示,平衡计分卡业绩评价指标体系主要由财务、顾客、内部经营流程以及学习与成长4个层面的指标所组成。

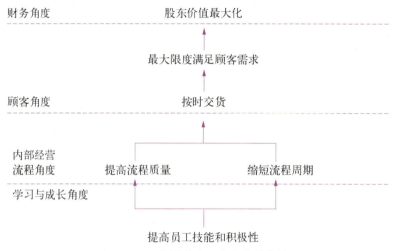

图 13-3 平衡计分卡4个角度基本关系

(一) 财务层面的业绩评价指标

财务层面的业务评价指标一般包括:① 收入增长指标;② 成本降低或生产率提高指标;③ 资产利用或投资战略指标。详细指标可根据企业的具体要求设置。

收入增长指标应根据企业不同发展时期的不同要求而有所区别:增长期是企业生命周期的最初阶段,属于发展阶段,企业在提供产品和劳务获取收入方面存有巨大的潜力有待挖掘,投资规模大。这一阶段的总财务目标应是目标市场收入的增长率和销售增长率的不断提高,以及客户和销售区域的不断扩大。保持期是企业生命周期中的成长期,企业需要对有发展前途的投资项目进行投资和再投资,以求较高的投资回报。这一阶段,企业的主要目标是保持已有市场份额并力争逐年有所增长,其财务目标是投资回报和经济增值的最大化。收获期是企业的成熟期,这一阶段是企业在前两个时期所做投资取得回报的阶段,主要的目标是最大限度地回收现金,总体财务目标是折旧前经营现金流量的最大化和营运资本需求的减少。

成本的降低通过降低直接和间接的产品和劳务成本来达到;生产率的提高通过与其他经营企业分享共需资源来实现。用于评价成本降低和生产率提高的指标主要有费用成本降低率、每职员所创销售收入等。

提高资产利用率是指通过减少营运资本的运用生产出相同数量的产品和劳务,或者通过提高资产运用率而不是增加营运资本来完成新增产品的生产。用于评价资产利用率水平高低的指标主要有所用资本回报(return on capital employed,ROCE)、投资回报率(return on investment,ROI)、经济增加值(EVA)等。财务指标与企业经营战略之间的关系如表13-5所示。

表 13-5　财务指标与企业经营战略的关系

		财　务　指　标		
		收　入　增　长	成本降低或 生产率提高	资产利用率提高或 投资战略
经营 战略	增长	来自新产品、新客户和新劳务的销售收入增长百分比	收入/雇员	投资(销售百分比);研究与开发(销售百分比)
	保持	目标市场客户数和金额;交叉销售;来自新产品收入的百分比	与竞争对手成本的比较;间接费和成本的降低率(销售百分比)	营运资本比率;ROCE;资产利用率
	收获	客户和生产线的利润水平;非盈利客户的百分比	单位成本	回收

资料来源:Kaplan R S, Norton D P. The Balanced Scorecard: Translating Strategy into Action[M]. Harvard Business School Press, 1996:52.

(二) 顾客层面的业绩评价指标

用于评价顾客方面的业绩指标主要有:① 市场份额(market share);② 客户保持率(customer retention);③ 客户取得率(customer acquisition);④ 客户满意程度(customer satisfaction);⑤ 客户盈利率(customer profitability)。它们之间的关系如图 13-4 所示。

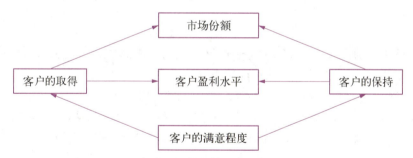

图 13-4　顾客层面的业绩评价指标之间的关系

市场份额用于衡量在给定的市场中(可以是客户的数量,也可以是销售的数量)企业销售产品的比例;客户保持率是指企业继续保持与老客户交易关系的比例(可以是绝对数,也可以是相对数);客户的取得率指标用于评价企业吸引或取得新客户的数量或比例(可以是绝对数,也可以是相对数);客户满意程度指标是通过一定的方法(如函询、会见等方法)对客户的满意程度做出估计;客户盈利率是指企业为客户提供产品或劳务后所取得的净利润水平。对于有盈利的客户,企业应争取和保持。

此外,顾客层面的业绩指标还包括市场占有率、产品质量等级率、产品交送货率、产品退货率、产品返修率、产品保修期限和产品维修天数等。

(三) 内部经营流程层面的业绩评价指标

内部经营流程业绩指标最能说明平衡计分卡与传统的财务业绩评价方法的区别。财务业绩评价方法强调的是对已有的责任中心和部门的控制与改进;然而,单纯对财务业绩的控制和改进很难使企业在市场中成为最具竞争实力的企业,要使企业取得和保持竞争优势,就必须创新,讲求质量,缩短产品的生产周期,提高生产率,降低成本。平衡计分卡把对企业内部经营过程的考核指标定位在创新、经营和售后服务上,这正好体现了这种要求。具体的评价指标主要有产品制造周期、产品设计水平、新产品开发能力、研究开发费用增长率、工艺改造能力、生产能力利用率、机器完好率、设备利用率、安全生产率等。

1. 创新

创新指标与企业研究开发费用的评价有关,包括产品及设计水平、新产品开发能力、研究开发费增长率等。

2. 经营

经营业绩指标主要用于评价企业的经营过程,这一经营过程从接受客户的订单开始,直到将完工产品运送到客户手中。评价指标主要关于质量、生产周期效率、成本以及新产品进入等方面,其中质量的评价通过次品率、浪费率、产品重做次数、废料数量等指标进行。

生产周期效率(manufacturing cycle effectiveness,MCE):

$$MCE = 产品加工时间 / 生产时间$$

$$生产时间 = 产品的加工时间 + 检查时间 + 搬运时间 + 等待或储存时间$$

生产周期效率越接近1越好,因为在生产时间中,只有加工过程活动才创造价值,其他活动均不创造价值但却要花费成本。在零库存条件下,MCE有可能等于1,这是最为理想的状态。

3. 售后服务

售后服务主要指产品质量的保证、维修服务以及对次品和退货的处理,包括服务的时间、质量、成本等,一般可参照经营业绩评价指标选择确定。

(四)学习与成长层面的业绩评价指标

平衡计分卡所强调的投资重点是未来的投资项目,如新产品和新设备的研究和开发,而不是传统的投资领域。这就要求企业的管理人员和职员不断地进行新技术、新知识的培训学习以适应时代发展需要,建立有效的信息系统以便及时获取信息,设立良好的激励机制,以激发全体员工的积极性。该指标体系一般包括3个主要方面,即职员能力、信息系统能力和激励、权力和协作。具体指标一般有职员满意程度、职员保持率、职员工作效率、职员知识水平、职员的培训次数、管理水平、研究开发费增长率、信息系统更新程度等。其中,职员满意程度、职员保持率、职员的工作效率、职员知识水平、职员的培训次数属于职员能力方面的指标。信息系统能力是指企业及时取得相关客户、内部经营过程以及他们决策的财务结果等方面信息的能力,这主要通过企业当前可取得的信息与期望所需要的信息之比等指标进行评价。激励和权力指标主要用来反映职员工作的积极性激发方面的情况,可以用每个职员所提建议的数量等指标来评价。

由上可知,平衡计分卡之所以在许多文献中被称为"战略平衡计分卡",是因为它可以综合反映企业战略与短期目标、财务与非财务指标、滞后和先行指标以及外部与内部指标等方面的综合业绩评价情况。美国若干家企业所运用的平衡计分卡的具体指标内容如表13-6所示。

表 13-6　平衡计分卡具体指标内容

财务层面的 业绩指标(60%)	顾客层面的 业绩指标(10%)	内部经营流程层面的 业绩指标(10%)	学习与成长层面的 业绩指标(20%)
净资产收益率	市场占有率	产品制造周期	员工满意程度
资产负债率	产品质量等级率	产品设计水平	员工流动率
投资报酬率	客户满意程度	新产品开发能力	员工知识水平
销售利润率	产品交送货率	研究开发费增长率	员工培训次数
应收账款周转率	产品退货率	工艺改造能力	管理水平
存货周转率	产品返修率	生产能力利用率	信息系统更新程度
成本降低率	产品保修的期限	机器完好率	环境保护状况
营业净利额	产品维修的天数	设备利用率	
现金流量净额		安全生产率	

平衡计分卡的 4 个层面内容之间以及层面内部各指标之间均存在着一定的联系。

(1) 在 4 个层面的指标体系中,以财务层面的指标体系为根本,其他 3 个方面的指标体系最终为财务指标服务:只有企业内部经营过程不断地得到改善,创新能力不断提高,全体管理人员和职员的素质和服务质量不断提高,才能使顾客的满意程度不断提高,从而增加企业在市场竞争中的实力,扩大市场份额,实现财务目标,最终使股东满意。4 个层面指标之间的联系如图 13-5 所示。

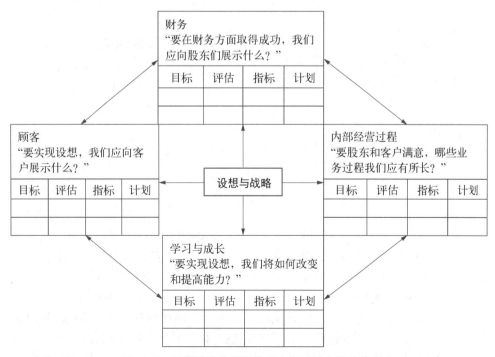

图 13-5　平衡计分卡指标体系 4 个层面之间的关系

(2) 各个评价指标必定与平衡计分卡的某一方面存在着因果联系。这是因为企业的战略所体现的是一系列因果关系,作为企业战略业绩评价指标体系的平衡计分卡也应体现这种因果关系。例如,所用资本回报应是构成财务层面业绩评价指标体系的指标;又如,来自已有客户的销售量的扩大是客户的高度忠诚所致,因而客户的高度忠诚(客户保持率)就构成了平衡计分卡中客户层面的重要指标。

(3) 指标体系基本揭示了业绩的动因。平衡计分卡4个层面的指标并不是相互独立的,而是一条因果链,揭示了业绩的动因。为提高经营成果,必须使产品或服务赢得顾客的信赖;要使顾客信赖,必须提供顾客满意的产品,并为此改进内部生产过程;改进内部生产过程,必须对职工进行培训,开发新的信息系统,不断学习和成长。

另外,平衡计分卡包括的4个方面指标并不是固定不变的,企业可根据自身的情况进行适当的增减,它可以包括2个方面、3个方面的内容,也可以包括5个方面的内容。

三、平衡计分卡业绩评价体系的建立

平衡计分卡的引入对于企业来说是个慎重的工作,需要日积月累来完成。使用平衡计分卡的企业不再只将财务指标作为企业业绩评价的唯一指标。以平衡计分卡为基础建立企业的业绩评价体系一般需要经由以下4个基本程序。这4个程序既可以单独也可以共同把长期的战略目标和短期的行动联系起来发挥作用(见图13-6)。

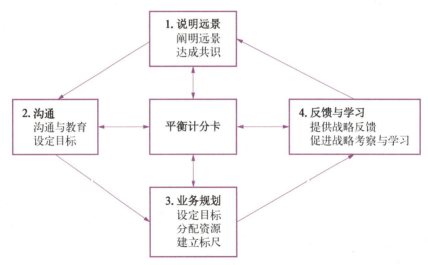

图 13-6　平衡计分卡体系的建立

第一个程序是说明远景。它有助于经理们就组织的使命和战略达成共识。虽然最高管理层的出发点是好的,但"成为头号供货商"或"行业第一"之类的豪言壮语很难转化成有用的行动指南。对负责斟酌远景和战略表述用语的人来说,这些术语应当成为一套完整的目标和测评指标,得到所有高级经理的认可,并能描述推动成功的长期因素。

第二个程序是沟通。它使各级经理能在组织中就战略要求进行上下沟通,并把它与各部门及个人的目标联系起来。在传统上,部门根据各自的财务业绩进行评价,个人激励因素也是与短期财务目标相联系的。平衡计分卡使经理确保组织中的各个层次都能理解长期战略,而且使部门及个人目标与之保持一致。

第三个程序是业务规划。它使企业能实现业务计划与财务计划的一体化。今天,几乎所有的企业都在实施种种改革方案,每个方案都有自己的领袖、拥护者及顾问,都在竞相争取高级经理的时间、精力和资源支持。经理们发现,很难将这些不同的新举措组织在一起,从而实现战略目标。这种状况常常导致人们对各个方案实施结果感到失望。但是,当经理们将为平衡计分卡所制定的目标作为分配资源和确定优先顺序的依据时,他们就会只采取能推动自身实现长期战略目标的新措施,并注意加以协调。

第四个程序是反馈与学习。它赋予企业一项被称为战略性学习的能力。现有的反馈和考察程序都注意企业及各部门、职员是否达到预算中的财务目标。当管理体系以平衡计分卡为核心时,企业就能从另外 3 个角度(顾客、内部经营流程及学习与发展)来监督短期结果。因此,平衡计分卡使企业能够修改和调整战略以随时反映学习所得。

四、基于平衡计分卡的企业业绩评价具体应用——以 JLQC 公司为例

JLQC 公司是一家汽车制造公司,在中国生产和销售自己的品牌产品,在过去几年里取得了飞速增长。

公司在平衡计分卡项目刚启动的时候面临的挑战非常大,不仅有来自国外汽车公司日益加剧的竞争,而且中国本地的竞争对手也生产和他们相类似的产品,质量也不错,并且价格低很多。很显然,如果公司再不制定一个有效的策略来应对竞争,公司现有产品的增长将会放慢。

一方面,高级管理层意识到销售自己的核心产品对公司保持成功很重要,公司需要降低报价以保持市场竞争力,同时需要降低运作成本以保证利润率。另一方面,管理层也清醒地知道打价格战并不能使公司取得长期成功,关键是要有新产品,通过本地队伍的创新或通过把海外的技术转化为本地所用,生产出竞争对手不能提供的产品。

至此,管理层心中已经有了一个比较清晰的战略:

(1) 公司需要实现优异运作以降低运营成本,从而使现有产品的价格具备市场竞争力;

(2) 需要实施产品领先战略,继续开发满足顾客需求的新产品。

然而,新战略出台后 6 个月,管理层没有看到任何成本降低或产品开发方面的成果,反而一个重要的新产品开发周期被延后了,成本和去年同期相比上升了。到底哪里不对呢?

可能存在的问题:

(1) 新战略没有在组织内清晰地传达给每一个人;

(2) 没有具体的实施计划;

(3) 一些主管对战略的执行没有全力投入,因为他们要忙于救火,即处理销售和日常管理事务;

(4) 公司的绩效标准和目标没有和战略紧密连接;

(5) 缺少一个有效的绩效考评系统来跟踪考查目标绩效;

(6) 员工不知道他们哪些地方需要改变;

(7) 没有一个有效的基础架构来考查绩效并根据变革来调整战略和重组组织。

对此,公司举办了一个战略研讨会,进一步明确了企业的愿景和战略,企业高级管理层

从4个角度制定了公司的平衡计分卡,具体内容包括以下4个方面。

(一) 财务角度

(1) 新产品开发是公司的关键战略要素,因而高级管理层没有把总营业额作为一个关键的平衡计分指标,而是特别指定了现有产品和新产品的营业收入比例作为一个财务指标,同时还包括了每一类产品的预期营业额和增长目标。

(2) 将考评指标和人均创收相关联,不仅指出了公司员工的成本意识和效率意识的重要性,而且把员工的精力集中放在了那些能够为公司带来价值的活动上,如新产品开发和销售活动。新产品的价格可以适当定高,为公司带来更高收入,这样人均创收值也相应提高。

(3) 高级管理层设定了一个适度的利润目标,以便把资金用于那些能够引领公司走向长期成功的活动上。他们意识到,过去几年他们赢利心切,设定的利润目标过高,从而忽略了对研发和市场调研活动的投入,导致由于市场信息不充分和研发力量不够,延长了产品开发周期。

(二) 顾客角度

(1) 高级管理层意识到要维持现有产品的市场份额,他们需要提高客户满意度以留住老客户。他们对"二八原则"理解得很透彻。因此,从客户角度来看,客户保持率和满意度就是两个重要的战略目标。管理层先设定了考评指标,然后又就产品/服务品质、客户关系和公司品牌/形象几个方面制定了几个行动方案以实现目标。

(2) 由于公司的战略是产品领先,因而新产品的市场份额是公司的一个重要战略目标。

(三) 内部经营流程角度

(1) 公司为每一项产品都设定了开发周期。新产品进入市场的时间仍然是公司战略的一个关键因素。

(2) 注重产品制造周期和产品设计水平,尽量降低成本和提高客户满意度。

(四) 学习/成长角度

(1) 指出驱动公司学习和成长的目标和考评指标,并指明公司需要在哪些地方优于竞争对手,实现业绩突破。

(2) 管理层应将保留关键员工、发展员工能力以及改进信息系统作为工作重点。

根据平衡计分的4个层面,能够将该公司的竞争战略阐述得较为清晰。只有在战略明确的前提下,公司的平衡计分卡才能开发。但是,平衡计分卡只停留在公司层面的话,最终的实施是不会成功的。

开发出包含有关键考评指标的平衡计分卡后,该汽车公司首先将这些目标逐层分解,落实到各个部门和每一位员工。部门根据公司的平衡计分卡设定部门平衡计分卡,每位员工再根据部门的平衡计分卡设定自己的计分卡。这个方法帮助公司所有员工清楚公司目前的状态,并激发他们实现公司既定目标的积极性。

第二步就是重新设计公司的绩效管理系统,使其与平衡计分卡、能力发展模型和薪酬体系相结合。绩效管理系统包括两个评估方面,即平衡计分卡目标和能力发展目标。绩效管理系统还需要和浮动薪酬相挂钩,这样员工将会更多地关注部门绩效,在平时的工作中,无形中逐步朝着正确目标去发展,明白自己的努力将会帮助企业达到目标。

至此,平衡计分卡的成功设计使这家汽车制造公司摆脱了刚开始的困境,业绩取得飞速成长。

由上述案例可以看出,平衡计分卡不仅是个评价体系,同时也是管理体系,它使组织能清晰地规划远景和战略,并落实为具体的行动计划。它既为内部业务流程又为外部客户提供及时的反馈,以持续改进战略绩效和成果。系统完全配置后,平衡计分卡就把战略规划从一个学术型演习转化成了企业的神经中枢。

平衡计分卡方法不是一个新概念,也不难理解。早在多年前,许多跨国公司就把它用作主要的管理工具。然而要成功实施它却不是一件容易的事,需要适应中国的国情,适应各个公司具体的情况,建立可以跟踪和衡量的绩效考评指标,并且缩短操作时间。

本 章 小 结

企业业绩评价是指按企业目标设计相应的评价指标体系,根据特定的评分标准,采用特定的评价方法,对企业一定经营期间的经营业绩做出客观、公正和准确的综合判断。根据不同的分类标准,业绩评价有5种不同的分类类型。企业业绩评价体系是指评价主体根据自身的评价目标确定其所需要评价的内容,选择能充分反映评价内容的评价指标,按照所要实现的评价目标选择恰当的评价标准,并采取与之相适应的评价方法对评价客体进行价值判断,得出评价结论,最后形成评价报告。

经济增加值是由思腾思特公司于1991年提出的用于评价企业财务经营业绩的指标。它是指企业创造的高于所有资本成本的净经营利润,即企业净经营利润减去所有资本(权益资本和债权资本)机会成本的差额。基于EVA的企业业绩评价是从股东角度定义的企业业绩评价。这一评价指标与股东财富最大化联系较紧密,较好地体现了企业的财务目标。由于EVA在业绩评价中存在不足,于是有了修正的经济增加值(REVA)的发展。基于EVA的业绩评价还具有全面财务管理的作用,思腾思特公司将EVA的作用阐述为以业绩评价为基础而彼此相联系的评价指标(measurement)、管理体系(management)、激励制度(motivation)、理念体系(mindset)4个方面功能,即EVA的"4M"功能。

基于平衡计分卡的业绩评价一方面克服了传统业绩评价方法单纯利用财务指标进行评价的缺陷,另一方面又以传统的财务评价指标为基础,兼顾其他3个重要方面的绩效反映,即顾客角度、内部经营流程角度以及学习与成长角度。从4个角度出发设计的各项评价指标之间并不是毫无关系的,而是在逻辑上紧密相关。实施平衡计分卡评价体系能够对企业实现有效的激励。

复习思考题

1. 什么是业绩评价?业绩评价体系由哪些要素构成?简要说明这些要素间的逻辑关系。

2. 什么是经济增加值?什么是修正的经济增加值?如何运用它们对企业财务业绩进行评价,它们又存在什么不足?

3. 什么是平衡计分卡?平衡计分卡所考虑的是哪几个方面?你认为一个企业要健康地发展应该注意哪些因素?这些因素在平衡计分卡的4个角度中都已经得到体现了吗?如果没有,你认为应该如何改进现有的平衡计分卡体系?或者应该如何更好地设计指标体系?

企业财务分析

案 例 分 析

企业平衡计分卡的设计——Z公司的考核难题

Z公司是一家使用竹子为主要原料生产纸张的集团公司,它在云南、广西、四川、贵州等地都有下属造纸企业,该公司每年每个当地企业至少消耗几十至上百万吨竹子。原料时常短缺,这并不是因为竹资源不够,而是因为竹资源外流:竹子被当地有些小造纸厂收购走了,或是用于做脚手架、编竹篮甚至当柴。有时,农民还由于农忙或者阴雨天不愿砍竹子。当地竹原料不够时,企业只有停工或改变工艺流程使用木材,而改变工艺流程就要改变设备条件,增加费用,这样使有些企业付出的成本甚至高于停工成本。所以,该集团公司每个下属企业都有停工期,最长的要停5个月。

该公司在每个地方的造纸厂都是当地收购竹子的大户,能稳定市场价格,为政府增加农业税收等各项财政收入。因此,许多当地政府也对造纸厂收购竹子给予政策支持。另外,当地野生竹子资源不充足,必须有计划地建立人工植竹基地,而种竹子也得依靠当地政府和农民进行,所以每个造纸厂就必须与当地政府密切合作,把企业和政府的关系处理好。解决与竹原料相关的事成为各个造纸厂的重要业务内容。

因此,各个下属企业的产量除了与工人努力、企业管理水平有关以外,还与竹原料的供应有关。那么,在这种情况下,应该从哪些方面来评价每个下属造纸厂的业绩呢?

第十四章 财务分析在财务预警中的应用

引导案例

大宇集团于1967年开始奠基立厂,其创办人金宇中当时是一名纺织推销员。经过30年的发展后,通过政府的政策支持、银行的信贷支持和在海内外的大力并购,大宇成为直逼韩国最大企业现代集团的庞大商业帝国:1998年年底,总资产达到640亿美元,营业额占韩国GDP的5%;业务涉及贸易、汽车、电子、通用设备、重型机械、化纤、造船等众多行业;国内所属企业曾多达41家,海外公司数量创下过600家的记录,鼎盛时期,海外雇员多达几十万,大宇成为国际知名品牌。大宇是"章鱼足式"扩张模式的积极推行者,认为企业规模越大,就越能立于不败之地,即所谓的"大马不死"。据报道,1993年金宇中提出"世界化经营战略"时,大宇在海外的企业只有15家,而到1998年年底已增至600多家,"等于每3天增加一个企业"。更让韩国人为大宇着迷的是:在韩国陷入金融危机的1997年,大宇不仅没有被危机困倒,反而在国内企业排名中由第4位上升到第2位,金宇中本人也被美国《幸福》杂志评为亚洲风云人物。1997年年底韩国发生金融危机后,其他企业集团都开始收缩,但大宇仍然我行我素,结果债务越背越重。尤其是1998年年初,韩国政府提出"五大企业集团进行自律结构调整"方针后,其他集团把结构调整的重点放在改善财务结构方面,努力减轻债务负担。大宇却认为,只要提高开工率、增加销售额和出口就能躲过这场危机。因此,它继续大量发行债券,进行"借贷式经营",1998年大宇发行的公司债券达7万亿韩元(约58.33亿美元)。1998年第四季度,大宇的债务危机已初露端倪,在各方援助下才避过债务灾难。此后,在严峻的债务压力下,大梦方醒的大宇虽做出了种种努力,但为时已晚。1999年7月中旬,大宇向韩国政府发出求救信号;7月27日,大宇因"延迟重组"被韩国4家债权银行接管;8月11日,大宇在压力下屈服,割价出售两家出现财务问题的公司;8月16日,大宇与债权人达成协议,在1999年年底前,将出售盈利最佳的大宇证券公司以及大宇电器、大宇造船、大宇建筑公司等,大宇的汽车项目资产免遭处理。8月16日协议的达成表明大宇已处于破产清算前夕,遭遇"存"和"亡"的险境。由于在此后的几个月中,其经营依然不善,资产负债率仍然居高,大宇集团于1999年11月1日向新闻界正式宣布,该集团董事长金宇中以及14名下属公司的总经理决定辞职,以表示"对大宇的债务负责,并为推行结构调整创造条件"。韩国媒体认为,这意味着"大宇集团解体进程已经完成","大宇集团已经消失"。

【教学目的与要求】

本章从财务风险的概念出发,阐述了财务风险管理系统的构成及其运作机制,梳理了财务预警分析的定性和定量方法。通过本章的学习,应能了解财务风险的内涵及相关概念,理解财务风险预警系统和财务风险处理体系的构成,掌握财务风险预警模式和财务风险处理策略。

第一节 财务风险预警概述

一、财务风险的概念

财务风险是指企业在经营活动过程中,由于各种无法预计或不可控因素的存在造成的财务状况的不确定性,以及进而使企业的实际财务收益与预期收益产生偏离而蒙受损失的可能性。

狭义的财务风险通常被称为举债筹资风险,是指企业由于举债而给企业财务成果(企业利润或股东收益)带来的不确定性。狭义的财务风险存在于负债经营的企业,若没有负债,企业经营的全部资本由投资者投入,则不存在财务风险。

广义财务风险是指在企业的整个财务活动中,由于内外部环境及各种难以预计或无法控制的因素影响,在一定时期内企业的实际财务收益与预期财务收益发生偏离,从而蒙受损失的可能性。

二、财务风险的特征

综合财务风险的定义,可以归纳出财务风险具有5个典型特征。

(一)财务风险具有积累性

企业的财务状况是对企业在一定时期内各项经营管理活动结果的反映,财务风险作为财务状况恶化的动态过程,体现了一定时期内企业各项经营管理活动中问题的积累。比如:在筹资和投资决策方面,由于筹资渠道不畅通,不能保证投资计划顺利实施,以致投资效益不能如期实现,或投资决策失误,造成资金回收困难,或筹资结构与投资结构配比不当,造成还款期过于集中;在生产管理方面,由于管理不善,造成生产成本增加,形成亏损,或由于产品质量不达标,造成产品积压;在营销管理方面,由于市场定位不准、促销手段落后或售后服务跟不上,造成产品滞销……由于诸多因素的综合作用,若企业在一定时期内现金流出量大于现金流入量,导致企业不能按时偿还到期债务,就会引发财务风险。财务风险是各种活动行为失误所积累的综合反映。

此外,财务风险的积累性意味着危机的动态发展,特别是对于其极端情况破产清算而言,它绝不是由一个错误或一时错误造成的,而必然是一系列的错误没有得到及时有效的更正,导致企业积重难返、无力回天。比如,高速成长的企业常常为了扩大规模而盲目投资,四处投资建厂房、成立新公司,背负大量的债务。新上项目建成运行后,如不能立即实现盈利,营运金周转出现困难,甚至入不敷出,维持日常经营尚且困难,更何况偿付债务,无路可退的情况下,只能选择破产清算。大宇集团、郑州亚细亚、德隆集团都是最好的例证。

（二）财务风险具有突发性

财务管理受到企业经营环境多样化、经营过程多样化以及财务行为方式多样化的影响。其中，有些因素是可以把握和控制的，但更多的因素是爆发性、意外性的，有的甚至出现急转直下的情况。例如，某企业经营状况很好，但在事先没有察觉的情况下，一个长期贸易伙伴突然宣布倒闭，造成数额巨大的应收账款不能按预期收回，使企业陷入困境。在突变性这一特征显现时，若它在企业承担短期风险的控制能力范围内，则企业可安然度过风险；相反，若超过企业短期承担风险的最高限度，那么企业就将陷入危机。

（三）财务风险具有多样性

财务风险的多样性体现在3个方面。首先，财务风险是受多方因素综合影响形成的，既包括经营管理方面的因素，也包括财务管理自身的因素。其次，财务风险的表现形式具有多样性，从国内外学者对财务风险的描述中可以看出，财务风险存在多种表现形式，包括变现拍卖、无力支付短期债务、无力支付债券利息、无力支付债券本金、无力支付优先股股息、重整及法定破产等。最后，财务风险的多样性也表现在，可供选择的财务风险应对措施有很多，而且随着实务的发展不断丰富。诱因及表现形式的多样性决定了解决财务风险的措施繁多，既有财务手段又有非财务手段，既有常规策略又有非常规策略。

（四）财务风险具有必然性

财务风险的发生有其必然性，因为它是企业在生产经营过程中长期财务矛盾日积月累而形成的。因此，财务管理者只要遇事多留心，多问几个为什么，采取有效的财务控制手段和系统的财务风险预测方法，就不难发现财务风险的苗头，提前控制和化解企业财务风险。

（五）财务风险具有二重性

财务风险的双重性源于"危机"内涵中"危险"和"转机"的意思，祸兮福所倚，福兮祸所伏。财务风险的危害不言而喻，不管是资金管理技术失败、企业破产，还是介于两者之间的任何一种情况都会给企业带来灾难性的损失。然而，财务风险最终的结果不一定就是企业破产清算，如果企业抓住了危机中出现的有利因素，并施以正确的应对措施，不仅能减少危机损失，还能借此契机革除企业存在已久的各种弊端，使企业转危为安。

三、财务风险预警的概念

企业财务风险预警是经济预警在微观领域的发展，它从财务角度对企业经营进行预警，财务风险预警是一个风险控制系统。

企业财务风险预警是指利用财务管理、金融学、企业管理学等理论，采用比率、比较及因素分析等方法，利用企业财务资料及非财务资料对企业的经营活动进行分析，对企业经营过程中的影响因素进行预测，及时发现企业经营的不利因素，并使经营者采取相关措施减少企业损失的发生，最终为企业纠正经营方向、改进经营决策和有效配置资源提供可靠依据。

四、财务风险预警系统

企业财务风险预警系统是由若干要素相互联系构成的一个有机整体，包括财务风险预警组织机制、预警分析机制和预警管理机制。

1. 财务风险预警组织机制

为了保证财务预警工作的客观性和中立性,预警组织机构应相对独立于企业组织的整体控制,独立开展工作,不直接干涉企业的生产经营过程,只对企业最高管理者(管理层)负责。预警组织机构可以是一个虚设机构,如预警组织管理委员会,它的成员可以是兼职的,由企业内部熟悉管理工作、具有现代经营管理知识和技术的管理人员组成。同时,企业还可以聘请一定数量的外部管理咨询专家。为了保证日常预警工作的正常进行,负责具体预警工作的部门或个人应具有高度的独立性,他们的工作应只对预警管理组织机构(预警管理委员会)负责。

2. 财务风险预警分析机制

财务风险预警分析机制对内外部输入的信息通过各种技术方法进行甄别,通过建立科学、全面、有效的指标体系来反映企业的状况,还可以利用这些指标体系建立模型以进行多变量综合分析。因此,一个分析机制应该包含 3 个方面的功能,即识别警兆、确定警度和预报警情。

3. 财务风险预警管理机制

财务风险预警管理机制包括日常控制和风险管理两项。前者主要是在系统实施过程中进行日常监控,对公司经营过程中各种警兆进行控制,使其体现出来的警数值不要逾越警度,一旦发生偏离就立即反应,采取相应措施加以控制,防患于未然;而后者主要是在财务风险发生以后,专门的预警组织采取一系列补救措施,达到化解财务风险的目的。

五、财务风险预警系统的功能

财务风险预警系统作为一种诊断工具,能实时对公司的生产经营过程和财务状况进行跟踪监控,及时地进行财务预警分析,发现财务状况异常的征兆,并迅速报警,及时采取应变措施,避免或减少损失。总体来说,财务风险预警系统具备以下 7 项基本功能。

1. 信息收集功能

财务风险预警的过程是一个收集信息的过程,通过收集与企业经营相关的产业政策、市场竞争状况、企业本身各类财务和经营状况的信息并对此进行分析、比较开展预警,信息收集也是贯穿财务风险预警始终的活动。

2. 监测功能

监测即跟踪企业的生产经营过程,将企业生产经营的实际情况与其预定的目标、计划、标准进行对比、核算、考核,对企业营运状况做出预测,找出偏差,进而发现产生偏差的原因或存在的问题。当危害企业的财务关键因素出现时,可以提出警告,让企业经营者早日寻求对策以减少财务损失。

3. 预报功能

当危害企业财务状况的关键因素出现时,提出警告,提醒企业经营者尽早寻求对策,避免潜在的风险演变成现实的损失,起到未雨绸缪、防患于未然的作用。

4. 诊断功能

诊断是预警体系的重要功能之一。根据对跟踪、监测结果的对比、分析,运用现代企业管理技术和企业诊断技术对企业营运状况的优劣做出判断，可以找出企业运行中的弊端及其病根所在，以达到把有限的企业资源用在最需要或最能产生经营成果的地方的目的。

5. 治疗功能

通过监测、诊断，找出企业存在弊病的病根后，就要对症下药，更正企业营运中的偏差或过失，使企业恢复正常的运转。一旦发现财务风险，经营者既要阻止财务风险继续恶化，又要寻求内部资金的筹集渠道，还要积极寻求外部财源。

6. 辅助决策功能

通过财务风险预警及时为企业高层提供决策所需的信息，保证决策的科学性和可行性，结合其信息判断对于企业来说何为有所为，何为有所不为。

7. 健身功能

通过预警分析，企业能系统而详细地记录财务风险发生的缘由、处理经过、解除危机的各项措施，以及处理反馈与改进的建议，作为未来类似情况的前车之鉴。这样，可将企业纠正偏差与过失的一些经验、教训转化成企业管理活动的规范，以免重犯同样或类似的错误，不断增强企业的免疫能力。

第二节　财务预警分析的方法

一、财务风险预警定性分析方法

定性的财务风险预警分析是指通过分析和调查，发现风险迹象及诱因，并告诉有关人员，以提前安排防范应变措施，消除危机的分析系统，是财务风险预警重要内容。

（一）标准化调查法

标准化调查法又称风险分析调查法，即通过专业人员、调查公司、协会等，对公司可能遇到的问题进行详细的调查与分析，并形成报告文件供公司管理者参考的方法。具体内容如表 14-1 所示。

表 14-1　标准化调查表

项　目	调　查　内　容	备　注
业绩	状况：好、一般、不好 前景：增长、下降、稳定、不明 交易对象、行业前景：增长、下降、稳定、不明 对外资信：高、一般、低、不明	
同行业比较	规模、地位：大、中、小、独立 同行业间的竞争：激烈、一般、无 销售实力的基础：销路、主顾、商标、商品组织、特殊销售法 生产实力的基础：特殊技术、特殊设备、特殊材料、特殊产品、特殊生产组织	

(续表)

项　　目	调　查　内　容	备　注
经营业务上的问题与原因	问题：销售不振、收益率差、成本高、生产率低、人力不足 销售不振的原因：不景气、竞争激烈、行业衰退、销售力弱、产品开发慢、生产率低 收益率低的原因：效率低、人力不足、管理不善、现代化程度低、多品种少量化 成本高的原因：材料费高、开工不足、工资等费用高	
前景	方针：扩大、维持、转换、不明确 扩大方向：整体规模、新增经营范围、人员 具体方法：多样化、新产品、专业化 重点基础：产品开发、设计、设备、技术、增强销售能力、人事管理、成本、质量	

该方法的优点是在调查过程中所提出的问题对所有公司或组织都有意义，普遍适用；它的缺点是无法针对特定公司的特定问题进行调查分析。另外，调查时没有对要求回答的每个问题进行解释，也没有引导使用者对问题之外的相关信息做出正确判断。

（二）四阶段症状分析法

公司财务运营情况不佳甚至出现财务风险是有特定症状的，而且症状是逐渐加剧的。财务运营病症大体可以分为4个阶段，即财务风险潜伏期、发作期、恶化期、实现期，每个阶段都有反映危机轻重程度的典型症状。

（1）财务风险潜伏期：盲目扩张；无效市场营销，销售额上升，利润下降；企业资产流动性差，资源分配不当；资本结构不合理，疏于风险管理；财务经营信誉持续降低，缺乏有效的管理制度；无视环境的重大变化。

（2）财务风险发作期：自有资本不足；过分依赖外部资金，利息负担重；缺乏会计的预警作用；债务拖延偿付。

（3）财务风险恶化期：经营者无心经营业务，专心于财务周转；资金周转困难；债务到期违约不支付。

（4）财务风险实现期：负债超过资产，丧失偿付能力；宣布倒闭。

根据上述症状进行综合分析，公司如有相应症状出现，一定要尽快弄清病因，判定公司财务风险的程度，对症下药，防止危机进一步发展，使公司尽快摆脱财务困境，以恢复财务的正常运作。这种方法简单明了，但实际中很难对上述4个阶段进行明确的划分，特别是财务风险的表现症状，它们可能在各个阶段都有相似或互有关联的表现。

（三）资金流程图分析法

资金流程图分析是一种动态分析方法，对识别公司生产经营和财务活动的关键点特别有效，运用这种分析方法可以暴露公司潜在的风险。在公司的生产经营流程中，必然存在一些关键点，如果在关键点上出现堵塞或发生损失，将会导致公司全部经营活动终止或资金运转终止。一般而言，企业只有在关键点处采取防范的措施，才能够防范和降低风险。

采用这一方法的步骤如下：① 根据企业的实际情况建立流程图，以展示企业的全部经营活动；② 在画出的流程图中，找出一些关键点，对公司的潜在风险进行判断和分析，发现问题及时预警。

(四) 管理评分法

美国学者阿吉蒂(Rehan Ajidi)调查了企业的管理特性及可能导致破产的公司缺陷,按照几种缺陷、错误和征兆进行对比打分,并根据这几项对破产过程产生影响的大小程度对它们进行加权处理,构建了著名的管理评分表(详见表14-2)。

表 14-2 管 理 评 分 表

项 目	风 险 因 素	记分值	总 值	临界值
经营缺点	管理活动不深入	1	43	10
	管理技巧不全面	2		
	被动的经理班子	2		
	财务经理能力欠缺	2		
	无过程预算控制	3		
	无现金开支计划	3		
	无成本监督系统	2		
	董事长兼总经理	4		
	总经理独断专行	8		
	应变能力太低	15		
经营错误	高杠杆负债经营	15	45	15
	企业过度发展,核心竞争能力欠缺	15		
	过大风险项目	15		
破产征兆	危急财务信号	4	12	0
	被迫编制假账	4		
	经营秩序混乱	3		
	管理停顿	1		
总 计		100	100	25

用管理评分法对公司经营管理进行评估时,每一项得分要么是零分,要么是满分,不允许给中间分。所给的分数表明企业管理不善的程度,总分100分,参照管理评分法中设置的各个项目进行打分,分数越高,则公司的处境越差。在理想的公司中,这些分数应当为零;如果评价的分数总计超过25分,表明公司正面临失败的危险;如果评价的分数总计超过35分,表明公司正处于严重的危机之中;公司的安全得分一般小于18分。这种管理评分法试图把定性分析判断定量化,这一过程需要进行认真的分析,深入公司及车间,细致地对公司高层管理人员进行调查,全面了解公司管理的各个方面,才能对公司的管理进行客观的评价。这种方法简单易懂,行之有效,但在很大程度上依赖评分者的主观判断,评分者需要对被评分公司及其管理者有直接和充分的了解。因此,需要结合其他方法共同对企业风险进行估测。

(五) 三个月资金周转表分析法

该方法主要用于企业短期财务风险的预警。例如：一是销售下降，支付存在困难；二是当经济由繁荣转向萧条时，应收账款难以收回。该方法认为，一般情况下，当企业的营业收入不断上升时，企业有持续的现金流入，因而偿还债务的压力较小。但当企业的营业收入逐月下降时，企业的现金流入也会随之减少，企业就会面临偿债方面的风险，如无法偿还到期债务或兑付票据。该方法认为企业应制定 3 个月或更短期间的资金周转表，如果企业不能或无法制定 3 个月的资金周转表，则说明企业财务状况已经不容乐观。

(六) 财务风险预警的定性模式的特点

(1) 侧重于从事物质的角度分析问题，着重分析事物的来龙去脉及因果关系，以说理的方式透过事物的表象抓住事物的本质。

(2) 综合考虑企业财务报表以外的因素对其所用指标的影响，特别是与企业日常生产经营关系密切的一些非财务因素，这些因素可能使企业陷入不可估量的财务失败危机。

(3) 在实际应用中，定性分析法具有较大的灵活性，可以根据企业的具体情况进行相应的调整。定性分析法无须完整的数据资料，凭借人们的经验对财务风险的趋势进行定性分析，有时比较可靠有效。但这种方法容易受到个人主观意见的影响，个人的偏见往往会给企业带来巨大的损失。

因此，在建立企业财务预警模型时，不能单纯地依靠财务数据，只注重定量分析和指标分析。在运用财务预警定量分析模型的同时，应充分考虑能够影响企业财务状况的非财务数据。

二、财务风险预警定量分析方法

(一) 单变量模型

单变量模型是利用单个财务比率进行财务预警，以判断企业是否发生财务风险的一种预测模型。

费茨帕特里克(P. J. Fitzpatrick)第一个进行了财务风险预警的单变量研究。他根据单项财务比率，把样本企业分为破产组与非破产组进行研究。费茨帕特里克通过对 19 家企业的研究发现，对于财务风险预警判别最有效的两个比率为净利润/股东权益以及股东权益/负债。费茨帕特里克的研究表明，在企业陷入危机 3 年前，两组公司的这两个比率就呈现出较为明显的差异。费茨帕特里克进行单变量预警研究 30 多年之后，美国学者比弗进行了比较成熟的单变量财务风险预警研究，他以 1954 年与 1964 年的两组资产规模相同的成功企业和破产企业为样本进行研究。比弗的研究结果表明，现金流量/债务总额、负债总额/资产总额、净收益/资产总额 3 个比率对于财务风险预警的灵敏性较高，其中现金流量/债务总额的预测效果是最好的，该比率在企业破产前 5 年的预测能力超过 70%，在企业破产前 1 年的预测能力超过 87%，企业面临破产的时间越近，该比率的预测能力越强。比弗在设计单变量分析预警模型时，对流动资产中的重要项目做了如下 3 点说明。

(1) 失败企业有较少现金而有较多应收账款。

(2) 当把现金和应收账款加在一起列入速动资产和流动资产时，失败企业与成功企业之间的不同就被掩盖了，因为现金和应收账款不同，它们是从相反的方向起作用的。

(3) 失败企业的存货一般较少。这些结果说明在预测企业财务风险时,应给予现金、应收账款和存货特别的注意。

单变量模型的优点是比较简单,实施起来也比较容易,但它的缺点也很明显,由于企业面临的环境复杂多变,企业的财务状况也错综复杂,使用单变量分析模型时,不同的财务比率得出的结论不尽相同,甚至可能截然相反,这样就有可能使管理者面对不同的预测结果无所适从。由于单变量模型的这种缺点,之后的研究者更倾向于采用多变量分析方法。

(二) 多元判别分析模型

1. 多元线性判别模型

多元线性判别方法的基本原理是通过统计方法筛选出组间差距大而组内离散度最小的变量,将选出的多个变量组合成能提高预测精度的多元线性判别方程。

最早运用多元线性判别模型讨论财务困境预测问题的是美国学者爱德华·阿特曼(Edward Altman)。阿特曼认为,企业是一个综合体,各个财务指标之间存在某种相互联系,不同财务指标对企业整体风险的影响和作用也不一样。他通过把传统的财务比率和多元判别分析方法结合在一起,发展了一种财务风险预警模型,即 Z 模型。该模型的具体形式如下:

$$Z = 0.012X_1 + 0.014X_2 + 0.033X_3 + 0.006X_4 + 0.999X_5$$

其中:X_1=营运资本/总资产,反映资产的流动性与规模特征;X_2=留存收益/总资产,反映企业累计盈利状况;X_3=息税前收益/总资产,反映企业资产的获利能力;X_4=权益的市场价值/总债务的账面值,反映企业的偿债能力;X_5=销售总额/总资产,反映企业的营运能力。

通过统计分析,阿特曼认为 Z 值应在 1.81~2.99,等于 2.675 时居中。如果企业的 Z 值大于 2.675,表明企业的财务状况良好;如果 Z 值小于 1.81,则企业存在很大的破产风险;如果 Z 值处于 1.81~2.675,称为"灰色地带",处在这个区间时,企业财务状况是不稳定的。

接下来采用阿特曼的 Z 计分模型对 JLQC 股份有限公司的财务状况进行"体检",检验该集团公司是否存在财务风险。需要利用 JLQC 的财务报表计算出一系列指标。

(1) 营运资本/总资产($X1$)。

首先,计算出营运资本的额度:

营运资本 = 流动资产 − 流动负债 = 1 482 474 − 1 266 895 = 215 579(万元)
总资产 = 2 339 653(万元)

于是:营运资本/总资产 = 215 579/2 339 653 = 0.092

(2) 留存收益/总资产($X2$)。

留存收益 = 盈余公积 + 未分配利润 = 43 161 + 826 041 = 869 202(万元)

于是:留存收益/总资产 = 869 202/2 339 653 = 0.371 509

(3) 息税前收益/总资产($X3$)。

息税前收益 = 利润总额 + 财务费用 = 3 964 − 16 367 = −12 403(万元)
息税前收益/总资产 = −12 403/2 339 653 = −0.005 3

(4) 权益的市场价值/总债务的账面值(X_4)。

2018年12月28日是该年度的最后一个交易日,当日该公司权益市场价值为1 098 599万元。总债务的账面值为1 301 203万元。于是,可以计算出权益的市场价值/总债务的账面值(1 098 599/1 301 203=0.844 295)。

(5) 销售总额/总资产(X_5)。

$$销售总额/总资产 = 2\ 824\ 934/2\ 339\ 653 = 1.207\ 416$$

计算完上述指标之后,将其代入Z计分模型之中得到:

$$Z = 0.012 \times 0.092 + 0.014 \times 0.372 + 0.033 \times 0.005 + 0.006 \times 0.844 + 0.999 \times 1.207 = 1.226$$

由于计算出的结果小于1.81,可以断定该公司存在一定的财务风险。

Z模型的变量是从资产流动性、获利能力、偿债能力和营运能力等指标中各选择一两个最具代表性的指标,模型中的系数则是根据统计结果得到的各指标相对重要性的量度。实证表明,该模型对企业财务风险具有很好的预警功能。但其预测效果也因时间的长短而不一样,预测期越短,预测能力越强。因此,该模型较适合用于企业短期风险的判断。

Z模型在企业破产前超过3年的预测正确率大大降低,而且随着时间的推移,经济环境也将出现重大变化,特别是进入20世纪70年代以后,企业财务风险的平均规模急剧增大,原有的Z计分模型已无法解释当时的企业财务风险现象。于是,阿特曼等人于1977年又提出了一种能更准确地预测企业财务风险的新模型——ZETA模型。在该模型中,他们利用27个初始财务比率进行区别分析,最后选取了7个解释变量,即资产报酬率(息税前利润/总资产)、盈余稳定性(息税前利润/总资产的5～10年的标准误差)、利息保障倍数(息税前利润/利息支出总额)、累计盈余(留存收益/总资产)、流动性(流动比率)、资本比率(5年普通股平均市值/总资本)和资本规模(普通股权益/总资产)。实证研究表明,ZETA模型的分类正确率高于原始的Z模型,特别是在破产前较长时间的预测准确率较高,其中灰色区域为-1.45～+0.87,Z值大于0.87以上为非破产组,Z值小于-1.45区域为破产组。该模型的不足在于选择比率没有理论可依,选择同一行业中相匹配的危机公司和正常公司也是困难的,而且观察的总是历史事件。但由于该模型简单明了,以后对企业财务风险预警模型的研究都是沿着这一思路进行的。

之后,为了使Z模型适用于私人公司,阿特曼用原Z模型中的变量X_4权益的账面价值代替市场价值,重新对模型进行估计,得到修订后的Z模型:

$$Z' = 0.717X_1 + 0.847X_2 + 3.107X_3 + 0.420X_4 + 0.998X_5$$

Z'值大于2.90为安全区,Z'值小于1.23为危险区,Z'值在1.23～2.90为灰色区域。

Z模型的又一次修订是为了使其适用于非制造公司和新兴市场,去掉变量X_5重新估计模型后得到:

$$Z'' = 3.25 + 6.565X_1 + 3.26X_2 + 6.72X_3 + 1.05X_4$$

其中:Z''低于0表示财务风险状况。

除了阿特曼经典的多变量财务预警模型,其他国外学者也使用多元判别分析方法进行研究。20世纪70年代,日本开发银行调查部选择东京证券交易所310家上市公司作为研究对象,使用与阿特曼相同的研究方法,建立了"利用经营指标进行企业风险评价的破产模型",进行财务风险预测。其判别函数如下:

$$Z = 2.1X_1 + 1.6X_2 - 1.7X_3 - X_4 + 2.6X_5 + 2.5X_6$$

其中:X_1表示销售额增长率;X_2表示总资本利润率;X_3表示他人资本分配率;X_4表示资产负债率;X_5表示流动比率;X_6表示粗附加值生产率(为折旧费、人工成本、利息及利税之和与销售额之比)。模型中和的系数是负数,表明他人资本分配率和资产负债率越小,风险也越小。该模型Z值的判断标准是:如果Z值大于10,则企业财务状况良好;如果Z值小于0,则企业存在严重的财务风险,破产的概率极大;如果Z值在0与10之间,则表明企业处于"灰色区域",存在财务隐患。

陈肇荣利用中国台湾地区的企业财务资料建立了多元判别函数,但未给出临界值及警度区间。该模型如下:

$$Z = 0.35X_1 + 0.67X_2 - 0.57X_3 + 0.39X_4 + 0.55X_5$$

其中:X_1=速动资产/流动负债;X_2=营运资金/资产总额;X_3=固定资产/资本净值;X_4=应收账款/销售净额;X_5=现金流入量/现金流出量。

Z模型在建立时并没有充分考虑现金流量变动等方面的情况,因而具有一定的局限性。为此,中国学者周首华等对Z计分模型加以改造,并建立其财务风险预测的新模型——F分数模式。F分数模式的主要特点如下:① F分数模型中加入现金流量这一预测自变量。许多专家证实,现金流量比率是预测公司破产的有效变量,弥补了Z计分模型的不足。② 考虑了现代化公司财务状况的发展及其有关标准的更新。公司财务比率标准已发生许多变化,特别是现金管理技术的应用,使公司所应维持的必要的流动比率大为降低。③ 使用的样本更大。F分数模式使用了Compustat PC Plus会计数据库中1990年以来的4 160家公司的数据进行检查;而Z计分模型的样本仅为66家(33家破产公司和33家非破产公司)。

F分数模式如下:

$$F = -0.177\,4 + 1.109\,1X_1 + 1.107\,4X_2 + 1.927\,1X_3 + 0.030\,2X_4 + 0.496\,1X_5$$

其中:X_1、X_2及X_4与Z计分模型中的X_1、X_2及X_4相同;X_3=(税后纯收益+折旧)/平均总负债;X_5=(税后纯收益+利息+折旧)/平均总资产。

F分数模式与Z模型中各比率的区别在于X_3、X_5的比率不同。X_3是一个现金流量变量,是衡量企业产生的全部现金流量可用于偿还企业债务的能力的重要指标。一般来讲,企业提取的折旧费用也是企业创造的现金流入,必要时可将这部分资金用来偿还债务。X_5测定的是企业总资产在创造现金流量方面的能力。相对于Z计分模型,它可以更准确地预测企业是否存在财务风险。F分数模式的F分数临界点为0.027 4。若某一特定的F分数低于0.027 4,则公司将被预测为破产公司;反之,若F分数高于0.027 4,则公司将被预测为继续生存公司。

多元线性判别模型的判别精度较高,体现了综合分析的观念,将多元分析方法引入模型,拓展了财务困境预警模型分析方法的思路。但该方法也存在一系列自身难以克服的缺陷。第一,与一元判别模型相比,该模型较为复杂,需要花费大量的时间进行数据的收集和分析工作。第二,多元线性模型建立在统计和数学的基础上,本身就有严格的假设条件,即要求样本组内分布为近似正态分布,组内斜方差矩阵相等。但在实际判别分析的操作中,搜集的数据大都来自非正态总体,在这种不满足假设条件的情况下得到的预测结果可能是有偏的,无疑会降低预测精度。第三,在样本选择时,财务困境组与非财务困境组(即控制组)之间要一一配对,配对标准的确定是一个很大的难题。

2. 多元回归判别模型

为了克服多元线性判别方法的局限性,多元回归判别方法被引入财务困境预警研究。该判别方法用来分析选用样本在财务失败概率区间上的分布,以及两类判别错误和分割点的关系,其目标是寻求观察对象的财务状况和经营风险。多元回归模型包括多元逻辑回归(Logit)和多元概率比回归(Probit)。

(1) 多元逻辑回归(Logit)模型。该方法假设条件发生的概率符合逻辑分布并由线性概率模型衍生而来:

$$Z_i = \alpha + \sum_{j=1}^{k} \beta_j x_{ij} \varepsilon_i$$

其中:Z_i为因变量,是二元反应值,其值为0或1;X_{ij}为解释变量,$i=1,2,3,\cdots,n$,$j=1,2,3,\cdots,k$;β_j为参数;ε_i为相互独立且均值为零的随机变量。由于线性概率模型计算出来的Z_i不一定落在(0,1)之间,所以需要进行转换,Logit模型采用Logistic累计概率函数来校正线性概率函数的缺点,通过转换得:

$$P_i = F(Z_i) = \frac{1}{1+e^{-2i}}$$

Logit模型参数的估计运用最大似然估计法,假设企业财务陷入困境的概率P。如果$P>0.5$,则企业财务陷入困境的概率较大;如果$P<0.5$,表示企业财务处于健康状态的概率较大。

(2) 多元概率比回归(Probit)模型。Probit模型与Logit模型在目的以及基本思想方面有很大的相似之处,也是由线性概率模型演变而来,通过已累计均匀概率函数对模型进行交换,最后得到累计标准正态分布函数:

$$F = (\alpha + \beta x_i) = \int_{-\infty}^{\alpha+\beta x_i} \frac{1}{(2P)^{1/2}} e^{t^2/2} dz$$

其模型判别规则与Logit模型一样。如果$P>0.5$,则企业破产概率较大;若$P<0.5$,表示企业经营正常的概率较大。

Logit模型最大的优点是预测变量无须服从多元正态分布和两个样本组的协方差矩阵相等的条件,因而使用范围较为广泛。Probit模型与Logit模型都采用极大似然法获得最大似然统计量。两者之间最大的不同点在于:Logit模型不需要严格的假设条件,Probit模型则需要假设残差项为正态分布,自变量之间不存在共线性,样本数为非回归参数个数等。因此,Probit模型在应用中会受到一定的限制,但Probit模型的预测精度比Logit模型高。作为多元回归模型,二者同时具有自身难以克服的缺陷,主要表现包括:第一,模型都采用极大似然估计法,计算程序较为复杂;第二,在数据计算过程中运用了许多近似处理,势必对预测结果的精度有所影响;第三,在分割点的选取上,误差成本往往很难取得,理论上并不存在最优分割点,从而降低了模型的预测能力和外部有效性。

3. 人工神经网络模型

人工神经网络模型是一种平行分散处理模型,其构建的理念是基于人类大脑神经运作的模拟。人工神经网络模型的原理是将用于衡量企业财务状况的建模变量作为神经网络的输入向量,将代表分类结果的变量作为神经网络的输出向量,用训练样本来训练这个网络,由训练样本中的财务困境企业和财务正常企业的输入向量得出区分两类不同企业的输出向量,一旦训练完毕,便可作为企业财务困境预测的工具。

神经网络判别模型具有其他方法无法比拟的优点:第一,纠错能力较强,克服了统计方法的诸多限制,其对数据要求不严格,不需要考虑是否服从正态分布假设;第二,主要根据所提供的数据,通过学习和训练,找出输入与输出之间的内在联系,从而求得问题的解,并非完全依据对问题的经验知识和规则,所以具有自适应功能,对于弱化权重确定中的人为因素十分有益;第三,在实际财务困境预测中,各个因素之间相互影响,情况十分复杂,会呈现出非线性关系,人工神经网络为处理这类非线性问题提供了强有力的工具。

尽管如此,该模型的局限性也不容忽视:第一,其构件基于对人体大脑神经的模拟,这一理论基础的科学性和准确性有待进一步加强与检验;第二,该模型的预测效果不稳定,会影响预测精度。

(三) 财务风险预警模式运用应注意的问题

随着统计技术、计算机技术的不断发展,归纳分类、人工智能、神经网络模型及实验等技术逐渐被引入企业财务预警研究。然而,无论采用哪种统计技术和研究方法,企业财务预警系统中仍然存在诸多问题,主要表现在以下两个方面:① 缺乏系统的理论指导。尽管学者从委托代理、交易费用和产权关系等企业制度环境和制度安排角度做了大量的阐述,并借助企业生命周期理论、企业进化理论对企业失败现象进行解释,但还不够完善,不足以系统地解释企业失败的原因,远远不能准确地确定财务预警模型中应包括的预测变量。② 在方法上,选择的预测变量往往是企业陷入财务困境的征兆而非原因,选择的财务变量具有片面性、滞后性和多重共线性,样本选取困难,忽略了非财务指标因素。

因此,我国企业在运用财务风险预警模型时,应注意下列 4 个问题。

(1) 增强模型对我国企业的适用性。企业财务风险预警模型的运用大多照搬国外的研究成果,模型本身的发展和创新方面较弱,所构建的财务风险预警模型无论在指标选取权数的确定还是评价标准的高低上都存在显著的不一致性,这将导致所构建的财务风险预警模型不能完全适应企业面临的实际发展环境。另外,企业在构建财务风险预警模型后,往往需要通过统计数据来确定其有效性,而我国证券市场的样本容量小,上市公司法人治理结构有待改善。这都需要在现有条件下克服困难,不断探索真正适合我国企业现状的财务风险预警模型。

(2) 及时维护与更新模型以提高准确性。财务风险预警模型随着实际运用的发展而不断完善和更新。由于不同时期宏观经济环境和会计处理方法不同,所以建立模型的财务数据具有鲜明的时效性,模型同样具有时效性,这就使得每隔数年对模型进行更新成为必要。同时,模型是为深入分析数据服务的,因此,可以有多种方法建立不同的财务风险预警模型,而且建模后应继续评价模型的有效性和精确度,并检验模型的理论基础,以便在模型的实际应用中提高预测能力。

(3) 注重使用非财务指标和定性分析方法。财务风险预警模型在选择自变量时均采用可量化的财务指标,在评价方法上均采用数学评价方法,这使得财务风险预警信号较为客观和精确。但财务风险预警是一个动态的概念,不仅指企业破产或不能持续经营等现象的产生,而且企业管理者的风险意识高低、财务人员的认识深浅、企业目前的生存环境是否发生变化等非量化或主观性的因素也在很大程度上影响关于企业财务风险的评价。因此,结合定量分析方法,管理者们也要考虑重要的非财务指标和定性分析方法对企业财务风险的影响,更加全面地判断企业面临的风险。

(4) 克服财务指标与样本选取局限。各种模型都有其财务指标选择的侧重点,在某种程度上,这种侧重因忽视了其他方面的财务指标而存在一定的片面性。比如:现有的财务风险预警模型大多比较重视对上市公司提供的资产负债表和利润表中数据指标的运用,而容易忽视对现金流量表和上市公司提供的其他数据的运用;此外,不同的样本选取也会对财务风险预警模型的适用性有很大的影响,如不同的国家和地区、不同行业以及不同的研究区间的选取等。

三、财务危机的识别

财务危机是指由企业财务状况的不断恶化而产生的,将会危及企业生存的一种状态。企业的财务危机通常既有外部征兆又有财务征兆。

外部征兆包括以下4个方面。

(1) 交易记录恶化:关注客户偿付货款中的延期或违约现象,违约后未作出偿付承诺;客户与其债权人之间产生法律纠纷。

(2) 过度依赖贷款或关联公司:过度依赖贷款说明资金周转困难;过度依赖关联公司,一旦关联公司不予支持,公司就将陷入困境。

(3) 过度大规模扩张。

(4) 财务报告及相关信息公告不能及时公开。

企业财务危机在财务上的表现主要有以下4点。

(1) 现金流量不足,企业不能及时支付到期债务。

(2) 销售额非正常下降。

(3) 现金大幅度下降而应收账款大幅度上升。

(4) 一些比率出现异常(如资产周转率大幅度下降,资本经常收益率和销售经常收益率大幅度下降或变为负数,经常收益增长率小于1并逐步下降,利息占销售净额的比率接近或超过6%,资产负债率大幅度上升,权益与负债比率大幅度下降,长期资产适合率降至100%以下,流动比率降至150%以下,经营债务比率接近或超过4倍等)。

上市公司发生财务危机会对投资者造成巨额的投资损失,所以投资者必须能够及时准确地识别上市公司的财务危机状况,才能避免投资亏损,发生以下事件提示上市公司可能出现财务危机:

(1) 未加解释的会计政策和会计估计变动,经营恶化时出现此类变动尤其应当注意;

(2) 未加解释的旨在"提升"利润的异常交易;

(3) 与销售有关的应收账款的非正常增长；
(4) 与销售有关的存货的非正常增长；
(5) 报告利润与经营性现金流量之间的差距日益扩大；
(6) 报告利润与应税所得之间的差距日益扩大；
(7) 过分热衷于融资机制，如与关联方合作从事研究开发活动，带有追索权的应收账款转让；
(8) 出人意料的大额资产冲销；
(9) 第四季度和第一季度的大额调整；
(10) 被出具"不干净意见"的审计报告，或更换CPA的理由不充分；
(11) 频繁的关联交易、资产重组和剥离、股权转让、资产评估；
(12) 巨额的补贴收入、资产捐赠。

第三节　财务风险控制的方法

财务风险控制技术多样，目前财务风险控制技术体系主要包括以下5个方面。

一、多元化控制法

这主要是针对企业经营决策的单一性而言的，在经济新常态环境下，企业可以通过多种经营方式分散企业的财务风险，一般包括产品生产的多元化、对外投资的多元化和结算的多元化。

二、财务风险转移法

财务风险转移法是在遵循法律法规的基础上，通过签订合同的方式将可能产生的财务风险转到本企业以外的人或者组织上，以此减少自身损失。它是外贸交易常用的方式，必须建立在一定的保险费或者利息支付的基础上存在，也就是企业需要支付一定的经济利益，但是相比独自承担的财务风险而言，其所付出的代价要小。风险转移的主要措施有投保、外包、联营、互保等。

三、财务风险预防法

财务风险预防法是指为了避免企业财务风险的发生，企业采取积极的防御性措施，以规避财务风险的发生。风险管理者觉察到了风险的存在，估计到了该风险的预计损失，采取措施储备源加以弥补。它主要包括建立准备金、签订保护协约、用期权方式交易等方式。

四、财务风险回避法

财务风险回避法是指企业通过对多个投资方案的选择，选择最有利于自身经济利益的方案。例如，当企业做某项决策时，如果项目所来的财务损失可能超过企业收益，企业则会采取回避的方式处理。一般此种风险控制方式主要适用于新产品开发测试阶段，如当产品的测试不理想或者市场中已有相应产品时，为了降低损失企业会采取终止的方式处理。

五、财务风险降低法

财务风险降低法是指企业所实施的经营活动存在过高风险时，企业就会相应地减少此类资产份额，从而达到减少财务风险发生概率的效果。

本 章 小 结

财务风险是指企业在经营活动过程中，由于各种无法预计或不可控因素的存在造成的财务状况的不确定性，进而使企业的实际财务收益与预期收益产生偏离而蒙受损失的可能性。这种经济现象的出现可能最终导致财务关系的破裂，从而对企业的持续经营形成潜在或实际的威胁。财务风险具有累积性、突发性、多样性、必然性和二重性等特征。

企业财务风险预警是经济预警在微观领域的发展，它从财务角度对企业经营进行预警，财务风险预警是一个风险控制系统，包括财务风险预警组织机制、预警分析机制、预警管理机制。财务风险预警系统包括信息收集功能、监测功能、预报功能、诊断功能、治疗功能、辅助决策功能以及健身功能。

财务危机预警的模式有定性模式和定量模式。定性模式依靠人们的主观分析判断进行财务危机预警分析，主要的方法有标准化调查法、四阶段症状分析法、流程图分析法、管理评分法等。定量模式有单变量模型和多元判别分析模型。

财务风险控制的方法包括多元化控制法、财务风险转移法、财务风险预防法、财务风险回避法、财务风险降低法。

复 习 思 考 题

1. 如何理解财务危机的内涵？财务危机有哪些特征？
2. 财务危机预警系统的功能和作用是什么？
3. 财务危机预警系统的构成是什么？
4. 财务危机预警的分析方法有哪些？

案 例 分 析

康美药业股份有限公司（以下简称"康美药业"）成立于1997年，是一家以中药饮片、化学原料药及制剂生产为主导，集药品生产、研发及药品、医疗器械营销于一体的现代化大型医药企业、国家级重点高新技术企业。2001年3月，康美药业A股股票在上海证券交易所挂牌上市，证券代码600518；公司现有总股本76 440万股，总资产222亿元，净资产120亿多元。2008年，康美药业实现营业收入17亿多元，实现税利3亿多元。康美药业先后通过了化学药GMP、中药GMP、GSP认证，以及ISO14001、ISO9001和GB/T28001等管理体系认证。康美药业拥有1个化学药品生产基地、2个中药饮片生产高技术产业化示范基地、1个中药饮片物流配送中心、1个省级企业技术中心、1个博士后科研工作站，总投资10多亿元的中药物流配送中心和具有中医特色的综合医院项目正在施工建设。康美药业作为中国医药行业的"领头羊",经过20余年的发展,已经成长为目前国内中医药业务链条最完整、资源最丰富、整合能力最强的龙头企业之一。

然而,到了2018年年末,情况发生了很大的变化。2018年12月28日晚公告,因涉嫌信息披露违法违规,中国证监会对康美药业进行立案调查。此消息一出,公众哗然。此前已经瀑布般下跌的股价再次迎来重创。2019年1月2日,康美药业跌停开盘,1月3日继续一字跌停,1月4日开盘再次跌停后跟随大盘反弹,收跌4%,现报7.16元。2019年4月29日晚间,也是年报发布日的最后一天,A股市场再次炸响一颗重磅"地雷"。凌晨时分,康美药业披露年报显示,公司2018年营收193.56亿元,同比增长10.11%;实现净利润11.35亿元,同比下滑47.20%。在发布2018年年报的同时,康美药业还发布了一份更正公告,称有299亿元的"错误"会计处理。康美药业一字板跌停,报9.54元。此外,康美药业"15康美债"跌20%后临停。2019年8月16日,证监会公布了对康美药业的调查结果,经查明,康美药业涉嫌存在以下违法事实:2016年年度报告、2017年年度报告、2018年半年度报告、2018年年度报告中存在虚假记载,虚增营业收入、利息收入及营业利润,虚增固定资产、在建工程、投资性房地产,存在重大遗漏,未按规定披露控股股东及其关联方非经营性占用资金的关联交易情况。

在这种情况下,康美药业是否会出现财务危机呢?请你根据上市公司修正后的年报,利用财务预警分析模型对康美药业的财务状况进行分析。

图书在版编目(CIP)数据

企业财务分析 / 章卫东主编. —2 版. —上海：复旦大学出版社,2022.2
(信毅教材大系. 会计学系列)
ISBN 978-7-309-16115-1

Ⅰ.①企⋯ Ⅱ.①章⋯ Ⅲ.①企业管理-会计分析-高等学校-教材 Ⅳ.①F275.2

中国版本图书馆 CIP 数据核字(2022)第 011917 号

企业财务分析(第二版)
QIYE CAIWU FENXI
章卫东 主编
责任编辑/李 荃

复旦大学出版社有限公司出版发行
上海市国权路 579 号 邮编：200433
网址：fupnet@ fudanpress.com http://www.fudanpress.com
门市零售：86-21-65102580 团体订购：86-21-65104505
出版部电话：86-21-65642845
杭州日报报业集团盛元印务有限公司

开本 787×1092 1/16 印张 22.5 字数 548 千
2022 年 2 月第 2 版第 1 次印刷

ISBN 978-7-309-16115-1/F·2870
定价：58.00 元

如有印装质量问题,请向复旦大学出版社有限公司出版部调换。
版权所有 侵权必究